JAN SEYBOLD/WOLFGANG NEUMANN/FRANK WEIDNER

NIEDERSÄCHSISCHES KOMMUNALRECHT

ABKÜRZUNGSVERZEICHNIS

§§ ohne Angaben sind solche des NKomVG.

a.A.	=	andere Ansicht
a.E.	=	am Ende
Abg.	=	Abgeordnete
Abs.	=	Absatz
AG	=	Aktiengesetz
AGKJHG	=	Gesetz zur Ausführung des Kinder- und Jugendhilfegesetzes
AktG	=	Aktiengesetz
AllgVorbehVO	=	Allgemeine Vorbehaltsverordnung
Alt.	=	Alternative
AO	=	Abgabenordnung
Arg.	=	Argument
Art.	=	Artikel
AsylbLG	=	Asylbewerberleistungsgesetz
AufnG	=	Aufnahmegesetz
BauGB	=	Baugesetzbuch
BayGO	=	Bayerische Gemeindeordnung
BayVBl.	=	Bayerische Verwaltungsblätter (Zeitschrift)
BayVerfGH	=	Bayerische Verfassungsgerichtshof
BBesG	=	Bundesbesoldungsgesetz
BBG	=	Bundesbeamtengesetz
BBgKVerf	=	Kommunalverfassung des Landes Brandenburg
BeamtStG	=	Beamtenstatusgesetz
BeckRS	=	Beck-Rechtsprechung
Beschl.	=	Beschluss
BGB	=	Bürgerliches Gesetzbuch
BGH	=	Bundesgerichtshof
BtBG	=	Betreuungsbehördengesetz
BVerfG	=	Bundesverfassungsgericht
BVerfGE	=	Entscheidungen des Bundesverfassungsgerichts
BVerfGG	=	Bundesverfassungsgerichtsgesetz
BVerwG	=	Bundesverwaltungsgericht
BVerwGE	=	Entscheidungen des Bundesverwaltungsgerichts
BVG	=	Bundesversorgungsgesetz
BW GO	=	Gemeindeordnung Baden-Württemberg
bzw.	=	beziehungsweise
d. h.	=	das heißt
dng	=	Die niedersächsische Gemeinde (Zeitschrift)
DÖV	=	Die Öffentliche Verwaltung (Zeitschrift)

DVBl.	= Deutsches Verwaltungsblatt (Zeitschrift)
DVP	= Deutsche Verwaltungspraxis
EigBetrVO	= Eigenbetriebsverordnung
einschl.	= einschließlich
Erl.	= Erläuterung(en)
evt.	= eventuell
f.	= folgende Seite, Randnummer oder §
FdSt.	= Fundstelle
ff.	= fortfolgende Seiten, Randnummern oder §§
FGO	= Finanzgerichtsordnung
GastG	= Gaststättengesetz
gem.	= gemäß
GemHKVO	= Gemeindehaushalts- und –kassenverordnung
GenG	= Genossenschaftsgesetz
GewArch	= Gewerbearchiv (Zeitschrift)
GewO	= Gewerbeordnung
GewStG	= Gewerbesteuergesetz
GG	= Grundgesetz
ggf.	= gegebenenfalls
GmbH	= Gesellschaft mit beschränkter Haftung
GmbHG	= Gesetz betreffend die Gesellschaften mit beschränkter Haftung
GO	= Geschäftsordnung
GO NRW	= Gemeindeordnung Nordrhein-Westfalen
grds.	= grundsätzlich
GrStG	= Grundsteuergesetz
HGB	= Handelsgesetzbuch
HGO	= Hessische Gemeindeordnung
h.M.	= herrschende Meinung
HVB	= Hauptverwaltungsbeamtin oder Hauptverwaltungsbeamter
i.S.d.	= im Sinne des/im Sinne der
i.S.v.	= im Sinne von
i.V.m.	= in Verbindung mit
Jura	= Juristische Ausbildung (Zeitschrift)
KAB	= Kommunalaufsichtsbehörde
KiföG	= Kinderförderungsgesetz
KiTaG	= Kindertagesstättengesetz
KJHG	= Kinder- und Jugendhilfegesetz
KommJur	= Kommunaljurist (Zeitschrift)
KommP N	= KommunalPraxis Niedersachsen
KrW-/AbfG	= Kreislaufwirtschafts- und Abfallgesetz
KVR-NGO	= Kommunalverfassungsrecht Niedersachsen Niedersächsische Gemeindeordnung (NGO)
KVR-NLO	= Kommunalverfassungsrecht Niedersachsen Niedersächsische Landkreisordnung (NLO)
LG	= Landgericht
LKV	= Landes- und Kommunalverwaltung (Zeitschrift)
LT-Drs.	= Landtags-Drucksache
LVerfGE	= Entscheidungen der Verfassungsgerichte der Länder
m.w.N.	= mit weiteren Nachweisen
NAbfG	= Niedersächsisches Abfallgesetz
NAGBNatSchG	= Niedersächsisches Ausführungsgesetz zum Bundesnaturschutzgesetz

NBauO	=	Niedersächsische Bauordnung
NBG	=	Niedersächsisches Beamtengesetz
NBrandSchG	=	Niedersächsisches Brandschutzgesetz
NDG	=	Niedersächsisches Deichgesetz
NDO	=	Niedersächsische Disziplinarordnung
Nds. AG	=	Niedersächsisches Gesetz zur Ausführung
Nds.AGBtG	=	Niedersächsisches Ausführungsgesetz zum Betreuungsgesetz
Nds.AGPAuswG.	=	Niedersächsisches Gesetz zur Ausführung des Gesetzes über Personalausweise
Nds.AGSGB II/ BKGG	=	Niedersächsisches Gesetz zur Ausführung des zweiten Buchs des Sozialgesetzbuchs und des Bundesgeldgesetzes
Nds.AGVwGO	=	Niedersächsisches Ausführungsgesetz zur Verwaltungsgerichtsordnung
Nds.AVO PStG	=	Niedersächsische Verordnung zur Ausführung des Personenstandsgesetzes
Nds.GVBl.	=	Niedersächsisches Gesetz- und Verordnungsblatt
Nds.KHG	=	Niedersächsisches Krankenhausgesetz
Nds.MeldeG	=	Niedersächsisches Meldegesetz
Nds.Rpfl.	=	Niedersächsische Rechtspflege
Nds.SOG	=	Niedersächsisches Gesetz über die öffentliche Sicherheit und Ordnung
NdsVBl	=	Niedersächsische Verwaltungsblätter (Zeitschrift)
NdsStGH	=	Niedersächsischer Staatsgerichtshof
NdsVwGG	=	Niedersächsisches Ausführungsgesetz zur Verwaltungsgerichtsordnung
Nds.VwVfG	=	Niedersächsisches Verwaltungsverfahrensgesetz
NFAG	=	Niedersächsisches Finanzausgleichsgesetz
NFVG	=	Niedersächsisches Finanzverteilungsgesetz
NGO	=	Niedersächsische Gemeindeordnung
NJagdG	=	Niedersächsisches Jagdgesetz
NJW	=	Neue Juristische Wochenschrift (Zeitschrift)
NJW-RR	=	Neue Juristische Wochenschrift – Rechtsprechungs-Report
NKAG	=	Niedersächsisches Kommunalabgabengesetz
NKatSG	=	Niedersächsisches Katastrophenschutzgesetz
NKBesVO	=	Niedersächsische Kommunalbesoldungsverordnung
NKHG	=	Niedersächsisches Krankenhausgesetz
NKomVG	=	Niedersächsisches Kommunalverfassungsgesetz
NKomZG	=	Niedersächsisches Gesetz über kommunale Zusammenarbeit
NKWG	=	Niedersächsisches Kommunalwahlgesetz
NKWO	=	Niedersächsische Kommunalwahlordnung
NLO	=	Niedersächsische Landkreisordnung
NMG	=	Niedersächsisches Meldegesetz
NNatSchG	=	Niedersächsisches Naturschutzgesetz
NNVG	=	Niedersächsisches Nahverkehrsgesetz
NordÖR	=	Zeitschrift für Öffentliches Recht in Norddeutschland
NPsychKG	=	Niedersächsisches Gesetz über Hilfen und Schutzmaßnahmen für psychisch Kranke
Nr.	=	Nummer
NRettungsDG	=	Niedersächsisches Rettungsdienstgesetz
Nrn.	=	Nummern
NROG	=	Niedersächsisches Raumordnungsgesetz
NSchG	=	Niedersächsisches Schulgesetz
NSpG	=	Niedersächsisches Sparkassengesetz
NST-N	=	Niedersächsischer Städtetag – Nachrichten für Städte, Gemeinden, Samtgemeinden
NStrG	=	Niedersächsisches Straßengesetz
NV	=	Niedersächsische Verfassung
NVwVfG	=	Niedersächsisches Verwaltungsverfahrensgesetz

NVwZ	= Neue Zeitschrift für Verwaltungsrecht
NVwZ-RR	= Neue Zeitschrift für Verwaltungsrecht – Rechtsprechungs-Report
NWaldLG	= Niedersächsisches Gesetz über den Wald und die Landschaftsordnung
NWaldG	= Niedersächsisches Waldgesetz
NWG	= Niedersächsisches Wassergesetz
o.g.	= oben genannt
OVG	= Oberverwaltungsgericht
OVGE	= Entscheidungen des Oberverwaltungsgerichts
OWi	= Ordnungswidrigkeit
PrOVGE	= Entscheidungen des Preußischen Oberverwaltungsgerichts
PStG	= Personenstandsgesetz
Rdnr.	= Randnummer
Rdnrn.	= Randnummern
RPA	= Rechnungsprüfungsamt
S.	= Satz (bei Normzitaten)/Seite
s.a.	= siehe auch
s.o.	= siehe oben
SchiedsämterG	= Schiedsämtergesetz
SGB	= Sozialgesetzbuch
SGG	= Sozialgerichtsgesetz
sog.	= sogenannt
StGB	= Strafgesetzbuch
StGHG ND	= Gesetz über den Staatsgerichtshof Niedersachsen
StVO	= Straßenverkehrsordnung
TierschG	= Tierschutzgesetz
TO	= Tagesordnung
TVöD	= Tarifvertrag für den öffentlichen Dienst
u.	= und
u. a.	= unter anderem
Urt.	= Urteil
usw.	= und so weiter
u. U.	= unter Umständen
UWG	= Gesetz gegen den unlauteren Wettbewerb
VBIBW	= Verwaltungsblätter Baden-Württemberg (Zeitschrift)
VerwArch	= Verwaltungsarchiv (Zeitschrift)
VG	= Verwaltungsgericht
VGH	= Verwaltungsgerichtshof
vgl.	= vergleiche
vorl.	= vorläufig
VR	= Verwaltungsrundschau
VwGO	= Verwaltungsgerichtsordnung
VwRR	= VerwaltungsRechtsReport
VwRR N	= VerwaltungsRechtsReport Niedersachsen
VwVfG	= Verwaltungsverfahrensgesetz
z. B.	= zum Beispiel
ZPO	= Zivilprozessordnung
ZSG	= Zivilschutzgesetz
ZustVO	= Zuständigkeitsverordnung
Zust.VO-OWi	= Verordnung über sachliche Zuständigkeiten für die Verfolgung und Ahndung von Ordnungswidrigkeiten
Zust.VO-SOG	= Verordnung über Zuständigkeiten auf verschiedenen Gebieten der Gefahrenabwehr

VORWORT

Anlässlich der Reform des Kommunalverfassungsrechtes in Niedersachsen, die im Wesentlichen am 1.11.2011 durch das NKomVG in Kraft trat, wurde das vorliegende Lehrbuch erstmals herausgegeben und erscheint nunmehr in dritter, überarbeiteter Auflage. Es soll die für Vorlesung, Unterricht und Prüfungen wichtigen kommunalrechtlichen Inhalte vermitteln, ohne das Ziel zu verfolgen, sämtliche Themen erschöpfend darzustellen. Zur weiteren Vertiefung finden sich zahlreiche Literaturhinweise. Besondere Hinweise zur kommunalrechtlichen Klausur enthält der Siebte Teil. Auch der Einsatz des Buches in Vorlesungen bzw. im Unterricht ist den jeweils Lehrenden empfohlen.

Obwohl es das niedersächsische Kommunalrecht behandelt, enthält das Werk gelegentlich dort Hinweise auf das Kommunalrecht anderer Bundesländer, wo ein Vergleich der unterschiedlichen Regelungen und deren Intentionen geboten ist, aber auch um Gemeinsamkeit festzustellen.

Die vierte Auflage enthält Anpassungen an die aktuelle Rechtslage und Rechtsprechung.

Für Anregungen durch Verbesserungsvorschläge sind wir offen, wollen wir doch, dass nicht nur das niedersächsische Kommunalrecht selbst, sondern auch das vorliegende Werk intensiv bearbeitet wird.

Die Verfasser
Hannover, im November 2015

ERSTER TEIL
KOMMUNALE KÖRPERSCHAFTEN, IHRE AUFGABEN UND VERFASSUNGSRECHTLICHE GRUNDLAGEN

In der Bundesrepublik Deutschland bilden die Kommunen die Grundlage des demokratischen Staates. Der Gedanke, dass das »Verwalten« des Zusammenlebens in einer örtlichen Gemeinschaft bestehend aus allen in ihr wohnenden Menschen von ihr selbst und nicht von einer übergeordneten Person geregelt werden sollte, wurde in Deutschland seit Anfang des 19. Jahrhunderts verfolgt.[1] Nachdem die Herrschaft zunächst vom Adel ausgeübt wurde, bestimmte die in Preußen 1808 erlassene Städteordnung, dass Bürger über ihre Angelegenheiten selbst bestimmen können. Das Interesse für öffentliche Angelegenheiten und mithin am Staat sollte dadurch gefördert werden.[2] Damals wie heute ist es der gesetzgeberische Wille, die Demokratie von unten nach oben aufzubauen, um eine möglichst hohe Identifikation der Bürger mit dem Staat zu erreichen.[3] Er entspricht der Erkenntnis, dass die Demokratie in den Kommunen wurzelt. In der örtlichen Gemeinschaft kann der Bürger die zu erfüllenden öffentlichen Aufgaben am ehesten verstehen und sich demokratisch an Fragen der Gestaltung ihrer Wahrnehmung beteiligen.

A. KOMMUNALE AUFGABEN

Aber welche konkreten Aufgaben haben Kommunen wahrzunehmen? Bevor hierfür Beispiele genannt werden, ist zunächst die Aufgabenstruktur zu beleuchten. Hierbei soll das Augenmerk zunächst nur auf die Gemeinden gerichtet werden, auch wenn der Begriff Kommune weiter

---

1 Zur geschichtlichen Entwicklung der Selbstverwaltung im heute verstandenen Sinne von diesen Anfängen hin zum heutigen Kommunalverfassungsrecht in Niedersachsen übersichtlich in Ihnen, S. 30 ff.

2 Nipperdey, S. 38 f.

3 Nipperdey, S. 38 f.; BVerfGE 79, 127 (148–150). Zu den Funktionen kommunaler Selbstverwaltung übersichtlich Sundermann, S. 16.

gefasst ist.[4] Im Anschluss werden die Aufgaben der Gemeindeverbände dargestellt. Aufgabenstruktur bedeutet, dass es verschiedene Aufgabengruppen gibt, für die bestimmte, jeweils unterschiedliche Regelungen gelten für z. B. Fragen zur Aufgabenfinanzierung oder auch zu den Eingriffsbefugnissen der Aufsichtsbehörden. Aus dieser Perspektive sind in Niedersachsen entsprechend der dualistischen Betrachtungsweise[5] zunächst zwei »Wirkungskreise« der Gemeinde zu unterscheiden, der »eigene« und der »übertragene« Wirkungskreis. Zum eigenen Wirkungskreis gehören die kommunalen Selbstverwaltungsaufgaben, zum übertragenen Wirkungskreis die Staatsaufgaben, welche der Staat, also der Bund oder das Bundesland Niedersachsen durch Parlamentsgesetz zur Erfüllung auf die Kommunen übertragen hat.

I. Eigener Wirkungskreis der Gemeinden

Der eigene Wirkungskreis umfasst diejenigen Angelegenheiten, deren Erledigung den Gemeinden bereits verfassungsrechtlich vorbehalten ist, auf Bundesebene in Art. 28 Abs. 2 S. 1 GG und für Niedersachsen in Art. 57 Abs. 1 und 4 NV. Es sind die Angelegenheiten der örtlichen Gemeinschaft. Die Erledigung dieser Angelegenheiten kann ihnen daher weder vom Land noch vom Bund durch Gesetz abgenommen werden. Ein solches Gesetz wäre verfassungswidrig und könnte von den Gemeinden mit einer Verfassungsklage angegriffen werden.[6]

Auch im Europäischen Recht werden Regelungen getroffen, die sich unmittelbar auf kommunale Aufgaben auswirken.[7] In Deutschland gilt seit 1987 die »Europäische Charta der Kommunalen Selbstverwaltung« als Bundesgesetz.[8] Auch wenn diese vom Europarat verabschiedeten Grundsätze noch nicht in allen Mitgliedsstaaten der Europäischen Union gelten, wurde die politische Stellung der Kommunen durch sie gestärkt. Für Deutschland hat diese Entwicklung indes kaum Auswirkungen, auch weil die Regelungen von Kommunen nicht auf europäischer Ebene einklagbar sind. Wirksam werden die Kommunen somit weiterhin verfassungsrechtlich auf Bundes- und Landesebene geschützt.

---

[4] Nach der Legaldefinition des § 1 Abs. 1 sind Kommunen die Gemeinden, die Samtgemeinden, die Landkreise u. die Region Hannover. Kleinere Gemeinden werden umgangssprachlich auch als Dörfer bezeichnet. Dieser Begriff hat keine rechtliche Bedeutung. Den Begriff Stadt, der für große Gemeinden verwendet wird, kennt das NKomVG hingegen. Es gibt nach § 14 Abs. 1 S. 1 kreisfreie Städte u. nach § 17 S. 1 große selbständige Städte. Stadt ist hierbei die Bezeichnung einer Gemeinde, wie § 20 Abs. 1 S. 1 regelt.

[5] Geregelt in § 4 Abs. 1 S. 1. So wie Niedersachsen folgen auch die Bundesländer Bayern, Brandenburg, Mecklenburg-Vorpommern, Rheinland-Pfalz, Saarland, Sachsen-Anhalt, Thüringen der dualistischen Betrachtungsweise. Hingegen folgen die Bundesländer Brandenburg, Baden-Württemberg, Hessen, Nordrhein-Westfalen, Sachsen der monoistischen Betrachtungsweise, wonach die Gemeinden alle öffentlichen Aufgaben als eigene ausführen. Das Äquivalent des übertragenden Wirkungskreises bilden hier die sogenannten »Aufgaben nach Weisung«. Bei diesen Pflichtaufgaben behält sich der Gesetzgeber ein Weisungsrecht vor, so dass die Gemeinde auch hier nicht frei in ihrer Gestaltung ist. Die Weisungen können im »monistischen Modell« nur in hinreichend begründeten Fällen erfolgen. Vertiefend zur monistischen u. dualistischen Aufgabenstruktur Gern, Rdnrn. 227 ff., der in der monistischen Aufgabenzuordnung u. Aufgabenaufteilung eine Abweichung von der Sichtweise des Grundgesetzes erkennt.

[6] Hierzu vertiefend der Sechste Teil.

[7] Vgl. hierzu Geis, § 4 Rdnr. 18.

[8] Vgl. hierzu und zum folgenden m.w.N. Geis, § 4 Rdnrn. 12 f.; s.a. Burgi, § 4 Rdnrn. 15 ff.

Das Bundesverfassungsgericht hat definiert, was unter Angelegenheiten der örtlichen Gemeinschaft i.S.v. Art. 28 Abs. 2 S. 1 GG zu verstehen ist. Es handelt sich danach um Angelegenheiten, die »[...] den Gemeindeeinwohnern gerade als solchen gemeinsam sind, indem sie das Zusammenleben und -wohnen der Menschen in der Gemeinde betreffen«.[9] Es sind »[...] diejenigen Bedürfnisse und Interessen, die in der örtlichen Gemeinschaft wurzeln oder auf sie einen spezifischen Bezug haben [...]«.[10] Zu dieser ohnehin recht unscharfen Definition kommt, dass sie keinen für allemal feststehenden Aufgabenkreis beschreibt, und nach Einwohnerzahl und Größe unterschiedlichen Gemeinden auch unterschiedliche Aufgaben zuschreibt.[11] Landesgesetzlich ist der eigene Wirkungskreis der Gemeinden in § 5 Abs. 1 Nr. 1 geregelt.

1. PFLICHTAUFGABEN DER GEMEINDEN

Kommunale Selbstverwaltung bedeutet, dass die Kommunen im Grundsatz frei entscheiden können, ob überhaupt und ggf. wie sie öffentliche Aufgaben erfüllen. Für bestimmte Aufgaben ist ihnen jedoch das erste Wahlrecht abgenommen, indem der Gesetzgeber sie zu sogenannten »Pflichtaufgaben« bestimmt.[12] Die Freiheit der Kommunen zur Aufgabenerfüllung in diesem Bereich besteht im Rahmen der Gesetze.

Seit 2006 gilt in Niedersachsen das sogenannte »Konnexitätsprinzip«[13], geregelt in Art. 57 Abs. 4 S. 2 NV, auch für Pflichtaufgaben.[14] Es bestimmt, dass der Gesetzgeber die Kommunen mit den Finanzmitteln auszustatten hat, die für die Erfüllung neuer Pflichtaufgaben notwendig werden. Eine Rückwirkung auf die am 1. Januar 2006 bereits bestehenden Pflichtaufgaben wurde jedoch nicht geregelt.[15] Auch wenn Aufgabenstandards erhöht werden, ist der finanzielle Mehraufwand auszugleichen.[16]

Die landesgesetzliche Regelungssystematik des eigenen Wirkungskreises in § 5 Abs. 1 ist wie auch bereits in der NGO missverständlich, weil die Pflichtaufgaben in § 5 Abs. 1 Nr. 4 in der Aufzählung einen zu § 5 Abs. 1 Nr. 1, »alle Angelegenheiten der örtlichen Gemeinschaft«, zusätzlichen Punkt einnehmen.[17] Tatsächlich können Pflichtaufgaben nur Angelegenheiten der örtlichen Gemeinschaft sein. Folgende Aufgaben sind von allen Gemeinden als Pflichtaufgaben des eigenen Wirkungskreises wahrzunehmen:

---

9 BVerfGE 79, 127 (151 f.).

10 BVerfGE 79, 127 (151) m.w.N.

11 BVerfGE 79, 127 (152).

12 § 5 Abs. 1 S. 1 Nr. 4, dessen Wortlaut insofern missverständlich ist, als er zur irrigen Annahme führen kann, es handele sich bei den Pflichtaufgaben um weitere, über die in § 5 Abs. 1 S. 1 Nr. 1 in Bezug genommenen Angelegenheiten der örtlichen Gemeinschaft hinausgehende Aufgaben. Tatsächlich sind Pflichtaufgaben aber stets Angelegenheiten der örtlichen Gemeinschaft.

13 Einen Überblick über die unterschiedlichen Regelungen in den anderen Bundesländern gibt Kluth, LKV 2009, S. 339 ff.

14 Nach der vorher geltenden Regelung, Art. 57 Abs. 4 NV, galt das Konnexitätsprinzip nur für Aufgaben des übertragenen Wirkungskreises. Vgl. hierzu Erster Teil, Kapitel A. II.

15 Art. 57 Abs. 4 S. 4 NV. Vgl. hierzu Ipsen, Rdnrn. 28 f.

16 M.w.N. Dombert, LKV 2011, S. 353 ff.

17 Vgl. oben, Fußnote 10.

a) Gemeindestraßen

Gemäß § 48 S. 1 NStrG sind die Gemeinden »Träger der Straßenbaulast«, was bedeutet, dass ihnen der Bau und die Unterhaltung der Gemeindestraßen obliegt. Auch die Straßenreinigung, wozu auch das Räumen von Eis und Schnee gehört, obliegt den Gemeinden, wobei letztgenannte Pflicht gemäß § 52 Abs. 4 S. 1 NStrG per Satzung auf die Eigentümer der anliegenden Grundstücke übertragen werden kann. Wer eine Straße über ihren eigentlichen Zweck hinaus nutzen möchte, braucht eine Erlaubnis von der Gemeinde gemäß § 18 Abs. 1 S. 2 NStrG.[18]

b) Grundschulen

Nach § 102 Abs. 1 NSchG sind die Gemeinden Schulträger der Grundschulen und haben haben als solche gemäß § 108 Abs. 1 S. 1 NSchG »[...] die erforderlichen Schulanlagen zu errichten, mit der notwendigen Einrichtung auszustatten und ordnungsgemäß zu unterhalten.«

c) Kindertagesstätten, u.U. Kinder- und Jugendhilfe

Gemäß § 24 Abs. 1 S. 1 SGB VIII hat jedes Kind vom vollendeten ersten Lebensjahr an und bis zum Schuleintritt einen Anspruch auf den Besuch einer Tageseinrichtung. Dieser Anspruch ist in Niedersachsen konkretisiert durch § 12 Abs. 1 KiTaG, wonach als Tageseinrichtung die Vormittagsgruppe eines Kindergartens oder einer dem Kindergarten entsprechenden Kleinen Kindertagesstätte in Betracht kommen. Der Anspruch des Kindes auf Besuch einer Tageseinrichtung besteht gegenüber dem sogenannten »Örtlichen Träger«, was in Niedersachsen gemäß § 1 Nds. AG SGB VIII Landkreise und kreisfreie Städte sind. Von ihnen werden auch Leistungen zur Jugendhilfe erbracht, d.h. gemäß § 2 Abs. 2 SGB VIII u.a. Angebote der Jugendarbeit und die Förderung der Erziehung in der Familie. Gemäß § 13 Abs. 1 Nds. AG SGB VIII können Gemeinden im Einvernehmen mit dem örtlichen Träger Aufgaben der öffentlichen Jugendhilfe wahrnehmen.

d) Abwasserbeseitigung

Die Pflicht zur Abwasserbeseitigung von Gemeinden in ihrem Gebiet ergibt sich aus § 96 Abs. 1 S. 1 NWG. Nach § 97 Abs. 1 S. 1, 2 NWG können sie sich zu öffentlich-rechtlichen Körperschaften zusammenschließen, um dieser Pflicht nachzukommen.

e) Feuerwehr und Hilfeleistung

§ 2 Abs. 1 S. 1 NBrandSchG verpflichtet die Gemeinden u. a. zum abwehrenden Brandschutz, also der Bereithaltung einer den örtlichen Verhältnissen angemessenen Feuerwehr sowie zur Hilfeleistung. Ab einer Größe von 100.000 Einwohnern müssen Gemeinden eine Berufsfeuerwehr aufstellen, wie § 8 Abs. 1 S. 1 NBrandSchG regelt. Kleinere Gemeinden können wahlweise eine Berufsfeuerwehr, eine Freiwillige Feuerwehr oder, wenn die hierzu erforderliche Mindeststärke nicht erreicht werden kann, eine Pflichtfeuerwehr aufstellen, §§ 10 Abs. 1, 14 Abs. 1 NBrandSchG. Die Gemeinden haben sich hierbei auch gegenseitig zu unterstützen.[19]

---

[18] Von Verbotsvorschriften der Straßenverkehrsordnung kann aber nur die Straßenverkehrsbehörde Ausnahmen erteilen. Hier werden die Kommunen im übertragenen Wirkungskreis tätig.

[19] Ipsen, Rdnr. 119.

2. FREIWILLIGE AUFGABEN DER GEMEINDEN UND ALLZUSTÄNDIGKEIT

Die übrigen Aufgaben des eigenen Wirkungskreises sind sogenannte »freiwillige Aufgaben«. Die Erfüllung der Pflichtaufgaben geht der Erfüllung von freiwilligen Aufgaben vor, das heißt, die Gemeinde muss so wirtschaften, dass zunächst sämtliche Pflichtaufgaben finanziert sind, bevor freiwillige Aufgaben wahrgenommen werden können.[20] Die Gemeinden haben ein Anrecht darauf, vom Gesetzgeber mit finanziellen Mitteln in der Höhe ausgestattet zu werden, dass sie in gewissen Umfang noch freiwillige Aufgaben wahrnehmen können. Die finanzielle Situation vieler Kommunen in der Bundesrepublik Deutschland und auch in Niedersachsen dürfte aber gleichwohl schlecht sein.[21] Zu den freiwilligen Aufgaben der Kommunen zählen:[22]

a) Energie- und Wasserversorgung, Telekommunikation und Personennahverkehr

Im Rahmen der sogenannten »Basisversorgung« sind die Gemeinden für die Versorgung der Einwohner mit Energie und Wasser zuständig.[23] Entsprechende Versorgungseinrichtungen können sie gemäß § 136 Abs. 1 S. 2 Nr. 3 wie auch Telekommunikationsleitungsnetze einschließlich der Telefondienstleistungen sowie den öffentliche Personennahverkehr durch sogenannte Unternehmen betreiben, die auch Gewinne erzielen dürfen.[24] Weil die Gemeinde hierdurch in Konkurrenz zu privaten Dritten treten könnte, ist diese Aufgabenwahrnehmung von weiteren Voraussetzungen abhängig. Der öffentliche Personennahverkehr wird automatisch zur Pflichtaufgabe des Landkreises, wenn die Gemeinden nicht tätig werden.[25]

b) Bildungs- und Kulturangebote

Außerdem sind Gemeinden für das Unterbreiten von Bildungs- und Kulturangeboten zuständig. In Form von sogenannten »öffentlichen Einrichtungen«, auf deren Nutzung grundsätzlich jeder Einwohner einen Anspruch hat, werden zu diesem Zweck beispielsweise Museen und Volkshochschulen errichtet und unterhalten.[26] Das Betreiben einer kulturell, sozial und traditionsmäßig bedeutsamen Einrichtung, wozu auch ein Weihnachtsmarkt gehören kann, zählt zwar zu den freiwilligen Aufgaben, darf aber nicht ohne Weiteres aufgegeben werden, denn der Gemeinde obliegt auch die Sicherung und Wahrung ihres Aufgabenbereiches.[27]

---

[20] Dols/Plate, Rdnr. 45; Ipsen, Rdnr. 112.

[21] Diese Diskussion über die schlechte finanzielle Lage vieler Kommunen wird begleitet von der Debatte um eine finanzielle Mindestausstattung der Kommunen vor dem Hintergrund der ebenfalls schlechten finanziellen Situation des Bundeslandes Niedersachsen, siehe hierzu Kapitel C. III. 4.

[22] Vgl. auch die Aufzählung in Ipsen, Rdnrn. 104 ff.

[23] Ipsen, Rdnr. 104.

[24] Der Gegenbegriff zu Unternehmen lautet Einrichtungen. Einrichtungen sind gemäß § 136 Abs. 3 keine Unternehmen u. dürfen nicht auf Gewinnerzielung ausgerichtet werden.

[25] Ipsen, Rdnr. 104. Vgl. hierzu die Regelungen in § 4 Abs. 2 und 3 NNVG.

[26] Gern, Rdnr. 232.

[27] BVerwG NVwZ 2009, 1305 (1307 f.).

c) Soziale Leistungen

Über den Pflichtaufgabenkatalog hinaus können die Gemeinden freiwillig soziale Leistungen wie die Betreuung Behinderter, die Unterstützung von Familien und der Drogenberatung übernehmen.[28]

d) Förderung des Vereinswesens, Erholungs- und Sportförderung

Nicht nur im sportlichen Bereich können die Gemeinden Vereine personell und finanziell unterstützen. Als öffentliche Einrichtungen werden den Einwohnern Sportplätze, Hallen- und Freibäder und Parkanlagen zur Verfügung gestellt.[29]

e) Wirtschaftsförderung

Zur Förderung der Wirtschaft vor Ort können die Gemeinden Maßnahmen ergreifen, um die Ansiedlung von Wirtschaftsunternehmen zu fördern. Sie können aber auch gezielt einzelne Wirtschaftsbereiche fördern und auch gemäß § 1 Abs. 1 S. 1 NSpG Sparkassen errichten, wenn es ihnen von der Sparkassenbehörde gestattet wird, § 1 Abs. 2 NSpG.

II. Übertragener Wirkungskreis der Gemeinden

Im übertragenen Wirkungskreis übernehmen die Gemeinden staatliche Aufgaben des Landes oder des Bundes. Hierbei sind sie nicht nur an Gesetze gebunden, sondern haben sich auch den Weisungen der Aufsichtsbehörden zu unterwerfen. Beispiele für den übertragenen Wirkungskreis sind:

1. PERSONENSTANDSWESEN, MELDEWESEN UND PERSONALAUSWEISE

In den Standesämtern der Gemeinde, § 1 S. 1 Nds.AVO PStG werden die Personenstandsregister, also gemäß § 3 Abs. 1 PStG das Ehe-, das Partnerschafts-, das Geburten- sowie das Sterberegister geführt. Gemäß § 1 S. 2 Nds.AVO PStG gehören diese Aufgaben zum übertragenen Wirkungskreis.

2. ALLGEMEINE GEFAHRENABWEHR

Die Aufgabe der Gefahrenabwehr haben die Verwaltungsbehörden und die Polizei gemeinsam, § 1 Abs. 1 S. 1 Nds.SOG. Auch hier werden die Gemeinden, welche als Verwaltungs-

[28] Gern, Rdnr. 232.
[29] Gern, Rdnr. 232.

behörden[30] nach § 97 Abs. 1 Nds.SOG grundsätzlich sachlich zuständig sind, gemäß § 97 Abs. 6 Nds.SOG im übertragenen Wirkungskreis tätig.

3. GEWERBEANGELEGENHEITEN

Für Gewerbeangelegenheiten, also unter anderem für die Erteilung von Erlaubnissen zum Betreiben eines genehmigungspflichtigen Gewerbes, aber auch für das Anzeigeverfahren sind die Gemeinden regelmäßig zuständig, was in der ZustVO-Wirtschaft, § 1, Anl. 1, geregelt ist. Auch für einige Maßnahmen nach dem GastG sind die Gemeinden danach zuständig.

III. Samtgemeinden

In Niedersachsen können sich Gemeinden gemäß § 97 S. 1 freiwillig zu Samtgemeinden zusammenschließen, um die Verwaltungskraft zu stärken. Indem eine Samtgemeinde gebildet wird, gehen gemäß § 98 Abs. 1 S. 1 bestimmte Aufgaben der Gemeinden des eigenen Wirkungskreises auf die Samtgemeinde über. In diesen Bereichen haben die Mitgliedsgemeinden dann keine Kompetenzen mehr, und sie dürfen die Entscheidungen der Samtgemeinde beispielsweise zur Standortentscheidung für eine Realschule auch nicht unterlaufen, indem sie etwa eine Realschule in freier Trägerschaft an einem anderen Standort initiieren und finanziell unterstützen.[31] Die Aufgaben des übertragenen Wirkungskreises gehen sämtlichst auf die Samtgemeinden über, wie § 98 Abs. 2 S. 1 bestimmt. Die Übertragung weiterer Aufgaben des eigenen Wirkungskreises von der Gemeinde auf die Samtgemeinde ist in § 98 Abs. 1 S. 2, 3 und in Abs. 2 geregelt. Die Gemeinden einer Samtgemeinde werden als Mitgliedsgemeinden bezeichnet. Gemeinden, die keiner Samtgemeinde angehören, heißen Einheitsgemeinden. Damit Gemeinden sich zu Samtgemeinden zusammenschließen können, müssen sie gemäß § 97 S. 1 mindestens 400 Einwohner haben. Eine Samtgemeinde soll nach § 97 S. 2 mindestens 7.000 Einwohner haben. In Niedersachsen sind von insgesamt 1.022 Gemeinden 736 Mitgliedsgemeinden und 286 Einheitsgemeinden.[32]

Die Samtgemeinden erledigen nach § 98 Abs. 2 S. 1 die Aufgaben des übertragenen Wirkungskreises der Mitgliedsgemeinden. Auch für einen in § 98 Abs. 1 S. 1 aufgestellten Katalog von Aufgaben des eigenen Wirkungskreises der Mitgliedsgemeinden sind die

[30] Es gibt verschiedene Behördenbegriffe. Nach dem im allgemeinen Verwaltungsrecht geltenden Behördenbegriff ist eine Behörde gemäß § 1 Abs. 4 VwVfG, der wortgleich mit § 1 Abs. 4 NVwVfG ist, jede Stelle, die Aufgaben der öffentlichen Verwaltung wahrnimmt. Behörden in den Kommunen sind die Hauptverwaltungsbeamtin oder der Hauptverwaltungsbeamte, die Vertretung, der Hauptausschuss sowie einige beschließende Ausschüsse, Knack-Henneke, VwVfG, § 1 Rdnr. 44. Zum Behördenbegriff siehe auch Weidemann, NVwVfG, § 1 Rdnr. 25.

[31] So OVG Lüneburg, BeckRS 2011, 47214.

[32] Die bis 2006 geltende Regelung, dass Samtgemeinden sich aus höchstens zehn Mitgliedsgemeinden zusammensetzen dürfen, wurde aufgehoben, um die Bildung von Samtgemeinden zu fördern, Armbrust, S. 46. Zur jeweiligen Anzahl von Gemeinden, Mitgliedsgemeinden u. Einheitsgemeinden siehe Website des Nds. Ministeriums für Inneres u. Sport: http://www.mi.niedersachsen.de/live/live.php?navigation_id=14805&article_id=63108&_psmand=33 (zuletzt besucht am 1. September 2013).

Samtgemeinden zuständig. Darüber hinaus können alle oder einzelne Mitgliedsgemeinden einer Samtgemeinde weitere Aufgaben des eigenen Wirkungskreises auf die Samtgemeinde übertragen, § 98 Abs. 1 S. 2. Es ist möglich, die finanziellen Folgen der Aufgabenübertragung auch mit Rückwirkung zu regeln.[33]

IV. Landkreise und die Region Hannover

So wie Samtgemeinden sind auch Landkreise Verbände von Gemeinden.[34] Im Unterschied zu Samtgemeinden sind Landkreise vom Grundgesetz vorgesehene Gemeindeverbände und haben so wie auch die Gemeinden einen eigenen Wirkungskreis.[35] Niedersachsens 37 Landkreise[36] und die Region Hannover sind daher sowohl Gemeindeverbände aber auch Gebietskörperschaften, was so auch in § 3 Abs. 1 betont wird.[37] Es gibt in Niedersachsen acht »kreisfreie« Gemeinden. Die Landeshauptstadt Hannover hat eine Sonderstellung.[38] Alle anderen Gemeinden sind Mitglied eines Landkreises.

Als Gemeindeverbände nehmen die Landkreise gemäß § 3 Abs. 2 S. 1 diejenigen Aufgaben des eigenen Wirkungskreises von Gemeinden wahr, deren zweckmäßige Erfüllung die Verwaltungs- oder Finanzkraft der Gemeinden beziehungsweise der Samtgemeinden übersteigt. Die Landkreise haben die Gemeinden und Samtgemeinden nach § 3 Abs. 2 S. 2 bei der Erfüllung ihrer Aufgaben zu unterstützen. Diejenigen Aufgaben der Gemeinden oder Gemeindeverbände, welche sie nicht oder nur unwirtschaftlich wahrnehmen können, erfüllt der Landkreis als sogenannte Ergänzungsaufgaben.[39] Sie unterstützen die Gemeinde außerdem bei der Erfüllung ihrer Aufgaben. Daneben obliegen den Landkreisen nach § 3 Abs. 2 S. 2 auch sogenannte Ausgleichsaufgaben. Sie haben für einen angemessenen Ausgleich der Gemeindelasten zu sorgen.

Letztlich haben die Landkreise und die Region Hannover aber auch einen eigenen Wirkungskreis, der sich ebenso wie bei den Gemeinden in Pflichtaufgaben und freiwillige Aufgaben unterteilt.[40] Sie sind nämlich gemäß § 3 Abs. 2 S. 1 für solche Aufgaben zuständig, die gerade keine Angelegenheiten der örtlichen Gemeinschaft darstellen, sondern überörtliche i.S.v. übergemeindliche Bedeutung haben. Diese Zuständigkeit der Landkreise ist bereits verfassungsmäßig sowohl in Art. 28 Abs. 2 S. 2 GG als auch für Niedersachsen in Art. 57 Abs. 1 NV verankert. Nach dem sogenannten Subsidiaritätsprinzip ist ein Landkreis gegenüber einer Gemeinde nur nachrangig zuständig, das heißt erst dann, wenn die Gemeinde mit der

33 Vgl. hierzu OVG Lüneburg, BeckRS 2010, 56515.
34 Blum/Häusler/Meyer-Meyer, NKomVG, § 3 Rdnr. 2.
35 Blum/Häusler/Meyer-Meyer, NKomVG, § 3 Rdnrn. 7 ff.
36 Stand 1.8.2011.
37 Blum/Häusler/Meyer-Meyer, NKomVG, § 3 Rdnrn. 1.
38 Die speziellen Aufgaben- u. Kostenregelungen für die Region Hannover sowie für die Landeshauptstadt Hannover finden sich in §§ 159 ff.
39 Zur Einteilung in die vier Aufgabenkreise »Aufgaben von überörtlicher Bedeutung«, »Ergänzungsaufgaben«, »Unterstützungsaufgaben« u. »Ausgleichsaufgaben« u. die entsprechenden Funktionen des Landkreises vgl. Ipsen, Rdnrn. 123 f.
40 Ipsen, Rdnrn. 121–140.

Aufgabenerfüllung überfordert ist oder einer Förderung durch den Landkreis bedarf.[41] Auch ein Ausgleich zwischen den Gemeinden ist danach nur vorzunehmen, wenn und soweit er durch einen entsprechenden Bedarf gerechtfertigt ist.[42]

1. PFLICHTAUFGABEN DES EIGENEN WIRKUNGSKREISES DER LANDKREISE

Zu den Aufgaben, die Landkreise als Pflichtaufgaben im eigenen Wirkungskreis wahrnehmen, gehören:

a) Kreisstraßen, ÖPNV und Regionalplanung

Nach § 43 Abs. 1 S. 2 NStrG sind die Landkreise Träger der Straßenbaulast für Kreisstraßen. Sie sind ebenfalls Träger des öffentlichen Personennahverkehrs mit Ausnahme des Schienenpersonennahverkehrs, für den das Land zuständig ist.[43] Nach § 26 Abs. 1 S. 1 NROG sind die Landkreise Träger der Regionalplanung und haben als solche das Regionale Raumordnungsprogramm aufzustellen und zu verwirklichen sowie Maßnahmen von überörtlicher Bedeutung und raumbedeutsame Maßnahmen abzustimmen, § 1 Abs. 5 Nr. 2 NROG.

b) Berufsbildende und allgemeinbildende Schulen

Die Landkreise sind mit Ausnahme der Grundschulen gemäß § 102 Abs. 2 NSchG Schulträger für alle Schulformen. Hierzu gehören die berufsbildenden und die allgemeinbildenden Schulen. Auch die Schülerbeförderung ist Aufgabe der Landkreise, was in § 114 Abs. 1 S. 1 NSchG geregelt ist. Anders als in den meisten anderen Bundesländern sind in Niedersachsen nicht die Kommunen, sondern gemäß § 120 Abs. 1 S. 1 NSchG das Kultusministerium und die Landesschulbehörde für die Schulentwicklungsplanung zuständig.[44]

c) Abfallentsorgung und Abwasserbeseitigung

Nach § 6 Abs. 1 S. 1 NAbfG sind die Landkreise Entsorgungsträger, das heißt, sie haben nach § 15 Abs. 1 S. 1 KrW-/AbfG die in ihrem Gebiet angefallenen und überlassenen Abfälle aus privaten Haushaltungen und Abfälle zur Beseitigung aus anderen Herkunftsbereichen zu verwerten oder zu beseitigen. Die den Gemeinden obliegende Abwasserbeseitigung kann ein Landkreis übernehmen, soweit die Gemeinden dies beantragen, § 97 Abs. 2 S. 1 NWG. Dann wird diese Aufgabe gemäß § 97 Abs. 2 S. 2 NWG zur Pflichtaufgabe des Landkreises.

---

41 Ipsen, Rdnr. 144. Die ebenfalls diskutierten Abgrenzungstheorien des »Regionalprinzips« u. des »Prioritätsprinzips« sind untauglich, Ipsen, Rdnrn. 143 f. m.w.N.

42 Ipsen, Rdnr. 144.

43 § 4 Abs. 1 Nr. 3 NNVG. Auch für den Schienenpersonennahverkehr sind nach der Sonderregel zuständig die Region Hannover u. der Zweckverband Braunschweig, § 4 Abs. 1 Nr. 1 a) u. b) NNVG.

44 In anderen Bundesländern sind zumeist die Landkreise und kreisfreien Städte zuständig, vgl. hierzu mit einer Zusammenstellung der entsprechenden Rechtsgrundlagen Winkler, DÖV 2011, S. 686, der die mögliche Begrenzung dieser den Kommunen so eröffneten Gestaltungsfreiheit beleuchtet, S. 687 ff.

d) Brandschutz, Rettungsdienst und Krankenhäuser

So wie die Gemeinden zum abwehrenden Brandschutz verpflichtet sind, obliegt den Landkreisen der übergemeindliche abwehrende Brandschutz.[45] Diesen erfüllen die Landkreise z. B., indem sie Ausbilderlehrgänge durchführen und eine ständig bereite Einsatzleitzentrale sowie eine Kreisfeuerwehr bereithalten. Außerdem sind Landkreise zum vorbeugenden Brandschutz verpflichtet, § 3 Abs. 2 NBrandSchG. Auch die Sicherstellung eines Rettungsdienstes[46] sowie einer Krankenhausversorgung, § 1 S. 1 NdsKHG, sind Pflichtaufgaben der Landkreise.

e) Sozialhilfe, Grundsicherung, Jugendhilfe, Betreuungswesen und Kriegsopferfürsorge

Die Sozialleistungen Sozialhilfe[47], Grundsicherung für Arbeitssuchende[48] und die öffentliche Jugendhilfe[49] sind ebenfalls Pflichtaufgaben des eigenen Wirkungskreises der Landkreise. Gemäß § 1 S. 1 und 2 Nds.AGBtG sind die Landkreise und kreisfreien Städte als »Betreuungsstelle« für Betreuungsangelegenheiten i.S.v. § 1 S. 1 BtBG zuständig.

2. FREIWILLIGE AUFGABEN DER LANDKREISE

Viele der freiwilligen Aufgaben der Gemeinden können eine überörtliche Bedeutung gewinnen und so freiwillige Aufgabe eines Landkreises werden.

a) Energie- und Wasserversorgung

Landkreise erfüllen die Aufgabe der Energie- und Wasserversorgung als überörtliche Versorger.[50] Die Gemeinden sind im Unterschied dazu auf das Gemeindegebiet beschränkt.

b) Bildungs- und Kulturangebote

Auch Bildungs- und Kulturangebote mit überörtlicher Bedeutung können Landkreise erbringen. Hierzu werden Volkshochschulen, Museen und Archive bereitgestellt.[51]

c) Soziale Leistungen und Wohnungsbau

Als freiwillige soziale Leistungen werden von den Landkreisen beispielsweise Alten- und Pflegeheime und Behinderteneinrichtungen unterhalten.[52] Oftmals wird der entsprechende

---

45 Ein Aufgabenkatalog ist in § 3 Abs. 1 NBrandSchG geregelt.

46 Nach § 3 Abs. 1 Nr. 2 NRettungsDG sind Landkreise Träger des Rettungsdienstes bis auf die Luftrettung, für die das Land nach § 3 Abs. 1 Nr. 1 NRettungsDG zuständig ist.

47 § 3 Abs. 2 S. 1 SGB XII, § 1 S. 1 Nds.AG SGB XII.

48 § 6 Abs. 1 Nr. 2 SGB II, § 1 Abs. 1 S. 1 Nds.AG SGB II/BKGG.

49 § 69 Abs. 1 SGB VIII, § 1 Abs. 1 S. 1 Nds. AG SGB VIII.

50 Ipsen, Rdnr. 125.

51 Ipsen, Rdnr. 127.

52 Ipsen, Rdnr. 126.

Bedarf die finanzielle Leistungsfähigkeit der Gemeinde überschreiten. Auch im Wohnungsbau können Landkreise die Gemeinden unterstützen.[53]

d) Erholungs- und Sportförderung

Wie auch die Gemeinden können Landkreise Einrichtungen wie Erholungs- und Sportanlagen errichten und unterhalten.[54]

e) Wirtschaftsförderung

Die überörtliche Wirtschaftsförderung und die Förderung des Fremdenverkehrs sind Aufgaben der Landkreise.[55] Die Landkreise können darüber hinaus auch Träger von Kreissparkassen sein, § 1 Abs. 1 S. 1 NSpG, was regelmäßig der Fall ist.

3. PFLICHTAUFGABEN DES ÜBERTRAGENEN WIRKUNGSKREISES DER LANDKREISE

a) Hilfen für psychisch Kranke und Leistungen an Asylbewerber

Den Landkreisen und kreisfreien Städten obliegen gemäß § 3 NPsychKG die Hilfen[56] und Schutzmaßnahmen[57] für psychisch Kranke. Sie sind nach § 2 Abs. 1 S. 1 AufnG auch grundsätzlich für die Durchführung des Asylbewerberleistungsgesetzes zuständig, also für die Gewährung von Leistungen wie Unterkunft, Heizung, Ernährung, Kleidung und Körperpflegebedarf.[58]

b) Natur-, Tier- und Waldschutz

Als untere Naturschutzbehörden, § 31 Abs. 1 S. 1 NAGBNatSchG haben die Landkreise und die kreisfreien Städte den Landschaftsrahmenplan als fachliche Grundlage für den Naturschutz in ihrem Bezirk aufzustellen. Weitere Aufgaben sind der gesetzliche Artenschutz und das Ausweisen von Naturschutz- und Landschaftsschutzgebieten. Bevor Bauvorhaben in diesen Gebieten genehmigt werden, ist die Naturschutzbehörde zu beteiligen. Auch für die Durchführung des Tierschutzgesetzes sind von einigen Ausnahmen abgesehen gemäß § 1 Abs. 1 Nr. 10 AllgVorbehVO ebenfalls die Landkreise und die kreisfreien Städte zuständig und haben so das Leben und Wohlbefinden, § 1 S. 1 TierschG, aller Tiere insbesondere bei deren Haltung, §§ 2, 3 TierschG, zu schützen.

---

53 Ipsen, Rdnr. 129.
54 Ipsen, Rdnr. 128.
55 Ipsen, Rdnr. 130.
56 Vgl. hierzu §§ 4–11 NPsychKG.
57 Vgl. hierzu §§ 12–29 NPsychKG.
58 Die sogenannten Grundleistungen sind in § 3 Abs. 1 S. 1 AsylbLG geregelt u. werden grundsätzlich in Form von Sachleistungen gewährt.

Letztlich haben die Landkreise und kreisfreien Städte gemäß § 43 Abs. 1 S. 1 NWaldLG auch die Aufgaben der Waldbehörden und der höheren Forstbehörden wahrzunehmen.[59] Erstaufforstungen und Waldumwandlungen bedürfen gemäß § 8 Abs. 1 S. 1 NWaldLG und § 9 Abs. 1 S. 1 NWaldLG ihrer Genehmigung.

c) Jagdwesen

Gemäß § 36 Abs. 1 S. 1 NJagdG sind die Landkreise und kreisfreien Städte Jagdbehörden und Behörden i.S.d. Bundesjagdgesetzes und so für die Kontrolle der Jagdausübung und der Wildhege sowie für die Einhaltung des Jagdschutzes zuständig.

d) Abfallbehörden

Nach § 41 Abs. 2 NAbfG sind untere Abfallbehörden die Landkreise und die kreisfreien Städte sowie die Städte Celle, Cuxhaven, Göttingen, Hildesheim und Lüneburg. Sie führen unter anderem das Kreislaufwirtschafts- und Abfallgesetz aus und haben so die Abfallentsorgung der gewerblichen Wirtschaft zu überwachen.

e) Katastrophenschutz, Zivilschutz und Deichwesen

Landkreise und kreisfreie Städte sind gemäß § 2 Abs. 1 NKatSG die Katastrophenschutzbehörden und haben also solche die Bekämpfung von Katastrophen vorzubereiten und durchzuführen. Hierzu haben sie gemäß § 6 Abs. 1 S. 1 NKatSG einen Katastrophenschutzstab zu bilden. Auch für Evakuierungsmaßnahmen zum Schutz vor besonderen Gefahren im Verteidigungsfall oder für Zwecke der Verteidigung sind sie gemäß § 1 Nr. 1 AllZustVO-Kom, § 10 Abs. 1 ZSG zuständig. Sie sind gemäß § 30 Abs. 2 S. 1 NDG auch untere Deichbehörden.

f) Kommunalaufsicht

Letztlich üben die Landkreise gemäß § 171 Abs. 2 die Kommunalaufsicht[60] über die die Gemeinden, welche nicht mindestens den Status einer großen selbständigen Stadt haben, sowie über die Samtgemeinden aus. Über die großen selbständigen Städte, die kreisfreien Städte, die Landkreise und die Region Hannover ist indes nach § 171 Abs. 1 das Niedersächsische Innenministerium die zuständige Kommunalaufsichtsbehörde.

---

[59] Für die Feld- u. Forstordnung, zu denen Feld- u. Forsthüter berufen werden müssen, sind indes die Gemeinden im übertragenen Wirkungskreis zuständig, was § 43 Abs. 2 S. 1, 2 u. Abs. 6 S. 1 NWaldLG regelt.

[60] Zur Kommunalaufsicht vgl. den Fünften Teil.

V. Kreisfreie und große selbständige Städte, selbständige Gemeinden

Zehn niedersächsische Städte, nämlich Hannover, Göttingen, Braunschweig, Delmenhorst, Emden, Oldenburg, Osnabrück, Salzgitter, Wilhelmshaven und Wolfsburg nehmen nach § 18 auch die gesamten Aufgaben wahr, für die grundsätzlich die Landkreise zuständig sind. Bis auf Hannover und Göttingen handelt es sich gemäß § 14 Abs. 6 bei diesen Städten um »kreisfreie Städte«. Zwar sind Hannover und Göttingen keine kreisfreien Städte, doch finden die Vorschriften auch für sie entsprechende Anwendung, was in §§ 15 Abs. 2 S. 2, 16 Abs. 2 geregelt ist.

Nur die Aufgaben des übertragenen Wirkungskreises der Landkreise nehmen die großen selbständigen Städte und die selbständigen Gemeinden wahr, soweit dies nicht anders geregelt ist, § 17 S. 1. Die nach den kreisfreien Städten nächstgrößeren Gemeinden sind die großen selbständigen Städte. Dies sind gemäß § 14 Abs. 5 die Städte Celle, Cuxhaven, Goslar, Hameln, Hildesheim, Lingen (Ems) und Lüneburg. Die Rechtsstellung einer selbständigen Gemeinde haben Gemeinden mit mehr als 30.000 Einwohnern, § 14 Abs. 3 S. 1. Ab 20.000 Einwohnern können sie nach § 14 Abs. 3 S. 2 von der Landesregierung zu selbstständigen Gemeinden erklärt werden, wenn sie dies beantragen, ihre Verwaltungskraft dies rechtfertigt und die zweckmäßige Erfüllung der Kreisaufgaben nicht gefährdet wird.

Zu den Aufgaben des übertragenen Wirkungskreises, die selbständige Gemeinden zusätzlich erfüllen, gehören das Versammlungswesen, bestimmte Gewerbe-, Handwerks- und Gaststättenangelegenheiten, Waffen, Straßenverkehr und Wohngeld.[61] Aufgaben, die von Gemeinden ab der Größe einer großen selbständigen Stadt erfüllt werden, sind beispielsweise das Aufenthalts- und Passrecht, die Bauaufsicht, die Personenbeförderung, der Güterkraftverkehr und der Denkmalschutz.[62]

---

61 Übersichtlich mit Rechtsgrundlagen Ipsen, Rdnr. 196, wobei Betreuungswesen falsch als Aufgabe des übertragenen Wirkungskreises eingeordnet wird.

62 Ipsen, Rdnr. 196.

LANDKREISE, KREISFREIE STÄDTE UND DIE REGION

Eigener Wirkungskreis		**Übertragener Wirkungskreis**
Pflichtaufgaben	Freiwillige Aufgaben	Pflichtaufgaben
• Kreisstraßen, ÖPNV, Regionalplanung • Berufs- und allgemeinbildende Schulen • Abfall und Abwasser • Brandschutz, Rettungsdienst und Krankenhäuser • Sozial- und Jugendhilfe	• Energie, Wasser, Telekommunikation • Museen und Volkshochschulen • Soziale Leistungen • Erholung und Sport • Wirtschaftsförderung	• Hilfen für psychisch Kranke • Hilfen für Asylbewerber • Natur-, Tier- und Waldschutz • Jagdwesen • Abfallbehörden • Katastrophenschutz, Zivilschutz, Deichwesen • Kommunalaufsicht

Die Pflichtaufgaben der großen selbständigen Städte und der selbständigen Gemeinde gehören in kleineren Gemeinden zu den Pflichtaufgaben des entsprechenden Landkreises bzw. der Region:

Pflichtaufgaben des übertragenen Wirkungskreises ab der Größe: Große selbständige Stadt

- Aufenthalts- und Passrecht
- Bauaufsicht
- Personenbeförderung
- Güterkraftverkehr
- Denkmalschutz

Pflichtaufgaben des übertragenen Wirkungskreises ab der Größe: Selbständige Gemeinde

- Versammlungswesen
- Bestimmte Gewerbe, Handwerks- und Gaststättenangelegenheiten
- Waffen
- Straßenverkehr
- Wohngeld

GEMEINDEN UND SAMTGEMEINDEN

Eigener Wirkungskreis		**Übertragener Wirkungskreis**
Pflichtaufgaben	Freiwillige Aufgaben	Pflichtaufgaben
• Gemeindestraßen • Grundschulen • Kindertagesstätten und Spielplätze • Kinder- und Jugendhilfe • Feuerwehr	• Energie, Wasser, Telekommunikation • Museen und Volkshochschulen • Soziale Leistungen • Erholung und Sport • Wirtschaftsförderung	• Personenstandswesen, Meldewesen, Personalausweise • Allgemeine Gefahrenabwehr • Gewerbeangelegenheiten

B. RECHTSNATUR VON KOMMUNEN: RECHTS-, GESCHÄFTS- UND DIENSTHERRENFÄHIGKEIT

Kommunen in Niedersachsen sind nach § 1 Abs. 1 die Gemeinden, die Samtgemeinden, die Landkreise und die Region Hannover. Alle Kommunen sind juristische Personen des öffentlichen Rechts und können als solche so wie natürliche Personen Träger von Rechten und Pflichten sein.

I. Gebietskörperschaften und Gemeindeverbände

Die Gemeinden, die Landkreise und die Region Hannover sind gemäß § 2 Abs. 2 und § 3 Abs. 1 Gebietskörperschaften. Kennzeichnend für Körperschaften ist, dass sie Mitglieder haben.[63] Für Gebietskörperschaften gilt, dass alle Einwohner Mitglieder der Gemeinde und des Landkreises sind, in deren Gebiet sie ihren Wohnsitz haben.[64] So wie die niedersächsischen Gemeinden, Landkreise und die Region Hannover sind auch die Samtgemeinden Gebietskörperschaften[65], denn sie verfügen über ein Gebiet, welches sich aus Gemeindegebieten der Mitgliedsgemeinden zusammensetzt.

Landkreise, die Region Hannover und die Samtgemeinden sind darüber hinaus auch Gemeindeverbände, § 3 Abs. 1 und § 2 Abs. 3. Gemeindeverbände sind Zusammenschlüsse von Gemeinden zur Erfüllung von Aufgaben, welche von den Verbänden besser als von der einzelnen Gemeinde wahrgenommen werden können.[66]

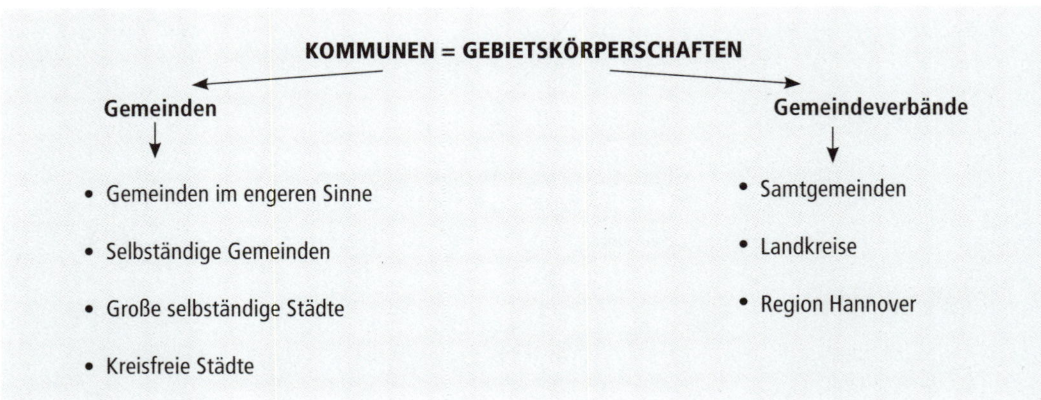

[63] Ipsen, Rdnr. 46.
[64] Ipsen, Rdnr. 46.
[65] Ipsen, Rdnr. 928; Gern, Rdnrn. 863 u. 959.
[66] Für Landkreise vgl. nur § 3 Abs. 2 S. 1 u. für Samtgemeinden § 97 S. 1 .

II. Rechts-, Handlungs-, Geschäfts- und Deliktsfähigkeit der Kommunen

Alle Kommunen sind juristische Personen, nämlich Gebietskörperschaften des öffentlichen Rechts. Als solche sind sie rechtsfähig, das heißt, sie können selbständige Träger von Rechten und Pflichten sein. Dies gilt auch in privatrechtlicher Hinsicht, so dass Kommunen beispielsweise auch Eigentümer von Grundstücken sein können und auch erbfähig sind.[67] Anders als natürliche Personen und juristische Personen des privaten Rechts sind Kommunen aber nicht grundrechtsfähig.[68] Grundrechte gewähren Freiräume des Bürgers, die vor Eingriffen des Staates geschützt sind. Indem Kommunen Aufgaben der Eingriffsverwaltung erfüllen, sind sie grundrechtsverpflichtet, haben also die geschützten Freiräume des Bürgers zu achten.[69] Somit schränken Grundrechte ihre Handlungsmöglichkeiten ein und erweitern nicht ihre Freiräume.[70]

Als juristische Personen sind die Kommunen handlungsfähig, können also rechtserhebliche Handlungen vornehmen.[71] Sie handeln wie alle juristischen Personen durch ihre Organe.[72] Kommunen sind auch geschäftsfähig, können also rechtsgeschäftliche Erklärungen abgeben und sich dadurch wirksam binden. Die Organe, welche für die Kommune handeln und sie rechtsgeschäftlich vertreten, heißen in Niedersachsen gemäß § 7 Abs. 1 die Vertretung, der Hauptausschuss und die Hauptverwaltungsbeamtin oder der Hauptverwaltungsbeamte. Die Aufgabenzuständigkeiten sind überwiegend im NKomVG geregelt. Die Hauptverwaltungsbeamtin oder der Hauptverwaltungsbeamte vertritt beispielsweise die Kommune gemäß § 86 Abs. 1 S. 2 in allen Rechts- und Verwaltungsgeschäften sowie in gerichtlichen Verfahren, während die Vertretung beispielsweise nach § 58 Abs. 1 Nr. 1 über die grundlegenden Ziele der Entwicklung der Kommune beschließt.

Kommunen sind auch haftungs- und deliktsfähig, das heißt sie können privatrechtlich auf Schadenersatz in Anspruch genommen werden.[73] Wenn eine Hauptverwaltungsbeamtin oder ein Hauptverwaltungsbeamter aufgrund einer deliktischen Handlung nach § 823 Abs. 1 BGB zum Schadenersatz verpflichtet ist, wird ihr oder sein Handeln gemäß §§ 89, 31 BGB der Kommune zugerechnet, sofern er oder sie diese in Ausführung der ihr oder ihm zustehenden Verrichtungen vornimmt.

Kommunen sind partei[74]-, beteiligungs[75]- und prozessfähig[76]. Sie können eigene Rechte einklagen oder verklagt werden, wobei sie von der Hauptverwaltungsbeamtin oder dem

[67] Gern, Rdnr. 137.

[68] BVerfGE 61, 82 (102 f.); ausführlich Armbrust, S. 39 ff. m.w.N.

[69] Armbrust, S. 39 ff.

[70] Armbrust, S. 39 ff.

[71] Gern, Rdnr. 138.

[72] Gern, Rdnr. 138.

[73] Gern, Rdnr. 141.

[74] Parteifähig im Zivilprozess ist gemäß § 50 Abs. 1 ZPO, wer rechtsfähig ist. Partei ist die juristische Person des öffentlichen Rechts, also die Gebietskörperschaft.

[75] Die Beiligungsfähigkeit nach § 61 VwGO entspricht der Parteifähigkeit im Zivilprozess. Nach § 61 Nr. 1 VwGO sind die Kommunen beteiligungsfähig, können also nach § 63 VwGO Kläger, Beklagte oder Beigeladene sein.

[76] Gern, Rdnr. 140.

Hauptverwaltungsbeamten gemäß § 86 Abs. 1 S. 2 vertreten werden. Die Behörden von Kommunen sind beteiligungsfähig nach § 11 Nr. 3 VwVfG und können so auch beispielsweise ein Anhörungsrecht oder ein Recht auf Akteneinsicht[77] als Beteiligte eines Verwaltungsverfahrens haben.[78]

III. Hervorzuhebende Rechte von Kommunen

Kommunen haben folgende, hervorzuhebende Rechte:

1. NAMENSRECHT

Nach § 19 Abs. 1 S. 1 führt jede Kommune ihren bisherigen Namen, also den Namen, den sie am 01.11.2011 geführt hat. Das Recht zur Führung des Kommunennamens, das verfassungsrechtlich abgesichert ist, dient zur amtlichen Identifikation.[79] Es kann mit amtlichen Zusätzen versehen sein, um die Unterscheidung von anderen Gemeinden zu gewährleisten, z. B. Neustadt am Rübenberge. Auch ein solcher Zusatz ist Namensbestandteil.[80] Gegen Beeinträchtigungen des Namensrechts kann sich die Gemeinde durch Klagen auf Beseitigen beziehungsweise auf Unterlassen wehren.[81] Praxisrelevant ist vor diesem Hintergrund die Namensanmaßung im Internet durch entsprechende Domainnamen.[82] Aber auch die Verwendung des gleichen Namens durch eine andere Kommune kann als unberechtigte Namensanmaßung gerichtlich verhindert werden.[83]

Die Bezeichnung Stadt dürfen nur bestimmte Gemeinden führen. Nach § 20 Abs. 1 S. 1 steht dieses Recht zunächst denjenigen Gemeinden zu, denen diese Bezeichnung schon in der Vergangenheit zustand. Darüber hinaus kann das Niedersächsische Innenministerium einer Gemeinde die Bezeichnung »Stadt« verleihen, wenn diese es beantragt. Voraussetzung ist, dass die Gemeinde nach Einwohnerzahl, Siedlungsform und Wirtschaftsverhältnissen städtisches Gepräge tragen, § 20 Abs. 1 S. 2.[84]

---

[77] Kommunen können ein Kontrollinteresse gegenüber der unmittelbaren Staatsverwaltung haben. BVerwG NVwZ 2008, 791 (793 f.) für einen Anspruch aus dem UIG. Im Bereich der Selbstverwaltung sei das Informationsbedürfnis der Kommune mit dem einer privaten Person vergleichbar.

[78] Gern, Rdnr. 139.

[79] Gern, Rdnr. 128.

[80] Blum/Häusler/Meyer-Meyer, NKomVG, § 19 Rdnr. 3.

[81] Blum/Häusler/Meyer-Meyer, NKomVG, § 19 Rdnr. 5 m.w.N.

[82] Übersichtlich hierzu Blum/Häusler/Meyer-Meyer, NKomVG, § 19 Rdnrn. 6, 8.

[83] OVG Magdeburg, LKV 2012, 181 (182 f.), bei dem eine Klage der niedersächsischen Samtgemeinde Oberharz gegen eine zum 1.1.2010 gebildete Einheitsgemeinde in Sachsen-Anhalt mit dem Namen „Oberharz am Brocken" allerdings ohne Erfolg blieb, weil eine Verwechselungsgefahr nicht bestünde.

[84] Zu den genauen Anforderungen vgl. Blum/Häusler/Meyer-Meyer, NKomVG, § 20 Rdnrn. 8–13.

Bestimmte Artbezeichnungen müssen staatlich anerkannt werden, z. B. Bad, Heilbad und Nordseeheilbad. Wenn die staatliche Anerkennung vorliegt, entscheidet gemäß § 19 Abs. 4 S. 1 die Gemeinde, ob das Wort »Bad« Bestandteil ihres Namens wird.

Es gibt weitere, sogenannte überkommene, also historische Bezeichnungen, für deren Verleihung oder Aberkennung ebenfalls das Niedersächsische Innenministerium zuständig ist, § 20 Abs. 2 S. 2. Zu solchen überkommenen Bezeichnungen gehören die Zusätze »Grafschaft«, »Flecken«, »Bergstadt«, »Hansestadt« und »Festspielstadt«.[85]

2. WAPPEN- UND FLAGGENRECHT UND DIENSTSIEGEL

Gemäß § 22 Abs. 1 S. 1 führen die Kommunen ihre bisherigen, also am 01.11.2011 geführten, Wappen und Flaggen. Eine Pflicht zur Führung von Wappen und Flagge besteht nicht.[86] Zur Führung eines Dienstsiegels sind die Kommunen hingegen aus § 22 Abs. 2 S. 1 verpflichtet.

Ein Wappen i.S.d. § 22 Abs. 1 S. 1 ist ein nach den Regeln der Wappenkunde gestaltetes farbiges Hoheitszeichen einer Kommune, welches diese als Ausdruck ihrer Individualität und Geschichte im Rechtsverkehr und in der Öffentlichkeit verwendet.[87] Eine Flagge ist ein farbiges Tuch in rechteckiger Form.[88] Abzugrenzen von Wappen sind andere z. B. zu Werbezwecken verwendete Zeichen wie Logos oder Signets.[89]

Ein Dienstsiegel i.S.d. § 22 ist ein Stempelabdruck, welcher den Namen der Kommune enthält. Wenn die Kommune ein Wappen führt, muss dieses ebenfalls im Dienstsiegel enthalten sein.[90] Der Siegelabdruck wird in Formvorschriften immer seltener gefordert und wird weiter an Bedeutung verlieren, sollte sich die elektronische Signatur in der Praxis durchsetzen.[91]

3. DIENSTHERRENFÄHIGKEIT

Die Dienstherrenfähigkeit der Kommunen meint das Recht, »Beamte zu haben«, aus § 2 Nr. 1 BeamtStG. Für die Kommunalbeamten gilt das BeamtStG sowie ergänzend das NBG, § 1 Nr. 2 NBG, § 1 BeamtStG. In Kommunen mit mehr als 20.000 Einwohnern können gemäß § 108 Abs. 1 S. 1 zusätzlich zur Hauptverwaltungsbeamtin oder zum Hauptverwaltungsbeamten andere leitende Beamte in das Beamtenverhältnis auf Zeit berufen werden und führen

---

85 Vgl. Blum/Häusler/Meyer-Meyer, NKomVG, § 20 Rdnr. 15.
86 Blum/Häusler/Meyer-Meyer, NKomVG, § 22 Rdnr. 4.
87 Blum/Häusler/Meyer-Meyer, NKomVG, § 22 Rdnrn. 1 f.
88 Ausführlicher hierzu Blum/Häusler/Meyer-Meyer, NKomVG, § 22 Rdnr. 8.
89 Vgl. zur genauen begrifflichen Abgrenzung Blum/Häusler/Meyer-Meyer, NKomVG, § 22 Rdnrn. 5 ff.
90 Blum/Häusler/Meyer-Meyer, NKomVG, § 22 Rdnr. 19.
91 Zur Bedeutung von Siegelabdruck u. elektronische Signatur siehe Blum/Häusler/Meyer-Meyer, NKomVG, § 22 Rdnr. 18.

dann die in § 108 Abs. 1 S. 2 bestimmten Bezeichnungen, z. B. Erster Stadtrat. Die übrigen Gemeindebediensteten stehen überwiegend in privatrechtlichen Arbeitsverhältnissen zu den Kommunen und werden als Beschäftigte bezeichnet, § 107 Abs. 1 S. 1.

C. KOMMUNALE SELBSTVERWALTUNGSGARANTIE

Die sogenannte Selbstverwaltung im juristischen Sinn ist das Recht auf eigenverantwortliche Wahrnehmung öffentlicher Verwaltungsaufgaben durch selbständige Verwaltungseinheiten.[92] Die Selbstverwaltung wird den Kommunen in Art. 28 Abs. 2 GG und in Niedersachsen in Art. 57 Abs. 1 und 4 NV garantiert. Auch wenn die Selbstverwaltungsgarantie kein Grundrecht ist, können die Kommunen sie vor Verfassungsgerichten geltend machen.[93] In Niedersachsen ist der Staatsgerichtshof in Bückeburg zuständig, wenn es um entsprechende Streitigkeiten zwischen Kommunen und dem Land Niedersachsen geht.[94] Die kommunale Selbstverwaltungsgarantie hat verschiedene Schutzrichtungen. Eine Kommune kann aber auch aus Art. 28 Abs. 2 S. 1 GG in die Pflicht genommen werden, weil sie zur wirkungsvollen Selbstverwaltung die Wahrnehmung der Angelegenheiten der örtlichen Gemeinschaft zu gewährleisten hat.[95]

I. Bestandsgarantie der Einrichtung Kommune

Zunächst garantiert Art. 28 Abs. 2 S. 1 und 2 GG, dass es die Institutionen der Gemeinden und der Gemeindeverbände gibt, die sogenannte institutionelle Rechtsinstitutsgarantie[96] oder auch Existenzgarantie[97].[98] So wird ausgeschlossen, dass der Gesetzgeber die Gemeinden oder die Gemeindeverbände durch unselbständige Verwaltungseinheiten des Bundes oder des Landes ersetzt.[99]

Darüber hinaus ist auch der Bestand jeder einzelnen Gemeinde und jedes einzelnen Gemeindeverbandes geschützt.[100] Dieser Schutz geht allerdings nicht so weit, dass die Abschaffung einzelner Kommunen ausgeschlossen ist. Vielmehr sind Eingemeindungen, Zusammenschlüsse von Gemeinden und Gebietsänderungen möglich. Es müssen aber sogenannte Gründe des

92 Vgl. Gern, Rdnr. 48.
93 Zu den Prüfungsmaßstäben übersichtlich Sundermann, S. 10 f.
94 Vgl. Sechster Teil, Kapitel A. I.
95 BVerwG NVwZ 2009, 1305 (1307 f.).
96 Zur institutionellen Rechtsinstitutsgarantie der Gemeinden vgl. Gern Rdnr. 50 u. der Gemeindeverbände Gern, Rdnr. 96.
97 Sundermann, S. 9.
98 Es werden verschiedene Bezeichnungen für diese Garantie gebraucht. Zur von ihm sogenannten Subjektsgarantie, die er ebenfalls in einen Kernbereich und einen Randbereich unterteilt, vgl. Magen, JuS 2006, S. 405 f. m.w.N.
99 Armbrust, S. 21 f.
100 Klarstellend m.w.N. Ipsen, Rdnr. 9.

öffentlichen Wohls vorliegen, und die Kommunen haben das Recht, hierzu angehört zu werden.[101] Dies ist für Niedersachsen auch so in Art. 59 Abs. 1 NV geregelt, wonach sog. Gründe des Gemeinwohls vorliegen müssen. Nach Art. 59 Abs. 3 NV ist die Bevölkerung der beteiligten Gemeinden vor der Änderung von Gemeindegebieten anzuhören. Der individuelle Bestand einer Gemeinde und eines Gemeindeverbandes ist also nur relativ geschützt.[102]

II. Garantierter Aufgabenbestand

Über die Bestandsgarantie der Kommunen schlechthin sowie den Schutz des Bestandes einer einzelnen Kommune hinaus, ist auch deren Wahrnehmung öffentlicher Aufgaben garantiert, so dass weder ein Bundesland noch der Bund deren Erledigung an sich ziehen können. Art. 28 Abs. 2 S. 1 GG bestimmt, dass die Gemeinden für alle Angelegenheiten der örtlichen Gemeinschaft zuständig sind.[103] Die Wahrnehmung der Aufgaben des eigenen Wirkungskreises ist den Gemeinden so verfassungsrechtlich garantiert. Art. 57 Abs. 3 NV geht über diese Regelung hinaus und bestimmt, dass die Gemeinden in ihrem Gebiet die ausschließlichen Träger der gesamten öffentlichen Aufgaben sind, »[...] soweit die Gesetze nicht ausdrücklich etwas anderes bestimmen.« Hieraus kann der Schluss gezogen werden, dass den Gemeinden auch die zukünftige Zuständigkeit für Aufgaben des übertragenen Wirkungskreises garantiert ist, wenn sie einmal zuständig waren.[104]

Die sogenannte »Allzuständigkeit« der Gemeinde beschreibt die Vermutung, dass die Gemeinde für alle örtlichen Aufgaben zuständig ist.[105] Für neue Sachaufgaben sind Gemeinden daher auch ohne spezielle gesetzliche Regelung zuständig.[106]

Für die Gemeindeverbände, zu denen auch die Region Hannover zählt, ist eine Selbstverwaltungsgarantie in Art. 28 Abs. 2 S. 2 GG geregelt. Ihnen wird das »Recht der Selbstverwaltung« eingeräumt.[107] Auch wenn ihnen keine Allzuständigkeit garantiert wird, haben sie ebenso wie die Gemeinden das Recht auf Eigenverantwortlichkeit.[108]

---

[101] BVerfGE 86, 90 (107).

[102] Gern, Rdnr. 96. Zur „institutionellen Garantie" vgl. auch Magen, JuS 2006, S. 404 f. m.w.N.

[103] Zur Definition siehe S. 2.

[104] So überzeugend Ipsen, Rdnrn. 24 ff.: Art. 57 Abs. 3 NV enthalte darüber hinaus »[...] einen – noch immer nicht vollständig erfüllten – Kommunalisierungsauftrag zugunsten der Gemeinden.«

[105] BVerfGE 21, 117 (128 ff.), 79, 127 (146). Die Allzuständigkeit wurde bereits 1808 den preußischen Städten zuerkannt. Nach Rechtsprechung des preußischen Oberverwaltungsgerichtes umfasste sie die Förderung der Wohlfahrt in der Gemeinde insgesamt sowie der materiellen Interessen u. die geistige Entwicklung der einzelnen Einwohner, PrOVGE 2, 186 (189 f.), 12, 155 (158).

[106] Vgl. BVerfG NVwZ 1989, 347 (349); Gern, Rdnr. 63; Knemeyer, Rdnrn. 16 u. 45.

[107] Eine »Analyse der Strukturelemente« der Sätze 1 u. 2 des Art. 28 Abs. 2 GG in Blum/Häusler/Meyer-Meyer, NKomVG, § 1 Rdnr. 6.

[108] BVerfGE 21, 117 (129).

III. Eigenverantwortlichkeit der Aufgabenwahrnehmung

Aus der Selbstverwaltungsgarantie des Art. 28 Abs. 2 S. 1, 2 GG ergibt sich schließlich die Befugnis der Kommunen zur eigenverantwortlichen Führung der Geschäfte, für die sie zuständig sind.[109] Hieraus hervor gehen unter anderem das Recht auf organisatorische, personelle und finanzielle Unabhängigkeit dem Staat gegenüber. Diese Rechte werden als Hoheiten bezeichnet, und sie haben jeweils einen unantastbaren Kern, wie die Kernbereichstheorie lehrt.[110] In den Kernbereich einer Hoheit darf der Staat nicht eingreifen[111], wobei umstritten ist, wie ein solcher genau zu definieren ist.[112] In einer Entscheidung des Bundesverfassungsgerichtes definiert dieses, dass zum Kernbereich kommunaler Selbstverwaltung nur »die überkommenen identitätsbestimmenden Merkmale (Wesensgehalt) der gemeindlichen Selbstverwaltung« gehören.[113] Was genau dazu gehört, könne indes historisch geprägt und regional verschieden sein.[114]

In den Randbereich der Hoheiten darf der Staat nur eingreifen, wenn der Eingriff verhältnismäßig, also geeignet, erforderlich und angemessen ist.[115] Folgende Hoheiten werden unterschieden:

1. GEBIETSHOHEIT

Als Gebietshoheit wird das Recht der Kommunen bezeichnet, gegenüber Personen und Sachen Hoheitsgewalt auszuüben und die Anordnungen wenn erforderlich durch Zwang durchzusetzen.[116] Auch wenn Kommunen eine vom Staat unabhängige Stellung inne haben, üben sie in ihrem Gebiet Staatsgewalt aus und dürfen ebenso wie der Staat aufgrund Art. 20 Abs. 3 GG nur in die Grundrechte von Personen eingreifen, wenn sie hierzu gesetzlich ermächtigt sind.[117] Das Erfordernis einer solchen Ermächtigungsgrundlage ergibt sich aus dem Grundsatz vom Vorbehalt des Gesetzes, welcher wiederum Bestandteil des Grundsatzes der Gesetzmäßigkeit der Verwaltung, Art. 20 Abs. 3 GG, ist.[118] Er entspricht dem Prinzip der Gewaltenteilung.[119] Die Kommunen in der Stellung der Exekutive dürfen grundrechtsrelevante Maßnahmen nur aufgrund von Rechtsvorschriften ergreifen.[120] In diesen Rechtsvorschriften muss die Legislative in Tatbestand und Rechtsfolge die wesentlichen

---

[109] Vgl. Magen, JuS 2006, S. 408 f., der von einer „Eigenverantwortlichkeitsgarantie" spricht.
[110] BVerfGE 83, 363 (381).
[111] BVerfGE 17, 172 (182), 21, 117 (130).
[112] Vgl. Gern, Rdnr. 79.
[113] BVerfGE 83, 363 (381).
[114] Zur historischen Methode u. zur Substraktionsmethode vgl. Sundermann, S. 13.
[115] Sandfuchs, S. 62.
[116] Vgl. Gern, Rdnr. 160.
[117] Suckow/Weidemann, Rdnr. 30; vgl. zur Wesentlichkeitstheorie vertiefend m.w.N. Bull/Mehde, Rdnr. 170 ff.
[118] Maurer, § 6 Rdnr. 3.
[119] Zur Stellung der Kommune in der Staatsverwaltung übersichtlich Sundermann, S. 18.
[120] Zu den Anforderungen an eine solche Grundrechtsrelevanz vgl. Maurer, § 6 Rdnrn. 12 ff.

Fragen geregelt haben, denn entsprechend des Demokratieprinzips sind entsprechende Entscheidungen dem Parlament vorbehalten.[121]

2. ORGANISATIONSHOHEIT

Die Organisationshoheit ist das Recht zur eigenverantwortlichen Bestimmung des Verwaltungsaufbaus und -ablaufs, also über die Errichtung organisatorischer Einheiten (Dezernate, Fachbereiche, Ämter, Abteilungen, Stellen usw.) und über den Geschäftsgang.[122] Auch steht es einer Kommune grundsätzlich frei, gewisse Aufgaben wie z.B. in den Bereichen Versorgung mit Strom, Gas, Wärme, Wasser oder auch im Gesundheitswesen oder der kulturellen Einrichtungen wie Theater, Museen, Volksfeste in den privaten Sektor der Wirtschaft zu verlagern, wobei der Trend zur Privatisierung inzwischen hin zum Trend der sogenannten Rekommunalisierung wechselt.[123]

Einen Eingriff in den Randbereich der Organisationshoheit stellt beispielsweise § 8 Abs. 1 S. 1 dar, welcher alle Kommunen, die nicht Mitgliedsgemeinden von Samtgemeinden sind, verpflichtet, eine Gleichstellungsbeauftragte zu bestellen. Einen noch weitergehenden Eingriff stellt § 8 Abs. 1 S. 2 dar, welcher die Kommunen ab der Größe einer großen selbständigen Stadt verpflichtet, die Gleichstellungsbeauftragte hauptberuflich zu beschäftigen. Diese Eingriffe sind nach der Rechtsprechung des Bundesverfassungsgerichts[124] zulässig, weil sie den Kernbereich der Organisationshoheit unangetastet lassen und Ziele mit Verfassungsrang, nämlich die Verwirklichung der Gleichberechtigung von Frauen und Männern, verfolgen.[125]

3. PERSONALHOHEIT

Unter Personalhoheit wird das Recht zur eigenverantwortlichen Personalauswahl verstanden.[126] Kommunen sind grundsätzlich frei in der Entscheidung, Gemeindebedienstete auszuwählen, anzustellen, zu befördern und zu entlassen.[127] Die Kommunalverwaltung sowie die kommunalen öffentlichen Einrichtungen müssen mit Personal, also mit Beamten oder Beschäftigten ausgestattet werden. Indem § 8 Abs. 1 S. 1, 2 vorgibt, dass Gleichstellungsbeauftragte zwingend weiblich sein müssen, wird nicht nur in den Randbereich der Organisationshoheit, sondern auch in den der Personalhoheit eingegriffen, was aus oben genannten Gründen indes gerechtfertigt ist.

---

121 Maurer, § 6 Rdnr. 3; Suckow/Weidemann, Rdnr. 30.

122 Gern, Rdnr. 174.

123 Vgl. hierzu Bauer, DÖV 2012, S. 329 f., der Motive für die Rekommunalisierung nennt, S. 335, aber vor der Ablösung einer „undifferenzierten Privatisierungseuphorie durch eine ähnlich unreflektierte Rekommunalisierungseuphorie" warnt, S. 338.

124 BVerfG DVBl 1995, 290 (292 f.); zusammenfassend m.w.N. in Gern, Rdnr. 174.

125 Ausführlich zu den Zielen der §§ 8, 9 sowie zu den konkreten Aufgaben der kommunalen Gleichstellungsbeauftragten Ipsen, Rdnrn. 548 ff. m.w.N.

126 Gern, Rdnr. 175.

127 Gern, Rdnr. 175.

Während sich Vorschriften über die Rechtsstellung der Kommunalbeamten in Niedersachsen im NBG und im BRRG finden, ist das Bezahlungsrecht der Beamten, also deren Besoldung und Versorgung im BBG, im NBG sowie im BVG geregelt. Für die kommunalen Beschäftigten enthält der TVöD die wesentlichen Bestimmungen, insbesondere auch über deren Bezahlung.

4. FINANZHOHEIT

Die Finanzhoheit gibt den Kommunen ein Recht auf finanzielle Mindestausstattung.[128] Im Rahmen des kommunalen Finanzausgleiches aus Art. 106 Abs. 7 GG soll die Finanzkraft der Kommunen gestärkt, aber auch ihre finanziellen Leistungsmöglichkeiten untereinander in einem Bundesland angeglichen werden.[129] Ob es eine absolute Untergrenze für die einer Kommune dem jeweiligen Bundesland gegenüber zustehenden Finanzausgleichsmittel gibt[130], oder ob ein Bundesland aufgrund der eigenen Verschuldung auch die Kommunen durch Kürzung dieser Mittel „in die Verschuldung treiben"[131] darf, ist umstritten.[132] Darüber hinaus gewährleistet sie die Freiheit zur Erhebung von Abgaben und zur Ausgabe von Finanzmitteln.[133] Damit dieses Recht auf eigene Einnahmen- und Ausgabenwirtschaft von allen Kommunen realisiert werden kann, sind gleichmäßig fließende Einnahmen erforderlich. Damit diese auch verfassungsrechtlich garantiert sind und so die finanzielle Eigenverantwortung der Kommunen abgesichert ist, wurde 1997 der Art. 106 Abs. 5a GG eingeführt, wonach die Gemeinden ab dem 1. Januar 1998 einen Anteil an dem Aufkommen der Umsatzsteuer erhalten.[134] Zudem wurde ihnen ausdrücklich in Art. 28 Abs. 2 S. 3 GG eine Steuerquelle wie die Gewerbesteuer garantiert. Danach gehört zu den Grundlagen der finanziellen Eigenverantwortung auch eine »[...] den Gemeinden mit Hebesatzrecht zustehende wirtschaftskraftbezogene Steuerquelle.« Die den Kommunen zufließenden Steuern sind also zum einen die sogenannten Gemeinschaftssteuern, deren Erträge zunächst Bund und Ländern gemeinschaftlich zustehen, die Kommunen aber dann aus dem Länderanteil

[128] Vgl. hierzu Dombert, LKV 2009, S. 344 ff.

[129] Vgl. auch Groh, LKV 2010, S. 4 ff. m.w.N.; zum Verfahren des kommunalen Finanzausgleichs vgl. Schmidt, DÖV 2012, S. 10 ff.

[130] So BVerwGE 106, 280 (287); 127, 155 (157); vgl. auch NdsStGH, DVBl 1998, 185 (186 f.); LVerfGE 12, 255 (281 f.), wobei diese Rechtsprechung des NStGH in den letzten Entscheidungen zulasten einer absoluten Untergrenze aufgegeben wurde, NdsStGH, NdsVBl 2008, 152 (155 f.); 2010, 236 (242 f.).

[131] So zusammenfassend dargestellt die Rechtsprechung des Verfassungsgerichtshofes in Nordrhein-Westfalen, des Staatsgerichtshofes Baden-Württemberg, des Landesverfassungsgerichtes Sachsen-Anhalt sowie des Sächsischen Verfassungsgerichtshofes Henneke, DÖV 2008, S. 860.

[132] Vgl. zum Überblick des Streites Henneke, DÖV 2008, S. 858 ff., der die Aufnahme einer verfassungsrechtlichen Regelung fordert, nach der es nicht dazu kommen darf, „dass auch nur in einer einzigen Gemeinde aus finanziellen Gründen, sparsamste Wirtschaftsführung und Ausschöpfung aller Einnahmemöglichkeiten vorausgesetzt (bei Einhaltung des Gemeindehaushaltsrechts) nicht einmal ein Mindestmaß an freiwilliger Selbstverwaltung möglich ist.", Henneke, DÖV 2008, S. 867.

[133] Gern, Rdnr. 161.

[134] Zu den Motiven des Gesetzgebers s. Dols/Plate, Rdnr. 34.

einen eigenen Anteil erhalten.[135] Zum anderen können beziehungsweise müssen Kommunen Steuern erheben, bei denen ihnen die volle Ertragshoheit zusteht. Dies sind die kommunalen Steuern. Weitere Einnahmen der Kommunen sind Verwaltungsgebühren, Benutzungsgebühren und Beiträge.[136]

a) Kommunale Steuern

Die kommunalen Steuern setzen sich zusammen aus Realsteuern, nämlich Gewerbesteuer und Grundsteuer, die nach Art. 106 Abs. 6 S. 1 GG nur den Gemeinden, also nicht den Landkreisen zustehen, und aus örtliche Verbrauchs- und Aufwandssteuern, zu denen z. B. bei Gemeinden Hundesteuer, Vergnügungssteuer und Zweitwohnungssteuer und bei Landkreisen die Jagdsteuer zählen.[137]

Die wichtigste von den Gemeinden erhobene Steuer ist die Gewerbesteuer. Mit ihr werden nach dem GewStG ortsansässige Gewerbebetriebe abhängig von deren Gewerbeertrag besteuert. Den Hebesatz legen die Gemeinden fest, wobei einerseits mit niedrigen Hebesätzen ein Anreiz geschaffen werden kann, dass sich Unternehmen in der Gemeinde ansiedeln, andererseits hohe Hebesätze zu höheren Steuereinnahmen pro Unternehmen führen, so dass die Festlegung des Hebesatzes gut abzuwägen ist. Damit es keine sogenannten »Gewerbesteueroasen«[138] geben kann, ist ein Mindesthebesatz gesetzlich vorgegeben.[139]

Ebenfalls von den Gemeinden festgelegt wird gemäß § 25 Abs. 1 GrStG der Hebesatz für die Grundsteuer, wobei diese unterteilt ist in Grundsteuer »A« (Land- und Forstwirtschaft) und Grundsteuer »B« (alle sonstigen Immobilien).

Die Gemeinden und Landkreise haben in Niedersachsen gemäß § 3 Abs. 1 S. 1 NKAG ein sogenanntes Steuerfindungsrecht, sie »können Steuern erheben.« Diese Steuern werden auch als »kleine kommunale Steuern« bezeichnet.[140] Damit eine neue kommunale Steuer zulässig ist, müssen einige Kriterien eingehalten werden. Es müssen örtliche Verbrauchs- oder Aufwandssteuern sein, deren Gegenstand nicht bereits besteuert wird, denn das wäre eine unzulässige Doppelbesteuerung.[141] Besteuert werden können also nur der Verbrauch oder Gebrauch bestimmter Waren oder eine bestimmte Einkommensverwendung. Ein hinreichender örtlicher Bezug liegt dann vor, wenn sich die Auswirkungen des Steuertatbestandes typischerweise auf den entsprechenden Ort beschränken.[142] Verbreitete Gemein-

[135] Gern, Rdnrn. 671 f.
[136] Gern, Rdnr. 670, sogenannte Kommunalabgaben.
[137] Gern, Rdnrn. 1043 ff.
[138] So auch die Begründung des Bundesministers für Finanzen für die Bundesregierung in der Verfassungsbeschwerde einer Gemeinde, die ihr Recht aus Art. 28 Abs. 2 S. 3 GG verletzt sah, BVerfG, Beschl. v. 25.01.2005 – 2 BvR 2185/04, Rdnr. 11. http://www.bundesverfassungsgericht.de/entscheidungen/rs20050125_2bvr218504.html (zuletzt besucht am 1. September 2013).
[139] Dieser beträgt 200 Prozent, § 16 Abs. 4 S. 2 GewStG.
[140] Ipsen, Rdnr. 772.
[141] Vgl. Ipsen, Rdnr. 770.
[142] Armbrust, S. 153 m.w.N.

desteuern sind die Vergnügungs- und die Hundesteuer, deren Erhebung nach § 3 Abs. 4 S. 2 NKAG anders als bei anderen Steuern nicht davon abhängig ist, dass sie zur Deckung der Ausgaben erforderlich ist. Auch die Zweitwohnungssteuer, mit der das Innehaben einer weiteren Wohnung besteuert wird, erheben einige Gemeinden. Nicht zulässig ist die Erhebung einer Getränkesteuer sowie einer Schankerlaubnissteuer, was ausdrücklich in § 3 Abs. 3 NKAG geregelt ist. Die Bedeutung der kleinen kommunalen Steuern an den Gesamteinnahmen der Kommunen ist gering.

Die Landkreise und kreisfreien Städte können gemäß § 3 Abs. 2 S. 1 NKAG die Jagdsteuer erheben. Weitere Steuern werden von den Landkreisen in Niedersachsen nicht erhoben.

b) Verwaltungsgebühren, Benutzungsgebühren und Beiträge

Während Verwaltungsgebühren als Gegenleistung für Amtshandlungen oder sonstigen Verwaltungstätigkeiten erhoben werden, z. B. für die Erteilung einer Baugenehmigung, stellen Benutzungsgebühren die Gegenleistung für die Inanspruchnahme öffentlicher Einrichtungen dar, zu denen neben Kindergärten, Hallenbädern und Friedhöfen auch Abfallbeseitigungsanlagen und Abwasserkanäle zählen.[143]

Mit Beiträgen können Investitionskosten abgedeckt werden, also solche Kosten, die durch die Herstellung, Anschaffung, Erweiterung, Verbesserung oder Erneuerung öffentlicher Einrichtungen entstehen.[144] Beispiele hierfür sind Straßenausbaubeiträge und Abwasserbeiträge.[145]

c) Gemeinschaftssteuern und Kommunaler Finanzausgleich

Bedeutende Einnahmen fließen den Gemeinden aus den Steuern zu, die vom Bund oder Land erhoben und zu einem bestimmten Anteil im Rahmen des Kommunalen Finanzausgleichs an die Kommunen ausgezahlt werden. Neben der Umsatzsteuer wird auch die Einkommenssteuer zum Teil an die Gemeinden weitergegeben, was für die Einkommenssteuer in Art. 106 Abs. 5 S. 1 GG und für die Umsatzsteuer in Art. 106 Abs. 5a S. 1 und 2 GG geregelt ist. Die Einzelheiten des kommunalen Finanzausgleichs regeln das NFAG sowie das NFVG, nämlich die Höhe des zu verteilenden Betrages sowie die Aufteilung der Mittel.

5. PLANUNGSHOHEIT

Ob und wie in einer Gemeinde gebaut wird, bestimmt sie grundsätzlich selbständig. Die Planungshoheit[146] garantiert ihre eigenständige Planung der baulichen Entwicklung, welche sie gemäß § 1 Abs. 1 und 2 BauGB mit den Instrumenten des Flächennutzungsplans und des Bebauungsplans bewältigt. Die Gemeinde hat so eine ursprüngliche Entscheidungskompetenz für die bauliche und sonstige Nutzung der Grundstücke in ihrem Bezirk. Bau-

---

[143] Gern, Rdnr. 983 m.w.N.

[144] Gern, Rdnr. 984.

[145] Gern, Rdnr. 984.

[146] Ihnen, S. 48 f.; zur wehrfähigen Rechtsposition aus der Planungshoheit s. Dols/Plate, Rdnr. 36.

leitpläne müssen gemäß § 1 Abs. 3 S. 1 BauGB aufgestellt werden, sobald und soweit es für die städtebauliche Entwicklung und Ordnung erforderlich ist. Es handelt sich nach diesem zwingenden Wortlaut also nicht nur um ein Recht sondern auch um eine Pflicht zur Bauleitplanung. Gemäß § 1 Abs. 2 BauGB ist der Flächennutzungsplan der vorbereitende und der Bebauungsplan der verbindliche Bauleitplan. Letztgenannter wird als Satzung erlassen.[147]

Die Planungshoheit gewährleistet auch Beteiligungsrechte an staatlichen und anderen kommunalen Planungsentscheidungen, welche die gemeindliche Planung oder die Infrastruktur betreffen.[148] Ihre Interessen sind vom überörtlichen Planungsträger zu berücksichtigen. Auch wenn die Erteilung einer Baugenehmigung sich nach Landes- und Bundesrecht richtet und zuständige Bauaufsichtsbehörde gemäß § 63 Abs. 1 S. 1 NBauO die Landkreise, die kreisfreien und die großen selbständigen Städte sind, werden alle Gemeinden auch bei den in ihrem Bezirk geplanten Einzelbauvorhaben beteiligt, indem ihr Einvernehmen nach § 36 Abs. 1 S. 1 BauGB erforderlich ist.[149]

6. SATZUNGSHOHEIT

Die Satzungshoheit ergibt sich bereits aus dem Wortlaut des Art. 28 Abs. 2 S. 1 GG »Angelegenheiten der örtlichen Gemeinschaft [...] zu regeln«, und sie verleiht den Kommunen, das Recht, die eigenen Angelegenheiten durch Rechtsvorschriften zu regeln, die sogenannte Autonomie oder auch Satzungsgewalt.[150]

7. KULTURHOHEIT

Die Kulturhoheit[151] sichert den Kommunen das Recht, in den Bereichen Bildung, Wissenschaft und Kunst, in der Freizeitgestaltung und in der Traditionspflege planvoll gestalten zu können, um so eine kommunale Kulturlandschaft zu schaffen, zu pflegen und zu fördern.[152] Zu diesem Zweck werden viele verschiedene öffentliche Einrichtungen unterhalten, auf deren Nutzung alle Einwohner einen Anspruch haben. Wenn es sich um eine kulturell, sozial und traditionsmäßig bedeutsame Einrichtung handelt, kann sich aus Art. 28 Abs. 2 S. 1 GG auch eine Pflicht von Kommunen ergeben, diese weiter zu betreiben, was einer Privatisierung entgegenstehen kann, weil sie eine wirkungsvolle Selbstverwaltung zu gewährleisten haben.[153]

---

[147] Ipsen, Rdnr. 324; s. a. Geis, § 6, Rdnr 24.

[148] BVerwG NVwZ 1987, 590 (591); zu den einzelnen Beteiligungsrechten s. Gern, Rdnr. 170.

[149] Die Gemeinden dürfen ihr Einvernehmen aber gemäß § 36 Abs. 2 S. 1 BauGB nur aus den dort in Bezug genommenen Gründen versagen.

[150] Vgl. hierzu den Vierten Teil.

[151] Armbrust mit Nachweis auf weitere Hoheiten, nämlich der Verwaltungshoheit, der Kooperationshoheit sowie die Informations- u. Statistikhoheit. Vgl. hierzu auch Gern, Rdnrn. 165 ff., 174, m.w.N. darauf, dass es eine Umweltschutzhoheit nicht gibt, Rdnr. 179.

[152] Vgl. vertiefend zu den Kulturgütern u. zu den Einschränkungen des Selbstverwaltungsrechts im Bereich des Schulwesens Gern, Rdnr. 177.

[153] BVerwG NVwZ 2009, 1305 (1307 f.).

Merke:

Das kommunale Selbstverwaltungsrecht wird »im Rahmen der Gesetze« gewährt. Absolut geschützt ist aber ein **Kernbereich**, also der Wesensgehalt gemeindlicher Selbstverwaltung, wie er sich historisch entwickelt hat.[154]

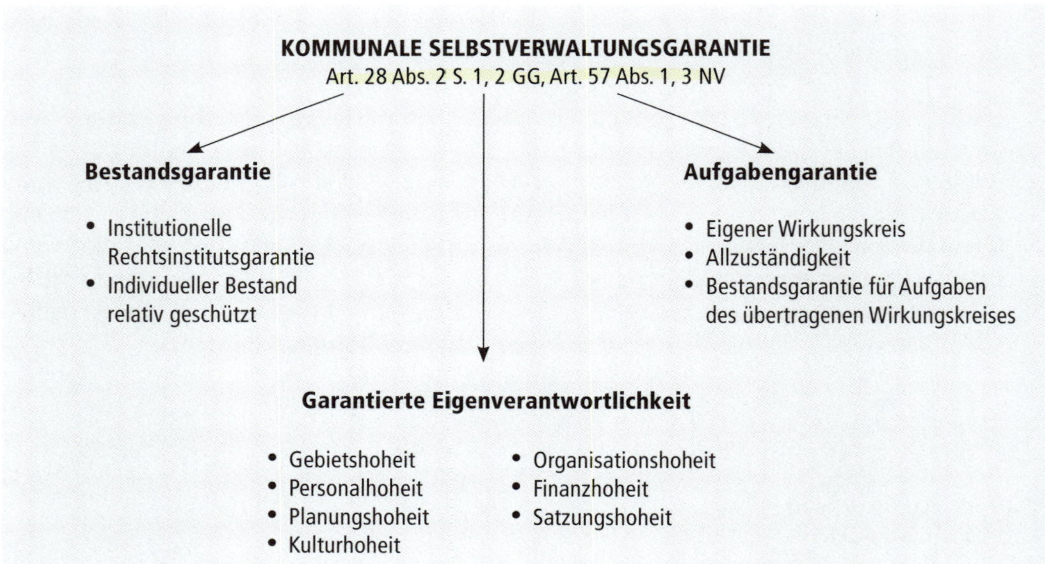

[154] BVerfGE 83, 363 (381 f.).

ZWEITER TEIL
EINWOHNER UND BÜRGER, KOMMUNALE EINRICHTUNGEN UND WIRTSCHAFTLICHE BETÄTIGUNG

A. EINWOHNER UND BÜRGER

I. Begriff des Einwohners und des Bürgers

Die Begriffe des Einwohners und des Bürgers werden umgangssprachlich und auch in der kommunalen Praxis nicht immer korrekt verwendet und voneinander abgegrenzt.[155]

1. BEGRIFF DES EINWOHNERS

Aus mehreren Gründen ist der Begriff des Einwohners bedeutsam. Neben den theoretischen Erfordernissen einer korrekten Rechtsanwendung dieses Begriffes bei der Prüfung der Rechte und Pflichten der Einwohner zeigt sich die Relevanz der Definition an zusätzlichen praktischen Konsequenzen. Hierzu gehören z. B. der Status der Kommune,[156] der von der Einwohnerzahl beeinflusst ist sowie die Leistungen beim kommunalen Finanzausgleich, der gemäß § 5 NFAG[157] an der Anzahl der Einwohner orientiert ist.[158]

Als Einwohner einer Kommune bezeichnet § 28 Abs. 1 S. 1 alle natürlichen Personen, die ihren Wohnsitz oder ihren ständigen Aufenthalt in dieser Kommune haben. Obwohl juristische Personen nicht Einwohner sein können, so gelten für sie gemäß § 30 Abs. 2 einige Regelungen entsprechend, die sich auf Einwohner beziehen.

---

[155] Vgl. Schwabe/Sundermann, Teil H, Rdnr. 2.

[156] Zum Status der Stadt: Siehe der Wortlaut des § 20 Abs. 1, zum Status der selbständigen Gemeinde: Siehe der Wortlaut des § 14 Abs. 3 S. 1, 2.

[157] Niedersächsisches Finanzverteilungsgesetz in der Fassung vom 14. September 2007, Nds.GVBl. S. 466.

[158] Hierauf weist beispielsweise Püttner, Rdnr. 74 hin.

Die Begriffe des Wohnsitzes und des ständigen Aufenthalts werden – wenn auch abweichend vom Kommunalrecht – im Zivilrecht verwendet. Nach § 7 Abs. 1 BGB begründet jemand seinen Wohnsitz, indem er sich an diesem Ort ständig niederlässt. Hierzu ist der Wille erforderlich, den Ort zum ständigen Schwerpunkt der Lebensverhältnisse zu machen.[159] Dieser sogenannte Domizilwille[160] muss nicht ausdrücklich erklärt werden, sondern kann sich auch aus den Umständen ergeben.[161]

Zwar wird im Kommunalrecht zum Teil direkt auf den Wohnsitzbegriff der §§ 7–11 BGB verwiesen,[162] beziehungsweise nicht hinreichend scharf hiervon unterschieden,[163] aber andere weisen zu Recht darauf hin, dass der Begriff aus dem BGB nicht ohne Weiteres übernommen werden dürfe.[164] Es komme nämlich nicht auf den Willen, die Wohnung zum Mittelpunkt der Lebensbeziehungen zu machen, an, sondern es seien allein objektive Kriterien entscheidend.[165] Daher ist ein vom bürgerlich-rechtlichen getrennter öffentlich-rechtlicher Wohnungsbegriff zugrunde zu legen.[166] Relevant wird diese Unterscheidung beispielsweise bei Strafgefangenen, die nach der einen Auffassung wegen des fehlenden Domizilwillens keine Einwohner sind,[167] nach anderer Auffassung aber doch unter diesen Begriff fallen.[168] Ein weiteres Beispiel zur Veranschaulichung der Relevanz der Unterschiede der Ansichten stellt die Einordnung von Studierenden dar. Nach der ersteren Auffassung fehlt es hier an der Dauerhaftigkeit der Niederlassung, so dass sie nicht ihren Wohnsitz in der betreffenden Kommune hätten,[169] nach letzterer hätten sie dort dennoch ihren Wohnsitz, da es auf dieses Kriterium nicht ankomme.[170]

Auch bei der Zweitwohnungssteuer wird das Innehaben einer zweiten Wohnung unabhängig von der Dauer der konkreten Nutzung bejaht.[171]

Die Aufhebung des Wohnsitzes erfolgt, indem der Ort der Niederlassung tatsächlich aufgegeben wird und der Wille besteht, den Schwerpunkt der Lebensverhältnisse nicht an diesem Ort zu belassen.[172] Aus § 28 Abs. 1 S. 2 ergibt sich, dass unter Wohnsitz i.S.d. NKomVG

---

159 BayObLG 1985, 158 (161).
160 Palandt-Ellenberger, § 7 Rdnr. 7; BGHZ 7, 105 (109).
161 BGHZ 7, 105 (109 f.).
162 Ihnen, S. 89; Bernsdorff, in Thieme, § 21 Rdnr. 2; so noch Thiele, NGO, § 21 Erl. 1, anders nun Thiele, NKomVG, § 28 Erl. 1.
163 Sandfuchs. S. 91 f.
164 Blum/Häusler/Meyer-Wefelmeier, NKomVG, § 28 Rdnr. 2; Gern, Rdnr. 526.
165 Dols/Plate, Rdnr. 131; Geis, § 10 Rdnr. 1; Gern, Rdnr. 526; vgl. auch von Mutius, Rdnr. 572; Gönnenwein, S. 70 f.
166 Gönnenwein, S. 70; Gern, Rdnr. 526.
167 So noch Wefelmeier, in KVR-NGO § 21 Rdnr. 4.
168 Blum/Häusler/Meyer-Wefelmeier, NKomVG, § 28 Rdnr. 2.
169 Wefelmeier, in KVR-NGO § 21, Rdnr. 4, der aber letztlich wegen des Kriteriums des »ständigen Aufenthaltes« die Einwohnereigenschaft für möglich hält, vgl. Rdnr. 5; aus Sicht Bernsdorffs in Thieme, § 21 Rdnr. 4 fehle der *Wille* der ständigen Niederlassung.
170 Gern, Rdnr. 526; BVerwG, NJW 1992, 1121 (1122).
171 Vgl. OVG Schleswig, NVwZ-RR 2001, 532 (533).
172 BGH, NJW-RR 1998, 85 (85).

der Ort der Wohnung i.S.d. Melderechts zu verstehen ist. Auf diese Weise werden §§ 7, 8 NMG[173] für die Bestimmung der Wohnung relevant. Gemäß § 7 S. 1 NMG ist eine Wohnung jeder umschlossene Raum, der zum Wohnen oder Schlafen benutzt wird. In § 7 S. 2 und S. 3 NMG werden Sonderfälle dieses Raums geregelt. Ein Sonderfall liegt bei mehreren Wohnungen vor, da sich in diesem Fall die Frage stellt, an welchem dieser Orte der Wohnsitz liegt. Hierzu ergibt sich aus § 28 Abs. 1 S. 3, dass sich in diesem Fall der Wohnsitz am Ort der Hauptwohnung befindet.[174] Etwas anderes gilt, wenn die Person gemäß § 28 Abs. 1 S. 4 nachweist, dass sich der Mittelpunkt der Lebensbeziehungen am Ort der Nebenwohnung befindet, der in diesem Fall der Wohnsitz ist.

Zur Ermittlung der Hauptwohnung dient wiederum das Melderecht. Gemäß § 8 Abs. 2 S. 1 NMG ist die Hauptwohnung grundsätzlich die durch die Person vorwiegend benutzte Wohnung. In § 8 Abs. 2 S. 2 beziehungsweise S. 3 NMG sind für verheiratete oder eine Lebenspartnerschaft führende Personen beziehungsweise Minderjährige Sonderregelungen enthalten. Für wohnungslose Personen ist gemäß § 28 Abs. 1 S. 5 der Ort des gewöhnlichen Aufenthalts der Wohnsitz.

Der gewöhnliche Aufenthalt einer Person wird durch ihr längeres Verweilen an diesem Ort begründet.[175] Hat eine Person mehr als einen regelmäßigen Aufenthaltsort, z. B. als Student oder Inhaber einer Zweitwohnung, so kann er in allen Fällen Einwohner sein.[176]

2. BEGRIFF DES BÜRGERS

Der Begriff des Bürgers ergibt sich aus § 28 Abs. 2. Hiernach sind Bürger die zur Wahl der Vertretung berechtigten Einwohner.
Demnach setzt der Begriff des Bürgers den Begriff des Einwohners voraus, so dass es sich beim Bürger um einen Spezialfall des Einwohners handelt. Damit jemand Bürger ist, ist zusätzlich vorausgesetzt, dass eine Berechtigung zur Wahl vorliegt. Die hierfür erforderlichen Voraussetzungen ergeben sich aus § 48.

Durch die in § 28 Abs. 2 enthaltene allgemeine Regelung »Vertretung« wird deutlich, dass es Bürger in allen Kommunen, also nicht nur in Gemeinden, gibt, sondern auch Samtgemeinde-, Landkreis- und Regionsbürger existieren. Dies stellt eine Erweiterung gegenüber der bisherigen Rechtslage dar, nach der nur der Begriff des »Gemeindebürgers« existierte. Der Gesetzentwurf verweist als Begründung für die Ausweitung des Begriffs des Bürgers auf

173 Niedersächsisches Meldegesetz in der Fassung vom 25. Januar 1998 (Nds.GVBl. S. 56), zuletzt geändert durch Gesetz vom 12. Oktober 2006 (Nds.GVBl. S. 444).

174 Anders wird dies beispielsweise für die Rechtslage in Sachsen vertreten, bei der zwar das Landesmelderecht zwischen Haupt- u. Nebenwohnung unterscheidet, dies aber nach Hegele/Ewert, S. 78 auf die Definition des Eigentümers keinen Einfluss habe; die Person sei Einwohner beider Orte.

175 Siehe hierzu BGH NJW 1993, 2047 (2048 f.); BGH NJW 1983, 2771 (2771 f.); Schreiber, NJW 1998, S. 494; Blum/Häusler/Meyer-Wefelmeier, NKomVG, § 28 Rdnr. 3.

176 Wefelmeier, in KVR-NGO § 21, Rdnr. 5.

den tatsächlichen Sprachgebrauch und den Regelungen in anderen Flächenländern.[177] Im Zeitraum der Gesetzgebung wurde diese Erweiterung vom Niedersächsischen Städtetag[178] und vom Niedersächsischen Städte- und Gemeindebund[179] kritisiert, die die Definition des Bürgers weiterhin auf die Gemeinden beschränken wollten. Demgegenüber ist – entsprechend der Festlegung, dass ein Bürger ein zur Wahl der Vertretung berechtigter Einwohner ist – die Ausdehnung des Begriffs begrifflich konsequent.[180] Als Folge wird beispielsweise die nach dem bisherigen Recht als »Einwohnerbefragung« bezeichnete Maßnahme in § 35 für alle Kommunen nun einheitlich »*Bürger*befragung« genannt.

Zusammengefasst ist für eine Bürgerin/einen Bürger also erforderlich:

- Einwohner/in
- Zur Wahl der Vertretung berechtigt, d. h.
  - Deutsche/r i.S.d. Art. 116 Abs. 1 GG oder Staatsangehörige/r eines anderen Mitgliedsstaats der EU,
  - am Wahltag mindestens 16 Jahre alt,
  - am Wahltag seit mindestens drei Monaten den Wohnsitz in der Kommune und
  - kein Ausschluss vom Wahlrecht gemäß § 48 Abs. 2.

3 SONSTIGE PERSONEN

Das Recht der Einwohner zur Benutzung öffentlicher Einrichtungen ist gemäß § 30 Abs. 2 S. 1 auch auf sonstige Personen anwendbar. Hierzu gehören Auswärtige, die entweder Grundbesitz in der Gemeinde haben oder ein Gewerbe betreiben. Diese werden Forensen genannt.[181]

II. Rechte der Einwohner und Bürger

1. RECHTE DER EINWOHNER

Einwohner haben das Recht, öffentliche Einrichtungen zu benutzen, Einwohneranträge stellen, Anregungen und Beschwerden abzugeben, sich als Kinder und Jugendliche zu beteiligen, Hilfe bei Verwaltungsangelegenheiten zu erhalten, in Einwohnerfragestunden Fragen zu stellen, über wichtige Angelegenheiten der Kommune durch die Hauptberwaltungsbeamtin oder den Hauptverwaltungsbeamten unterrichtet zu werden und an Einwohnerversammlungen teilzunehmen.

---

[177] Begründung der Landesregierung zum Gesetzentwurf, LT-Drs. 16/2510, S. 107.

[178] Stellungnahme des Niedersächsischen Städtetages, NST-N 2010, 96 (97).

[179] Stellungnahme des Niedersächsischen Städte- u. Gemeindebundes, http://www.nsgb.info/pics/medien/1_1282728020/Stellungnahme-NKomVG.pdf (zuletzt besucht am 1. September 2013).

[180] Vgl. Seybold, S. 14; Seybold, DVP 2011, S. 232.

[181] Ihnen, S. 90; Armbrust, S 126. Zu den Rechten u. Pflichten der Forensen siehe unten unter II. u. III.

a) Benutzung öffentlicher Einrichtungen

Einwohner haben grundsätzlich das Recht, die öffentlichen Einrichtungen der Kommune zu benutzen. Dieses Recht gilt gemäß § 30 Abs. 2 S. 1 auch für Forensen.

aa) Begriff der öffentlichen Einrichtung

Der weit auszulegende[182] Begriff der öffentlichen Einrichtung ist im NKomVG nicht definiert; auch nach der bisherigen Rechtslage gab es keine gesetzliche Definition. Zu unterscheiden ist der Begriff der öffentlichen Einrichtung von dem der Einrichtung gemäß §§ 136 ff.[183] Eine öffentliche Einrichtung ist eine Zusammenfassung von Personen und Sachmitteln im öffentlichen Interesse, die durch einen Widmungsakt der Kommune der allgemeinen Benutzung durch Gemeindeangehörige und ortsansässigen Vereinigungen zugänglich gemacht wird.[184] Außerdem wird verlangt, dass es sich um eine Einrichtung der Daseinsvorsorge handeln muss.[185] Ob es öffentliche Einrichtungen nur für Aufgaben des eigenen Wirkungskreises gibt,[186] oder ob eine solche Einschränkung nicht erforderlich ist,[187] ist umstritten. Vorzugswürdig ist die Auffassung, die den eigenen Wirkungskreis als Voraussetzung verlangt, da die Kommunen im übertragenen Wirkungskreis lediglich staatliche Aufgaben in der Form bürokratischer Verwaltung erfüllen.[188]

Sachen, die im Gemeingebrauch stehen, sind nicht als öffentliche Einrichtungen anzusehen, da die Benutzung von vornherein nicht auf die Einwohner begrenzt ist.[189] Hierzu gehören beispielsweise Straßen, § 14 Abs. 1 S. 1 NStrG.[190] Auch Rathäuser sind grundsätzlich keine öffentliche Einrichtung, da sie nur zur Vornahme von Amtshandlungen dienen.[191] Demgegenüber ist als öffentliche Einrichtung der Rathausbalkon, der für Feierlichkeiten genutzt werden kann, anzusehen. Nach einer Ansicht gehören auch Schulen zu Institutionen, die nicht als öffentliche Einrichtungen angesehen werden.[192] Dem ist aber nicht zuzustimmen, da entsprechend der weiten Auslegung des Begriffs der öffentlichen Einrichtung eine Schule die für öffentliche Einrichtungen erforderlichen Voraussetzungen erfüllt und sie auch nicht jedermann zur Verfügung steht.[193]

---

182 Geis, § 10 Rdnr. 13; Blum/Häusler/Meyer-Wefelmeier, NKomVG, § 30 Rdnr. 3.

183 Blum/Häusler/Meyer-Wefelmeier, NKomVG, § 30 Rdnr. 3. Siehe zu den Einrichtungen gemäß §§ 136 ff. unten Zweiter Teil, Kapitel B.

184 Geis, § 10 Rdnr. 12; vgl. Kahl/Weißenberger, Jura 2009, S. 195.

185 Burgi, § 16 Rdnr. 1; Bernsdorff, in Thieme, NGO, § 22 Rdnr. 2; Sundermann, S. 47.

186 So Ipsen, Rdnr. 580; Thiele, NKomVG, § 30 Erl. 1; OVG Münster, NJW 1969, 1077 (1077–1079); vgl. Blum/Häusler/Meyer-Meyer, NKomVG, § 4 Rdnr. 7.

187 Vgl. Gern, Rdnr. 528, der öffentliche Einrichtungen auch hinsichtlich der Aufgaben des übertragenen Wirkungskreises annimmt.

188 Ipsen, Rdnr. 580.

189 Geis, § 10 Rdnr. 19; Gern, Rdnr. 531; vgl. Sundermann, S. 47.

190 Ipsen, Rdnr. 582; Sundermann, S. 47.

191 Gern, Rdnr., 531; Sandfuchs, S. 93.

192 Geis, § 10 Rdnr. 19; Gern, Rdnr., 531.

193 Im Ergebnis ebenso: Sandfuchs, S. 95; Dols/Plate, Rdnr. 134; Sundermann, S. 47; vgl. Bernsdorff, in Thieme, § 22 Rdnr. 3.

Beispiele öffentlicher Einrichtungen sind Altenheime, Bibliotheken, Krankenhäuser, Sportplätze, Stadthallen und Theater.[194] Als weitere Beispiele für öffentliche Einrichtungen, die für die Benutzung durch Forensen in Betracht kommen, werden die Kanalisation, die Abfallbeseitigung und die Straßenreinigung aufgeführt.[195]

Die **Widmung** bestimmt, in welcher Weise die Einrichtung genutzt werden darf.[196] Durch sie wird die Einrichtung zu einer öffentlichen.[197] Sie kann durch eine Satzung geschehen, durch eine Allgemeinverfügung gemäß § 35 S. 2 VwVfG oder durch ein konkludentes Handeln. Die ausdrückliche Widmung ist entweder durch eine Rechtsvorschrift in Form einer Satzung oder durch einen Beschluss möglich.[198] Die konkludente Widmung ist durch faktisches Verwaltungshandeln in Form des Einrichtens möglich.[199] Dies gilt auch für die Erweiterung einer einmal getroffenen Widmung, die durch eine Vergabepraxis erfolgen kann.[200] Dementsprechend muss auch der Widmungszweck nicht ausdrücklich bei der Widmung geäußert worden sein, sondern er kann auch konkludent erfolgen,[201] sich also aus den Umständen ergeben. Hierfür mögliche Indizien sind beispielsweise der erkennbare Zweck der Einrichtung, die bisherige Benutzungsweise, die Ausgestaltung der Nutzungsverhältnisse, eine erhebliche Subventionierung durch die Kommune, die haushaltsplanrechtliche Behandlung der Einrichtung sowie die bei Errichtung und Benutzung geäußerten Absichten des Trägers.[202] Z. B. spricht eine Ausgestaltung der Benutzung durch eine Satzung oder durch die Erhebung von Gebühren für eine öffentlich-rechtliche und die Verwendung von Allgemeinen Geschäftsbedingungen in einem Benutzungsvertrag für eine privatrechtliche Ausgestaltung.[203]

Eine weitere Voraussetzung für die Nutzung einer öffentlichen Einrichtung ist die Einhaltung gesetzlicher Vorschriften bei der Nutzung der Einrichtung. So darf beispielsweise der Antrag auf Nutzung einer Messehalle durch ein Unternehmen abgelehnt werden, wenn die Ausstellung des Unternehmens gegen gesetzliche Vorschriften verstößt.

Die gesetzliche Formulierung in § 30 Abs. 1, wonach die Berechtigung nur »im Rahmen der bestehenden Vorschriften« besteht, stellt einen Hinweis auf die Grenzen der Rechte zur Benutzung der öffentlichen Einrichtung dar. Zur Bestimmung dieser Grenzen ist unter anderem auf den Widmungszweck abzustellen. Sie können sich aus Rechtsvorschriften ergeben, z. B. aus der Benutzungssatzung, nicht aber aus Verwaltungsvorschriften.[204] In diesem Zusammenhang relevant werden können z. B. strafrechtliche Vorschriften.[205]

---

194 Vgl. Sundermann/Miltkau, Teil H, Rdnr. 12; vgl. Sundermann, S. 47.
195 Sundermann/Miltkau, Teil H, Rdnr. 14; Sundermann, S. 47.
196 Gern, Rdnr. 528.
197 Gern, Rdnr. 529; Blum/Häusler/Meyer-Meyer, NKomVG, § 4 Rdnr. 8; vgl. Hegele/Ewert, S. 64.
198 Sundermann, S. 47.
199 Bernsdorff, in Thieme, NGO, § 22 Rdnr. 2; Sundermann, S. 47.
200 VGH Mannheim, NVwZ 1998, 540 (541); Dols/Plate, Rdnr. 136.
201 Von Mutius, Rdnr. 639.
202 Von Mutius, Rdnr. 640 m.w.N.
203 Hegele/Ewert, S. 68.
204 OVG Lüneburg, NST-N 1985, 20 (21).
205 VGH Mannheim NJW 1987, 2697 (2697 f.).

bb) Schaffung, Betreiben und Erweiterung einer öffentlichen Einrichtung

Ob eine Kommune eine öffentliche Einrichtung schafft oder erweitert, liegt grundsätzlich in ihrem Ermessen.[206] Ein Entschließungsermessen besteht für die Kommune allerdings nicht, wenn sie zur Bereitstellung der öffentlichen Einrichtung gesetzlich verpflichtet ist, wie z. B. bei Schulen.[207]

Als eine weitere Grenze enthält § 4 S. 2 die Einschränkung, dass die Bereitstellung öffentlicher Einrichtung nur in den Grenzen der Leistungsfähigkeit der einzelnen Kommune zu erfolgen hat. Auf diese Weise wird verdeutlicht, dass die Finanz- und Verwaltungskraft der jeweiligen Kommune zu berücksichtigen ist.[208] Gemäß § 4 S. 2 stellten die Kommunen verschiedene Arten von öffentlichen Einrichtungen zur Verfügung. Die bisherige Gesetzeslage erfasste zwar die sportlichen Institutionen nicht ausdrücklich als öffentliche Einrichtungen, aber diese wurden dennoch von der Rechtsprechung als solche behandelt.[209] Der Grund für die nun ausdrückliche Aufnahme des sportlichen Einrichtungen ist das in Art. 6 NV enthaltene Staatsziel des Sports.

Ein ursprünglicher Widmungszweck kann durch eine **Umwidmung** verändert werden. Dies ist auch durch Verwaltungspraxis möglich. So kann beispielsweise ein ursprünglich für Jugendliche zu benutzendes Jugendzentrum durch die Verwaltung auch für die Nutzung durch politische Parteien zugelassen werden. Dementsprechend wird durch die Verwaltungspraxis der Widmungszweck erweitert, so dass ein späterer Antrag einer (anderen) politischen Partei auf Nutzung dieser öffentlichen Einrichtung für den gleichen Zweck nicht schon aus dem Grund abgelehnt werden darf, dass der ursprüngliche Nutzungszweck nicht eingehalten wird. Ebenso darf eine einmal getätigte Widmung grundsätzlich wieder eingeschränkt werden, was sich daraus ergibt, dass Einwohner keinen Anspruch darauf haben, dass eine Einrichtung unverändert bestehen bleibt.[210] Die Umwidmung ist aber nur aus sachgerechten Gründen möglich.[211] Beispielsweise ist es nicht zulässig, dass eine Kommune die Veranstaltung der A-Partei in der Stadthalle zulässt und in der nächsten Woche durch eine Umwidmung nach Eingang des Antrags der nicht erwünschten B-Partei die Nutzung der Stadthalle verweigert.[212] Ein in dieser Weise gelagerter Fall wurde vor kurzem hinsichtlich eines geplanten Parteitages der NPD in Northeim durch das OVG Lüneburg in gleicher Weise entschieden.[213]

cc) Zweistufentheorie

Zu unterscheiden ist bei öffentlichen Einrichtungen der Zugang zu ihr auf der einen und ihre Benutzung auf der anderen Seite. Der Zugang zu einer öffentlichen Einrichtung ist –

---

206 Blum/Häusler/Meyer-Meyer, NKomVG, § 4 Rdnr. 10; Blum/Häusler/Meyer-Wefelmeier, NKomVG, § 30 Rdnr. 4.
207 Dols/Plate, Rdnr. 135; Burgi, § 16 Rdnr. 2; Gern, Rdnr. 533.
208 Blum/Häusler/Meyer-Meyer, NKomVG, § 4 Rdnr. 9.
209 Vgl. die Begründung zum Regierungsentwurf, LT-Drs. 16/2510, S. 102.
210 Waechter, Rdnr. 566; vgl. VGH Mannheim, NVwZ 1998, 540 (541), vgl. Hegele/Ewert, S. 66.
211 Vgl. Blum/Häusler/Meyer-Wefelmeier, NKomVG, § 30 Rdnr. 11; vgl. BVerwGE 31, 368 (370).
212 BVerwGE 31, 368 (370).
213 OVG Lüneburg, Beschluss vom 14.04.2011, Aktenzeichen 10 ME 47/11.

unabhängig von der Rechtsform – (fast) immer eine Frage des öffentlichen Rechts, während die Gemeinde hinsichtlich des Benutzungsverhältnisses entscheiden kann, ob sie dieses entweder öffentlich-rechtlich oder privatrechtlich ausgestalten möchte.[214]

Da der Anspruch auf Zulassung zu einer öffentlichen Einrichtung also grundsätzlich öffentlich-rechtlicher Natur ist,[215] wäre eine dementsprechende Klage folglich grundsätzlich vor den Verwaltungsgerichten zu führen, selbst wenn die Einrichtung privatrechtlich organisiert ist.[216] Da die Zulassung grundsätzlich durch einen Verwaltungsakt ergeht,[217] kommt grundsätzlich eine Verpflichtungsklage in Betracht.[218] Erfolgt die Zulassung durch einen öffentlich-rechtlichen Vertrag, so ist die Allgemeine Leistungsklage statthaft.[219]

Komplizierter ist allerdings die Frage zu beantworten, ob im Falle einer durch eine juristische Person des Privatrechts betriebene öffentliche Einrichtung ebenfalls eine öffentlich-rechtliche Streitigkeit gegeben ist oder nicht. In einem solchen Fall wird ebenfalls eine öffentlich-rechtliche Streitigkeit angenommen, wenn der Anspruch gegen die Kommune gerichtet wird, damit diese im Falle eines begründeten Anspruchs auf die juristische Person einzuwirken hat.[220] Der Anspruch auf Zulassung wandelt sich um in einen Anspruch auf Verschaffung.[221] Die Kommune muss also einen derart starken Einfluss auf die juristische Person haben, dass sie den allgemeinen Benutzungsanspruch durchsetzen kann.[222] Demgegenüber sei in diesem Sonderfall das Nutzungsverhältnis zivilgerichtlich zu behandeln, also beispielsweise Fragen der Dauer oder des Entgelts für die Benutzung.[223] Wird der Anspruch dagegen direkt gegen die juristische Person geltend gemacht, so müsse dies nach einer Ansicht auf der Basis des Zivilrechts und daher vor den ordentlichen Gerichten erfolgen,[224] nach einer anderen Ansicht sei auch in diesem Fall eine vor dem Verwaltungsgericht zu behandelnde öffentlich-rechtliche Streitigkeit gegeben.[225] Zwar steht es der Kommune grundsätzlich frei, ob sie die öffentliche Einrichtung in öffentlicher oder privatrechtlicher Rechtsform betreibt, aber es wird auch darauf hingewiesen, dass die Kommune keine »Flucht ins Privatrecht« antreten darf.[226] Das bedeutet, dass sie sich

---

[214] Armbrust, S. 126; Dols/Plate, Rdnr. 134; Hegele/Ewert, S. 68.

[215] Gern, Rdnr. 536; Kahl/Weißenberger, Jura 2009, S. 197; BVerwG, NJW 1990, 134 (135).

[216] Gern, Rdnr. 536.

[217] Waechter, Rdnr. 563; Armbrust, S. 126; vgl. VG Freiburg, NVwZ-RR 2002, 139 (139); Geis, § 10 Rdnr. 28 führt neben dem Verwaltungsakt noch die Möglichkeit der Zulassung durch einen öffentlich-rechtlichen Vertrag an.

[218] Burgi, § 16 Rdnr. 35; Geis, § 10 Rdnr. 52; vgl. Ipsen, S. 673. Möglich ist aber auch die Fortsetzungsfeststellungsklage, vgl. VG Freiburg, NVwZ-RR 2002, 139 (139).

[219] Burgi, § 16 Rdnr. 35; Ipsen, Rdnr. 673.

[220] Ipsen, Rdnr. 673; Burgi, § 16 Rdnr. 39; Blum/Häusler/Meyer-Wefelmeier, NKomVG, § 30 Rdnr. 5; BVerwG, NVwZ 1991, S. 59, Hegele/Ewert, S. 66; Püttner, Rdnr. 83; Sundermann, S. 49.

[221] Burgi, § 16 Rdnr. 38.

[222] Hegele/Ewert, S. 65.

[223] Blum/Häusler/Meyer-Wefelmeier, NKomVG, § 30 Rdnr. 18.

[224] BVerwG, NVwZ 1991, 59 (59); Gern, Rdnr. 537, der hier ein Wahlrecht des Einwohners annimmt, entweder gegen die Kommune oder gegen die juristische Person selbst vorzugehen.

[225] Kahl/Weißenberger, Jura 2009, S. 197.

[226] OVG Greifswald, LKV 2005, 559 (560); von Mutius, Rdnr. 438.

ihren aus einer öffentlich-rechtlichen Organisationsform ergebenden Verpflichtungen nicht entziehen darf.[227]

Hinsichtlich des Benutzungsverhältnisses, also das »Wie« die Einrichtung betreffend, hängt der Rechtsweg davon ab, ob das Benutzungsverhältnis öffentlich-rechtlich oder privatrechtlich ausgestaltet ist. Liegt ein öffentlich-rechtliches Verhältnis vor, so ist auch der Rechtsweg öffentlich-rechtlich, während bei einem privatrechtlichen Nutzungsverhältnis der Rechtsweg privatrechtlich ist.[228] Wegen der letztgenannten Möglichkeit wird aufgrund der in diesem Fall unterschiedlichen Rechtswege von »Zweistufigkeit« gesprochen;[229] üblich ist in diesem Zusammenhang auch der Begriff »Zweistufentheorie«.[230]

ZWEISTUFENTHEORIE

Bei öffentlichen Einrichtungen sind zu unterscheiden

Das »Ob« der Zulassung	Das »Wie« der Nutzung
Zulassungsverhältnis	Nutzungsverhältnis
Öffentlich-rechtlich	Öffentlich- oder privatrechtlich

In der Literatur werden Zweifel geäußert, ob die Zweistufentheorie mit ihrer Aufspaltung in ein »Ob« und ein »Wie« der Zulassung praktikabel ist.[231] Allerdings wird diese Aufteilung im niedersächsischen Kommunalrecht zugrunde gelegt.[232]

dd) Grundsätzlich: Anspruch auf Zulassung und Benutzung

Gemäß § 30 Abs. 1 haben die Einwohner der Kommune einen Anspruch auf Zulassung zur öffentlichen Einrichtung. Die Zulassung zur öffentlichen Einrichtung erfolgt für alle vom Widmungszweck erfassten Personen auf der Basis allgemeingültiger und für alle grundsätzlich gleicher Regelungen.[233] Da es sich hier um einen Vorschrift der gebundenen Verwaltung handelt, reicht das Vorliegen der Tatbestandsvoraussetzungen aus, damit der den Zugang begehrende Einwohner zur öffentlichen Einrichtung zugelassen wird, wobei allerdings die Kapazität eine Grenze darstellen kann.[234]

Der Zulassungs- und Benutzungsanspruch ist ein auch verwaltungsgerichtlich durchsetzbares subjektiv-öffentliches Recht[235] Er ergibt sich aus der Anspruchsgrundlage des § 30

227 Vgl. Gern, Rdnr. 722.
228 Knemeyer, Rdnr. 319; Hegele/Ewert, S. 72.
229 Gern, Rdnr. 536.
230 Hegele/Ewert, S. 68, S. 71 f.
231 Dementsprechend kritisch gegenüber der Zweistufentheorie Schmidt, Rdnr. 630 und Engels/Krausnick, § 7 Rdnr. 49 m.w.N.
232 Vgl. nur Blum/Häusler/Meyer-Wefelmeier, NKomVG, § 30 Rdnr. 16 und Thiele, NKomVG, § 30 Erl. 3.
233 Dols/Plate, Rdnr. 134, vgl. Hegele/Ewert, S. 65.
234 Siehe hierzu unten, Punkt ff).
235 Vgl. BVerwG NJW 1990, 134 (135); vgl. auch BVerwG, NVwZ 1991, 59 (59); Dols/Plate, Rdnr. 136.

Abs. 1. Grundsätzlich haben über § 30 Abs. 3 auch politische Parteien das Recht auf Zulassung zu einer öffentlichen Einrichtung. Bei ihnen handelt es sich um Personenvereinigungen (nicht um juristische Personen).[236] Da die in § 30 Abs. 3 genannten Personengruppen nur dann zugelassen werden, wenn sie ihren Sitz um Gemeindegebiet haben.[237] Des Weiteren muss ein Bezug der Benutzung zum örtlichen Einzugsbereich bestehen.[238] Daher kann sich auf § 30 Abs. 3 nicht der Ortsverband einer politischen Partei berufen, wenn ein Bundes- oder Landesparteitag in der Einrichtung abgehalten werden soll.[239]

Des Weiteren hängt der Erfolg eines Anspruchs auf Zulassung auch vor allem davon ab, ob die formellen und materiellen Anspruchsvoraussetzungen erfüllt sind. Die allgemeinen Anspruchsvoraussetzungen sind, dass ein korrekter Antrag bei der zuständigen Behörde gestellt wurde.
Die materiellen Anspruchsvoraussetzungen ergeben sich aus der Anspruchsgrundlage, also § 30 Abs. 1 Alt. 1 . Hiernach muss es sich zunächst um eine öffentliche Einrichtung im oben beschriebenen Sinne handeln.

ee) Im Rahmen der bestehenden Vorschriften

Außerdem ist zu berücksichtigen, dass eine Benutzung der öffentlichen Einrichtung versagt werden kann, wenn hierdurch Schäden zu befürchten sind und diese nicht in anderer Weise vermeidbar sind.[240] Problematisch ist allerdings, wenn eine Benutzung öffentlicher Einrichtung mittelbar zu Schäden führen kann. Hierunter fallen beispielsweise Gefahren, die durch Gegendemonstrationen entstehen können. Aus solchen Gründen darf die Zulassung grundsätzlich nicht verwehrt werden.[241] Hierfür spricht, dass es Aufgabe der zur Gefahrenabwehr berufenen Behörden ist, diese Gefahren abzuwehren.[242] Würde aus diesem Grund die Benutzung einer öffentlichen Einrichtung abgelehnt werden können, so würde sich die öffentliche Gewalt die Entscheidung über den Zulassungsanspruch aus der Hand nehmen lassen; der de iure zustehende Anspruch der Einwohnerinnen und Einwohner auf Zulassung zu einer öffentlichen Einrichtung könnte de facto ausgehöhlt werden. Ist aber die Versagung der Benutzung der öffentlichen Einrichtung die einzige Möglichkeit, die zur Abwendung der Gefahr zur Verfügung steht, so darf unter Umständen auch diese Möglichkeit gewählt werden.[243] Dies gilt ebenfalls, wenn bei der Nutzung der öffentlichen Einrichtungen die Gefahr besteht, dass Straftaten begangen werden sollen[244] oder die dringende Gefahr besteht, dass zu Ordnungswidrigkeiten aufgerufen wird.[245]

---

236 BVerwGE 31, 368 (368 f.); vgl. OVG Koblenz, DÖV 1986, 153 (153).
237 Gern, Rdnr. 538; Blum/Häusler/Meyer-Wefelmeier, NKomVG, § 30 Rdnr. 7.
238 Blum/Häusler/Meyer-Wefelmeier, NKomVG, § 30 Rdnr. 7.
239 Blum/Häusler/Meyer-Wefelmeier, NKomVG, § 30 Rdnr. 7.
240 Vgl. BVerwGE 31, 368 (371 f.); Blum/Häusler/Meyer-Wefelmeier, NKomVG, § 30 Rdnr. 15.
241 Blum/Häusler/Meyer-Wefelmeier, NKomVG, § 30 Rdnr. 15; von Mutius, Rdnr. 101.
242 VG Hannover, NdsVBl. 2007, 310; VGH Mannheim, DVBl. 1990, 1044 (1044); vgl. BVerwGE 32, 333, 337; vgl. OVG Lüneburg, NJW 1985, 2347 (2348 f.).
243 BVerfG, DVBl 1985, 1006 (1012 f.); VGH München, NJW 1989, 2491 (2492), VGH Mannheim, DVBl 1990, 1044 (1045); VGH Kassel, NJW 1993, 2331 (2331 f.); Gern, Rdnr. 543.
244 VGH Kassel, NJW 1993, 2331 (2332).
245 VGH Mannheim, NJW 1987, 2698 (2698).

Ein weiteres Problem in diesem Zusammenhang besteht, wenn es sich beim Antragsteller um eine radikale politische Partei handelt. Die Weigerung einer Kommune mit dem Verweis auf deren Verfassungsfeindlichkeit wird als nicht zulässig angesehen, da auch vermeintlich verfassungsfeindliche Parteien unter das Parteienprivileg des Art. 21 Abs. 2 GG fallen, so dass bis zu einem Verbot durch das Bundesverfassungsgericht diese Parteien grundsätzlich nicht schlechter gestellt werden dürfen als andere Parteien.[246]

ff) Besonderheit: Problem wegen begrenzter Kapazitäten

Damit ein Anspruch auf Zulassung zu einer öffentlichen Einrichtung besteht und auch durchgesetzt werden kann, müssen auch dementsprechende Kapazitäten vorhanden sein. Die Kommune muss alle Möglichkeiten ausschöpfen, um eine Nutzung durch alle zu ermöglichen.[247] Sind die Grenzen der Kapazität aber erschöpft, so hat eine Auswahl stattzufinden. Nach welchen Kriterien diese stattfindet, steht grundsätzlich im Ermessen der Kommune.[248] Die Auswahl muss aber anhand sachlicher Gesichtspunkte vorgenommen werden.[249] Insbesondere ist der in Art. 3 Abs. 1 GG enthaltene Grundsatz der Gleichbehandlung zu beachten.[250] Da – wie bereits festgestellt – Nichteinwohner die öffentlichen Einrichtungen mitbenutzen dürfen, aber hierauf keinen Anspruch haben, können sie bei einer Überlastung der Einrichtungen von der Nutzung ausgeschlossen werden. Diese Entscheidung wäre streng prüfungstechnisch dann aber keine Entscheidung, die aufgrund des der Kommune zustehenden Ermessens getroffen würde, da es bereits an den tatbestandlichen Voraussetzungen eines Anspruchs (»Einwohner/in«) fehlt.

Da eine Auswahl stattzufinden hat, stellt sich die Frage nach den hierfür anzuwendenden Kriterien. Hierbei kommen beispielsweise grundsätzlich die folgenden Methoden[251] in Betracht:

- Der Grundsatz »Bekannt und bewährt«
- Der Grundsatz »Neu vor alt«
- Prioritätsprinzip/Windhundprinzip
- Rotationsprinzip/Rollierendes System
- Lossystem

Zwar ist der Grundsatz »Bekannt und bewährt« grundsätzlich als sachgerechtes Auswahlkriterium anerkannt.[252] Er kann aber im Einzelfall gegen den Grundsatz der Chancengleichheit verstoßen. Ein solcher Verstoß wird insbesondere bei Volksfesten wegen des hierbei geltenden Grundsatzes der Marktfreiheit angenommen, wenn Neubewerber

---

246 Gassner, VerwArch 85 (1994), 533 (563); BVerwG, NJW 1990, 134 (135); vgl. OVG Lüneburg, NJW 1985, 2347 (2348); vgl. VGH Mannheim, NJW 1990, 136 (136 f.); vgl. von Mutius, Rdnr. 100.

247 Gassner, VerwArch 85 (1994), 533 (542); vgl. VGH München, NVwZ-RR 1998, 193 (194).

248 OVG Lüneburg, NdsVBl. 2002, 290 (291).

249 Geis, § 10 Rdnr. 41.

250 BVerwGE 31, 368 (370); Burgi, § 16 Rdnr. 26; vgl. Waechter, Rdnr. 564.

251 Siehe hierzu: Gern, Rdnr. 540, Waechter, Rdnr. 564; Ipsen, Rdnr. 676; Schmidt, Rdnrn. 632–634.

252 BVerwG, NVwZ 1982, 194 (194 f.); OVG Bremen GewArch 1985, 386 (386 f.); OVG Münster, GewArch 1991, 113 (113).

hierdurch auf unabsehbare Zeit von der Teilnahme ausgeschlossen werden.[253] Außerdem ist die Anwendung des Kriteriums »Bekannt und bewährt« hinreichend durch die Kommune zu untermauern, d. h. sie muss aufführen, auf welche Eigenschaften sich die Bekannt- und Bewährtheit im Einzelnen bezieht.[254] Allerdings besteht für Bewerber kein Anspruch darauf, dass statt des Kriteriums »Bekannt und bewährt« ein Rotations- oder Losverfahren durchgeführt wird.[255] Für die wegen begrenzter Kapazitäten erforderliche Auswahl bei der Nutzung eines Schwimmbades wird das Kriterium »Bekannt und bewährt« als nicht zulässig angesehen.[256] Es ist also – wie so häufig – auf die Umstände des Einzelfalles abzustellen, ob und inwieweit dieses Auswahlkriterium angewandt werden darf.

Ein Gegenstück zum Auswahlkriterium »Bekannt und bewährt« ist der Grundsatz »Neu vor alt«.[257] Nach diesem wird den neuen, in der Vergangenheit noch nicht zugelassenen Bewerbern der Vorrang vor den etablierten Bewerbern gegeben.
Ein scheinbar neutraleres Vorgehen könnte auf den ersten Blick das Prioritätsprinzip ermöglichen. Dieses besagt, dass die Reihenfolge der eingereichten Anträge für die Zulassung insofern entscheidend ist, als der früher eingegangene Antrag gegenüber dem späteren vorrangig ist.[258] Ein solches Vorgehen wird zwar von vielen als recht unproblematisch angesehen, enthält aber – wenn es vorbehaltlos und undifferenziert angewandt wird – Probleme hinsichtlich der Chancengleichheit.[259] Unter Umständen muss nämlich der Zugang zu einer öffentlichen Einrichtung nämlich zusätzlichen Kriterien unterworfen werden, beispielsweise unterschiedlichen Bedürfnissen beim Zugang zu einem Altersheim oder einem Sportplatz.[260]

Des Weiteren ist ein rollierendes Verfahren möglich. Bei diesem Prinzip werden die begrenzten Kapazitäten im regelmäßigen Wechsel vergeben.

Eine andere Möglichkeit bietet das Losverfahren. Dieses ist streng neutral,[261] weist aber – gleichermaßen als Vor- und als Nachteil – die Eigenschaft auf, dass die Kommune die Vergabe innerhalb dieses Verfahrens nicht steuern kann.[262] Die Anwendung dieses Kriteriums kann ebenfalls unter Umständen gegen die Verpflichtung zur sachgerechten Abwägung verstoßen.[263]

---

[253] OVG Münster, GewArch 1991, 113 (113 f.); OVG Bremen, GewArch 1985, 386 (387).
[254] OVG Lüneburg, NdsVBl. 2002, 290 (292).
[255] BVerwG, NVwZ 1982, 194 (194 f.).
[256] VGH München, NVwZ-RR 1998, 193 (194).
[257] Ipsen, Rdnr. 677; Schmidt, Rdnr. 637.
[258] Vgl. Waechter, Rdnr. 564.
[259] Gassner, VerwArch 85 (1994), 533 (544 f.), vgl. auch Blum/Häusler/Meyer-Wefelmeier, NKomVG, § 30 Rdnr. 13.
[260] Gassner, VerwArch 85 (1994), 533 (544 f.).
[261] Gassner, VerwArch 85 (1994), 533 (545).
[262] Vgl. Ipsen, Rdnr. 677.
[263] Blum/Häusler/Meyer-Wefelmeier, NKomVG, § 30 Rdnr. 13.

Aufbaumuster zur Prüfung eines Anspruchs auf Zulassung zu einer öffentlichen Einrichtung:

I. Anspruchsgrundlage: § 30 Abs. 1 Alt. 1
II. Formelle Anspruchsvoraussetzungen
Antrag bei der zuständigen Behörde
III. Materielle Anspruchsvoraussetzungen
1. Einwohner
2. Öffentliche Einrichtung
3. Innerhalb des Widmungszwecks
4. Kein Verstoß gegen das Gesetz !
5. Keine rechtmäßige Erschöpfung der Kapazitäten (Los-Verfahren)

Rechtsfolge: Zulassungsanspruch besteht bzw. bei ausgeschöpfter Kapazität: Anspruch aus ermessensfehlerfreie Auswahl

b) Einwohnerantrag

Einwohner haben gemäß § 31 das Recht, einen Einwohnerantrag zu stellen. Während vertreten wird, der Zweck des Einwohnerantrags bestehe darin, dass politische Beratungen und Festlegungen auch in problematischen Fällen relativ zeitnah erzwungen werden können,[264] wird einschränkend darauf hingewiesen, dass dies nur für die in den in der gesetzlichen Norm angegebenen Zuständigkeitsbereich fallenden Angelegenheiten gilt.[265]

aa) Vorbemerkung zu plebiszitären Elementen im Kommunalrecht

Plebiszitäre Elemente im Kommunalrecht eröffnen Einwohnern und Bürgern auf der Basis des Art. 28 Abs. 1 S. 3 GG die Möglichkeit zu unmittelbarer Demokratie.[266] Hierdurch werden für die Adressaten dieser Rechte

- die Möglichkeit der Selbstgestaltung geschaffen beziehungsweise erweitert,
- die Identifikation mit der Kommune und
- die Zufriedenheit mit der Verwaltung gefördert.[267]

Gleichzeitig entstehen dabei als negative Effekte

- eine Schwerfälligkeit kommunaler Entscheidungsprozesse und
- eine Verteuerung kommunaler Entscheidungen.[268]

Auf die Möglichkeit, Bürger- und Einwohnerinitiativen zu gründen und zu beteiligen, soll an dieser Stelle nicht eingegangen werden, da das NKomVG diesbezüglich keine speziellen Beteiligungsrechte einräumt. Die Bedeutung des Einwohnerantrags ist – gerade vor dem

[264] Ihnen, S. 95, wobei dessen Verweis auf »VG München NVwZ-RR 2000, 104« nicht einschlägig ist.
[265] VG Minden NVwZ-RR 2000, 104 (105).
[266] Gern, Rdnr. 581.
[267] Gern, Rdnr. 581.
[268] Gern, Rdnr. 581.

Hintergrund der Möglichkeit des Bürgerbegehrens und -entscheides – als eher gering anzusehen.[269]

bb) Voraussetzungen des Einwohnerantrags

Die für einen Einwohnerantrag erforderlichen Voraussetzungen müssen gemäß § 31 Abs. 4 S. 1 bei Eingang des Antrages vorliegen. Gemäß § 31 Abs. 1 S. 1 ist ein Einwohnerantrag durch einen mindestens 14-jährigen Einwohner möglich, wenn dieser seinen Wohnsitz seit mindestens drei Monaten in der Gemeinde hat. Für diese letztgenannte Voraussetzung ist gemäß § 31 Abs. 4 S. 2 eine entsprechende Anwendung des § 48 Abs. 1 S. 2 zu beachten, nach der bei der Berechnung der Dreimonatsfrist der Tag der Wohnsitz- oder Aufenthaltsnahme in die Frist einzubeziehen ist. Das bedeutet, dass eine Abweichung von § 187 Abs. 1 BGB vorliegt.[270] Auf diese Weise werden ansonsten unterschiedliche Berechnungsweisen (vgl. § 12 Abs. 5 BWahlG) und sich daraus ergebende praktische Schwierigkeiten vermieden.[271]

Außerdem ist gemäß § 31 Abs. 1 S. 2 für einen Einwohnerantrag erforderlich, dass es sich um eine Angelegenheit der Kommune im eigenen Wirkungskreis handelt. Für diese Angelegenheit müsste entweder die Vertretung gemäß § 58 Abs. 1 oder Abs. 2 zuständig gewesen sein oder sich gemäß § 58 Abs. 3 S. 1 oder S. 2 die Beschlussfassung vorbehalten können.

Des Weiteren ist gemäß § 31 Abs. 1 S. 3 erforderlich, dass in dieser Angelegenheit innerhalb der letzten zwölf Monate kein zulässiger Einwohnerantrag gestellt worden ist. Ein Formerfordernis, das für einen Einwohnerantrag einzuhalten ist, ist die in § 31 Abs. 2 S. 1 verlangte Schriftform, welche – wie das Gesetz ausdrücklich bestimmt – nicht durch die elektronische Form erfüllt werden kann. Gemäß § 31 Abs. 2 S. 2 muss der Antrag ein bestimmtes Begehren und eine Begründung enthalten und gemäß § 31 Abs. 2 S. 3 müssen bis zu drei zur Vertretung des Antragstellers berechtigte Personen genannt werden.

Ein Vorschlag, wie die Kosten oder Einnahmeausfälle zu decken sind, die mit der Erfüllung des Begehrens entstehen würden, ist nicht zwingend erforderlich, da es sich bei § 31 Abs. 2 S. 4 nur um eine Soll-Vorschrift handelt. Dies bedeutet ganz allgemein, dass grundsätzlich die in der Norm vorgesehene Rechtsfolge und nur ausnahmsweise eine andere Rechtsfolge zu wählen ist[272]

Die für den Antrag erforderliche Anzahl von Unterschriften ergibt sich aus § 31 Abs. 2 S. 5. Sie hängt davon ab, ob es sich um einen Einwohnerantrag in einer Gemeinde, in einer Samtgemeinde, in einem Landkreis oder in der Region Hannover handelt. In den ersten beiden genannten Fällen ist zudem relevant, wie viele Einwohner in dieser Kommune leben. Diese bestimmt sich wegen § 31 Abs. 4 S. 2 unter Anwendung der § 177 Abs. 2 und Abs. 3. Weitere Formalien hinsichtlich der unterschreibenden Personen ergeben sich aus § 31 Abs. 3.

---

[269] Blum/Häusler/Meyer-Wefelmeier, NKomVG, § 31 Rdnr. 1.
[270] Blum/Häusler/Meyer-Blum, NKomVG, § 48 Rdnr. 6.
[271] Vgl. Blum/Häusler/Meyer-Blum, NKomVG, § 48 Rdnr. 6.
[272] Suckow/Weidemann, Rdnr. 258 u. Rdnr. 260; Maurer, § 7 Rdnr. 11.

Der Hauptausschuss entscheidet gemäß § 31 Abs. 5 S. 1 über die Zulässigkeit des Einwohnerantrags. Ob die Ablehnung des Einwohnerantrags einen Verwaltungsakt darstellt[273] oder ob dies mangels Außenwirkung nicht der Fall ist,[274] ist umstritten. Folgt man der letztgenannten Auffassung, ist gegen diese Entscheidung die Leistungsklage statthaft.[275] Vorzugswürdig dürfte die erstgenannte Ansicht sein, da das Verhältnis zwischen Verwaltung und Bürger in diesem Fall die erforderliche Außenwirkung aufweist. Dementsprechend wäre die Verpflichtungsklage statthaft.[276]

Voraussetzungen für einen Einwohnerantrag gem. § 31

1. Einwohner
2. Vollendung des 14. Lebensjahres
3. Wohnsitz seit mindestens drei Monaten in der Kommune
4. Angelegenheit des eigenen Wirkungskreises der Kommune
5. Zuständigkeit der Vertretung gemäß § 58 Abs. 1 oder Abs. 2 oder Möglichkeit des Vorbehalts gemäß § 58 Abs. 3 S. 1 oder S. 2
6. Keine zulässiger Einwohnerantrag in dieser Angelegenheit in den vergangenen zwölf Monaten
7. Schriftform (keine elektronische Form)
8. Bestimmtes Begehren mit Begründung
9. Benennung bis zu drei vertretungsberechtigter Personen
10. Vorschlag hinsichtlich Kosten/Einnahmeausfall (»Soll«-Vorschrift)
11. Erforderliche Anzahl der Unterschriften

cc) Folgen des Einwohnerantrags

Über die Zulässigkeit des Einwohnerantrags entscheidet gemäß § 31 Abs. 5 S. 1 der Hauptausschuss. Hält dieser den Antrag für zulässig, so hat gemäß § 31 Abs. 5 S. 2 die Vertretung das Thema innerhalb von sechs Monaten nach Eingang des Antrags zu beraten.[277] Durch den Einwohnerantrag kann nicht verlangt werden, dass die Vertretung in diese Angelegenheit auch eine inhaltliche Entscheidung trifft.[278] Allerdings genügt es nicht, wenn die Sache lediglich zum Gegenstand der Tagesordnung gemacht und dann vertagt wird; eine sachliche Auseinandersetzung mit der Angelegenheit ist als erforderlich anzusehen.[279]

Hält der Hauptausschuss den Einwohnerantrag für unzulässig, so muss er diese Entscheidung gemäß § 31 Abs. 5 S. 4 ortsüblich bekanntzumachen. Der Anspruch gemäß § 31 Abs. 6 bezieht sich darauf, dass der Antrag beraten wird.

---

[273] Vgl. Geis, § 10 Rdnr. 62.

[274] Ihnen, S. 97.

[275] Vgl. Blum/Häusler/Meyer-Wefelmeier, NKomVG, § 31 Rdnr. 8.

[276] Burgi, § 11 Rdnr. 35; Geis, § 10 Rdnr. 62; Schwabe/Sundermann, Teil H, Rdnr. 31.

[277] Bei Blum/Häusler/Meyer-Wefelmeier, NKomVG, § 31 Rdnr. 5 handelt es sich bei der Nennung von »drei« Monaten um einen kleinen Fehler, der durch seinen Widerspruch zum Gesetzestext nicht irritieren sollte.

[278] Vgl. Ipsen, Rdnr. 463; Blum/Häusler/Meyer-Wefelmeier, NKomVG, § 31 Rdnr. 5, die feststellen, dass eine Entscheidung allerdings nach Möglichkeit erfolgen sollte.

[279] Blum/Häusler/Meyer-Wefelmeier, NKomVG, § 31 Rdnr. 5.

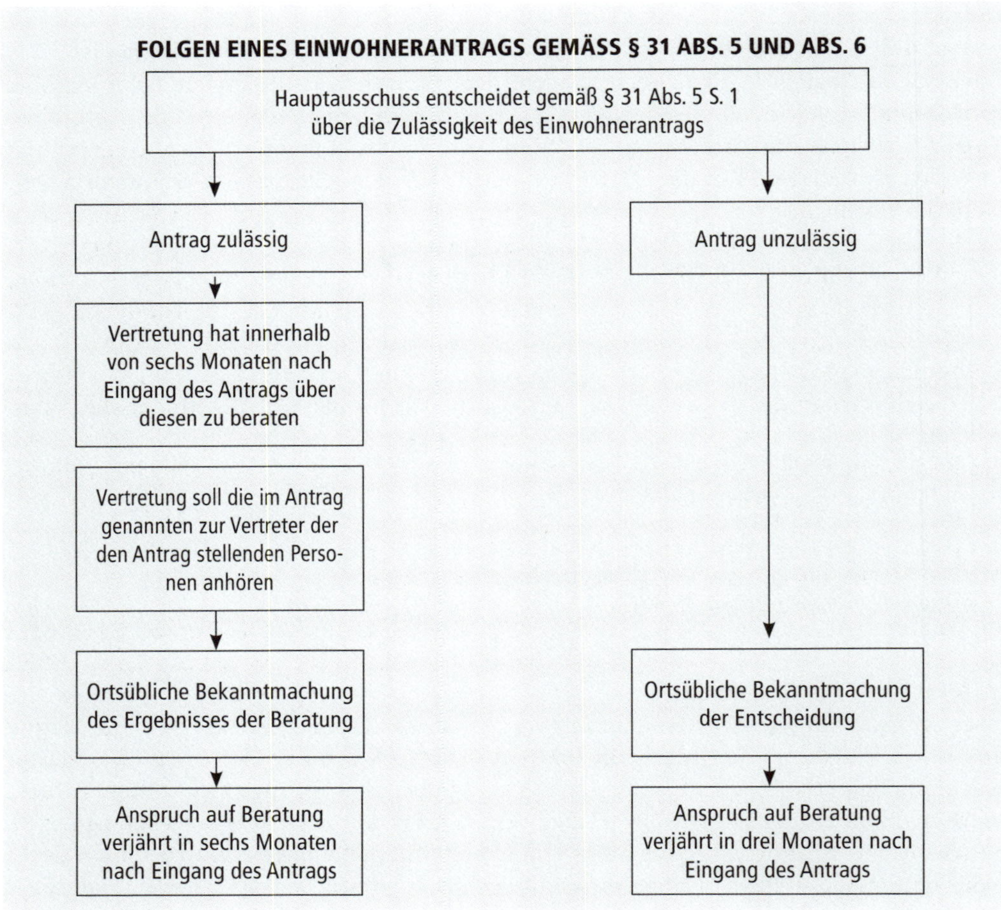

c) Anregungen und Beschwerden

Gemäß § 34 S. 1 hat jede Person das Recht, sich mit Anregungen oder Beschwerden in Angelegenheiten der Kommune an die Vertretung zu wenden. Dieses Recht stammt aus dem Demokratie- und dem Rechtsstaatsprinzip.[280] Das Recht der Einwohner zu Anregungen und Beschwerden stellt eine Übertragung des verfassungsrechtlich gewährten Petitionsrechts aus Art. 17 GG auf die kommunale Ebene dar.[281] Wird das sich aus § 34 ergebende Petitionsrecht verletzt, ist die Allgemeine Leistungsklage die statthafte Klageart.[282] Allerdings ist zu beachten, dass sich der Anspruch darauf beschränkt, die Petition sachlich zu prüfen und zu bescheiden, nicht jedoch eine weitergehende Sachverhaltsaufklärung oder gar eine Beweiserhebung beinhaltet.[283]

[280] Gern, Rdnr. 558.

[281] Ipsen, Rdnr. 480; a.A. Gern, Rdnr. 558; offengelassen von Blum/Häusler/Meyer-Wefelmeier, NKomVG, § 34 Rdnr. 7 f.

[282] Blum/Häusler/Meyer-Wefelmeier, NKomVG, § 34 Rdnr. 10; vgl. OVG Lüneburg, NdsVBl. 2008, 138 (138).

[283] OVG Lüneburg, NdsVBl. 2008, 138 (138).

d) Beteiligung von Kindern und Jugendlichen

Die Einbeziehungen von Einwohnerinnen und Einwohnern bezieht sich gemäß § 36 auch auf Kinder und Jugendliche. Bei Planungen und Vorhaben, die sie betreffen, sollen sie die Kommunen in angemessener Weise beteiligen. Unter welchen Umständen Kinder und Jugendliche betroffen sind, ist eine Frage des Einzelfalls. Der Begriff ist weit auszulegen.[284] Beispielsweise kann eine Beteiligung von Kindern und Jugendlichen bei Planungen und Vorhaben hinsichtlich der Errichtung von Kinderspielplätzen und Jugendzentren in Betracht kommen. Das in § 36 enthaltene Recht der Kinder und Jugendlichen ist eine Möglichkeit der Interessenvertretung. Zwar werden die Interessen der Kinder und Jugendlichen auch durch den Jugendhilfe- (§§ 1 ff. AG KJHG) und den Jugendausschuss (§ 13 AG KJHG) wahrgenommen, aber die in § 36 geregelte Beteiligung ermöglicht eine unmittelbare Einbeziehung der Kinder und der Jugendlichen. Zur Durchführung dieser Beteiligung haben die Gemeinden und Samtgemeinden unterschiedliche Möglichkeiten. Diese ergeben sich daraus, dass der Gesetzgeber bei der Schaffung der Regelung den Gemeinden bewusst einen Entscheidungsspielraum dahingehend einräumen wollte, adäquate Formen der Beteiligung von Kindern und Jugendlichen zu schaffen.[285]

e) Hilfe bei Verwaltungsangelegenheiten

Die Kommunen haben gemäß § 37 Abs. 1 ihren Einwohnerinnen und Einwohnern in den Grenzen ihrer Verwaltungskraft bei der Einleitung von Verwaltungsverfahren behilflich zu sein, auch wenn sie für deren Durchführung nicht zuständig sind. Der Zweck dieser Regelung liegt im Ziel der bürgernahen und -freundlichen Verwaltung.[286] Ob der Begriff des Verwaltungsverfahrens derjenige ist, den auch § 9 VwVfG[287] verwendet[288] oder ob er weiter zu fassen ist,[289] wird je nach Bundesland unterschiedlich beantwortet. In Niedersachsen nannte der Gesetzgeber in seiner Begründung das Verwaltungsverfahren gemäß § 9 VwVfG,[290] so dass die Wirkung des § 37 Abs. 1 nach historischer Auslegung auf dieses beschränkt ist. Allerdings sollte vor dem Hintergrund des Ziels der Bürgerfreundlichkeit der Verwaltung und damit aus teleologischer Auslegung nicht zu starr an der Begrifflichkeit des gesetzlich bestimmten Verwaltungsverfahrens festgehalten werden.

In welcher konkreten Weise die Kommunen verpflichtet sind, ergibt sich aus § 37 Abs. 2 und Abs. 3. Sie haben gemäß § 37 Abs. 2 insbesondere Vordrucke für Anträge, Anzeigen und Meldungen, die ihnen von anderen Behörden überlassen werden, bereitzuhalten. Es besteht allerdings nach dem erklärten Willen des Gesetzgebers nicht die Pflicht der Kommune, dem Bürger Vordrucke auf ihre Kosten zu beschaffen.[291] Auch hat die Kommune in diesem Rahmen nicht die Verpflichtung zur Rechtsberatung.[292]

---

[284] Vgl. Blum/Häusler/Meyer-Wefelmeier, NKomVG, § 36 Rdnr. 4.
[285] Vgl. LT-Drs. 14/2430, S. 4.
[286] Vgl. Blum/Häusler/Meyer-Wefelmeier, NKomVG, § 37 Rdnr. 1.
[287] Verwaltungsverfahrensgesetz vom 25. Mai 1976 (BGBl. S. 1253).
[288] LT-Drs. 9/1219, S. 4; Thiele, NKomVG, § 37 Erl. 1.
[289] Vgl. für Nordrhein-Westfalen: Schwabe/Sundermann, Teil H, Rdnr. 3.
[290] LT-Drs. 9/1219, S. 4.
[291] LT-Drs. 9/1219, S. 4; für Nordrhein-Westfalen auch Schwabe/Sundermann, Teil H, Rdnr. 4.
[292] LT-Drs. 9/1219, S. 4; siehe auch Gern, Rdnr. 558 u. Schwabe/Sundermann, Teil H, Rdnr. 3.

f) Fragerecht in Einwohnerfragestunden

Aus § 62 Abs. 1 ergibt sich das Recht der Einwohner, in öffentlichen Sitzungen Fragen zu Beratungsgegenständen und anderen Angelegenheiten der Kommune zu stellen, wenn die Vertretung dies ermöglicht. Darüber hinaus kann gemäß § 62 Abs. 2 die Vertretung beschließen, anwesende Einwohner zum Gegenstand der Beratung zu hören. Das in § 62 Abs. 1 geregelte Fragerecht und das in § 62 Abs. 2 enthaltene Recht zur Anhörung haben gemeinsam, dass sie entweder geplant oder ad hoc durchgeführt werden können.[293] Sie sind aber in mehrfacher Hinsicht voneinander zu unterscheiden.[294] Beispielsweise steht das Fragerecht nur Einwohnern zu, während die Anhörung durch die Vertretung vorgenommen wird. Adressat der Fragen gemäß § 62 Abs. 1 ist die Vertretung, während sich die Anhörung gemäß § 62 Abs. 2 an anwesende Sachverständige und Einwohner richtet. Bereits aus dem Wortlaut des § 62 Abs. 1 ergibt sich, dass das Fragerecht im öffentlichen Teil der Sitzung der Vertretung stattfindet. Demgegenüber ist es bei der Anhörung von Sachverständigen nach § 62 Abs. 2 auch möglich, dass ein Ausschluss der Öffentlichkeit gemäß § 64 S. 1 gerechtfertigt ist, wenngleich auch bei § 62 Abs. 2 der Grundsatz der Öffentlichkeit zu berücksichtigen ist.[295]

g) Unterrichtung durch Hauptverwaltungsbeamte

Gemäß § 85 Abs. 5 und Abs. 6 besteht für die Hauptverwaltungsbeamtin oder den Hauptverwaltungsbeamten die Pflicht zur Information der Einwohner. Diese Pflicht, welche aus dem Demokratieprinzip hervorgeht, wird vielfach auch unter dem Begriff der Öffentlichkeitsarbeit der Gemeinde gefasst.[296] Der Gesetzgeber hat in § 85 Abs. 5 die Informationspflichten des (Samtgemeinde-) Bürgermeisters in (Samt-) Gemeinden aufgenommen und – getrennt davon – in § 85 Abs. 6 die des Landrats und des Regionspräsidenten gegenüber den Einwohnern des Landkreises und der Region Hannover.

Nach beiden Absätzen besteht für die Hauptverwaltungsbeamtin oder den Hauptverwaltungsbeamten die Pflicht, die Einwohner in geeigneter Weise über wichtige Angelegenheiten ihrer Kommune zu informieren, vgl. § 85 Abs. 5 S. 1, Abs. 6 S. 1. In welcher Weise die Gemeinde ihrer Informationspflicht nachkommt, liegt in ihrem Ermessen.[297] Sie kann hierzu beispielsweise Bürgerforen und Einwohnerversammlungen abhalten sowie die Medien einsetzen.[298] Der Einzelne hat grundsätzlich keinen Anspruch auf eine Unterrichtung, lediglich in Form der im vorangegangenen Punkt angeführten Einwohnerfragestunden.[299] Eine Verletzung der Pflicht durch die Gemeinde führt nicht zur Rechtswidrigkeit getroffener Entscheidungen.[300]

---

[293] Blum/Häusler/Meyer-Blum, NKomVG, § 62 Rdnr. 1.
[294] Siehe hierzu die Übersichten in Schwabe/Sundermann, Teil H, Rdnr. 12 u. Schwabe, S. 37.
[295] Vgl. Blum/Häusler/Meyer-Blum, NKomVG, § 62 Rdnr. 13.
[296] Gern, Rdnr. 556.
[297] Gern, Rdnr. 556.
[298] Gern, Rdnr. 556.
[299] Gern, Rdnr. 556.
[300] Gern, Rdnr. 556.

h) Einwohnerversammlungen

Einwohner haben das Recht zu Einwohnerversammlungen. Dieses Recht wird ihnen gesetzlich in § 85 Abs. 5 S. 4 zugesprochen. Diese Vorschrift verlangt, dass die Hauptverwaltungsbeamtin oder der Hauptverwaltungsbeamte zum Zwecke der im vorangegangenen Punkt dargestellten Information Einwohnerversammlungen für die Gemeinde, die Samtgemeinde oder jeweils Teile von ihr durchführen soll.

Auch aus § 94 Abs. 1 S. 3 geht hervor, dass eine Einwohnerversammlung durchzuführen ist, wenn der Ortsrat, der Stadtbezirksrat, die Hauptverwaltungsbeamtin oder der Hauptverwaltungsbeamte für die Ortschaft oder den Stadtbezirk dies verlangt. Der Zweck der Einwohnerversammlungen liegt darin, Einwohner über wichtige Angelegenheiten der Gemeinde beziehungsweise Samtgemeinde zu informieren und die Meinung der Einwohner zu ermitteln, um diese dann in den Entscheidungsprozess einfließen zu lassen.[301]

Die Durchführung der Einwohnerversammlung ist durch § 85 Abs. 5 S. 4 nur knapp beschrieben. Sie erfolgt durch die Hauptverwaltungsbeamtin oder den Hauptverwaltungsbeamten. Es handelt sich bei Einwohnerversammlungen aber nicht um ein Organ, das bindende Beschlüsse fassen kann, sondern die Einwohnerversammlung kann lediglich Empfehlungen abgeben.[302]

i) Ehrenbürgerrecht, § 29 Abs. 1/Ehrenbezeichnungen

Das in § 29 Abs. 1 enthaltene Recht, bestimmter Personen, ein Ehrenbürgerrecht zu erlangen, basiert wegen der neutralen Formulierung in § 29 Abs. 1 (»Personen«) nicht auf einer Eigenschaft als Einwohner oder Bürger,[303] obwohl die Formulierung »Ehrenbürger« nahe legt, dass nur Bürger diese Auszeichnung erhalten könnten. Der Personenkreis dieser Vorschrift ist auf natürliche Personen begrenzt.[304] Die Ehrung kann auch nur solchen Personen verliehen werden, die zu diesem Zeitpunkt noch am Leben sind,[305] so dass eine Verleihung posthum nicht in Betracht kommt. Damit jemand zum Ehrenbürger ernannt wird, muss er sich gemäß § 29 Abs. 1 um die Kommune besonders verdient gemacht haben. Hierbei handelt es sich um einen unbestimmten Rechtsbegriff, dessen Auslegung der verbandszuständigen Gemeinde, konkret dem gemäß § 58 Abs. 1 Nr. 6 organzuständigen Rat, obliegt. Beispiele für einen solchen Verdienst dieser Personen können sein: Mehrung des Ansehens der Gemeinde durch

- die weltweite Bekanntheit des von ihnen geführten Unternehmens,
- ihre künstlerische und sportliche Betätigung in oder für ihre Geburts- oder Heimatgemeinde,
- eine langjährige und erfolgreiche Betätigung als Kommunalpolitiker,

[301] Gern, Rdnr. 583; Waechter, Rdnr. 275.
[302] Gern, Rdnr. 583; vgl. Geis, § 10 Rdnr. 55 für die »Bürgerversammlung«.
[303] So auch Sundermann, S. 40; vgl. Waechter, Rdnr. 030.
[304] Sundermann, S. 40; Sundermann, Teil H, Rdnr. 16.
[305] Sundermann, Teil H, Rdnr. 16.

- ihre Berufung in ein hohes staatliches Amt,
- ein langjähriges außergewöhnliches soziales Engagement oder
- durch die finanzielle Unterstützung des Angebots öffentlicher Leistungen.[306]

Da es sich bei der Berufung zum Ehrenbürger um die höchste Auszeichnung der Gemeinde handelt, sollte hiervon zurückhaltend Gebrauch gemacht werden.[307] Welche Konsequenzen eine Gemeinde an die Berufung knüpft, steht ebenfalls in ihrem Ermessen. So ist es beispielsweise möglich, dass Ehrenbürger bestimmte öffentliche Verkehrsmittel oder öffentliche Einrichtungen kostenlos benutzen dürfen.[308] Das Ehrenbürgerrecht erlischt mit dem Tod;[309] eine Entziehung nach dem Tod, wie es aus politischen Gründen immer wieder versucht wird,[310] ist nicht möglich. Neben dem Ehrenbürgerrecht kann die Kommune sonstige Ehrenbezeichnungen verleihen. Anders als in anderen Bundesländern[311] ist in Niedersachsen die Verleihung sonstiger Ehrenbezeichnungen keinen gesetzgeberischen Vorschriften unterworfen, da die Gemeinden hierbei eigenständig entscheiden sollen, ob und unter welchen Voraussetzungen sie diese verleihen möchte.[312] Folgende Ehrenbezeichnungen sind beispielsweise möglich und üblich: »Altbürgermeister«, »Stadt-« beziehungsweise »Gemeindeältester« und »Ehrenbrandmeister«.[313]

2. PFLICHTEN DER EINWOHNERINNEN UND EINWOHNER

a) Gemeindelasten

Aus § 30 Abs. 1 ergibt sich, dass Einwohner die Pflicht haben, die Gemeindelasten zu tragen. Unter Gemeindelasten werden die Kommunalabgaben und Gemeindedienste verstanden.[314] Der Begriff der »Abgaben« umfasst gemäß § 1 Abs. 1 NKAG Steuern, Gebühren und Beiträge. Gemeindedienste sind persönliche Dienste,[315] die aber im NKomVG nicht legal definiert sind. Demgegenüber enthält die Legaldefinition in § 10 Abs. 5 S. 1 BW GO den Verweis auf Hand- und Spanndienste. Die Nachfolge dieser im Mittelalter zu erbringenden Pflichten stellen die Gemeindedienste dar.[316] Zu den Gemeindediensten gehört beispielsweise das Schneeschieben.[317]

306 Beispiele nach Sundermann, S. 40.
307 Sundermann, S. 40; Sundermann, Teil H, Rdnr. 17
308 Sundermann, S. 40.
309 Sundermann, S. 40.
310 Siehe beispielsweise Der Westen vom 20.04.2008, http://www.derwesten.de/staedte/kleve/Klever-Rat-will-Hitler-Ehrenbuergerschaft-aberkennen-id1841377.html (zuletzt besucht am 1. September 2013).
311 Siehe beispielsweise für Nordrhein-Westfalen: § 34 Abs. 1 S. 2 GO NRW u. für Hessen: § 28 Abs. 2 HGO.
312 Schriftlicher Bericht, LT-Drs. 13/2400, S. 15.
313 Blum/Häusler/Meyer-Wefelmeier, NKomVG, § 29 Rdnr. 5.
314 Gern, Rdnr. 555.
315 Gern, Rdnr. 555.
316 Geis, § 10 Rdnr. 77.
317 Armbrust, S. 133.

Im Wesentlichen werden die Gemeindelasten durch die von der Kommune erhobenen finanziellen Steuern und Abgaben getragen. Diese sind im NKAG geregelt. Der Sinn des Verweises auf die Gemeindelasten in dieser Vorschrift ist darin zu sehen, ist die Verdeutlichung des Zusammenhangs der Berechtigung der Nutzung öffentlicher Einrichtungen auf der einen und der dafür erforderlichen finanziellen Mittel auf der anderen Seite.[318] Auf diese Weise wird hervorgehoben, dass es für die Bereitstellung öffentlicher Einrichtungen der finanziellen Beteiligung der Einwohner bedarf.

Gemäß § 30 Abs. 2 S. 2 können Forensen durch Rechtsvorschriften verpflichtet werden, für ihren Grundbesitz oder Gewerbebetrieb die Kosten für die Einrichtungen mitzutragen.

b) Anschluss- und Benutzungszwang

Außerdem kann für Einwohnerinnen und Einwohner ein Anschluss- und Benutzungszwang, der sich aus § 13 ergibt, bestehen. Beide Begriffe sind in § 13 S. 1 und S. 2 legal definiert. Sie können unabhängig voneinander angeordnet werden.[319] Der Benutzungszwang besagt, dass die Pflicht zur Benutzung öffentlicher Einrichtungen und zugleich das Verbot der Benutzung privater Einrichtungen besteht.[320] Der Anschlusszwang verpflichtet dazu, diejenigen Vorkehrungen zu treffen, welche die jederzeitige Benutzung der kommunalen Einrichtungen ermöglichen.[321] Der Anschlusszwang ist im Gegensatz zum Benutzungszwang nur auf Grundstücke bezogen.[322]

Beispiele für den Anschlusszwang sind in § 13 S. 1 aufgeführt, Beispiele für den Benutzungszwang enthält § 13 S. 2. Danach können unter den Anschlusszwang beispielsweise folgende Regelungsgegenstände fallen:

Mögliche Gegenstände des Anschlusszwangs gemäß § 13 S. 1
- öffentliche Wasserversorgung
- Abwasserbeseitigung
- Abfallentsorgung
- Straßenreinigung
- Fernwärmeversorgung
- Heizungsanlagen an bestimmte Energieversorgungsanlagen
- ähnliche dem öffentlichen Wohl dienende Einrichtungen

Mögliche Gegenstände des Benutzungszwangs gemäß § 13 S. 2
- Einrichtungen gemäß § 13 S. 1 (siehe oben)
- Öffentliche Begräbnisplätze und Bestattungseinrichtungen
- Öffentliche Schlachthöfe

[318] Blum/Häusler/Meyer-Wefelmeier, NKomVG, § 30 Rdnr. 19
[319] Hegele/Ewert, S. 73.
[320] Knemeyer, Rdnr. 320; Hegele/Ewert, S. 72.
[321] Knemeyer, Rdnr. 320.
[322] Hegele/Ewert, S. 72 f.

Die Anordnung des Anschluss- und des Benutzungszwangs ist gemäß § 13 S. 1 durch eine Satzung vorzunehmen. Für deren Erlass ist gemäß § 58 Abs. 1 Nr. 5 die Vertretung ausschließlich organzuständig. Für den Anschluss- und Benutzungszwang ist ein dringendes öffentliches Bedürfnis erforderlich. Dieser unbestimmte Rechtsbegriff wird dann als gegeben angesehen, wenn der angeordnete Zwang im Interesse der Allgemeinheit liegt.[323] Die Satzung kann gemäß § 13 Abs. 2 Ausnahmen zulassen und den Anschluss- und Benutzungszwang auf bestimmte Gebietsteile der Kommune beschränken.

In der jüngsten Vergangenheit versuchten einige Bürger, sich der Verpflichtung öffentlicher Müllentsorgung zu verweigern, da sie hierauf nicht angewiesen seien. Diesbezüglich erging die Entscheidung dahingehend, dass hier der Benutzungszwang gelte.[324] Bei einem Streit über das Vorliegen der Voraussetzungen des Anschluss- und des Benutzungszwangs kann eine Feststellungsklage gemäß § 43 Abs. 1 VwGO oder ein Normenkontrollverfahren gemäß § 47 Abs. 1 S. 2 VwGO i.V.m. § 7 Nds.AGVwGO durchgeführt werden.[325]

3. RECHTE DER BÜRGER

Bürger haben zunächst die gleichen Rechte, die auch Einwohnern zustehen. Darüber hinaus stehen ihnen weitere Rechte zu, die im Folgenden aufgeführt werden.

a) Wahlrecht

Ein wichtiges, den Bürgern zustehendes Recht ergibt sich bereits aus der oben dargestellten Definition des Bürgers, nämlich das Wahlrecht. Dieses bezieht sich zum einen auf das aktive als auch das passive Wahlrecht und zwar sowohl hinsichtlich der Hauptverwaltungsbeamtin oder des Hauptverwaltungsbeamten als auch der Vertretung. Bestehen Stadtbezirke und Ortschaften, so besteht das Wahlrecht auch für die Stadtbezirks- und Ortsräte. Die entsprechenden Rechte zur Wahl sind an bestimmte gesetzliche Voraussetzungen geknüpft. Diese ergeben sich für das aktive Wahlrecht zur oder zum Hauptverwaltungsbeamtin oder zum Hauptverwaltungsbeamten aus § 80 Abs. 1 S. 1, für das passive Wahlrecht desselben aus § 80 Abs. 4. Die Voraussetzungen für das aktive Wahlrecht der Vertretung sind in § 48 enthalten und die Anforderungen für das passive Wahlrecht der Vertretung stellt § 49 auf.

b) Bürgerbegehren und Bürgerentscheid

Neben dem Wahlrecht steht Bürgern das Recht zu, sich durch Bürgerbegehren und Bürgerentscheid an der Kommunalpolitik zu beteiligen. Das Bürgerbegehren und der Bürgerentscheid sind inhaltlich miteinander verknüpft, da ersteres im Falle eines Erfolges zu einem Bürgerentscheid führt. Während aber in der NGO, in der NLO und im Gesetz über die Region Hannover beide Rechte jeweils in einer umfangreichen Vorschrift zusammengefasst waren, sind sie nun gesetzessystematisch voneinander getrennt.

---

[323] Gern, Rdnr. 614.
[324] BVerwG, NVwZ 2009, 1292 (1292 ff.).
[325] Ipsen, Rdnr. 695.

aa) Bürgerbegehren, § 32

Durch ein Bürgerbegehren kann gemäß § 32 Abs. 1 beantragt werden, dass Bürger über eine Angelegenheit ihrer Kommune entscheiden. Welche Gegenstände darunter fallen, ist in § 32 Abs. 2 S. 1 näher präzisiert. Hiernach muss es sich zunächst um eine Aufgabe des eigenen Wirkungskreises der Kommune handeln. Außerdem muss für die betreffende Angelegenheit die Vertretung gemäß § 58 Abs. 1 oder Abs. 2 zuständig sein oder sich die Zuständigkeit gemäß § 58 Abs. 3 S. 1 oder S. 2 vorbehalten können. Zusätzlich darf in dieser Sache innerhalb der letzten zwei Jahre noch kein Bürgerentscheid durchgeführt worden sein. In welchen **Angelegenheiten ein Bürgerbegehren unzulässig** ist, wird in § 32 Abs. 2 S. 2 Nr. 1 bis Nr. 8 aufgeführt:

- die innere Organisation der Kommunalverwaltung (Nr. 1),
- die Rechtsverhältnisse der Mitglieder der Vertretung, des Hauptausschusses, die Stadtbezirksräte, der Ortsräte und der Ausschüsse sowie der Beschäftigten der Kommune (Nr. 2),
- die Haushaltssatzung, einschließlich der Haushalts- und Wirtschaftspläne der Eigenbetriebe, sowie über die kommunalen Abgaben und die privatrechtlichen Entgelte (Nr. 3),
- den Jahresabschluss der Kommune und die Jahresabschlüsse der Eigenbetriebe (Nr. 4),
- Angelegenheiten, die im Rahmen des Planfeststellungsverfahrens, eines förmlichen Verwaltungsverfahrens mit Öffentlichkeitsbeteiligung oder eines abfallrechtlichen, immissionsschutzrechtlichen, wasserrechtlichen oder vergleichbaren Zulassungsverfahrens zu entscheiden sind (Nr. 5),
- Die Aufstellung, Änderung, Ergänzung und Aufhebung von Bauleitplänen und sonstigen Satzungen nach dem Baugesetzbuch (BauGB) (Nr. 6),
- Entscheidungen über Rechtsbehelfe und Rechtsstreitigkeiten (Nr. 7),
- Angelegenheiten, die ein gesetzwidriges Ziel verfolgen oder sittenwidrig sind (Nr. 8).
- Welchen **Inhalt das Bürgerbegehren** haben muss, wird in § 32 Abs. 3 genannt:
- Genaue Bezeichnung der Sachentscheidung,
- Formulierung dergestalt, dass für das Begehren mit Ja und gegen das Begehren mit Nein abgestimmt werden kann,
- Beifügung einer Begründung,
- Beifügung eines Deckungsvorschlags bzgl. der Kosten und Einnahmeausfälle,
- Benennung von bis zu drei zur Vertretung des Antragstellers berechtigten Personen,
- Anzeige in schriftlicher Form.

Hervorzuheben ist insbesondere § 32 Abs. 3 S. 1, nach dem die Entscheidung genau zu bezeichnen und so zu formulieren ist, dass für das Begehren mit Ja und gegen das Begehren mit Nein abgestimmt werden kann. Zwar entspricht dies auch der Rechtslage vor der Einführung des NKomVG.[326] Diese Formulierung des Gesetzestextes ist aber insoweit neu, als nach der bisherigen Gesetzeslage lediglich die Möglichkeit genannt wurde, mit Ja und Nein abzustimmen. Diesbezüglich gab es jedoch auch Probleme, wenn für eine Unterstützung des Begehrens mit Nein geantwortet werden musste.[327] Diese Schwierigkeit besteht nach neuer Rechtslage nicht mehr.

[326] VG Hannover NdsVBl. 2001, 101 (102).

[327] http://www.celleheute.de/gefluegelschlachthof-wietze-formulierung-des-buergerbegehrens-rechtlich-unzulaessig/ (zuletzt besucht am 1. September 2013).

Die Anzahl der Personen, die das Bürgerbegehren unterzeichnen müssen, ergibt sich aus § 32 Abs. 4. Gemäß § 32 Abs. 4 S. 1 Hs. 1 ist die Unterzeichnung von 10% beziehungsweise in der Region Hannover 48.000 der wahlberechtigten Einwohnerinnen und Einwohnern nach § 48. Hierbei ist die Anzahl der Wahlberechtigten zum Zeitpunkt der letzten Kommunalwahl entscheidend. In § 32 Abs. 4 S. 2 wird auf § 31 Abs. 3 verwiesen.

Da hiervon die Länge der Ausschlussfrist abhängt, wird unterschieden zwischen initiierendem und kassatorischem Bürgerbegehren.[328] Für kassatorische Bürgerbegehren gilt die strengere dreimonatige Ausschlussfrist des § 32 Abs. 5 S. 5, während die initiierenden Begehren der sechsmonatigen Frist gemäß § 32 Abs. 5 S. 1 und S. 2 unterliegen. Der Sinn der strengen Frist liegt in der Verlässlichkeit kommunaler Entscheidungen und der Effektivität der Verwaltung,[329] da nach der Frist eine Korrektur der Entscheidung der Vertretung durch ein Bürgerbegehren nicht mehr möglich ist.

Wird das Bürgerbegehren als unzulässig angesehen, so ist diese Entscheidung als ein Verwaltungsakt anzusehen, so dass eine Verpflichtungsklage statthaft wäre.[330] Eine andere Ansicht verneint die Außenwirkung und hält dementsprechend die allgemeine Leistungsklage für statthaft.[331]

Nach der Anzeige des Bürgerbegehrens besteht die Gefahr, dass in dem Zeitraum, der für die Entscheidung die Bürger in den Mittelpunkt rückt, eine unzulässige Einflussnahme der kommunalpolitischen Entscheidungsträger erfolgt. Daher gilt für die Verwaltung der Kommune einschließlich der Hauptverwaltungsbeamtin oder des Hauptverwaltungsbeamten das Gebot, sich weitgehend neutral zu verhalten, soweit sie nicht selbst betroffen ist.[332]

bb) Bürgerentscheid, § 33

Als Folge eines zulässigen Bürgerbegehrens ist gemäß § 32 Abs. 7 S. 3 innerhalb von drei Monaten ein Bürgerentscheid herbeizuführen. Einschränkend ist darauf hinzuweisen, dass lediglich die von der Vertretung noch nicht befolgten Bürgerbegehren noch als Bürgerentscheide weiterverfolgt werden dürfen.[333] In § 33 Abs. 1 ist genau geregelt, an welchem Datum der Bürgerentscheid (nicht) durchgeführt werden darf. Auf diese Weise wird die Wahrscheinlichkeit verringert, dass der Termin der Abstimmung das Ergebnis des Bürgerentscheides beeinflusst.[334]

Die i.S.d. § 33 Abs. 3 erfolgende Feststellung des Abstimmungsergebnisses stellt wegen der fehlenden Außenwirkung und weil es an der Regelung fehlt, keinen Verwaltungsakt dar.[335]

---

328 Blum/Häusler/Meyer-Wefelmeier, NKomVG, § 32 Rdnrn. 38–42; vgl. von Danwitz, DVBl 1996, S. 138.
329 Vgl. Blum/Häusler/Meyer-Wefelmeier, NKomVG, § 32 Rdnr. 39; vgl. von Danwitz, DVBl 1996, S. 138.
330 So auch Ipsen, Rdnr. 475; vgl. von Danwitz, DVBl. 1996, S. 141.
331 Vgl. Blum/Häusler/Meyer-Wefelmeier, NKomVG, § 32 Rdnr. 49.
332 Vgl. BVerwG NVwZ 1997, 1220 (1220 f.); vgl. VGH Mannheim, NVwZ-RR 1998, 126 (127).
333 Vgl. von Danwitz, DVBl 1996, S. 134.
334 Vgl. LT-Drs. 13/2400, S. 10. Kritisch diesbezüglich Blum/Häusler/Meyer-Wefelmeier, NKomVG, § 33 Rdnr. 3.
335 Vgl. VGH Mannheim, DVBl 2000, 1714 (1714).; a.A. für Nordrhein-Westfalen Schwabe/Sundermann, Teil H, Rdnr. 46.

Ein verbindlicher Bürgerentscheid steht gemäß § 33 Abs. 4 S. 1 einem Beschluss der Vertretung gleich. Die besondere Bedeutung des Bürgerentscheids hebt § 33 Abs. 4 S. 2 hervor, nach dem der Bürgerentscheid vor Ablauf von zwei Jahren nur auf Antrag der Vertretung durch einen neuen Bürgerentscheid abgeändert werden kann.

Die Vertretung hat während des Verfahrens das Recht zur Entscheidung in dieser Angelegenheit, so dass sich der Inhalt des Bürgerentscheids erledigen kann, selbst wenn die Vertretung entgegengesetzt entscheidet, da im Gesetz kein Vorrecht des Bürgerentscheids gegenüber der Entscheidung der Vertretung festgelegt ist.[336]

c) Bürgerbefragung

In Angelegenheiten der Kommune kann die Vertretung gemäß § 35 S. 1 eine Befragung der Bürger beschließen. Erforderlich hierfür ist eine Befragung aller Bürger; ausreichend ist nicht eine demoskopische Umfrage.[337] Der Unterschied zwischen beiden besteht darin, dass die Bürgerbefragung alle Wahlberechtigten einbeziehen und amtlich entsprechend der Wahlrechtsgrundsätze organisiert werden.[338] Eine solche Befragung fand z. B. in der Landeshauptstadt Hannover zur Frage statt, ob die Weltausstellung dort stattfinden sollte.[339]

4. PFLICHTEN DER BÜRGER

Da Bürger einer Kommune zwangsläufig Einwohner sind, haben die Bürger zunächst alle Pflichten, die auch die Einwohner haben. Zusätzlich haben die Bürger gemäß § 38 Abs. 2 S. 1 die Pflicht, Ehrenämter und sonstige ehrenamtliche Tätigkeiten wahrzunehmen. Durch die Verwendung des Wortes »sonstige« ist ersichtlich, dass es sich bei dem Begriff des Ehrenamtes um einen speziellen Fall der ehrenamtlichen Tätigkeit handelt. Ein Ehrenamt in diesem Sinne ist eine ehrenamtliche Tätigkeit mit fest umrissenem Aufgabenkreis.[340] Die Ernennung zum Ehrenbeamten gemäß § 5 BeamtStG und § 6 NBG ist zwar in diesem Zusammenhang möglich, aber nicht zwingend.[341] Sie erfolgt durch einen Verwaltungsakt.[342] Zu den Ehrenämtern gehören z. B. der Ortsbürgermeister gemäß § 95 Abs. 2 S. 1, der Ortsvorsteher gemäß § 96 Abs. 1 S. 3 i.V.m. § 95 Abs. 2 S. 1 und der Gemeindebrandmeister gemäß § 13 Abs. 2 S. 1 NBrandSchG. Sonstige ehrenamtliche Tätigkeiten sind z. B. die Beisitzer der Wahlausschüsse gemäß § 10 i.V.m. § 13 NKWG beziehungsweise die Wahlvorstände gemäß § 12 i.V.m. § 13 NKWG und Mitglieder der freiwilligen Feuerwehr gemäß § 11 Abs. 1 NBrandSchG.

---

[336] OVG Lüneburg, NdsVBl. 2000, 31 (32).
[337] Ihnen, S. 103.
[338] Blum/Häusler/Meyer-Wefelmeier, NKomVG, § 35 Rdnr. 2.
[339] http://www.presse-hannover.de/pressemeldungen/expo_vor.html (zuletzt besucht am 1. September 2013).
[340] Ipsen, Rdnr. 467; vgl. Ihnen, S. 107.
[341] Thiele, NKomVG, § 38 Erl. 1; vgl. Bernsdorff, in Thieme, NGO, § 23 Rdnr. 4.
[342] Gern, Rdnr. 569.

Eine Sonderrolle haben in diesem Zusammenhang die Abgeordneten. Das kommunale Mandat wird als »mixtum compositum« aus ehrenamtlicher Tätigkeit und Parlamentsmandat bezeichnet.[343] Es wird zwar ehrenamtlich ausgeübt, fällt aber – wie sich aus § 54 Abs. 3 ergibt – nicht (unmittelbar) unter die für ehrenamtlich Tätige geltenden Vorschriften.

Eine ehrenamtliche Tätigkeit ist die vorübergehende unentgeltliche Mitwirkung von Bürgern in einem nebenberuflichen öffentlich-rechtlichen Rechtsverhältnis sui generis bei der Erfüllung öffentlicher Aufgaben durch die Gemeinde.[344] Die Pflicht aus § 38 Abs. 2 S. 1 besteht aber ausnahmsweise nicht, wenn einer der in § 39 Abs. 1 genannten Gründe vorliegt. Hierzu gehören:

- das Alter,
- der Gesundheitszustand,
- die Berufs- oder Familienverhältnisse und
- sonstige persönliche Umstände.

Nach Gern ist ein Alter von über 60 Jahren ein Grund für eine Ausnahme.[345] Statt eines pauschalen Höchstalters sollte jedoch auf die Umstände des Einzelfalls abgestellt werden. Das Alter kann einen Bürger zur Ablehnung eines Ehrenamtes berechtigen, wenn es so hoch ist, dass aufgrund dessen die mit der konkreten Tätigkeit verknüpften Belastungen nicht zumutbar sind.[346] Ebenso ist hinsichtlich des Gesundheitszustandes zu argumentieren. Ein Beispielsfall ist eine Behinderung oder eine länger andauernde Krankheit.[347] Berufliche Gründe, die zur Verweigerung des Ehrenamtes rechtfertigen könnte beispielsweise eine häufige Abwesenheit von der Kommune sein, wobei erneut das konkrete Ehrenamt zu berücksichtigen ist.[348]

Hat ein Bürger pflege- oder fürsorgebedürftige Angehörige, so kann dies ein Grund dafür sein, aufgrund der Familienverhältnisse das Ehrenamt zu verweigern.[349] Ein sonstiger persönlicher Umstand i.S.d. § 39 Abs. 1 könnte beispielsweise die Wahrnehmung eines Mandats in einem Parlament oder einer kommunalen Vertretung sein.[350] Wird die ehrenamtliche Tätigkeit ohne einen rechtlichen Grund abgelehnt, handelt gemäß § 39 Abs. 2 S. 1 ordnungswidrig mit der Konsequenz der in § 39 Abs. 2 S. 2 bis S. 6 möglichen Maßnahmen. An die ehrenamtliche Tätigkeit sind weitere Regelungen geknüpft, wie z. B.

- die Verschwiegenheitspflicht, § 40
- das Mitwirkungsverbot, § 41
- das Vertretungsverbot, § 42
- die Pflichtenbelehrung, § 43 und
- die Entschädigung, § 44.

---

[343] Ipsen, Rdnr. 467.
[344] Gern, Rdnr. 568.
[345] Gern, Rdnr. 570.
[346] Blum/Häusler/Meyer-Wefelmeier/Meyer, NKomVG, § 39 Rdnr. 2.
[347] Blum/Häusler/Meyer-Wefelmeier/Meyer, NKomVG, § 39 Rdnr. 2.
[348] Blum/Häusler/Meyer-Wefelmeier/Meyer, NKomVG, § 39 Rdnr. 2.
[349] Blum/Häusler/Meyer-Wefelmeier/Meyer, NKomVG, § 39 Rdnr. 2.
[350] Blum/Häusler/Meyer-Wefelmeier/Meyer, NKomVG, § 39 Rdnr. 2.

B. WIRTSCHAFTLICHE BETÄTIGUNG DER KOMMUNEN

Die wirtschaftliche Betätigung der Kommunen ist geregelt in § 136. Bevor diese Norm genauer hinsichtlich ihrer Tatbestandsmerkmale und deren Bedeutung dargestellt wird, soll der Hintergrund kommunaler wirtschaftlicher Betätigung aufgezeigt werden.

I. Einleitung: Hintergrund kommunaler wirtschaftlicher Betätigung

Das Recht der Kommunen zur wirtschaftlichen Betätigung wird häufig sehr umstritten diskutiert.[351] Es ergibt sich in Niedersachsen aus § 136 Abs. 1 S. 1. Die Grundlage hierfür ist das grundgesetzlich verankerte Recht zur kommunalen Selbstverwaltung aus Art. 28 Abs. 2 GG.[352] Bei oberflächlicher und rein wirtschaftlicher Betrachtung scheint die kommunale wirtschaftliche Betätigung nicht in das laienhaft vereinfachte Rollenverständnis zu passen, nach dem nur den Privaten das Wirtschaften zugestanden wird und der Staat und die Kommunen die (undankbare) Aufgabe haben, die (zumeist als einengend und störend empfundenen) Eckdaten hierfür festzulegen, die sich insbesondere in gefahrenabwehrrechtlichen Regulierungen ausdrücken. Besonders befremdlich könnte es erscheinen, dass Kommunen nicht nur Regelungen für die Wirtschaft aufstellen dürfen, sondern sich sogar selbst wirtschaftlich betätigen können. Dies erinnert möglicherweise an Systeme kompletter staatlicher Wirtschaft, die inzwischen überwunden geglaubt werden. Die inhaltliche Legitimation, die wirtschaftliche Betätigung auch den Kommunen zu ermöglichen, ergibt sich geschichtlich gesehen unter anderem daraus, dass bestimmte wichtige Aufgaben nicht von Privaten wahrgenommen wurden, für ein gedeihliches Zusammenleben aber erforderlich waren und sind, beispielsweise die Abwasserentsorgung.[353] Somit ist die Zulassung der kommunalen wirtschaftlichen Betätigung im Grunde der Grundversorgung geschuldet.[354] Vielfach wird jedoch kritisiert, die Kommunen seien zu vielfältig wirtschaftlich tätig;[355] ihre wirtschaftliche Betätigung habe zudem in der letzten Zeit sehr zugenommen.[356] Unter welchen Voraussetzungen den Kommunen eine wirtschaftliche Betätigung gestattet ist, wird nach einer kurzen Begriffsbestimmung im Folgenden näher dargestellt.

Eine wirtschaftliche Betätigung der Kommunen ist aus mehreren Gründen problematisch. In der Literatur werden einige Umstände aufgeführt, aus denen Vorteile für kommunale gegenüber privaten Unternehmen ersichtlich werden. Hierdurch wird vielfach die Gefahr

---

[351] Ruffert, NVwZ 2000, S. 763; Oster, DVP 2000, S. 361; vgl. Oster, DVP 2003, S. 32; vgl. Roling, NdsVBl. 2009, S. 10; vgl. Tettinger, NJW 1998, S. 3473.

[352] Gern, Rdnr. 718; Wefelmeier, in KVR-NGO § 108, Rdnr. 3; Becker, DÖV 2000, S. 1034; Blum/Häusler/Meyer-Freese, NKomVG, § 136 Rdnr. 8; Burgi, § 17 Rdnr. 8; vgl. Karst, DÖV 2002, S. 813–816.

[353] Burgi, § 17 Rdnr. 5.

[354] Vgl. VerfGH Rheinland-Pfalz, DVBl. 2000, 992 (992).

[355] Vgl. Henneke, NdsVBl. 1998, S. 273; vgl. Schink, NVwZ 2002, S. 129 f.; vgl. darstellend Karst, DÖV 2002, S. 812; Oster, DVP 2003, S. 32.

[356] Becker, DÖV 2000, S. 1032; VerfGH Rheinland-Pfalz, DVBl. 2000, 992 (996); Karst, DÖV 2002, S. 812 f.; Oster, DVP 2000, S. 361; vgl. Oster, DVP 2003, S. 33.

einer Wettbewerbsverzerrung gesehen.[357] Ein Privater sei in größerem Maße als eine Kommune gezwungen, die Wirtschaftlichkeit zu beachten.[358] Bemängelt wird in diesem Zusammenhang, dass kommunale Unternehmen nicht der Gefahr der Insolvenz ausgesetzt seien.[359] Außerdem wird darauf verwiesen, dass die Kommunen mit Steuergeldern wirtschaften und sich daher mit der wirtschaftlichen Betätigung zurückhalten müssten.[360] Auf diese Weise würden die Kommunen vor sich selbst geschützt werden.

Für manche mag die wirtschaftliche Betätigung einer Kommune per se ineffizient erscheinen. Die öffentlichen Kassen – obwohl reichlich strapaziert – scheinen nie zu versiegen, so dass die Kommunen bei ihrem Vorgehen nicht in gleichem Maße auf finanzielle Mittel zu achten brauchen. Auf diese Weise hätten die Kommunen einen Vorteil gegenüber privaten Unternehmen, die strikt auf die Effizienz ihrer Tätigkeiten zu achten haben. Auf der anderen Seite birgt es Gefahren, wenn bestimmte wirtschaftliche Aktivitäten vorwiegend unter Effizienzgrundsätzen vorgenommen wurden. So ist es beispielsweise problematisch, wenn die Unternehmungen zur Abfallentsorgung, insbesondere hinsichtlich des Sondermülls, weniger unter Aspekten der Sicherheit und mehr unter wirtschaftlichen Gesichtspunkten vorgenommen werden.

II. Begriff der (kommunalen) wirtschaftlichen Betätigung

Die wirtschaftliche Betätigung, insbesondere diejenige, die durch die Kommunen ausgeübt wird, ist im NKomVG nicht gesetzlich definiert.[361] Anders ist dies beispielsweise in Nordrhein-Westfalen, wo in § 107 Abs. 1 S. 3 GO NRW geregelt ist, dass wirtschaftliche Betätigung »der Betrieb von Unternehmen, die als Hersteller, Anbieter oder Verteiler von Gütern oder Dienstleistungen am Markt tätig werden, sofern die Leistung ihrer Art nach auch von einem Privaten mit der Absicht der Gewinnerzielung erbracht werden könnte.«[362] Die wirtschaftliche Betätigung der Kommunen findet durch wirtschaftliche Unternehmen statt. Das Bundesverwaltungsgericht hat dazu entschieden: »Ein wirtschaftliches Unternehmen ist diejenige wirtschaftliche Einrichtung, die auch von einem Privaten mit Gewinnerzielungsabsicht betrieben werden könnte.«[363]

---

[357] Vgl. Roling, NdsVBl. 2009, S. 10; vgl. Oster, DVP 2003, S. 33; vgl. OLG Hamm, NJW 1998, 3504 (3504); LG Offenburg, NVwZ 2000, 717 (717); vgl. Vahle, DVP 2000, S. 141.

[358] VerfGH Rheinland-Pfalz, DVBl. 2000, 992 (995); LG Offenburg, NVwZ 2000, 717 (717); Oster, DVP 2003, S. 32.

[359] Vgl. Vahle, DVP 2000, S. 141; LG Offenburg, NVwZ 2000, 717 (717).

[360] Vahle, DVP 2000, S. 142.

[361] Kritisch hierzu Jesser/Schirmer, DVP 2013, S. 101, die anführen, der Gesetzgeber hätte diesbezüglich bei der großen Reform mit der Einführung des NKomVG eine „Chance vergeben".

[362] Vgl. ähnlich auch § 91 Abs. 1 S. 1 der Kommunalverfassung des Landes Brandenburg (BBgKVerf).

[363] BVerwGE 39, 329 (333).

III. Voraussetzungen der wirtschaftlichen Betätigung der Kommunen

1. ÖRTLICHKEITSPRINZIP

Eine grundlegende Voraussetzung ergibt sich aus § 136 Abs. 1 S. 1, nach dem vorausgesetzt ist, dass es sich für die Kommune um »ihre Angelegenheit« handelt. Während nach bisheriger Rechtslage gemäß § 108 Abs. 1 S. 1 NGO »Angelegenheiten der örtlichen Gemeinschaft« vorliegen mussten, ist die Voraussetzung einer Angelegenheit des eigenen Wirkungskreises nun nicht mehr in der Deutlichkeit im Gesetz enthalten. Eine inhaltliche Änderung wurde hierdurch allerdings nicht beabsichtigt.[364] Das den Kommunen in § 136 Abs. 1 S. 1 zugesprochene Recht bezieht sich nur auf Aufgaben der Kommune im eigenen Wirkungskreis.[365] In einigen anderen Bundesländern dürfen sich Kommunen auch außerhalb ihres Gebietes wirtschaftlich betätigen.[366]

2. SCHRANKENTRIAS

Trotz des auf die grundgesetzliche Garantie der kommunalen Selbstverwaltung zurückgehenden Rechts der kommunalen wirtschaftlichen Betätigung dürfen Kommunen diese nur innerhalb bestimmter Grenzen ausüben. Dieses ergeben sich hinsichtlich der Errichtung, Übernahme und wesentlichen Erweiterung aus § 136 Abs. 1 S. 2 Nr. 1–Nr. 3. Die dort aufgeführten Vorgaben müssen kumulativ erfüllt sein. Diese drei Voraussetzungen werden auch als »Schrankentrias« bezeichnet.[367]

a) Rechtfertigung durch öffentlichen Zweck

Gemäß § 136 Abs. 1 S. 2 Nr. 1 ist es erforderlich, dass der öffentliche Zweck das Unternehmen rechtfertigt. Der unbestimmte Rechtsbegriff des öffentlichen Zwecks ist umstritten.[368] Bei der Beurteilung, ob ein öffentlicher Zweck gegeben ist, hat die Kommune eine **Einschätzungsprärogative**.[369] Das bedeutet, dass sie mit weitem Spielraum entscheiden darf, ob der öffentliche Zweck aus ihrer Sicht erfüllt ist und auch eine Vermutung dafür spricht, dass dies der Fall ist.[370] Es handelt sich um eine kommunalpolitische Zweckmäßigkeitserwägung.[371] Zur Bestimmung des öffentlichen Zwecks können beispielsweise soziale, ökologische, und wettbewerbspolitische Erwägungen herangezogen werden.[372] Wenn die durch die Kommune getroffene Einschätzung

---

364 Schriftlicher Bericht, LT-Drs. 16/3147, S. 22.

365 Vgl. Armbrust, S. 166; vgl. Blum/Häusler/Meyer-Freese, NKomVG, § 136 Rdnrn. 10 f.

366 Siehe hierzu, zu den Voraussetzungen und zu den rechtlichen Bedenken Engels/Krausnick, § 8 Rdnrn. 24–27.

367 Blum/Häusler/Meyer-Freese, NKomVG, § 136 Rdnr. 4; Oster, DVP 2000, S. 362; Jesser/Schirmer, DVP 2013, S. 101 und 103.

368 Gern, RdNr. 727; vgl. Hidien, DÖV 1983, S. 1002.

369 Blum/Häusler/Meyer-Freese, NKomVG, § 136 Rdnr. 17; Oster, DVP 2004, S. 168; vgl. BVerwGE 39, 329 (334); Hidien, DÖV 1983, S. 1006; vgl. Gern, Rdnr. 727; a.A. für das Verhältnis Bürger-Gemeinde, anders als für das Verhältnis Gemeinde-Staat: Hösch, DÖV 2000, S. 400.

370 Vgl. Gern, Rdnr. 727; vgl. Hidien, DÖV 1983, S. 1002 f.; vgl. Blum/Häusler/Meyer-Freese, NKomVG, § 136 Rdnr. 17.

371 Schink, NVwZ 2002, S. 132.

372 Schink, NVwZ 2002, S. 132; vgl. Burgi, § 17 Rdnr. 43.

allerdings offensichtlich fehlerhaft ist, so ist diese rechtswidrig.[373] Die reine Absicht der Gewinnerzielung ist nicht ausreichend für die Einordnung des Zwecks als öffentlich.[374] Der Grund dafür ist, dass die Finanzierung kommunaler Aufgaben die Voraussetzung für das Tätigwerden der Kommune ist, aber keine eigenständige Aufgabe darstellt.[375]

b) Angemessenes Verhältnis

Des Weiteren muss gemäß § 136 Abs. 1 S. 2 Nr. 2 das Unternehmen nach Art und Umfang in einem angemessenen Verhältnis zu der Leistungsfähigkeit der Kommunen und zum voraussichtlichen Bedarf stehen. Hierunter ist zu verstehen, dass die wirtschaftliche Betätigung der Kommunen nicht erfolgen darf, wenn dies ihre personellen, sachlichen und finanziellen Potenziale übersteigt.[376] Die Kommune muss daher für sich prüfen, ob sie auch die schlimmstenfalls drohende finanzielle Konsequenz ihrer wirtschaftlichen Betätigung zu tragen in der Lage wäre. Mit dieser Vorgabe wird bezweckt, dass sich die Kommunen nicht finanziell und wirtschaftlich über ihre Möglichkeiten hinaus belasten sollen.[377] Beispielsweise soll eine Gemeinde mit 800 Einwohnerinnen und Einwohnern keine Stadthalle errichten, die für 5.000 Einwohner ausgelegt ist.

c) Subsidiaritätsgrundsatz

Schließlich ist der Grundsatz der Subsidiarität, der in § 136 Abs. 1 S. 2 Nr. 3 geregelt ist, zu beachten. Diese Vorschrift besagt, dass sich eine Kommune grundsätzlich nur dann wirtschaftlich betätigen darf, wenn der öffentliche Zweck nicht ebenso gut und wirtschaftlich durch einen privaten Dritten erfüllt wird oder erfüllt werden kann.

Die in Niedersachsen enthaltene Regelung der Subsidiarität wurde bei ihrer Einführung als echte Subsidiaritätsklausel bezeichnet.[378] Bei der echten Subsidiarität darf die Kommune nur dann wirtschaftlich tätig werden, wenn ein Privater die Angelegenheit nicht ebenso gut und wirtschaftlich durchführt oder durchführen kann. Eine solche echte Subsidiarität findet sich auch in den Gesetzen weiterer Bundesländer.[379] Demgegenüber ist es in anderen Bundesländern[380] erforderlich, dass ein Privater die Angelegenheit besser und wirtschaftlicher durchführt oder durchführen kann, damit er den Vorrang erhält. Diese Regelung wird als »unechte Subsidiarität« bezeichnet.[381] Echte und unechte Subsidiarität sind also derzeit in den einzelnen Bundesländern unterschiedlich geregelt.[382] Hierdurch haben die Kommunen einen weiteren

373 Armbrust, S. 168.
374 Armbrust, S. 168; Gern, Rdnr. 727; LG Offenburg, NVwZ 2000, 717 (717).
375 BVerfGE 61, 82 (107); vgl. Schink, NVwZ 2002, S. 134 f.
376 Gern, Rdnr. 728.
377 Burgi, § 17 Rdnr. 45; vgl. Armbrust, S. 169; vgl. Ipsen, Rdnr. 660.
378 LT-Drs. 15/1680, S. 51.
379 Siehe dazu z. B. für Bayern Art. 87 Abs. 1 S. 1 Nr. 4 BayGO, für Baden-Württemberg § 102 Abs. 1 Nr. 3 GemO BW, für Rheinland-Pfalz § 85 Abs. 1 S. 1 Nr. 3 RhPfGemO, für Hessen § 121 Abs. 1 S. 1 Nr. 3 HGO.
380 Siehe dazu z. B. für Nordrhein-Westfalen § 107 Abs. 1 S. 1 Nr. 3 GO NRW, für Mecklenburg-Vorpommern § 68 Abs. 2 S. 1 Nr. 3 KV M–V, für Schleswig-Holstein § 101 Abs. 1 Nr. 3 SHGO.
381 Vgl. Blum/Häusler/Meyer-Freese, NKomVG, § 136 Rdnr. 19; vgl. Oster, DVP 2000, S. 362, der darauf hinweist, dass dies »gerade keine Subsidiarität der Kommunalwirtschaft gegenüber der Privatwirtschaft« sei; Vahle, DVP 2000, S. 143 spricht dagegen statt von »echter« von »qualifizierter« u. statt von »unechter« von »einfacher« Subsidiarität.
382 Für einen Überblick über die derzeitige Rechtslage im Bundesgebiet: Engels/Krausnick, § 8 Rdnr. 21.

Spielraum für die wirtschaftliche Betätigung, da diese auch dann noch zulässig ist, wenn der Private die Angelegenheit gleich gut und ebenso wirtschaftlich erfüllt. Die Beweislast trägt die Kommune, die also beweisen muss, dass eine durch sie ausgeübte wirtschaftliche Betätigung nicht unzulässig ist.[383] In Niedersachsen ist im Rahmen einer Reform des NKomVG geplant, die derzeit noch bestehende echte durch die unechte Subsidiarität abzulösen.[384]

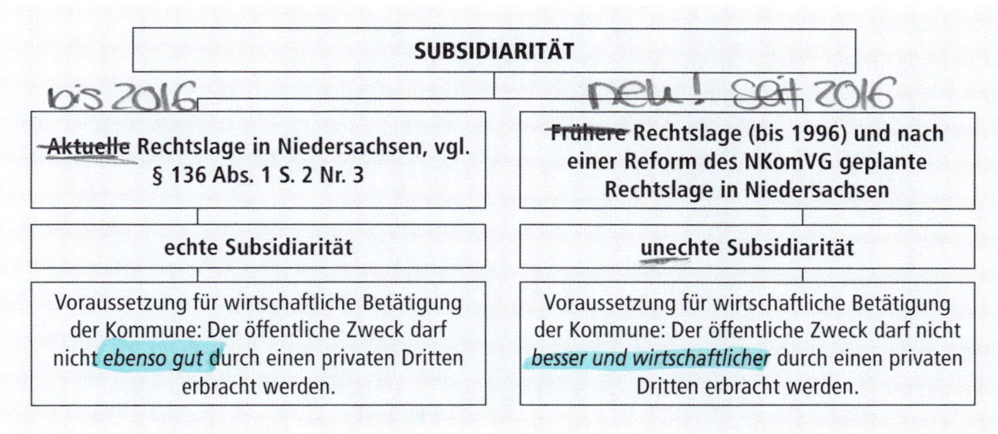

Bei den Begriffen »wirtschaftlich« und »ebenso gut« handelt es sich um unbestimmte Rechtsbegriffe, die schwierig zu definieren sind und nach den Umständen des Einzelfalls zu ermitteln sind.[385]

Zu beachten ist, dass gemäß § 136 Abs. 1 S. 2 Nr. 3 bestimmte Wirtschaftsbereiche von der Subsidiaritätsklausel ausgenommen sind. Hierzu gehören die Energie- und die Wasserversorgung, der Öffentliche Personennahverkehr und der Betrieb von Telekommunikationsleitungsnetzen einschließlich der Telefondienstleistungen. Diese Bereiche wurden im Verlaufe des Gesetzgebungsverfahrens herausgenommen.[386] Das gesetzgeberische Ziel der Schaffung dieser Ausnahmen ist es, den Wettbewerb in diesen Wirtschaftszweigen zu stärken.[387] Durch die Schaffung der besagten Ausnahmen ist es den Kommunen möglich, sich ohne Geltung der Subsidiaritätsklausel wirtschaftlich zu betätigen. Dies ermöglicht den Kommunen eine Rekommunalisierung in diesen Bereichen.[388]

d) Schutz für private Dritte

Eine Besonderheit ist der in § 136 Abs. 1 S. 3 in die Niedersächsische Kommunalverfassung eingeführte Drittschutz. Hiernach dient die Beschränkung der wirtschaftlichen Betätigung

383 Vgl. LG Offenburg, NVwZ 2000, 717 (718); vgl. Geis, § 12 Rdnr. 81; a.A. Oster, DVP 2004, S. 168, der die Beweislast bei dem Privaten sieht.
384 Vgl. nur Antwort der Landesregierung auf eine Kleine schriftliche Anfrage, LT-Drs. 17/3636, S. 4.
385 Vgl. Armbrust, S. 169.
386 Vgl. Schriftlicher Bericht, LT-Drs. 16/3147, S. 22.
387 Schriftlicher Bericht, LT-Drs. 16/3147, S. 22; kritisch bezüglich dieses Zwecks Ipsen, Rdnr. 661b.
388 Ipsen, Rdnr. 661b.

durch den Subsidiaritätsgrundsatz auch dem Schutz privater Dritter, die sich entsprechend wirtschaftlich betätigt haben oder betätigen wollen. Das bedeutet konkret, dass private Wettbewerber gegen die Kommune eine öffentlich-rechtliche Unterlassungsklage führen dürfen, mit der sie eine Verletzung ihrer Rechte geltend machen.[389] Bereits vor der Reform der Kommunalverfassung war das Thema des Drittschutzes Privater umstritten.[390] Während zum Teil bereits in § 108 Abs. 1 NGO eine Norm mit drittschützender Wirkung gesehen wurde,[391] verneinten andere einen Drittschutz nach der bisherigen Rechtslage.[392] Stattdessen wurde für einen Unterlassungsanspruch auf das UWG verwiesen.[393]
Während des Gesetzgebungsverfahrens wurde darüber gestritten, ob der nun im Gesetz vorhandene Drittschutz eingeführt werden sollte oder nicht. Es könnte sich als problematisch erweisen, den Umfang des Drittschutzes hinsichtlich des vom Schutz erfassten Personenkreises zu bestimmen.[394]

3. VERFASSUNGSRECHTLICHE GRENZEN DER WIRTSCHAFTLICHEN BETÄTIGUNG DER KOMMUNEN

Da die wirtschaftliche Betätigung der Kommunen diejenige privater Konkurrenten beeinträchtigen kann, stellt sich die Frage, ob und wenn ja, inwieweit die kommunale wirtschaftliche Betätigung verfassungsrechtlichen Einschränkungen unterliegt. In Betracht kommen die Grundrechte auf Berufsfreiheit (Art. 12 GG)[395], Eigentumsfreiheit (Art. 14 GG) und die allgemeine Handlungsfreiheit (Art. 2 Abs. 1 GG),[396] davon naheliegend ist in der Regel lediglich Art. 12 Abs. 1 GG.[397] Doch auch diese Norm wird häufig verneint, da Art. 12 Abs. 1 GG nicht vor Konkurrenz schütze, insbesondere nicht Private vor der Konkurrenz der öffentlichen Hand.[398]

Ein Klagerecht privater Konkurrenten sorgt dafür, dass sich die Kommunen künftig einen zusätzlichen Verwaltungsaufwand für die Auseinandersetzung mit eingehenden Klagen befürchten müssen. Hiermit verbunden sind nicht nur personelle sondern auch direkte finanzielle Aufwendungen. Durch die Einräumung eines Klagerechts für Konkurrenten droht die ohnehin schon sehr angespannte Finanzlage der Kommunen noch mehr beeinträchtigt zu werden.

---

389 Ipsen Rdnr. 667.

390 Vgl. Armbrust, S. 169; vgl. die Darstellung bei Ipsen, Rdnr. 666; vgl. auch Seybold, DVP 2011, S. 236.

391 Vgl. Sandfuchs, S. 294; vgl. für die entsprechende Vorschrift in NRW: OVG Münster, NVwZ 2003, 1520 (1521); vgl. für die entsprechende Vorschrift in Bayern: Hösch, DÖV 2000, S. 402.

392 Mehde, NordÖR 2011, S. 54; vgl. für die entsprechende Vorschrift in Baden-Württemberg: BVerwGE 39, 329 (336); vgl. für die entsprechende Vorschrift in Nordrhein-Westfalen: Antweiler, NVwZ 2003, S. 1467.

393 OLG Hamm, NJW 1998, 3504 (3504 f.); LG Offenburg, NVwZ 2000, 717 (717 f.).

394 Vgl. Antweiler, NVwZ 2003, 1466 (1468).

395 Siehe zu der vom Grundrecht der Berufsfreiheit erfassten Wettbewerbsfreiheit: BVerfGE 32, 311 (317).

396 Jarass, DÖV 2002, S. 492; BVerwG, NJW 1995, 2938 (2939); Henneke, NdsVBl. 1998, S. 277; vgl. auch Pieroth/Hartmann, DVBl. 2002, S. 421–428.

397 Jarass, DÖV 2002, S. 492; Antweiler, NVwZ 2003, S. 1468 f.; vgl. Hösch, DÖV 2000, S. 398 f.

398 BVerwGE 39, 329 (336).

4. ALLGEMEINE HAUSHALTSGRUNDSÄTZE

Betätigt sich eine Kommune wirtschaftlich, so muss sie die allgemeinen Haushaltsgrundsätze, welche sich aus § 110 Abs. 2 ergeben, beachten.[399] Das bedeutet, die Kommune muss die Sparsamkeit und Wirtschaftlichkeit einhalten. Die Sparsamkeit in diesem Sinne ist dann eingehalten, wenn Auszahlungen vermieden werden.[400] Demgegenüber bedeutet Wirtschaftlichkeit, dass ein Vergleich zwischen Aufwand und Ertrag vorgenommen werden muss, aus dem die danach günstigste Alternative zu wählen ist.[401]

5. WEITERE VORAUSSETZUNGEN

Weitere zusätzliche Anforderungen, die die Kommune bei ihrer wirtschaftlichen Betätigung erfüllen muss, hängen davon ab, in welcher Weise das Tätigwerden erfolgen soll. So müssen beispielsweise für eine Veräußerung von Vermögen neben den allgemeinen Haushaltsgrundsätzen die Anforderungen des § 125 Abs. 1 bis 3 erfüllt sein. Gemäß § 125 Abs. 1 S. 1 muss es sich hierfür um Vermögensgegenstände handeln, die die Kommune in absehbarer Zeit nicht benötigt. Des Weiteren dürfen Vermögensgegenstände gemäß § 125 Abs. 1 S. 2 in der Regel nur zu ihrem vollen Wert veräußert werden. Weitere Anforderungen ergeben sich aus § 125 Abs. 2, 3.

IV. Formen kommunaler Unternehmen X

Die wirtschaftliche Betätigung von Kommunen kann auch durch verschiedene kommunale Unternehmen erfolgen. Die Arten dieser Unternehmen ergeben sich im Wesentlichen aus § 136 Abs. 2, nämlich

- Eigenbetriebe gemäß § 136 Abs. 2 Nr. 1,
- Eigengesellschaften gemäß § 136 Abs. 2 Nr. 2 und
- Kommunale Anstalten des öffentlichen Rechts gemäß § 136 Abs. 2 Nr. 3.

Die Kommune hat das aus der kommunalen Selbstverwaltungsgarantie stammende Recht, eigenständig zu bestimmen, in welcher Weise sie ihre Aufgaben erledigt.[402] Hierunter fällt auch ihr Recht, ihre Aufgaben auf eine privatrechtliche Gesellschaft zu übertragen, an der die Kommune mehrheitlich oder ausschließlich beteiligt ist.[403]
Dementsprechend gibt es für die Kommune die Möglichkeit, ihre wirtschaftliche Betätigung entweder in einer öffentlich-rechtlichen oder in einer privatrechtlichen Organisationsform durchzuführen.

---

[399] Auf diesen wichtigen Zusammenhang zwischen der kommunalen wirtschaftlichen Betätigung und den allgemeinen Haushaltsgrundsätzen weist Hösch, DÖV 2000, S. 404 f., hin.

[400] Blum/Häusler/Meyer-Rose, NKomVG, § 110 Rdnr. 22.

[401] Vgl. Blum/Häusler/Meyer-Rose, NKomVG, § 110 Rdnr. 22.

[402] BVerfGE 107, 1 (12).

[403] Blum/Häusler/Meyer-Freese, NKomVG, § 136 Rdnr. 28.

1. ÖFFENTLICH-RECHTLICHE ORGANISATIONSFORMEN

a) Eigenbetriebe

In § 136 Abs. 2 Nr. 1 werden die Eigenbetriebe legal definiert als Unternehmen ohne eigene Rechtspersönlichkeit. Dies bedeutet, dass die Handlungen des Eigenbetriebs rechtlich ausschließlich der Trägerkommune zugeordnet werden.[404] Für Eigenbetriebe sind die Voraussetzungen des § 140 zu beachten. Diese Norm wird ergänzt durch § 130 Abs. 3. Weitere Vorschriften ergeben sich aus §§ 155 Abs. 1 Nr. 4 und 157 sowie in der Eigenbetriebsverordnung. Die Eigenbetriebe sind aus dem Haushalt ausgegliedert. Dadurch besteht gegenüber den Regiebetrieben der Vorteil, dass die wirtschaftlichen Aktivitäten transparenter sind, wodurch das Kostenbewusstsein und die Kontrolle durch die Kommune besser möglich sind.[405]

aa) Eigenbetriebsverordnung

Die Ermächtigung zum Erlass einer Eigenbetriebsverordnung enthält § 140 Abs. 5. Die derzeit gültige Eigenbetriebsverordnung[406] wurde noch auf der Basis des bisherigen Rechts erlassen.

bb) Betriebssatzung

Die Kommunen haben gemäß § 140 Abs. 1 die Pflicht, für ihre Eigenbetriebe Betriebssatzungen zu erlassen. Die Organzuständigkeit hierfür hat gemäß § 58 Abs. 1 Nr. 5 die Vertretung. Die Betriebssatzung besteht aus notwendigen und freiwilligen Inhalten.

(1) Notwendige Inhalte der Betriebssatzung

Die Kommune verpflichtet, die sich aus § 4 EigBetrVO ergebenden Inhalte in die Betriebssatzung aufzunehmen. Hierzu gehören der Gegenstand, die Aufgaben und der Name des Eigenbetriebes, die Höhe des Stammkapitals, die Art der Wirtschaftsführung und des Rechnungswesens und die Zusammensetzung der Betriebsleitung und des Betriebsausschusses.

(2) Freiwillige Inhalte der Betriebssatzung

Ob weitere Inhalte in die Betriebssatzung aufgenommen werden, steht der Kommune frei. Sie kann beispielsweise gemäß § 8 S. 2 EigBetrVO ein abweichendes Wirtschaftsjahr oder gemäß § 2 Abs. 1 S. 2 EigBetrVO die Bestimmung aufnehmen, dass die Hauptverwaltungsbeamtin oder der Hauptverwaltungsbeamte vor einer Weisung die Betriebsleitung zu hören hat.

cc) Betriebsausschüsse

Die Kommune ist gemäß § 140 Abs. 2 verpflichtet, für Eigenbetriebe Betriebsausschüsse zu bilden. Diese nach bisheriger Rechtslage noch als »Werksausschüsse« bezeichneten Gremien sind Ausschüsse der Kommune nach besonderen Rechtsvorschriften i.S.d. § 73 S. 1;[407] sie sind damit von den Ausschüssen der Vertretung gemäß § 71 zu unterscheiden.

---

[404] Gern, Rdnr. 741.
[405] Gern, Rdnr. 741.
[406] Eigenbetriebsverordnung vom 27.01.2011, Nds.GVBl. S. 21.
[407] Blum/Häusler/Meyer-Schwind, NKomVG, § 73 Rdnr. 2.

dd) Betriebsleitung

Die laufenden Geschäfte des Eigenbetriebs führt gemäß § 140 Abs. 4 die Betriebsleitung. Diese sind definiert als alle im täglichen Betrieb ständig wiederkehrenden Maßnahmen, die zur Aufrechterhaltung des Betriebs notwendig sind.[408] Beispiele für diese Arten von Geschäften sind der Einsatz von Personal innerhalb des Betriebes und der Einkauf von Materialien.[409] Die Betriebsleitung hat gemäß § 2 S. 1 EigBetrVO die Hauptverwaltungsbeamtin oder den Hauptverwaltungsbeamten über alle wichtigen Angelegenheiten zu unterrichten. Auch hat sie gemäß § 3 Abs. 2 S. 1 EigBetrVO den Betriebsausschuss rechtzeitig über die wichtigen Angelegenheiten des Eigenbetriebs zu unterrichten.

b) Kommunale Anstalten des öffentlichen Rechts

Die dritte Möglichkeit für Kommunen, Unternehmen zu errichten, besteht gemäß § 136 Abs. 2 Nr. 3 in Form einer kommunalen Anstalt des öffentlichen Rechts. Für die kommunalen Anstalten gelten die Regelungen der §§ 141–147.

Diese Organisationsform besteht in Niedersachsen erst seit dem Jahre 2003, in dem der Gesetzgeber sie einführte.[410] Es handelt sich um eine rechtsfähige Anstalt, die im Rahmen der gesetzlichen Vorgaben den individuellen Bedürfnissen der Kommune angepasst werden kann, der dementsprechend auch hoheitliche Befugnisse – also auch die Dienstherrnfähigkeit – übertragen werden können.[411] Daneben weist die kommunale Anstalt des öffentlichen Rechts gegenüber der GmbH den Vorteil günstigerer Besteuerung auf.[412] Die Eigenständigkeit der Anstalt des öffentlichen Rechts ist ein Vorzug, den diese Form im Gegensatz zum Eigen- und Regiebetrieb bietet.[413] Ein weiterer Vorteil der kommunalen Anstalt des öffentlichen Rechts ist es, dass diese in verschiedenen Varianten zur kommunalen Zusammenarbeit genutzt werden kann.[414] Daher sehen einige die wirtschaftliche Betätigung auch mittels eines Zweckverbandes für möglich,[415] was zwar auf diese Weise dargestellt nicht falsch ist. Der Zweckverband agiert aber in diesem Fall nur als Träger einer kommunalen Anstalt des öffentlichen Rechts,[416] so dass abweichend davon der Zweckverband nicht als eigenständige Form der wirtschaftlichen Betätigung aufgeführt wird. Auf den Zweckverband wird unten näher eingegangen.

c) Ausdrücklich ausgenommene kommunale Unternehmen

Von den in § 136 Abs. 2 aufgeführten möglichen Formen kommunaler Unternehmen werden durch § 136 Abs. 3 ausdrücklich ausgenommen:

---

[408] Blum/Häusler/Meyer-Freese, NKomVG, § 140 Rdnr. 12; vgl. Gern, Rdnr. 742.

[409] Blum/Häusler/Meyer-Freese, NKomVG, § 140 Rdnr. 12.

[410] Gesetz zur Änderung des kommunalen Unternehmensrechts vom 27.01.2003, GVBl. S. 26 ff.

[411] Vgl. Hogeweg, NdsVBl. 2008, S. 33; vgl. Blum/Häusler/Meyer-Freese, NKomVG, § 141 Rdnrn. 1 f.

[412] Vgl. Hogeweg, NdsVBl. 2008, S. 33.

[413] LT-Drs. 14/3720, S. 5; Waldmann, NVwZ 2008, S. 284, der allerdings in seiner Darstellung die Anstalt des öffentlichen Rechts als »Kommunalunternehmen« bezeichnet.

[414] Hogeweg, NdsVBl. 2008, S. 33. Zur kommunalen Zusammenarbeit siehe näher unten, Zweiter Teil, Kapitel C.

[415] Gern, Rdnr. 748.

[416] Hogeweg, NdsVBl. 2008, S. 33.

- Einrichtungen, zu denen die Kommunen ausdrücklich verpflichtet sind,
- Einrichtungen des Unterrichts-, Erziehungs- und Bildungswesens, des Sports und der Erholung, des Gesundheits- und Sozialwesens, des Umweltschutzes sowie solche ähnlicher Art und
- Einrichtungen, die als Hilfsbetriebe ausschließlich der Deckung des Eigenbedarfs der Kommune dienen.

Ausnahmen zu der Ausnahmevorschrift des § 136 Abs. 3 enthält § 136 Abs. 4. Aus § 136 Abs. 5 S. 1 ergibt sich das absolute Verbot für Kommunen, Bankunternehmen zu errichten; das öffentliche Sparkassenwesen ist jedoch gestattet und unterliegt gemäß § 136 Abs. 5 S. 2 besonderen Vorschriften. Außerdem wird an dieser Stelle darauf hingewiesen, dass auch der – zum Teil als solches aufgeführte[417] – Regiebetrieb als öffentlich-rechtliches Unternehmen ausgeschlossen ist, da dieser rechtlich nicht selbständig ist und es sich bei ihm daher nicht um ein Unternehmen handelt.[418]

2. PRIVATRECHTLICHE ORGANISATIONSFORMEN

Die privatrechtlich organisierten Unternehmen der Kommunen werden in § 136 Abs. 2 Nr. 2 als »Eigengesellschaften« legal definiert.

a) Einleitung und Voraussetzungen im Überblick

Die gesetzliche Definition der Eigengesellschaften enthält § 136 Abs. 2 Nr. 2. Diese sind hiernach Unternehmen mit eigener Rechtspersönlichkeit, deren sämtliche Anteile der Kommune gehören. Eigengesellschaften sind die Gesellschaft mit beschränkter Haftung (GmbH) und die Aktiengesellschaft (AG).[419] Da es sich hierbei um juristische Personen des Privatrechts handelt, müssen sie die Voraussetzungen erfüllen, welche sich aus § 137 Abs. 1 beziehungsweise Abs. 2 ergeben. Hierzu gehören gemäß § 137 Abs 1 Nr. 1 zunächst die – bereits vorstehend dargestellten – Anforderungen des § 136 Abs. 1. Daneben bestehen die folgenden Voraussetzungen:

- § 137 Abs. 1 Nr. 2: Haftungsbegrenzung
- § 137 Abs. 1 Nr. 3: Verhältnis Einzahlungsverpflichtungen – Leistungsfähigkeit
- § 137 Abs. 1 Nr. 4: Keine unbestimmten/unangemessenen Verluste
- § 137 Abs. 1 Nr. 5: Sicherstellung des öffentlichen Zwecks
- § 137 Abs. 1 Nr. 6: Angemessener Einfluss der Kommune
- § 137 Abs. 1 Nr. 7: Letztentscheidungsrecht der Kommune
- § 137 Abs. 1 Nr. 8: Rechtzeitige Vorlage der erforderlichen Unterlagen

---

417 Gern, Rdnr. 747.
418 Ipsen, Rdnr. 617.
419 Pautsch, S. 97 f.; Armbrust, S. 171.

b) Haftungsbegrenzung, § 137 Abs. 1 Nr. 2

Gemäß § 137 Abs. 1 Nr. 2 ist es für Eigengesellschaft erforderlich, dass eine Haftungsbegrenzung vorliegt. Dies ist für eine GmbH der Fall, da gemäß § 13 Abs. 2 GmbH ihre Haftung auf ihr Einlagevermögen begrenzt ist. Auch bei der AG ist die Haftung gemäß § 1 Abs. 1 S. 2 AktG begrenzt auf das Einlagevermögen. Anders ist dies bei der Kommanditgesellschaft, der offenen Handelsgesellschaft und der Gesellschaft bürgerlichen Rechts. Hier ist die Haftung nicht begrenzt. Bei der GmbH & Co. KG handelt es sich um eine besondere Form der Gesellschaft.

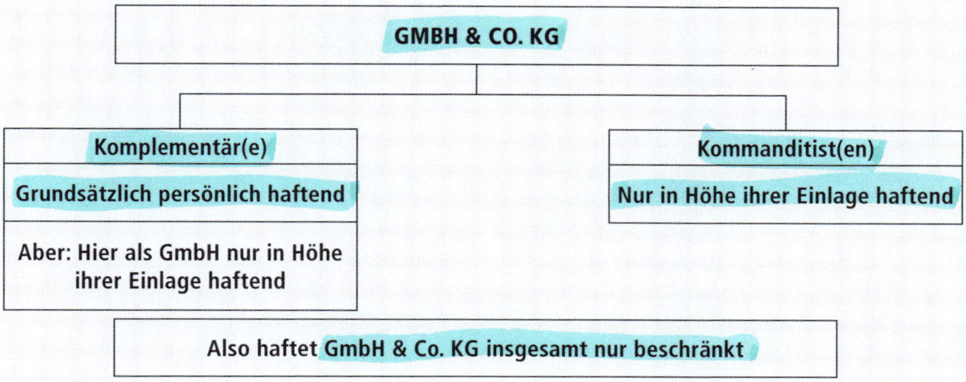

c) Verhältnis Einzahlungsverpflichtungen – Leistungsfähigkeit, § 137 Abs. 1 Nr. 3

Eine weitere Voraussetzung ergibt sich aus § 137 Abs. 1 Nr. 3, nach dem das Verhältnis der Einzahlungsverpflichtungen und der Leistungsfähigkeit ein angemessenes sein muss. Zu den Einzahlungsverpflichtungen gehören das Gründungskapital und die laufende Nachschusspflicht.[420] Das Gründungskapital wiederum ergibt sich für die Gesellschaft mit beschränkter Haftung grundsätzlich[421] aus § 5 Abs. 1 GmbHG und beträgt 25.000 €, für die Aktiengesellschaft aus § 7 AktG und beträgt 50.000 € und für die Genossenschaft gegebenenfalls aus einer Satzung, vgl. § 8 a GenG. Die laufenden Nachschusspflichten sind im Gesetz, in einer Satzung oder durch sonstige Zusagen der Kommune möglich.[422] Ob ein angemessenes Verhältnis vorliegt, ist eine Frage des konkreten Einzelfalls.[423] Es ist vor allem abhängig von der Leistungsfähigkeit der Kommune, da sich die Einzahlungsverpflichtungen aus dem Gesetz ergeben.[424]

d) Keine Übernahme unbestimmter/unangemessener Verluste, § 137 Abs. 1 Nr. 4

Die Führung eines Unternehmens und die Beteiligung hieran sind einer Kommune gemäß § 137 Abs. 1 Nr. 4 nicht gestattet, wenn sich die Kommune zur Übernahme unbestimmter

[420] Blum/Häusler/Meyer-Freese, NKomVG, § 137 Rdnr. 12.
[421] Eine Ausnahme ergibt sich aus § 5 a GmbHG.
[422] Blum/Häusler/Meyer-Freese, NKomVG, § 137 Rdnr. 14.
[423] Thiele, NKomVG, § 137 Erl. 4.
[424] Blum/Häusler/Meyer-Freese, NKomVG, § 137 Rdnr. 12.

oder unangemessener Verluste verpflichtet. Auch bei der Frage, ob diese unbestimmten Rechtsbegriffe erfüllt sind, ist auf die Umstände des konkreten Einzelfalls abzustellen.[425]

e) Sicherstellung des öffentlichen Zwecks, § 137 Abs. 1 Nr. 5

Gemäß § 137 Abs. 1 Nr. 5 ist erforderlich, dass durch Ausgestaltung des Gesellschaftsvertrags oder der Satzung sichergestellt ist, dass der öffentliche Zweck des Unternehmens erfüllt wird. Handelt es sich bei dem betreffenden Unternehmen um ein privatrechtliches, so ist zur Ermittlung des Zwecks der Gesellschaftervertrag beziehungsweise die Satzung heranzuziehen.[426] Dabei darf aber nicht zu leichtfertig lediglich auf den Wortlaut geachtet werden, sondern es muss ermittelt werden, ob der öffentliche Zweck tatsächlich sichergestellt ist.[427]

f) Angemessener Einfluss der Kommune, § 137 Abs. 1 Nr. 6

Die Sicherung des angemessenen Einflusses der Kommune wird auch als »Ingerenzpflicht« bezeichnet.[428] Auf welche Weise dieser Einfluss ausgeübt wird, hängt von der Form des Unternehmens und der Art der kommunalen Betätigung ab.
Handelt es sich beispielsweise um eine Eigengesellschaft in Form einer GmbH, so besteht die Gesellschafterversammlung ausschließlich aus Vertretern der Kommune.[429]

g) Gegebenenfalls: Letztentscheidungsrecht der Kommune, § 137 Abs. 1 Nr. 7

Das in § 137 Abs. 1 Nr. 7 geregelte Letztentscheidungsrecht der Kommune findet dem Gesetzeswortlaut nach nur auf Einrichtungen nach § 136 Abs. 3 Anwendung. Das Letztentscheidungsrecht wird im Gesellschaftervertrag beziehungsweise in der Satzung festgelegt.[430]

h) Rechtzeitige Vorlage der erforderlichen Unterlagen, § 137 Abs. 1 Nr. 8

Gemäß § 137 Abs. 1 Nr. 8 ist es schließlich erforderlich, dass im Gesellschaftsvertrag oder in der Satzung sichergestellt ist, dass der Kommune alle Unterlagen und Belege, die zur Konsolidierung des Jahresabschlusses des Unternehmens mit dem Jahresabschluss der Kommune zum konsolidierten Gesamtabschluss erforderlich sind, so rechtzeitig vorgelegt werden, dass letzterer innerhalb von sechs Monaten nach Ende des Haushaltsjahres aufgestellt werden kann. Welche Unterlagen konkret erforderlich sind, hängt von den Umständen des Einzelfalls ab.[431]

---

[425] Thiele, NKomVG, § 137 Erl. 4.
[426] Blum/Häusler/Meyer-Freese, NKomVG, § 137 Rdnr. 17.
[427] Thiele, NKomVG, § 137 Erl. 5.
[428] Blum/Häusler/Meyer-Freese, NKomVG, § 137 Rdnr. 18.
[429] Blum/Häusler/Meyer-Freese, NKomVG, § 137 Rdnr. 19.
[430] Blum/Häusler/Meyer-Freese, NKomVG, § 137 Rdnr. 27.
[431] Vgl. Blum/Häusler/Meyer-Freese, NKomVG, § 137 Rdnr. 28 mit Verweis auf § 128 Abs. 4 bis Abs. 6.

3. WEITERE ORGANISATIONSFORMEN

Neben den oben dargestellten Organisationsformen in Gestalt eines Unternehmens können Kommunen sich auch in Form anderer Organisationen wirtschaftlich betätigen. Neben den oben aufgeführten Unternehmen kommen als weitere öffentlich-rechtliche Möglichkeiten der Regiebetrieb und die kommunale Stiftung (§ 135) sowie als privatrechtliche Formen der rechtsfähige Verein (§§ 21 ff. BGB), die Stiftung des bürgerlichen Rechts (§ 80 BGB) und die eingetragene Genossenschaft (§ 2 GenG) in Betracht.

C. KOMMUNALE ZUSAMMENARBEIT

I. Hintergrund kommunaler Zusammenarbeit

Kommunen stehen – vor allem heutzutage – vor finanziellen Schwierigkeiten, haben aber gleichzeitig eine Fülle von Aufgaben zu erledigen. Da beide Herausforderungen zugleich bewältigt werden müssen, können die Kommunen vor allem aus ökonomischen Gründen hinsichtlich einzelner Aufgaben zusammenarbeiten. Beispielsweise ist eine Zusammenarbeit in den Bereichen Abfallbeseitigung, Wasserversorgung, Abwasserentsorgung und Energieversorgung möglich.[432]

[432] Gern, Rdnr. 918.

II. Arten kommunaler Zusammenarbeit

Die kommunale Zusammenarbeit ist entweder privatrechtlich oder öffentlich-rechtlich möglich; für die öffentlich-rechtliche Zusammenarbeit bestehen in den einzelnen Bundesländern gesetzliche Vorschriften.[433] In Niedersachsen sind die öffentlich-rechtlichen Formen der Zusammenarbeit im NKomZG geregelt. Die einzelnen Möglichkeiten, die den Kommunen hierfür zur Verfügung stehen, ergeben sich aus § 1 Abs. 1 S. 1 NKomZG. Hiernach können die Kommunen

- eine gemeinsame kommunale Anstalt errichten (§ 1 Abs. 1 S. 1 Nr. 1 NKomZG),
- sich an dieser als weitere Träger beteiligen (§ 1 Abs. 1 S. 1 Nr. 2 NKomZG),
- eine Zweckvereinbarung abschließen (§ 1 Abs. 1 S. 1 Nr. 3 NKomZG),
- einen Zweckverband errichten (§ 1 Abs. 1 S. 1 Nr. 4 NKomZG) oder
- sich an einem solchen als weiteres Verbandsmitglied beteiligen (§ 1 Abs. 1 S. 1 Nr. 5 NKomZG).

Diese Möglichkeiten sollen im Folgenden näher dargestellt werden:

1. GEMEINSAME KOMMUNALE ANSTALT, §§ 3, 4 NKOMZG

Die Errichtung gemeinsamer kommunaler Anstalten und ihre Grundlagen sind in § 3 NKomZG geregelt. Gemäß § 3 Abs. 1 Nr. 1 beziehungsweise Nr. 2 NKomZG können kommunale Körperschaften eine gemeinsame kommunale Anstalt errichten beziehungsweise sich an einer bestehenden gemeinsamen kommunalen Anstalt als weitere Träger beteiligen.

Außerdem besteht gemäß § 3 Abs. 1 Nr. 3 NKomZG die Möglichkeit, dass kommunale Körperschaften im Wege der Gesamtrechtsnachfolge über eine Umwandlung dort aufgeführte Arten von Unternehmen beziehungsweise Einrichtungen in eine gemeinsame kommunale Anstalt einbringen.

Im Zusammenhang mit der i.S.d. § 3 Abs. 1 NKomZG Errichtung oder Erweiterung der gemeinsamen kommunalen Anstalt legen gemäß § 3 Abs. 3 S. 1 NKomZG die beteiligten Körperschaften die Unternehmenssatzung fest, die die in § 3 Abs. 3 S. 2 NKomZG bestimmten Inhalte enthalten muss. Außerdem müssen in der Vereinbarung gemäß § 3 Abs. 1 NKomZG die in § 3 Abs. 3 S. 3 NKomZG aufgeführten Mindestbestimmungen festgelegt werden. Dem Verwaltungsrat der gemeinsamen kommunalen Anstalt gehören gemäß § 3 Abs. 4 S. 1 NKomZG zwingend die Hauptverwaltungsbeamten ihrer Träger an. Weitere Personen, die dem Verwaltungsrat aufgrund einer Vereinbarung nach § 3 Abs. 1 NKomZG angehören, müssen gemäß § 3 Abs. 4 S. 3 NKomZG dem Hauptorgan, also gemäß § 45 Abs. 1 S. 1 seiner Vertretung, angehören.

Gemäß § 3 Abs. 5 S. 1 NKomZG sind die Regelungen der Gleichstellungsbeauftragten für Kommunen anzuwenden, wobei die Gleichstellungsbeauftragte der gemeinsamen kom-

433 Vgl. Gern, Rdnr. 919.

munalen Anstalt eine der Gleichstellungsbeauftragten einer der beteiligten kommunalen Körperschaft ist.

Gemäß § 4 Abs. 1 S. 1 NKomZG ist die Vereinbarung über das Zustandekommen und die Auflösung einer gemeinsamen kommunalen Anstalt mindestens sechs Wochen vor dem Wirksamwerden anzuzeigen. Soll die Unternehmenssatzung einer gemeinsamen kommunalen Anstalt geändert werden, ist dies gemäß § 4 Abs. 1 S. 2 NKomZG der Kommunalaufsichtsbehörde anzuzeigen.

Der Erlass einer Satzung einer gemeinsamen kommunalen Anstalt ist gemäß § 4 Abs. 2 S. 1 NKomZG nach den Vorschriften für das Gebiet jedes Trägers nach den für die Bekanntmachung dieses Trägers üblichen Vorschriften bekannt zu machen. § 4 Abs. 2 S. 2 NKomZG verlangt, dass der Wechsel der Aufgabenträgerschaft infolge der Bildung, der Änderung der Aufgabenstellung oder der Auflösung einer gemeinsamen kommunalen Anstalt öffentlich bekannt zu machen ist.

2. ZWECKVEREINBARUNG, §§ 5, 6 NKOMZG

Kommunen können eine Zweckvereinbarung in Form eines öffentlich-rechtlichen Vertrags treffen, was sich aus § 5 Abs. 1 S. 1 NKomZG ergibt. Außerdem kann gemäß § 5 Abs. 1 S. 2 NKomZG eine Zweckvereinbarung genutzt werden, um eine satzungsgemäß obliegende Aufgabe einer kommunalen Anstalt, eine gemeinsamen kommunalen Anstalt oder eines Zweckverbandes von einer kommunalen Körperschaft zu übernehmen oder für sie durchzuführen.

Gemäß § 5 Abs. 2 S. 1 NKomZG können an einer Zweckvereinbarung neben kommunalen Körperschaften auch weitere, dort aufgeführte Personen beteiligt werden, wenn dies keinen Rechtsvorschriften widerspricht und die kommunalen Körperschaften im Falle der eigenen Erfüllung der Aufgaben, eine solche Personen beteiligen dürften. Da durch die Delegation von Aufgaben auch die hierfür anfallenden Kosten übertragen würden, bestimmt § 5 Abs. 5 S. 1 NKomZG, dass die Zweckvereinbarung gewährleistet, dass der die Aufgabe bearbeitende Beteiligte die durch die Erfüllung der Aufgabe entstehenden Kosten decken kann. Wie diese Kosten ermittelt und bemessen werden, ist gemäß § 5 Abs. 5 S. 2 NKomZG ebenfalls festzulegen.

Die öffentliche Bekanntmachung der Zweckvereinbarung erfolgt gemäß § 5 Abs. 6 S. 1 NKomZG für die beteiligten kommunalen Körperschaften nach den für ihre Satzung geltenden Vorschriften. Gemäß § 5 Abs. 6 S. 2 NKomZG wird – wenn nicht ein anderer Zeitpunkt vereinbart wird – die Zweckvereinbarung am Tage nach der letzten Bekanntmachung wirksam.

Auf welche Weise Satzungen und Verordnungen bekannt zu machen sind, regelt § 5 Abs. 7 NKomZG. Bestimmungen über die Änderung, Auflösung und Kündigung der Zweckvereinbarung enthält § 6 NKomZG.

3. ZWECKVERBAND, §§ 7–19 NKOMZG

Der in §§ 7–19 NKomZG geregelte Zweckverband ist eine Körperschaft des öffentlichen Rechts. Er stellt einen Zusammenschluss aus kommunalen Körperschaften dar. Dieser kann grundsätzlich freiwillig oder durch staatlichen Hoheitsakt erzwungen werden.[434] Dem Zweckverband können auch natürliche oder andere juristische Personen des öffentlichen Rechts oder des Privatrechts angehören. Der Zweck des Zusammenschlusses besteht darin, dass bestimmte Aufgaben durch den Zweckverband erledigt werden. Hierzu können beispielsweise gehören:

- die Trinkwasserversorgung,
- die Abwasserbeseitigung,
- die Abfallbeseitigung
- der Öffentliche Personennahverkehr
- öffentliche Einrichtungen.[435]

Zweckverbände haben Organe, durch welche sie handeln; hierzu gehören ein Verbandsgeschäftsführer, eine Verbandsversammlung und möglicherweise noch ein Verbandsausschuss. Die Verbandsversammlung ist das Hauptwillensbildungsorgan des Zweckverbandes.[436] Die Mitglieder der Verbandsversammlung und der Verbandsvorsteher sind ehrenamtlich tätig, haben also nur Anspruch auf Auslagenersatz und Verdienstausfall.[437]

Der Zweckverband erhält seine Einnahmen entweder durch Mitgliederumlagen oder durch eigene Einnahmen. Die Erhebung von Gebühren und Beiträgen erfolgt in entsprechender Anwendung des Kommunalabgabenrechts.[438]

Gemäß § 9 Abs. 1 NKomZG wird neben dem Vertrag zur Errichtung des Zweckverbandes eine Verbandsordnung als Verbandssatzung vereinbart. Zum zwingenden Inhalt der Verbandsordnung gemäß § 9 Abs. 2 NKomZG gehören:

- die Verbandsmitglieder (Nr. 1),
- den Namen und den Sitz des Zweckverbandes (Nr. 2),
- die Aufgaben des Zweckverbandes (Nr. 3),
- das Stimmrecht in der Verbandsversammlung (Nr. 4),
- die Form der öffentlichen Bekanntmachungen des Zweckverbandes (Nr. 5),
- die Grundlagen für die Bemessung der Verbandsumlage (Nr. 6),
- das für die örtliche Prüfung zuständige Rechnungsprüfungsamt (Nr. 7),
- die Voraussetzungen für die Auflösung des Zweckverbandes und dessen Abwicklung (Nr. 8) und
- bei Zweckverbänden mit mehr als zwei Mitgliedern die Voraussetzungen der Kündigung eines einzelnen Mitglieds und die Grundlagen der darauf folgenden Auseinandersetzungen mit dem ausscheidenden Mitglied (Nr. 9).

---

[434] Zielke, Zwischengemeindliche Zusammenarbeit, Rdnr. 194; vgl. Geis, § 21 Rdnr. 27; vgl. von Mutius, Rdnr. 331.

[435] Beispiele nach Zielke, Zwischengemeindliche Zusammenarbeit, Rdnr. 206.

[436] Zielke, Zwischengemeindliche Zusammenarbeit, Rdnr. 215.

[437] Zielke, Zwischengemeindliche Zusammenarbeit, Rdnr. 219.

[438] Zielke, Zwischengemeindliche Zusammenarbeit, Rdnr. 228.

DRITTER TEIL
KOMMUNALE ORGANE

Das NKomVG benennt drei Organe der Kommunen, nämlich die Vertretung, den Hauptausschuss und die Hauptverwaltungsbeamtin oder den Hauptverwaltungsbeamten (§ 7).

Nach § 7 tragen die Organe folgende Bezeichnungen:

- In Gemeinden: Rat, Verwaltungsausschuss und Bürgermeisterin oder Bürgermeister,
- in großen selbständigen und in kreisfreien Städten: Rat, Verwaltungsausschuss und Oberbürgermeisterin oder Oberbürgermeister,
- in Samtgemeinden: Samtgemeinderat, Samtgemeindeausschuss und Samtgemeindebürgermeisterin oder Samtgemeindebürgermeister,
- in Landkreisen: Kreistag, Kreisausschuss, Landrätin oder Landrat,
- in der Region Hannover: Regionsversammlung, Regionsausschuss und Regionspräsidentin oder Regionspräsident.

Als Organe einer niedersächsischen Kommune sind diejenigen Organisationseinheiten zu qualifizieren, denen das NKomVG rechtserheblich selbständige Teilfunktionen zuweist und deren Tätigkeit der Körperschaft zuzurechnen ist. Für die Organstellung ist entscheidend, ob die betreffende Organisationseinheit über ein gewisses Maß an Selbständigkeit verfügt.[439]

Die unmittelbare Geltung grundsätzlich jeder Vorschrift des NKomVG für alle Arten von Kommunen hat es aus gesetzestechnischen Gründen erforderlich gemacht, neben der Bezeichnung »Kommune« in § 1 weitere **Sammelbezeichnungen** für die Organe der Kommune einzuführen. Hinsichtlich der einzelnen Kommune und ihrer Organe verbleibt es aber bei den herkömmlichen gesetzlichen Bezeichnungen.[440]

---

[439] Blum/Häusler/Meyer-Meyer, NKomVG, § 7 Rdnr. 2.
[440] Blum/Häusler/Meyer-Meyer, NKomVG, § 7 Rdnr. 4.

A. DIE VERTRETUNG

I. Allgemeines

Die Vertretung ist gemäß § 7 Abs. 2 der Oberbegriff für den Rat, den Samtgemeinderat, den Kreistag und die Regionsversammlung der Region Hannover.
Die Kommune handelt als juristische Person im Rahmen der internen Willensbildung und der externen Willensbildung durch Organe.

Die Vertretung ist zwar die Volksvertretung i.S.d. Art. 28 Abs. 1 S. 2 GG, Art. 57 Abs. 2 S. 1 NV, jedoch kein Parlament, vielmehr ist sie Verwaltungsorgan einer Selbstverwaltungskörperschaft.[441] Auch ist die Vertretung grundsätzlich **keine Behörde**, da sie nicht nach außen tätig wird. Behörde ist die Hauptverwaltungsbeamtin oder der Hauptverwaltungsbeamte, die die Kommune nach außen vertreten (§ 86 Abs. 1 S. 2).

Der Vertretung als Hauptorgan der Kommune (§ 45 Abs. 1 S. 1) obliegen insbesondere die kommunalpolitischen sowie die grundsätzlichen Entscheidungen, das Budgetrecht und das Kontrollrecht über die gesamte Verwaltungstätigkeit. Als Kollegialorgan kann sie ihren Willen (Entscheidungen und Beschlüsse) nur gemeinschaftlich bilden. In denjenigen Städten, deren Gebiet in Stadtbezirke eingeteilt ist, kommen noch die Stadtbezirksräte[442] und in Gemeinden, die Ortschaften mit Ortsrat haben, die Ortsräte hinzu. Auch die Ausschüsse mit Beschlussfunktion haben **Organstellung**.[443]

II. Kommunalwahl

Nach Art. 28 Abs. 1 S. 2 GG muss in den **Gemeinden** (und **Kreisen**) das Volk eine Vertretung haben, die nach den Wahlrechtsgrundsätzen (allgemein, unmittelbar, frei, gleich, geheim) zu wählen ist.[444]
Mit dem Gebot der Wahl von Volksvertretungen in Gemeinden und Landkreisen wird der Verfassungsgrundsatz der repräsentativen Demokratie (Art. 20 Abs. 1, 2 GG) auch in den kommunalen Gebietskörperschaften verwirklicht.

1. WAHLRECHTSGRUNDSÄTZE

Die fünf **Wahlrechtsgrundsätze** sind entsprechend § 47 Abs. 1 in das Kommunalverfassungsrecht übernommen worden und haben im Einzelnen folgende Bedeutung:

---

[441] BVerwG, DVBl. 1993, 153 (154).
[442] Vgl. Ausführungen dazu unter Dritter Teil, Kapitel E.
[443] Vgl. Ausführungen dazu unter Dritter Teil, Kapitel D. I.
[444] Siehe zum Kommunalverfassungs- und Wahlrecht ebenfalls Meyer, DVP 2013, S. 53.

- Allgemeinheit der Wahl
  Jeder Bürger ist wahlberechtigt. Ausnahmen müssen ihrerseits wieder allgemein gelten und sind nur in einem sehr begrenzten Umfang zulässig.
- Unmittelbarkeit der Wahl
  Die Stimmabgabe muss sich – ohne Zwischenschaltung von Wahlpersonen – auf die Bestimmung der in die Gemeindevertretung zu entsendenden Vertreter (also auf das Wahlergebnis) auswirken.
- Freie und geheime Wahl
  Der Wähler muss frei sein von unzulässiger Beeinflussung durch öffentliche und private Stellen in seiner Entscheidung, ob und wen er wählt.
  Es darf nicht feststellbar sein, ob jemand und wen er gewählt hat.
- Gleichheit der Wahl
  Alle Wahlberechtigten haben dieselbe Stimmenzahl (Zählwertgleichheit) und dasselbe Stimmengewicht (Erfolgswertgleichheit).

Nähere Bestimmungen für die Wahl der Vertretung enthalten das Niedersächsische **Kommunalwahlgesetz** (NKWG) und die Niedersächsische **Kommunalwahlordnung** (NKWO).

Unter den Begriff der **Kommunalwahl** fallen nach § 1 Abs. 1 NKWG folgende Wahlen:

- Wahl der Abgeordneten (§ 45 Abs. 1).
- Wahl der Hauptverwaltungsbeamtin oder des Hauptverwaltungsbeamten (§ 80 Abs. 1).
- Wahl der Mitglieder des Stadtbezirksrates oder des Ortsrates (§ 90 Abs. 1 und 2).

2. WAHLARTEN

Im Niedersächsischen Kommunalwahlgesetz (NKWG) werden unterschiedliche **Arten** von Wahlen unterschieden:

- Allgemeine Neuwahlen (§ 2 Abs. 8 NKWG)
  Der Termin hierfür wird von der Landesregierung einheitlich für ganz Niedersachsen bestimmt.
- Einzelne Neuwahlen (§ 43 NKWG)
  Diese finden statt, wenn während der Wahlperiode eine Vertretung aufgelöst wurde (§ 70 Abs. 1, 2) oder sich selbst aufgelöst hat (§ 70 Abs. 3) oder wenn eine Gemeinde oder ein Landkreis neu gebildet wurde (§§ 24–26).
- Direktwahlen (§§ 45 a–45 c NKWG)
  Hierbei erfolgt die Wahl oder Abwahl der Hauptverwaltungsbeamtin oder des Hauptverwaltungsbeamten.
- Nachwahlen (§ 41 NKWG)

Hierzu kommt es, wenn eine Wahl im gesamten Stadtgebiet, in einem Wahlbereich oder in einem Wahlbezirk infolge höherer Gewalt nicht durchgeführt werden konnte. Die Nachwahl muss spätestens vier Wochen nach der Hauptwahl stattfinden, den Tag der Nachwahl bestimmt die jeweilige Vertretung (§ 41 Abs. 2 S. 1, 2 NKWG).

Findet eine Nachwahl nur in einem Teil des Wahlgebiets statt, so wird entsprechend ihrem Ergebnis das Wahlergebnis für das gesamte Wahlgebiet nach den bei der Hauptwahl anzuwendenden Grundsätzen neu festgestellt (§ 41 Abs. 4 NKWG).

- Wiederholungswahlen (§ 42 NKWG)

Sie finden bei Ungültigkeit einer Wahl im gesamten Wahlgebiet, in einem Wahlbereich oder in einem Wahlbezirk (§ 42 Abs. 1 NKWG) statt. Die Wiederholungswahl muss spätestens vier Monate nach dem rechtskräftigen Abschluss des Wahlprüfungsverfahrens stattfinden. Den Tag der Wiederholungswahl bestimmt die jeweilige Vertretung (§ 42 Abs. 2 S. 1 und 2 NKWG), bei Ungültigkeit der gesamten Wahl der Vertretung in der Gemeinde der Verwaltungsausschuss, in der Samtgemeinde der Samtgemeindeausschuss, im Landkreis der Kreisausschuss und in der Region Hannover der Regionsausschuss (§ 42 Abs. 2 S. 3 NKWG). Findet die Wiederholungswahl nur in einem Teil des Wahlgebiets statt, so wird entsprechend ihrem Ergebnis das Wahlergebnis für das gesamte Wahlgebiet nach den bei der Hauptwahl anzuwendenden Grundsätzen neu festgestellt (§ 42 Abs. 4 NKWG).

Wurde die Wiederholungswahl im gesamten Wahlgebiet durchgeführt, so beginnt die Wahlperiode der neu gewählten Abgeordneten mit dem Tage der Neuwahl und endet grundsätzlich mit Ablauf der allgemeinen Wahlperiode (§ 42 Abs. 5 NKWG i.V.m. § 70 Abs. 4).

Die allgemeine Wahlperiode der Abgeordneten der Vertretung beträgt **fünf Jahre** (§ 47 Abs. 2). Bei der Auflösung der Vertretung (§ 70 Abs. 4), bei einer Wiederholungswahl (§ 42 NKWG) und bei einer einzelnen Neuwahl (§ 43 NKWG) gilt Abweichendes.

3. AKTIVES WAHLRECHT

Das **aktive Wahlrecht** (das Recht zu wählen) haben nach § 48

- alle Deutschen i.S.d. Art. 116 Abs. 1 GG,
  sowie alle Staatsangehörigen der übrigen Mitgliedsstaaten der Europäischen Union (Unionsbürger), die am Wahltag
- das 16. Lebensjahr vollendet haben,
- seit mindestens drei Monaten in der Kommune den Wohnsitz haben
  (mit Wohnsitz ist der Ort der Wohnung i.S.d. Melderechts gemeint),
- nicht nach § 48 Abs. 2 vom Wahlrecht ausgeschlossen sind.
- Damit das Wahlrecht ausgeübt werden kann, muss der Wahlberechtigte in ein Wählerverzeichnis eingetragen sein oder einen Wahlschein haben (§ 5 Abs. 1 NKWG).

4. PASSIVES WAHLRECHT

Das **passive Wahlrecht** (das Recht zu kandidieren/gewählt zu werden) haben nach § 49 Personen, die am Wahltag

- mindestens 18 Jahre alt sind,
- seit mindestens sechs Monaten im Gebiet der Kommune ihren Wohnsitz haben,
- Deutsche i.S.d. Art. 116 Abs. 1 GG oder Unionsbürgerin oder Unionsbürger sind.

Nicht wählbar sind nach § 49 Abs. 2 Personen, die

- nach § 48 Abs. 2 vom Wahlrecht ausgeschlossen sind,
- durch Entscheidung eines Gerichts nach deutschem Recht nicht wählbar sind oder kein öffentliches Amt innehaben dürfen,
- als Unionsbürgerinnen und Unionsbürger nach dem Recht des Herkunftsmitgliedsstaates infolge einer zivilrechtlichen Einzelfallentscheidung oder einer strafrechtlichen Entscheidung nicht wählbar sind.

5. KOMMUNALWAHLRECHTLICHE BEGRIFFE

Das **Wahlgebiet** ist bei der Wahl der Vertreterinnen oder Vertreter sowie bei der Direktwahl das Gebiet der betreffenden Körperschaft (§ 2 Abs. 5 NKWG).

Die Wahl der Vertreterinnen oder Vertreter wird nach § 7 Abs. 1 NKWG in **Wahlbereichen** durchgeführt. Wahlgebiete, in denen bis zu 33 Vertreterinnen und Vertreter zu wählen sind, bilden einen Wahlbereich. Wahlgebiete, in denen die Zahl der zu wählenden Vertreterinnen oder Vertreter mindestens 34 (20.000 Einwohner) und höchstens 39 (40.000 Einwohner) beträgt, können in zwei Wahlbereiche eingeteilt werden. Alle übrigen Wahlgebiete sind in mehrere Wahlbereiche einzuteilen. Die Mindest- und die Höchstzahl der in einem Wahlgebiet zu bildenden Wahlbereiche bemessen sich dabei wie folgt nach der Zahl der zu wählenden Vertreterinnen und Vertreter:

Zahl der zu wählenden Vertreterinnen und Vertreter	Mindestzahl der Wahlbereiche	Höchstzahl der Wahlbereiche
40 bis 41	2	3
42 bis 49	3	6
50 bis 59	4	8
mehr als 59	5	14

Bei der Wahl der Hauptverwaltungsbeamtin oder des Hauptverwaltungsbeamten (Direktwahl) wird keine Einteilung des Wahlgebiets in Wahlbereiche vorgenommen. Es gilt ein einheitlicher Stimmzettel.

Das Wahlgebiet wird für die leichtere Durchführung der Wahl für die Stimmabgabe in **Wahlbezirke** eingeteilt (§ 8 Abs. 1 NKWG). Kein Wahlbezirk soll mehr als 2.500 Einwohnerinnen und Einwohner umfassen (§ 4 Abs. 1 S. 2 NKWO).

Die Gemeinde bestimmt für jeden Wahlbezirk einen **Wahlraum**, in dem die Wahl stattfindet (§ 8 Abs. 2 NKWG). In größeren Wahlbezirken können mehrere Wahlräume festgelegt werden (§ 6 Abs. 2 NKWO).

Die **Wahlleitung** obliegt grundsätzlich der Hauptverwaltungsbeamtin oder dem Hauptverwaltungsbeamten (§ 9 Abs. 1 NKWG). Die Vertretung kann gem. § 9 Abs. 2 NKWG eine andere Person als Wahlleiter berufen.

Für das Wahlgebiet muss ein **Wahlausschuss** gebildet werden. Dieser besteht aus der Wahlleitung (Vorsitz) und sechs weiteren ehrenamtlichen Mitgliedern (§ 10 Abs. 1 NKWG). Zuständig ist der Wahlausschuss insbesondere für die Zulassung der Wahlvorschläge und die Feststellung des Wahlergebnisses.

Für jeden Wahlbezirk ist durch die Wahlleitung ein **Wahlvorstand** zu berufen, der aus einem Wahlvorsteher, einem stellvertretenden Wahlvorsteher und zwei bis sieben weiteren Mitgliedern besteht (§ 11 Abs. 1 S. 1 und 2 NKWG). Dieser ist für den ordnungsgemäßen Ablauf der Stimmabgabe zuständig.

Nach § 13 Abs. 1 NKWG üben die weiteren Mitglieder der Wahlausschüsse und die Mitglieder der Wahlvorstände ihre Tätigkeit ehrenamtlich aus. Zur Übernahme eines solchen **Wahlehrenamtes** ist grundsätzlich jede wahlberechtigte Person des Wahlgebiets verpflichtet. Ausgenommen hiervon sind z. B. die Wahlbewerber (§ 13 Abs. 2 NKWG). Eine Gemeinde kann ihre Bediensteten auch dann in einen Wahlvorstand berufen, wenn diese nicht im Wahlgebiet wahlberechtigt sind (§ 11 Abs. 3 NKWG). Nach § 11 Abs. 4 NKWG sind zur Sicherung der Wahldurchführung auch die Behörden des Landes verpflichtet, aus dem Kreis ihrer Bediensteten Personen zu benennen, die für die Berufung in den Wahlvorstand geeignet sind und im Gebiet der ersuchenden Gemeinde wohnen. Die Übernahme eines Wahlehrenamtes darf aus **wichtigem Grund** abgelehnt werden (§ 13 Abs. 3 NKWG).
Wer ein Wahlehrenamt wahrnimmt, hat Anspruch auf Ersatz seines Aufwandes und seines Verdienstausfalls (§ 13 Abs. 4 NKWG). Eine Verweigerung ohne wichtigen Grund kann als Ordnungswidrigkeit mit einer Geldbuße bis zu 500 € geahndet werden (§ 50 a Abs. 1 Nr. 1, Abs. 2 NKWG).

Alle Wahlberechtigten werden von Amts wegen in ein **Wählerverzeichnis** eingetragen, das vom 20. bis zum 16. Tag vor der Wahl von den Wahlberechtigten eingesehen werden kann (§ 18 Abs. 1 S. 1, 2 NKWG). Anträge auf Berichtigung des Wählerverzeichnisses können von jedem Wahlberechtigten gestellt werden (§ 18 Abs. 2 NKWG). Ein Wahleinspruch, mit dem eine Person geltend macht, nicht ins Wählerverzeichnis eingetragen zu sein, ist unbegründet, wenn diese keinen Antrag auf Berichtigung des Wählerverzeichnisses gestellt hat (§ 46 Abs. 1 S. 5 NKWG).

Eine wahlberechtigte Person erhält auf Antrag einen Wahlschein (§ 19 Abs. 1 NKWG), mit dem sie u. a. an der **Briefwahl** (§ 31 NKWG) teilnehmen kann.

Wahlvorschläge können von Parteien, Gruppen von Wahlberechtigten (Wählergruppen) und von wahlberechtigten Einzelpersonen eingereicht werden (§ 21 Abs. 1 NKWG). Die Wahlvorschläge sind bis spätestens am 48. Tag vor der Wahl bei der Wahlleitung einzureichen (§ 21 Abs. 2 NKWG).

6. KOMMUNALWAHLSYSTEM

Die Abgeordneten der Vertretung werden auf der Grundlage von Wahlvorschlägen nach § 4 Abs. 2, 5 NKWG in einer mit der Personenwahl verbundenen **Verhältniswahl**[445] gewählt. Die Direktwahl wird als Mehrheitswahl durchgeführt. Jede wahlberechtigte Person hat für die Wahl der Vertreterinnen und Vertreter drei Stimmen und für die Direktwahl eine Stimme (§ 4 Abs. 3 NKWG). Diese Stimmen können die Wahlberechtigten gemäß § 30 Abs. 1, 2 NKWG durch Ankreuzen von Feldern auf dem Stimmzettel für die Liste und/oder für die Bewerberin oder den Bewerber abgeben. Sie können ihre drei Stimmen einer Liste oder einem Bewerber geben (**kumulieren**). Ihre Stimmen können sie aber auch auf verschiedene Listen und/oder Bewerber derselben oder verschiedener Listen aufteilen (**panaschieren**).[446] An die Reihenfolge der Bewerber innerhalb einer Liste ist der Wähler nicht gebunden.
Enthält ein Stimmzettel weniger als drei Stimmen, so berührt dies nicht die Gültigkeit der abgegebenen Stimmen. Enthält ein Stimmzettel mehr als drei Stimmen, so sind alle diese Stimmen ungültig (§ 30 a Abs. 1 NKWG). Werden jedoch bis zu drei für eine Bewerberin oder einen Bewerber derselben Liste und weitere Stimmen für diese Liste abgegeben, so sind nur diejenigen für die Liste abgegebenen Stimmen ungültig, durch die die Gesamtzahl von drei Stimmen überschritten wird.

Die im **Wahlgebiet** zu vergebenden Sitze werden nach dem Verfahren **Hare-Niemeyer**[447] auf die **Wahlvorschläge** verteilt. Eine **Sperrklausel** (z. B. 5 %), wie bei anderen Wahlen, gibt es bei der Kommunalwahl in Niedersachsen nicht.

Die Zahl der gültigen Stimmen, die ein Wahlvorschlag erhalten hat, wird mit der Gesamtzahl der zu vergebenden Sitze vervielfacht und durch die Zahl der gültigen Stimmen für alle Wahlvorschläge geteilt. Jeder Wahlvorschlag erhält zunächst so viele Sitze, wie ganze Zahlen auf ihn entfallen. Die weiteren noch zu vergebenden Sitze sind den Wahlvorschlägen

---

[445] Personenwahl = gewählt sind die Kandidaten, die die meisten Stimmen erhalten haben (Mehrheitswahl), Verhältniswahl = die zu vergebenden Sitze werden auf die verschiedenen Wahlvorschläge proportional zu den erhaltenen Stimmen verteilt (Listenwahl).

[446] Ipsen, Rdnr. 222.

[447] Benannt nach dem englischen Juristen Thomas Hare u. dem deutschen Mathematikprofessor Horst Niemeyer.

in der Reihenfolge der höchsten Zahlenbruchteile zuzuteilen. Bei gleichen Zahlenbruchteilen entscheidet das von der Wahlleitung zu ziehende Los (§ 36 Abs. 2 NKWG). Bei der Besetzung der Sitze, die auf einen Wahlvorschlag entfallen, wird zwischen der Gesamtheit der auf die **Listenbewerber** entfallenden Stimmen und der für die **Liste** selbst abgegebenen Stimmen unterschieden (§ 36 Abs. 4 NKWG). Die Sitze, die auf die Gesamtheit der Listenbewerberinnen und Listenbewerber eines Wahlvorschlages entfallen, werden den Bewerberinnen und Bewerbern mit den höchsten Stimmenzahlen zugeteilt (§ 36 Abs. 5 NKWG). Sind mehr Sitze zu verteilen, als Listenbewerberinnen und Listenbewerber vorhanden sind, die Stimmen erhalten haben, so gehen die weiteren Sitze auf die Liste über. Die auf die Liste einer Partei oder Wählergruppe entfallenden oder übergehenden Sitze werden den Listenbewerberinnen und Listenbewerbern in der Reihenfolge zugeteilt, in der sie in der Liste aufgeführt sind (§ 36 Abs. 6 NKWG).

Die Ermittlung des Wahlergebnisses wird im Folgenden anhand eines **Beispiels** einer Gemeinde mit 7.580 Einwohnern dargestellt. Nach § 46 Abs. 1 sind 20 Ratsfrauen/-herren zu wählen. Es wurden insgesamt 13.682 gültige Stimmen abgegeben.

Feststellung des Wahlergebnisses im Wahlgebiet.
Der Wahlausschuss stellt die nach § 35 NKWG ermittelten Stimmenzahlen gem. § 36 Abs. 1 NKWG als Wahlergebnis im Wahlgebiet fest.

Wahlvorschlag	Stimmen für die Liste	Stimmen für einzelne(n) Bewerber/-in	Stimmen für den Wahlvorschlag insgesamt
CDU	1607	4565	**6172**
SPD	2571	2249	**4820**
FDP	358	943	**1301**
Grüne	427	962	**1389**
			13.682

Verteilung der 20 Sitze nach den Stimmenzahlen der Wahlvorschläge im Wahlgebiet (§ 36 Abs. 2, 3 NKWG).

Wahlvorschlag	Berechnung	Sitze nach ganzen Zahlen	Sitze nach Bruchteilen	Sitze insgesamt
CDU	6172 x 20 13682 = 9,022	9	./.	9
SPD	4820 x 20 13682 = 7,046	7	./.	7
FDP	1301 x 20 13682 = 1,902	1	1	2
Grüne	1389 x 20 13682 = 2,030	2	./.	2
Summe	20,000	19	1	20

Verteilung der Sitze auf die Liste und die Gesamtheit der Listenbewerber (§ 36 Abs. 4 NKWG).
Die für den Wahlvorschlag der CDU erreichten neun Sitze werden wie folgt verteilt:

Stimmen für die Liste: 1607
Stimmen für die Bewerber/-innen: 4565
Stimmen insgesamt: 6172

	Berechnung	Sitze nach ganzen Zahlen	Sitze nach Bruchteilen	Sitze insgesamt
Liste	1607 x 9 6172 = 2,343	2	./.	2
Bewerber	4565 x 9 6172 = 6,657	6	1	7
Summe	9,000	8	1	9

Damit entfallen bei diesem Beispiel auf die Liste zwei Sitze und auf die Gesamtheit der Listenbewerber sieben Sitze.

Verteilung der Sitze für die Gesamtheit der Listenbewerber/-innen auf die Bewerber/-innen des Wahlvorschlags (§ 36 Abs. 5 NKWG).

Lfd. Nr.	Bewerber/-in	Stimmen	Sitz Nr.
1.	Kohlrabe	535	3.
2.	Schilling	198	
3.	Graetz	178	
4.	Sommer	639	2.
5.	Schmidt	255	
6.	Bommel	412	5.
7.	Saalbach	381	6.
8.	Müller	105	
9.	Luther	281	
10.	Brinkmann	316	7.
11.	Walter	852	1.
12.	Sonnenberg	413	4.

Damit erhalten die für die Gesamtheit der Listenbewerber/-innen über die Personenwahl gewonnenen sieben Sitze in der Reihenfolge der höchsten Stimmenzahlen die Bewerber/-innen Walter (Nr. 11), Sommer (Nr. 4), Kohlrabe (Nr. 1), Sonnenberg (Nr. 12), Bommel (Nr. 6), Saalbach (Nr. 7) und Brinkmann (Nr. 10).

Verteilung der auf die Liste einer Partei oder Wählergruppe entfallenden Sitze eines Wahlvorschlags
(§ 36 Abs. 6 NKWG).

Dabei werden die auf die Liste entfallenden Sitze den Listenbewerberinnen und Listenbewerbern in der Reihenfolge zugeteilt, in der sie in der Liste aufgeführt sind.
Dabei bleiben Bewerberinnen und Bewerber, die einen Sitz über die Personenwahl erhalten haben, unberücksichtigt. Wenn mehr Sitze auf einen Wahlvorschlag entfallen als Bewerber auf ihm vorhanden sind, so bleiben die Sitze während der Wahlperiode unberücksichtigt (§ 36 Abs. 7 NKWG).

Lfd. Nr.	Bewerber/-in	Stimmen	Personen-wahl	Listen-wahl	Ersatz-person
1.	Kohlrabe	535	3.		
2.	Schilling	198		8.	
3.	Graetz	178		9.	
4.	Sommer	639	2.		
5.	Schmidt	255			X
6.	Bommel	412	5.		
7.	Saalbach	381	6.		
8.	Müller	105			X
9.	Luther	281			X
10.	Brinkmann	316	7.		
11.	Walter	852	1.		
12.	Sonnenberg	413	4.		
			7 Sitze	**2 Sitze**	

Nach § 38 Abs. 1 S. 1 NKWG sind die nicht gewählten Bewerber/-innen des Wahlvorschlags einer Partei oder Wählergruppe, auf den mindestens ein Sitz entfallen ist, **Ersatzpersonen**. Ersatzpersonen für die durch Personenwahl gewählten Bewerberinnen und Bewerber sind die nicht gewählten Bewerberinnen und Bewerber, die mindestens eine Stimme erhalten haben (§ 38 Abs. 2 NKWG). Ihre Reihenfolge richtet sich nach der Höhe der auf sie entfallenen Stimmenzahlen. Danach sind Luther (Nr. 9), Schmidt (Nr. 5) und Müller (Nr. 8) Ersatzpersonen.
Ersatzpersonen, für die durch Listenwahl gewählten Bewerberinnen und Bewerber sind alle nicht gewählten Bewerberinnen und Bewerber des Wahlvorschlags (§ 38 Abs. 3 NKWG). Ihre Reihenfolge richtet sich nach der im Wahlvorschlag angegebenen Reihenfolge. Dementsprechend sind Schmidt (Nr. 5), Müller (Nr. 8) und Luther (Nr. 9) Ersatzpersonen.

Die Feststellung des Wahlergebnisses in einem Wahlgebiet mit mehreren Wahlbereichen regelt § 37 Abs. 1 NKWG. **Ersatzpersonen** in einem Wahlgebiet mit **mehreren** Wahlbereichen sind, wenn die Voraussetzungen des § 38 Abs. 1 Satz 1 NKWG erfüllt sind, auch die nicht gewählten Bewerberinnen und Bewerber der Wahlvorschläge der Partei- oder Wählergruppe in den **übrigen** Wahlbereichen (§ 38 Abs. 1 S. 2 NKWG). Sie sind aber gegenüber den Ersatzpersonen nach den Absätzen 2–4 **nachrangig** zu berücksichtigen. Ihre Reihenfolge richtet sich nach der Höhe der auf sie entfallenden Stimmenzahlen. Bei Stimmengleichheit entscheidet das durch die Wahlleitung zu ziehende Los.

Nachstehend wird die Ermittlung des Wahlergebnisses anhand des Beispiels einer Gemeinde mit 24.785 Einwohnern dargestellt. Nach § 46 Abs. 1 sind 34 Ratsfrauen/-herren zu wählen. Es wurden insgesamt 26.676 gültige Stimmen abgegeben.

Feststellung des Wahlergebnisses in den Wahlbereichen und im Wahlgebiet (§§ 35, 37 Abs. 1 NKWG).
Der Wahlausschuss stellt, aufgrund der in den Wahlbereichen ermittelten Stimmenzahlen, die Gesamtstimmenzahlen einer jeden Partei oder Wählergruppe und die Stimmenzahlen eines jeden Einzelwahlvorschlags als Wahlergebnis im Wahlgebiet fest.

Wahlvorschlag	Wahlbereich I	Wahlbereich II	Wahlgebiet
CDU SPD FDP Grüne	5861 4986 716 1569	5754 4991 1081 1718	11615 9977 1797 3287
Summe	13.132	13.544	**26.676**

Verteilung der Gesamtstimmenzahlen der Parteien, Wählergruppen und Einzelwahlvorschläge im Wahlgebiet (§§ 37 Abs. 2, 36 Abs. 2, 3 NKWG).

Wahlvorschlag	Berechnung	Sitze nach ganzen Zahlen	Sitze nach Bruchteilen	Sitze insgesamt
CDU	11615 x 34 26676 = 14,804	14	1	15
SPD	9977 x 34 26676 = 12,716	12	1	13
FDP	1797 x 34 26676 = 2,290	2	./.	2
Grüne	3287 x 34 26676 = 4,189	4	./.	4
Summe	34,000	32	2	34

Verteilung der einer Partei oder Wählergruppe im Wahlgebiet zustehenden Sitze auf die einzelnen Wahlbereiche (§§ 37 Abs. 3, 36 Abs. 2, 3 NKWG).

Nachstehend werden die von der CDU erzielten 15 Sitze auf die Wahlbereiche I und II verteilt.

Stimmen im Wahlbereich I : 5861
Stimmen im Wahlbereich II: 5754
Stimmen insgesamt: 11.615

	Berechnung	Sitze nach ganzen Zahlen	Sitze nach Bruchteilen	Sitze insgesamt
Wahlbereich I	5861 x 15 11615 = 7,569	7	1	8
Wahlbereich II	5754 x 15 11615 = 7,431	7	./.	7
Summe	15,000	14	1	15

Verteilung der einer Partei oder Wählergruppe im Wahlbereich zustehenden Sitze

Die Verteilung der einer Partei oder Wählergruppe in den Wahlbereichen zustehenden Sitze wird nach § 37 Abs. 4 NKWG auf die Liste und die Gesamtheit der Listenbewerber sowie auf die durch Personenwahl beziehungsweise die Listenwahl erfolgreichen Bewerber/-innen vorgenommen.

7. WAHLEINSPRUCH/WAHLPRÜFUNG

Gegen die Gültigkeit einer Wahl nach § 1 Abs. 1 NKWG kann innerhalb von zwei Wochen nach Bekanntgabe des Wahlergebnisses Einspruch erhoben werden (§ 46 NKWG). Einspruchsberechtigt ist jede im jeweiligen Wahlgebiet wahlberechtigte Person, jede Partei oder Wählergruppe, die für die betreffende Wahl einen Wahlvorschlag eingereicht hat, die zuständige Wahlleitung, die zuständige Kommunalaufsichtsbehörde sowie die Landeswahlleitung.

Begründet werden kann der Wahleinspruch nur damit, dass die Wahl nicht den gesetzlichen Vorschriften entsprechend vorbereitet, durchgeführt oder in anderer unzulässiger Weise in ihrem Ergebnis beeinflusst worden ist (§ 46 Abs. 1 NKWG). Die Wahlleitung hat den Einspruch unverzüglich mit ihrer Stellungnahme der für die Wahlprüfungsentscheidung zuständigen Vertretung vorzulegen (§ 46 Abs. 3 NKWG). Die Wahlprüfungsentscheidung der Vertretung ist den Beteiligten binnen einer Frist von zwei Wochen schriftlich mit Begründung und Rechtsbehelfsbelehrung zuzustellen (§ 49 Abs. 1 NKWG). Nach § 49 Abs. 2 NKWG kann gegen die Entscheidung innerhalb eines Monats nach Zustellung Klage beim Verwaltungsgericht erhoben werden.

8. WAHLKOSTEN

Nach § 50 Abs. 1 NKWG trägt jede Gemeinde die ihr entstehenden Kosten für die Gemeindewahl und für die Wahl zu den Stadtbezirksräten oder zu den Ortsräten selbst. Der Landkreis erstattet den Gemeinden die durch die Kreiswahl veranlassten notwendigen Ausgaben durch einen festen Betrag je wahlberechtigter Person (§ 50 Abs. 6 S. 1 NKWG). Finden Gemeinde- und Kreiswahl am gleichen Tag statt, werden die der Gemeinde entstehenden Kosten je zur Hälfte geteilt (§ 50 Abs. 6 S. 4 NKWG). Für die Direktwahlen gelten nach § 50 Abs. 7 NKWG die Absätze 1, 2, 4–6 entsprechend.

III. Zusammensetzung der Vertretung

Nach § 45 Abs. 1 sind Mitglieder der Vertretung die in diese gewählten Abgeordneten sowie kraft Amtes die Hauptverwaltungsbeamtin oder der Hauptverwaltungsbeamte. In den Gemeinden und Samtgemeinden tragen die Abgeordneten der Vertretung die Bezeichnung Ratsfrau oder Ratsherr, in den Landkreisen die Bezeichnung Kreistagsabgeordnete oder Kreistagsabgeordneter und in der Region Hannover die Bezeichnung Regionsabgeordnete oder Regionsabgeordneter.

Die Zahl der zu wählenden Abgeordneten einer Vertretung richtet sich nach der Zahl der Einwohnerinnen und Einwohner (§ 46 Abs. 1, 2). In Gemeinden und Samtgemeinden mit mehr als 8.000 Einwohnerinnen und Einwohnern kann die Zahl der für die nächste allgemeine Wahlperiode zu wählenden Abgeordneten um 2, 4 oder 6 verringert werden (§ 46 Abs. 4 S. 1). Die Entscheidung ist bis spätestens 18 Monate vor dem Ende der laufenden Wahlperiode durch Satzung zu regeln.

IV. Abgeordnetenmandat

1. SITZERWERB

Gemäß § 51 erwerben die Abgeordneten ihren Sitz in der Vertretung mit der Annahme der Wahl, frühestens jedoch mit Beginn der Wahlperiode. Die gewählten Personen werden von der Wahlleitung über ihre Wahl benachrichtigt, verbunden mit der Aufforderung, innerhalb einer Woche nach Zugang der Benachrichtigung mitzuteilen, ob sie die Wahl annehmen. Diese Erklärung ist gegenüber der Wahlleitung schriftlich abzugeben (§ 40 Abs. 1 S. 1, 2 NKWG).

Die Wahl gilt mit Beginn des nächsten Tages nach Ablauf der Frist als angenommen, wenn die Erklärung nicht oder nicht fristgerecht erfolgt (§ 40 Abs. 1 S. 4 NKWG). Eine Ablehnung kann nach Satz 6 nicht widerrufen werden.

2. UNVEREINBARKEIT

Nach Art. 137 Abs. 1 GG kann – in Einschränkung der Grundsätze der Allgemeinheit und Gleichheit der Wahl – die Wählbarkeit u. a. von Beamten und Angestellten des öffentlichen Dienstes im Bund, in den Ländern und Gemeinden gesetzlich beschränkt werden.[448] Diese Beschränkung gilt auch für kommunale Vertretungskörperschaften.[449] Auch Niedersachsen hat in Art. 61 NV von dieser Ermächtigung Gebrauch gemacht, so dass § 50 regelt, dass bestimmte Beschäftigte nicht der Vertretung angehören dürfen. Damit sollen Konflikte vermieden werden, die sich aus der beruflichen Tätigkeit und der gleichzeitigen Mitgliedschaft in der Vertretung ergeben können.
Abgeordnete der Vertretung dürfen nach § 50 Abs. 1 nicht sein:

1. Beamtinnen und Beamte mit Dienstbezügen im Dienst dieser Kommune,
2. im Rat der Mitgliedsgemeinde einer Samtgemeinde: Beamtinnen und Beamte mit Dienstbezügen im Dienst der Samtgemeinde,
3. im Rat oder Samtgemeinderat: die Landrätin oder der Landrat des Landkreises, dem die Gemeinde oder Samtgemeinde angehört und deren oder dessen Stellvertreterinnen oder Stellvertreter nach § 81 Abs. 3 S. 1, 3,
4. im Rat einer regionsangehörigen Gemeinde: die Regionspräsidentin oder der Regionspräsident und deren oder dessen Stellvertreterinnen und Stellvertreter nach § 81 Abs. 3 S. 1, 3,
5. im Samtgemeinderat: Beamtinnen und Beamte mit Dienstbezügen im Dienst einer Mitgliedsgemeinde dieser Samtgemeinde,
6. im Kreistag oder in der Regionsversammlung: die hauptamtliche Bürgermeisterin oder der hauptamtliche Bürgermeister einer dem Landkreis oder der Region Hannover an-

[448] Blum/Häusler/Meyer-Blum, NKomVG, § 50 Rdnr. 1.
[449] BVerfGE 58, 177 (191).

gehörenden Gemeinde oder Samtgemeinde und deren oder dessen Stellvertreterinnen und Stellvertreter nach § 81 Abs. 3 S. 1, 3,

7. Beschäftigte, die unmittelbar Aufgaben der Kommunalaufsicht oder Fachaufsicht über diese Kommune wahrnehmen und hierbei befugt sind, Entscheidungen zu treffen und
8. Beschäftigte im Dienst einer Einrichtung, eines Unternehmens, einer kommunalen Anstalt, einer gemeinsamen kommunalen Anstalt oder einer anderen juristischen Person oder sonstigen Organisation des öffentlichen oder privaten Rechts, die einer Gesellschafterversammlung, einem Aufsichtsrat, einem Verwaltungsrat oder einem vergleichbaren Organ unmittelbar verantwortlich sind, wenn die Kommune in der jeweiligen Organisation über die Mehrheit der Anteile oder Stimmrechte verfügt.

Nach § 50 Abs. 2 ist § 50 Abs. 1 auf hauptberufliche Arbeitnehmerinnen und Arbeitnehmer, die nicht überwiegend körperliche Arbeit verrichten, entsprechend anzuwenden.

Die Vorschrift gilt jedoch **nicht** für Beamte auf Widerruf während des Vorbereitungsdienstes, für Ehrenbeamte, für Beamte, deren Dienstverhältnis ruht, für ohne Dienstbezüge beurlaubte Beamte und für Ruhestandsbeamte, da diese **keine Dienstbezüge** von der Kommune erhalten.[450]

Personen, die nach der Unvereinbarkeitsregelung ausgeschlossen sind, können bei der Kommunalwahl zwar kandidieren, die Wahl aber nur dann annehmen, wenn sie der Wahlleitung nachweisen, dass sie die Beendigung des Beamten- oder Angestelltenverhältnisses (z. B. Entlassung oder Kündigung[451]) erklärt haben (§ 50 Abs. 3 S. 1). Auch die Vorlage eines bereits zu diesem Zeitpunkt beschiedenen Antrags auf Altersteilzeit im Blockmodell (§ 63 Abs. 3 S. 1 NBG) würde ausreichen, wenn die Freistellungsphase spätestens vier Monate nach Annahme der Wahl einsetzt.[452]

Weist die Person dies vor Ablauf der Frist von einer Woche zur Annahme der Wahl (§ 40 Abs. 1 S. 1 NKWG) nicht nach, so gilt die Wahl als abgelehnt (§ 50 Abs. 3 S. 2). Die tatsächliche Beendigung des Beamten- oder Arbeitnehmerverhältnisses ist der Hauptverwaltungsbeamtin oder dem Hauptverwaltungsbeamten gemäß § 50 Abs. 3 S. 3 spätestens vier Monate nach Annahme der Wahl nachzuweisen (z. B. durch Entlassungsurkunde). Wenn dies nicht geschieht, tritt ein Sitzverlust nach § 52 Abs. 1 Nr. 7 ein. Bis dahin ist die gewählte Person mit allen Rechten und Pflichten Abgeordnete oder Abgeordneter.

Wenn die Wahlleitung erst nach Annahme der Wahl, also nachträglich, feststellt, dass eine Person die Wahl angenommen hat, die aufgrund der Unvereinbarkeitsregelung gehindert war, das Mandat auszuüben, so scheidet sie einen Monat, nachdem ihr diese Feststellung

---

[450] Blum/Häusler/Meyer-Blum, NKomVG, § 50 Rdnr. 4.

[451] Die Formulierung in § 50 Abs. 3 S. 1»[....] Beendigung des Beamten- oder Arbeitnehmerverhältnisses« ist missverständlich. Sinn der Vorschrift ist es, den Grund für die Unvereinbarkeit entfallen zu lassen. Es reicht daher aus, wenn z. B. ein Beamter des Landkreises im Amt für Kommunalaufsicht (§ 50 Abs. 1 Nr. 7) einen Umsetzungsantrag stellt, damit ihm ein anderer Dienstposten innerhalb der Landkreisverwaltung zugewiesen wird.

[452] Blum/Häusler/Meyer-Blum, NKomVG, § 50 Rdnr. 15.

zugestellt worden ist, aus der Vertretung aus (§ 50 Abs. 3 S. 5). Innerhalb dieser Frist kann die Person die Beendigung des Dienst – oder Arbeitsverhältnisses nachweisen. Wird der Nachweis innerhalb dieser Frist nicht geführt, so stellt die Wahlleitung den Verlust der Mitgliedschaft in der Vertretung fest (§ 50 Abs. 3 S. 6).

3. SITZVERLUST

Die Mitgliedschaft in der Vertretung endet für die Abgeordneten, außer durch Tod, wenn einer der in § 52 Abs. 1 aufgeführten Tatbestände erfüllt ist.

a) Formelle Voraussetzungen

Nach § 52 Abs. 2 muss die Vertretung zu Beginn der nächsten Sitzung feststellen, ob eine der Voraussetzungen nach Abs. 1 Nrn. 1 bis 4 und 6–8 vorliegt.

Der Sitzverlust tritt nicht schon mit dem Eingang der Verzichtserklärung (§ 52 Abs. 1 Nr. 1) bei der Hauptverwaltungsbeamtin oder dem Hauptverwaltungsbeamten ein, sondern erst dann, wenn der Feststellungsbeschluss durch die Vertretung gefasst wurde. Ansonsten hätte die dem Betroffenen einzuräumende Gelegenheit zur Stellungnahme (§ 52 Abs. 2) keine Bedeutung.[453] Das betroffene Mitglied der Vertretung ist auch zur Sitzung zu laden (§ 59 Abs. 1 S. 1), da das Mandat als Abgeordneter oder Abgeordnete noch nicht geendet hat. Der Feststellungsbeschluss nach § 52 Abs. 2 muss grundsätzlich Bestandteil der Tagesordnung gewesen sein, die den Abgeordneten mit der Einladung mitgeteilt wurde. Auch ist eine Erweiterung der Tagesordnung (§ 59 Abs. 3 S. 5) zu Beginn der Sitzung möglich. Dabei ist allerdings zu beachten, dass das allgemeine Interesse an der richtigen Besetzung der Vertretung nicht zwangsläufig die für die Erweiterung der Tagesordnung erforderliche Dringlichkeit indiziert. Die unter Mitwirkung des Betroffenen gefassten Vertretungsbeschlüsse bleiben wirksam, selbst wenn die Voraussetzungen eines Sitzverlustes gegeben sind. Der Feststellungsbeschluss muss als sog. **innerorganisatorischer** Beschluss nicht nach § 76 Abs. 1 S. 1 vorbereitet werden. Der Beschluss wird mit einfacher Mehrheit (§ 66 Abs. 1 S. 1) gefasst, da keine abweichende gesetzliche Regelung gegeben ist. **Vor** Beschlussfassung ist der oder dem betroffenen Abgeordneten Gelegenheit zur mündlichen Stellungnahme zu geben. Der Beschluss kann aber auch gefasst werden, wenn die oder der Betroffene nicht zur Sitzung erschienen ist. Mit der Einladung zur Sitzung wurde die Tagesordnung mit dem Punkt »Sitzverlust« mitgeteilt. Die oder der Abgeordnete hatte somit Kenntnis und damit auch Gelegenheit zur Stellungnahme. Es liegt in der Entscheidung des Betroffenen, ob tatsächlich eine Stellungnahme abgegeben wird.

Die Sachlage wäre anders, wenn die Tagesordnung erst zu Beginn der Sitzung um diesen Punkt erweitert worden wäre (§ 59 Abs. 3 S. 5). Da die oder der Abgeordnete nicht anwesend war, konnten sie von dieser Tagesordnungserweiterung nicht zwangsläufig wissen und damit wurde ihnen keine Gelegenheit zur Stellungnahme eingeräumt. Ein so gefasster

---

[453] Blum/Häusler/Meyer-Blum, NKomVG, § 52 Rdnr. 10.

Beschluss wäre rechtswidrig. Da schützenswerte Interessen nicht gegeben sind, wäre der Feststellungsbeschluss grundsätzlich in öffentlicher Sitzung zu behandeln (§ 64 S. 1). Das Interesse der Öffentlichkeit, Gründe für den Sitzverlust eines gewählten Vertreters zu erfahren, überwiegt.

b) Materielle Voraussetzungen

Die Gründe für den Sitzverlust einer oder eines Abgeordneten sind in § 52 Abs. 1 aufgeführt, insbesondere:

- Nr. 1 Verzicht

Der Verzicht ist jederzeit möglich und muss gegenüber der Hauptverwaltungsbeamtin oder dem Hauptverwaltungsbeamten schriftlich erklärt werden und kann nicht widerrufen werden. Die Verzichtserklärung darf nicht in elektronischer Form abgegeben werden. Eine Anfechtung der Verzichtserklärung wegen Irrtums ist unzulässig, ein auf Drohung oder Zwang beruhender Verzicht ist allerdings nichtig.[454] Die Forderung (»Druck«) einer Partei oder Fraktion auf Niederlegung des Mandats kann in der Regel nicht als Drohung angesehen werden.[455]

- Nr. 2 Verlust der Wählbarkeit

Ein Verlust der Wählbarkeit tritt ein, wenn die Voraussetzungen des § 49 Abs. 1 entfallen sind, also z. B. die oder der Abgeordnete den Wohnsitz in der Kommune aufgegeben hat (§ 49 Abs. 1 S. 1 Nr. 2) oder vom aktiven Wahlrecht ausgeschlossen worden ist (§§ 48 Abs. 2, 49 Abs. 2 Nr. 1).

- Nr. 4 Berichtigung des Wahlergebnisses

Die Vertretung entscheidet u. a. über Wahleinsprüche (§ 47 Abs. 1 S. 1 NKWG). Da das Wahlergebnis ggf. neu festgestellt oder berichtigt werden muss (§ 48 Abs. 2 Nr. 1 NKWG), kann dies zu einem Sitzverlust für eine Abgeordnete oder einen Abgeordneten führen. Weitere Änderungen können sich durch Nach- oder Wiederholungswahlen ergeben.

- Nr. 7 Unvereinbarkeit

Der Sitzverlust nach Nr. 7 tritt ein, wenn der Grund für die Unvereinbarkeit von Amt und Mandat bereits **zum Zeitpunkt der Wahl** vorlag und der erforderliche Nachweis nicht innerhalb der Frist von vier Monaten beziehungsweise einem Monat geführt worden ist (§ 50 Abs. 3 S. 3 beziehungsweise 5).

- Nr. 8 Unvereinbarkeit

Der Sitzverlust nach Nr. 8 liegt dann vor, wenn der Grund für die Unvereinbarkeit von Amt und Mandat nach § 50 erst **nachträglich**, also während der Wahlperiode, z. B. durch Begründung eines Beamten-/Arbeitnehmerverhältnisses, eintritt und der erforderliche Beendigungsnachweis nicht innerhalb einer Frist von vier Monaten geführt werden kann.

---

[454] Blum/Häusler/Meyer-Blum, NKomVG, § 52 Rdnr. 2; VG Hannover, NdsVBl. 2004, 341 (342).
[455] VGH Kassel, FdSt.1984, Rdnr. 142.

Erst mit dem Beschluss der Vertretung endet die Mitgliedschaft in der Vertretung. Die Beschlüsse, die unter Mitwirkung der betroffenen Abgeordneten gefasst werden, sind wirksam, es sei denn, es stehen andere Gründe entgegen. Der Sitz in der Vertretung geht gem. § 44 Abs. 1 NKWG grundsätzlich auf eine Ersatzperson (§ 38 NKWG) über. Dabei ist zu unterscheiden, ob die oder der ausgeschiedene Abgeordnete im Wege der Personen- oder Listenwahl ihren oder seinen Sitz erhalten hat. Die Ersatzperson wird von der Wahlleitung benachrichtigt und aufgefordert, innerhalb einer Woche (§§ 40 Abs. 1, 44 Abs. 6 NKWG) die Annahme beziehungsweise Ablehnung des Mandats zu erklären. Sofern die Annahme des Mandats abgelehnt wird, benachrichtigt die Wahlleitung die nächstfolgende Ersatzperson. Für die Ersatzperson beginnt die Mitgliedschaft in der Vertretung unter folgenden Voraussetzungen:

- Eingang der Annahmeerklärung und
- gemäß § 51 Satz 2 frühestens mit dem Feststellungsbeschluss der Vertretung nach § 52 Abs. 2 (ausgenommen im Fall des § 52 Abs. 1 Nr. 5).

Der Sitzübergang muss von der Wahlleitung öffentlich bekannt gemacht werden (§ 44 Abs. 6 Satz 1 NKWG). Für die restliche Dauer der Wahlperiode bleibt ein Sitz in der Vertretung unbesetzt, wenn

- die oder der ausgeschiedene Abgeordnete den Sitz als Einzelbewerber errungen hatte,
- Ersatzpersonen nicht oder nicht mehr vorhanden sind oder nicht zur Übernahme des Mandats bereit sind.

4. RUHEN DER MITGLIEDSCHAFT IN DER VERTRETUNG

Wird gegen Abgeordnete der Vertretung wegen eines Verbrechens[456] die öffentliche Klage erhoben, so **ruht** ihre Mitgliedschaft in der Vertretung bis zur rechtskräftigen Entscheidung (§ 53 S. 1). Die oder der Abgeordnete der Vertretung ist verpflichtet, der Hauptverwaltungsbeamtin oder dem Hauptverwaltungsbeamten unverzüglich mitzuteilen, dass Klage erhoben wurde (§ 53 S. 2).

5. ENDE DES MANDATS

Das Mandat als Abgeordnete oder Abgeordneter einer Vertretung endet grundsätzlich mit Ablauf der Wahlperiode (§ 47 Abs. 2). Dies gilt nicht für die Abgeordneten im Hauptausschuss, der nach Ablauf der Wahlperiode seine Tätigkeit in der bisherigen Besetzung bis zur ersten Sitzung des neu besetzten Hauptausschusses fortsetzt (§ 75 Abs. 2). Im Fall eines Sitzverlustes nach § 52 Abs. 1 und im Fall der Auflösung der Vertretung (§ 70 Abs. 1, 2, 3) endet das Mandat vorzeitig.

[456] Verbrechen sind rechtswidrige Taten, die im Mindestmaß mit Freiheitsstrafe von einem Jahr u. darüber bedroht sind (§ 12 Abs. 1 StGB).

V. Rechtsstellung

Die Abgeordneten der Vertretung sind die gewählten Vertreterinnen und Vertreter der Bürgerinnen und Bürger. Da sie aber **keine Abgeordnete** i.S.d. Parlamentsrechts sind, treffen für sie die Vorschriften der **Indemnität**[457] (Art. 46 Abs. 1 GG) und **Immunität**[458] (Art. 46 Abs. 2 GG) nicht zu.[459] Es besteht lediglich ein allgemeines Verhinderungsverbot gegenüber der Mandatsausübung der Abgeordneten.[460] Die Abgeordneten der Vertretung sind **nicht ehrenamtlich tätig** i.S.d. NKomVG, sondern sie üben ihre Tätigkeit im Rahmen der Gesetze nach ihrer freien, nur durch Rücksicht auf das öffentliche Wohl geleiteten Überzeugung aus (§ 54 Abs. 1 S. 1). Sie haben daher ein **freies Mandat,** das aber über § 54 Abs. 3 erheblichen Beschränkungen unterliegt. Die Abgeordneten der Vertretung haben eine **Rechtsstellung eigener Art.**[461]
Sie sind einerseits nicht verpflichtet, die Tätigkeit in der Vertretung zu übernehmen und auszuüben und andererseits unterliegen sie nicht dem Weisungsrecht der Hauptverwaltungsbeamtin oder des Hauptverwaltungsbeamten (§ 85 Abs. 3 S. 1).

Die Abgeordneten der Vertretung sind **Beamte** im haftungsrechtlichen Sinne (Art. 34 GG i.V.m. § 839 BGB).[462]

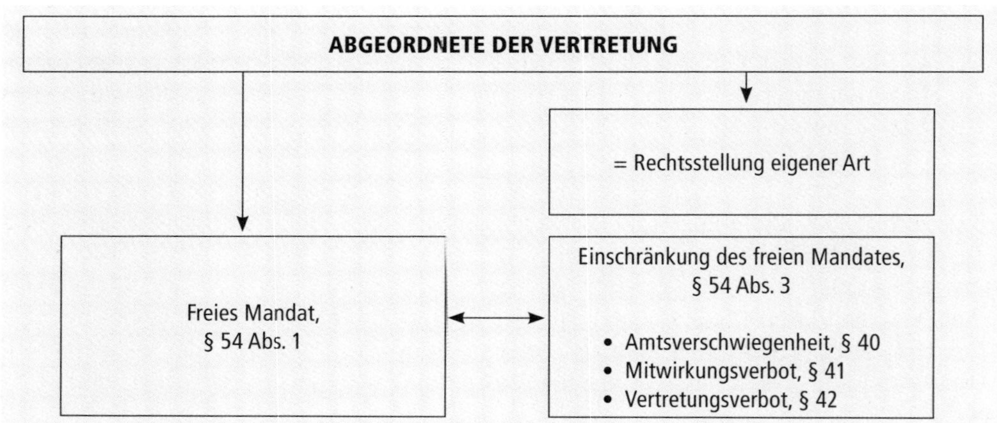

457 Unter Indemnität ist die Straflosigkeit von Parlamentsabgeordneten für ihre Äußerungen u. ihr Abstimmungsverhalten im Parlament oder Ausschuss zu verstehen.

458 Immunität bedeutet die Beschränkung der Strafverfolgung gegenüber Abgeordneten während der Zeit des Mandats.

459 Blum/Häusler/Meyer-Blum, NKomVG, § 54 Rdnr. 6.

460 Geis, § 11 Rdnr. 11.

461 BVerfGE 12, 73 (80).

462 BGH, NJW 1989, 976 (978).

1. RECHTE DER ABGEORDNETEN

a) Freies Mandat

Nach Art. 38 Abs. 1 GG und Art. 12 NV geht auch das NKomVG vom sog. **freien Mandat**[463] aus. Die Abgeordneten der Vertretung haben ihre Tätigkeit nach ihrer freien, nur durch die Rücksicht auf das Gemeinwohl geleiteten Überzeugung nach bestem Wissen und Gewissen unparteiisch wahrzunehmen (§ 60 S. 1). An Aufträge oder Weisungen ihrer Partei oder Wähler sind sie nicht gebunden. Diese Unabhängigkeit kann auch durch Beschlüsse von Parteien oder Fraktionen (»Fraktionsdisziplin«) zumindest rechtlich nicht aufgehoben werden. Verpflichtungen dieser Art gehören zum politischen Alltag und besitzen ihre besondere (auch: demokratische) Legitimation. Das freie Mandat löst die Mandatsträger also nicht aus ihren politischen Bindungen, sondern zieht der Wirksamkeit derartiger Willensbekundungen lediglich eine **rechtliche Grenze**.[464] Sofern sich aber die Abgeordneten tatsächlich an die »Beschlussempfehlungen« ihrer Fraktion oder Gruppe halten, führt dies grundsätzlich nicht zur Rechtswidrigkeit des Vertretungsbeschlusses.[465] Der Sicherung des freien Mandats soll u. a. auch § 108 e StGB dienen. Nach dieser Vorschrift sind nicht nur der tatsächliche Kauf und Verkauf einer Stimme bei Wahlen und Abstimmungen u. a. in der Vertretung, unter Strafe gestellt, sondern bereits der Versuch von Bestechung und Bestechlichkeit. Die rechtlichen Grenzen des freien Mandats sind immer dann gegeben, wenn die Kommune als juristische Person gebunden ist, wie z. B. durch Gesetze, Verordnungen und Ortsrecht der Gemeinde, aber auch durch gerichtliche Entscheidungen oder Maßnahmen der Aufsichtsbehörde, gegen die die Kommune nicht vorgegangen ist (Gesetzmäßigkeit der Verwaltung: Art. 20 Abs. 3 GG).

Folgende Rechte sind mit dem Mandat der Abgeordneten verbunden:
- Teilnahmerecht an Sitzungen der Vertretung einschließlich des Rechts auf Ladung und Übersendung der Tagesordnung.
- Rederecht.
- Antrags- und Auskunftsrecht.
- Stimmrecht bei Abstimmungen oder Wahlen.[466]

b) Dienst- oder Arbeitsverhältnis

Nach § 54 Abs. 2 S. 1 darf niemand gehindert werden, das Amt eines Mitglieds der Vertretung zu übernehmen und auszuüben. Das Verbot der Behinderung bei der Mandatsübernahme schützt allerdings trotz der weiteren Gesetzesformulierung ausschließlich das passive Wahlrecht der Abgeordneten; für die Hauptverwaltungsbeamtin oder den Hauptverwaltungsbeamten läuft die Bestimmung insoweit leer, weil die Mitgliedschaft in der Vertretung ihr oder ihm kraft Gesetzes mit dem Amtsantritt zufällt.[467] Es ist unzulässig, Abgeordnete der Vertretung wegen ihrer Mitgliedschaft aus einem Dienst- oder Arbeitsverhältnis zu

463 Ipsen, NKomVG, § 54 Rdnr. 2.
464 Ipsen, Rdnr. 237.
465 BVerwG, NVwZ 1993, 375 (375 f.).
466 Blum/Häusler/Meyer-Blum, NKomVG, § 54 Rdnr. 5 f.
467 Blum/Häusler/Meyer-Blum, NKomVG, § 54 Rdnr. 13.

entlassen oder ihnen zu kündigen (§ 54 Abs. 2 S. 2). Den Abgeordneten der Vertretung ist die für ihre Tätigkeit notwendige freie Zeit, wie z. B. Teilnahme an Sitzungen der Vertretung, des Hauptausschusses, der Ausschüsse und der Fraktionen zu gewähren. Dazu zählen auch Aufsichtsratssitzungen, Besichtigungen, Veranstaltungen und Empfänge, zu denen Vertreter der kommunalen Vertretung geladen sind oder erwartet werden (§ 54 Abs. 2 S. 3).

c) Fortbildungsurlaub

Den Abgeordneten sind in jeder Wahlperiode bis zu fünf Arbeitstage unbezahlten Urlaub zu gewähren, damit sie an Fortbildungsveranstaltungen teilnehmen können, die im Zusammenhang mit dem Amt der oder des Abgeordneten der Vertretung stehen (§ 54 Abs. 2 S. 4). Für die Zeit dieses Urlaubs haben die Abgeordneten gegen die Kommune Anspruch auf Ersatz des nachgewiesenen Verdienstausfalls bis zu einem durch Satzung festzulegenden Höchstbetrag (§ 54 Abs. 2 S. 5).

d) Anspruch auf Entschädigung

Die Abgeordneten der Vertretung haben nach § 55 Abs. 1 S. 1 einen Anspruch auf Zahlung einer Entschädigung nach Maßgabe der Vorschriften, die für ehrenamtlich Tätige gem. § 44 gilt. Darunter fallen: Ersatz ihrer Auslagen (Telefongebühren, Fahrtkosten, Reisekosten) einschließlich der Aufwendungen für eine Kinderbetreuung und Ersatz des nachgewiesenen Verdienstausfalls (§ 44 Abs. 1 S. 1). Bei Personen ohne Anspruch auf Ersatz des Verdienstausfalls kann ein angemessener Pauschalstundensatz als Ausgleich von besonderen Nachteilen im Bereich der Haushaltsführung oder im sonstigen beruflichen Bereich, die durch das Mandat entstehen, gewährt werden (§ 44 Abs. 1 S. 2).

Auslagen einschließlich der Kinderbetreuungskosten sind nach § 44 Abs. 1 S. 4 auf Höchstbeträge zu begrenzen, die allerdings die erfahrungsgemäß anfallenden Auslagen beziehungsweise Kinderbetreuungskosten im Wesentlichen abdecken müssen.

Der **Verdienstausfall** ist die Einkommensminderung, die durch die Wahrnehmung des Mandats eintritt, d. h. entgangener Arbeitsverdienst bei Arbeitnehmern und Einnahmeausfall bei Selbständigen.[468]

Der **Pauschalstundensatz** deckt die Nachteile im privaten Bereich der Haushaltsführung ab, die nur durch das Nachholen versäumter Arbeit oder die Inanspruchnahme einer Hilfskraft ausgeglichen werden können.[469] Zudem kann selbständig Tätigen der Nachweis

[468] Bei abhängig Beschäftigten muss mandatsbegründetes Arbeitszeitversäumnis tatsächlich zur Nichtzahlung von Arbeitsentgelt führen. Bei Selbständigen muss die gewinnmindernde Auswirkung der Mandatstätigkeit messbar sein. Vgl. hierzu m.w.N. Blum/Häusler/Meyer-Blum, NKomVG, § 55 Rdnrn. 6 ff.

[469] Diese vor Inkrafttreten des NKomVG noch in § 29 Abs. 1 S. 2, § 39 Abs. 5 S. 6 NGO so ausdrückliche und ursprünglich für Landwirte vorgesehene Regelung gilt auch in Zukunft, und zwar weiterhin ohne Beschränkung auf bestimmte Berufe. Der Zeitverlust im Rahmen einer Berufsausbildung kann hiernach aber nicht geltend gemacht werden. Bei Berufen mit flexibler Arbeitszeit kann vom Abgeordneten verlangt werden, dass er so plant, dass möglichst keine Hilfskraft erforderlich wird. Vgl. hierzu ausführlich m.w.N. Blum/Häusler/Meyer-Blum, NKomVG, § 55 Rdnrn. 12 ff.

des Verdienstausfalls nach § 55 Abs. 1 S. 2 erleichtert werden. Dies betrifft insbesondere die Glaubhaftmachung.[470] Die Entschädigung kann nach Maßgabe einer **Satzung** ganz oder teilweise pauschal gewährt und dabei ganz oder teilweise als Sitzungsgeld gezahlt sowie für besondere Funktionen erhöht werden. Sie muss **angemessen** sein (§ 55 Abs. 1 S. 3). Damit bleibt die weitere Ausgestaltung der Entschädigung in der Eigenverantwortung der Kommune. Ihr Entscheidungsspielraum wird sogar noch dadurch vergrößert, dass S. 3 dieser Vorschrift die Kommune allgemein ermächtigt, die Entschädigung zu pauschalieren, sie als Sitzungsgeld zu zahlen und sie im Hinblick auf unterschiedliche Funktionen, wie z. B. die Vertretung der Hauptverwaltungsbeamtin oder des Hauptverwaltungsbeamten oder die Tätigkeit als Fraktionsvorsitzende oder Fraktionsvorsitzender, zu erhöhen.[471] Alle Pauschalierungen können die Entschädigung insgesamt oder auch nur einzelne ihrer Teile, wie z. B. den Verdienstausfall, die Aufwendungen für eine Kinderbetreuung oder die Fahrtkosten, umfassen; sie müssen jedoch angemessen sein.

Das für Inneres zuständige Ministerium beruft jeweils vor Ende einer allgemeinen Wahlperiode sachverständige Personen in eine Kommission, die bis zum Beginn der neuen Wahlperiode **Empfehlungen** zur Ausgestaltung und Höhe der Entschädigung nach § 55 Abs. 1 gibt. Die Empfehlungen sind von dem zuständigen Ministerium zu veröffentlichen. Mit dieser Vorschrift wird dem Orientierungsbedürfnis der Kommunen im Hinblick auf *»angemessene Entschädigung«* Rechnung getragen.

e) Antrags- und Auskunftsrecht

Jedes Mitglied der Vertretung hat das Recht, in der Vertretung und in den Ausschüssen, denen es angehört, Anträge zu stellen, wobei die Unterstützung anderer Mitglieder der Vertretung nicht erforderlich ist (§ 56 S. 1). Jede oder jeder Abgeordnete der Vertretung kann von der Hauptverwaltungsbeamtin oder dem Hauptverwaltungsbeamten zur eigenen Unterrichtung Auskünfte verlangen, sofern die Angelegenheiten nicht der Geheimhaltung (§ 6 Abs. 3 S. 1) unterliegen (§ 56 S. 2).

f) Sonstige Rechte

Neben den bereits genannten hat jeder einzelne Abgeordnete folgende Rechte:
- Antrag zur Einberufung der Vertretung unter Angabe des Beratungsgegenstandes, wenn die letzte Sitzung der Vertretung länger als drei Monate zurückliegt (§ 59 Abs. 2 S. 4 Nr. 2).
- Antrag auf Feststellung, ob ein Ausschluss von der Sitzung durch die Vorsitzende oder den Vorsitzenden der Vertretung berechtigt war (§ 63 Abs. 2 S. 2).
- Rüge der Verletzung der Vorschriften über die Einberufung der Vertretung (§ 65 Abs. 1 S. 1).
- Antrag auf Feststellung der Beschlussunfähigkeit (§ 65 Abs. 1 S. 3).
- Antrag, eine Wahl geheim durchzuführen (§ 67 Abs. 1 S. 2).
- Verlangen der Aufnahme in das Protokoll, wie die oder der Abgeordnete bei einer offenen Abstimmung entschieden hat (§ 68 S. 3).

---

[470] Blum/Häusler/Meyer-Blum, NKomVG, § 55 Rdnr. 10.
[471] Blum/Häusler/Meyer-Blum, NKomVG, § 55 Rdnr. 2.

- Beratende Mitgliedschaft für fraktions-/gruppenlose Abgeordnete in einem Ausschuss ihrer Wahl (§ 71 Abs. 4 S. 3).
- Anwesenheitsrecht als Zuhörer bei allen (öffentlichen und nichtöffentlichen) Sitzungen der Ausschüsse (§ 72 Abs. 2 S. 1).
- Ein von der Mitgliedschaft losgelöstes Beteiligungsrecht an der Beratung in den Ausschüssen, wenn ein von ihnen gestellter Antrag behandelt wird (§ 72 Abs. 2 S. 2).
- Losgelöst von der Mitgliedschaft besteht in den Ausschüssen ein Rederecht, wenn ihnen vom Ausschussvorsitzenden das Wort erteilt wird (§ 72 Abs. 2 S. 3).
- Anwesenheitsrecht als Zuhörer bei den Sitzungen des Hauptausschusses (§ 78 Abs. 2 S. 2).
- Klagebefugnis im Kommunalverfassungsstreitverfahren, wenn die Verletzung eigener Rechte geltend gemacht wird.

Rechte, die Abgeordneten gemeinschaftlich zustehen:
- Recht auf Zusammenschluss mit mindestens einer oder einem Abgeordneten zu einer Fraktion oder Gruppe (§ 57 Abs. 1).
- Ein Viertel der Abgeordneten kann von der Hauptverwaltungsbeamtin oder dem Hauptverwaltungsbeamten Akteneinsicht verlangen (§ 58 Abs. 4 S. 3).
- Ein Drittel der Abgeordneten kann unter Angabe des Beratungsgegenstandes die Einberufung der Vertretung verlangen (§ 59 Abs. 2 S. 3 Nr. 1).
- Ein Drittel der Ausschussmitglieder kann unter Angabe des Beratungsgegenstandes die Einberufung einer Ausschusssitzung verlangen (§ 72 Abs. 3 S. 2).

2. PFLICHTEN

Die Abgeordneten sind zwar i.S.d. NKomVG nicht ehrenamtlich tätig;[472] auf sie sind aber die folgenden Vorschriften für ehrenamtlich Tätige gem. § 54 Abs. 3 anzuwenden:
- Amtsverschwiegenheit § 40
- Mitwirkungsverbot § 41
- Vertretungsverbot § 42

Unabhängig von der förmlichen Verpflichtung (§ 60) sind die Abgeordneten durch die Hauptverwaltungsbeamtin oder den Hauptverwaltungsbeamten auf die ihnen obliegenden Pflichten hinzuweisen (§ 43 i.V.m. § 54 Abs. 3). Dieser Hinweis ist aktenkundig zu machen.

Die Abgeordneten haben zusätzlich zu den bereits genannten noch folgende Pflichten einzuhalten:
- Teilnahmepflicht an Sitzungen der Vertretung. Diese Pflicht ist zwar im NKomVG nicht normiert, sie ist aber aufgrund des Systems der repräsentativen Demokratie ursächlich mit der Annahme der Wahl verbunden, um die Funktionsfähigkeit der Vertretung zu gewährleisten.[473] Die Festschreibung der Teilnahmepflicht der Abgeordneten in der Geschäftsordnung ist zulässig und verstößt nicht gegen § 54 Abs. 1, da hierdurch nicht in die Freiheit der Entschließungen als Abgeordneter **in der Sitzung** eingegriffen wird.[474]

[472] Vgl. Ausführungen dazu unter Dritter Teil, Kapitel A. V.
[473] Schmidt, Rdnr. 429.
[474] Vgl. hierzu auch die Regelungen der Gemeindeordnungen anderer Bundesländer, Schmidt, Rdnr. 429 m.w.N.

- Mitteilungspflicht über die Annahme des Bestehens eines Mitwirkungsverbots (§ 41 Abs. 4 S. 1).
- Mitteilungspflicht eines besonderen oder wirtschaftlichen Interesses am Erlass oder Nichterlass einer Rechtsnorm (§ 41 Abs. 4 S. 3).
- Nachweispflicht über die Beendigung des Beamten- oder Arbeitnehmerverhältnisses (§ 50 Abs. 3 S. 3, § 52 Abs. 1 Nr. 7, 8).
- Unverzügliche Unterrichtung der Hauptverwaltungsbeamtin oder des Hauptverwaltungsbeamten über die Klageerhebung wegen eines Verbrechens (§ 53 S. 2).
- Ersatz des der Kommune durch vorsätzliches oder grob fahrlässiges Handeln gegen die Pflichten als Abgeordnete oder Abgeordneter entstandenen Schadens (§ 54 Abs. 4).
- Mandatsausübung im Rahmen der Gesetze nach bestem Wissen und Gewissen (§ 60 S. 1).
- Verpflichtung zur ordnungsgemäßen Mitarbeit in der Vertretung (§ 63 Abs. 2 S. 1).

VI. Fraktionen und Gruppen

1. ALLGEMEINES

Eine Legaldefinition der Begriffe »Fraktion« und »Gruppe« enthält das NKomVG nicht. Der Begriff »Fraktion« entstammt dem staatlichen Parlamentsrecht. Nach der Rechtsprechung werden Fraktionen *»als Teile und ständige Gliederungen der Vertretungskörperschaft« bezeichnet, »die den technischen Ablauf der Meinungsbildung und Beschlussfassung in der Vertretungskörperschaft, in der sie tätig sind, in gewissem Maße zu steuern und damit zu erleichtern haben«.*[475] Fraktionen und Gruppen wirken bei der Willensbildung und Entscheidungsfindung in der Vertretung, im Hauptausschuss und in den Ausschüssen mit (§ 57 Abs. 2 S. 1).

Als **Fraktionen** werden im Allgemeinen Zusammenschlüsse von Abgeordneten bezeichnet, die ihre Sitze im Rat aufgrund des gleichen Wahlvorschlags erhalten haben.[476]

Heterogene Zusammenschlüsse, die aus Abgeordneten mit in wesentlicher Hinsicht (nicht notwendig durchgängig) übereinstimmender politischer Überzeugung gebildet werden und auf dieser Basis dauerhaft inhaltlich zusammenarbeiten wollen, werden als **Gruppen** bezeichnet.[477] Zu Gruppen können sich auch Fraktionen zusammenschließen.[478]

Einzelheiten über die Bildung der Fraktionen und Gruppen sowie über deren Rechte und Pflichten (z. B. Benennung der oder des Vorsitzenden oder Art der Nachweisführung über erhaltene Zuwendungen) regelt die Geschäftsordnung (§ 57 Abs. 5).

---

[475] BVerfGE 38, 252 (273 f.).

[476] VG Hannover, NST-N 1991, 288 (288); s. a. Burgi, § 12 Rdnr. 12 m.w.N.; Geis, § 11 Rdnrn. 90 ff.

[477] OVG Lüneburg, NdsVBl. 2001, 94 (94) m.w.N.; vgl. auch Blum/Häusler/Meyer-Blum, NKomVG, § 57 Rdnr. 5.

[478] Ipsen, Rdnr. 290.

2. BILDUNG EINER FRAKTION ODER GRUPPE

Zwei oder mehr Abgeordnete einer Vertretung können sich zu einer Fraktion oder Gruppe zusammenschließen (§ 57 Abs. 1).

Die Hauptverwaltungsbeamtin oder der Hauptverwaltungsbeamte kann sich **nicht** einer Fraktion oder Gruppe anschließen. Sie oder er ist zwar Mitglied der Vertretung (§ 45 Abs. 1 S. 2), aber auch Beamtin oder Beamter der Kommune (§ 80 Abs. 5 S. 2). Die mit einer Mitgliedschaft zumindest de facto gegebene Einbindung in die Fraktionsdisziplin ist nach Art. 33 Abs. 5 GG mit den hergebrachten Grundsätzen des Berufsbeamtentums (z. B. parteipolitisches Mäßigungsgebot, § 33 Abs. 2 BeamtStG) nicht vereinbar.[479]

Nach niedersächsischem Kommunalrecht wird nicht verlangt, dass alle Mitglieder der Fraktion/Gruppe der gleichen Partei angehören, es muss allerdings als Minimum gefordert werden, dass sie durch übereinstimmende politische Grundvorstellungen miteinander verbunden sind und auf dieser Basis dauerhaft inhaltlich zusammenarbeiten wollen.[480]

Personen, die nicht der Vertretung angehören (z. B. Mitglieder von Parteivorständen), können nicht Mitglied einer Fraktion oder Gruppe sein; sie können aber als **»Gäste«** zu den Sitzungen eingeladen werden.[481]

Der Zusammenschluss einer neuen Fraktion oder Gruppe bedarf eines **Konstituierungsaktes**, der üblicherweise in einem Fraktions- oder Gruppenbildungsvertrag besteht.[482] Eine besondere Form ist nicht vorgeschrieben, so dass auch die Teilnahme der Abgeordneten an der konstituierenden Sitzung der Fraktion/Gruppe als stillschweigender Beitritt zum Vertrag gewertet werden kann.

Die innere Ordnung der Fraktionen und Gruppen muss demokratischen und rechtsstaatlichen Grundsätzen entsprechen (§ 57 Abs. 2 S. 2). Hieraus ergibt sich, dass die an den Fraktionssitzungen teilnehmenden Gäste, die nicht Abgeordnete sind, **kein Stimmrecht** haben dürfen. Regelungen über die innere Ordnung (z. B. Wahl und Aufgaben des Vorstandes, Zugehörigkeit von Gästen) werden von den Fraktionen/Gruppen selbst getroffen.

3. AUSSCHLUSS AUS EINER FRAKTION ODER GRUPPE UND AUSTRITT

Die Bildung und die Mitgliedschaft in einer Fraktion oder Gruppe basiert auf Freiwilligkeit. Da die Mitgliedschaft auf gemeinsamen politischen Grundanschauungen beruht (s. o.), ist ggf. auch ein **Ausschluss** aus der Fraktion möglich. Voraussetzung ist hierfür grundsätzlich

---

[479] BVerwG, NVwZ 1993, 375 (377); Schriftlicher Bericht, LT-Drs. 13/2400, S. 21.

[480] BVerfG, NVwZ-RR 2005, 494 (495); Blum/Häusler/Meyer-Blum, NKomVG, § 57 Rdnr. 6.

[481] Zum Recht, sich einer Fraktion oder Gruppe anzuschließen s. Blum/Häusler/Meyer-Blum, NKomVG, § 57 Rdnrn. 2 ff.; zum Stimmrecht von Gästen im Rahmen von Beschlussfassungen von Fraktionen und Gruppen s. Blum/Häusler/Meyer-Blum, NKomVG, § 57 Rdnr. 21.

[482] OVG Lüneburg, NdsVBl. 2002, 135 (135).

das Vorliegen eines wichtigen Grundes.[483] Dies ist z. B. der Fall, wenn sich ein Mitglied von den zentralen gemeinsamen Grundwerten entfernt.[484] Das Ausschlussverfahren muss rechtsstaatlichen Prinzipien, insbesondere dem Grundsatz der Verhältnismäßigkeit, genügen.[485] Gegen den Ausschluss aus der Fraktion oder Gruppe kann der betroffene Abgeordnete im Wege des Kommunalverfassungsstreitverfahrens vorgehen. Auch ein freiwilliger **Austritt** von Mitgliedern ist möglich und berührt die Existenz der Fraktion/Gruppe nicht. Ebenso wie die Bildung ist auch die **Selbstauflösung** der Fraktion/Gruppe jederzeit möglich.

4. RECHTE DER FRAKTIONEN UND GRUPPEN

Fraktionen und Gruppen haben folgende Rechte:

- Hauptausschuss
  Benennung der Beigeordneten für die auf die Fraktion oder Gruppe entfallenden stimmberechtigten Sitze im Hauptausschuss sowie die Benennung der Vertreter (§§ 71 Abs. 2 S. 2, 75 Abs. 1 Nr. 1, 2).
- Ausschüsse
  Benennung der Abgeordneten für die auf die Fraktion oder Gruppe entfallenden Sitze in den Ausschüssen sowie die Benennung der Ausschussvorsitze (§ 71 Abs. 2 S. 7, § 71 Abs. 8 S. 4).
- Grundmandat
  Benennung der Abgeordneten als Grundmandatsinhaber im Hauptausschuss (§ 71 Abs. 4 S. 1 i.V.m. § 75 Abs. 1 Nr. 2) und in den Ausschüssen (§ 71 Abs. 4 S. 1).
- Austausch von Mitgliedern
  Fraktionen oder Gruppen haben das Recht, die von ihnen benannten Mitglieder im Hauptausschuss (§ 71 Abs. 9 S. 3 i.V.m. § 75 Abs. 1 S. 5) und in den Ausschüssen (§ 71 Abs. 9 S. 3) auszutauschen.
- Besetzung mehrerer unbesoldeter Stellen
  Benennung der Inhaber für sonstige unbesoldete Stellen (§ 71 Abs. 2 S. 7 i.V.m. § 71 Abs. 6).
- Antragsrecht
  Neben den Abgeordneten steht auch den Fraktionen oder Gruppen das Antrags- und Auskunftsrecht in sinngemäßer Anwendung des § 56 zu.
- Akteneinsicht
  Auf Verlangen einer Fraktion oder Gruppe ist einzelnen Abgeordneten Akteneinsicht zu gewähren (§ 58 Abs. 4 S. 3).
- Kommunalverfassungsstreitverfahren
  Auch Fraktionen oder Gruppen können im Rahmen des Kommunalverfassungsstreitverfahrens klagen, sofern sie geltend machen können, in ihren Rechten verletzt zu sein.[486]
- Finanzielle Zuwendungen

[483] OVG Münster, FdSt. 1993, Rdnr. 574.
[484] VGH Kassel, DVBl. 1990, 830 (831).
[485] OVG Lüneburg, KommP N 1995, 124 (124).
[486] BVerwG, NVwZ 1989, 470 (470).

Zuwendungen zu den Sach- und Personalkosten darf die Kommune den Fraktionen/Gruppen nur insoweit gewähren, als diese Kosten durch die Geschäftsführung in Aufgaben verursacht werden, die den Fraktionen/Gruppen durch die Kommunalverfassung zugewiesen worden sind.[487] Zulässige Verwendungen können sein: Büromiete, Ausstattung, Kopierkosten, Fraktionsassistent, Fortbildungsveranstaltungen, aber auch Broschüren, Merkblätter und Pressekonferenzen für die öffentliche Darstellung ihrer Auffassungen.[488] Unzulässig sind Zuwendungen für die Teilnehme an Kongressen und Seminaren von Parteigliederungen sowie Bildungsreisen der Fraktion, aber auch eigene Kraftfahrzeuge der Fraktion/Gruppe, die Bewirtung von Abgeordneten sowie Geschenke und Spenden.[489]

Aufgrund des Verbots der verdeckten Parteienfinanzierung sowie der sparsamen Bewirtschaftung der Haushaltsmittel (§ 110 Abs. 2) dürfen die Zuwendungen die tatsächlich entstandenen Kosten nicht übersteigen. Über die Verwendung der Zuwendungen muss von den Fraktionen und Gruppen ein Nachweis »in einfacher Form« geführt werden (§ 57 Abs. 3 S. 2), dem sich insbesondere die Höhe der Aufwendungen und deren Verwendungszweck entnehmen lässt.

VII. Vorsitzende oder Vorsitzender der Vertretung

In der ersten (konstituierenden) Sitzung wählt die Vertretung **aus der Mitte der Abgeordneten** der Vertretung ihre Vorsitzende oder ihren Vorsitzenden für die Dauer der Wahlperiode (§ 61 Abs. 1 S. 1). Die Vertretung beschließt auch über die Stellvertretung der oder des Vorsitzenden (§ 61 Abs. 1 S. 3). Dabei reicht z. B. auch die Regelung aus, dass im Verhinderungsfall die oder der älteste anwesende, hierzu bereite Abgeordnete die Sitzung leitet. Vorschlagsberechtigt ist jedes Mitglied der Vertretung, also auch die Hauptverwaltungsbeamtin oder der Hauptverwaltungsbeamte. Die Hauptverwaltungsbeamtin oder der Hauptverwaltungsbeamte kann aber nicht gewählt werden, da sie oder er gemäß § 45 Abs. 1 S. 2 zwar kraft Amtes Mitglied der Vertretung ist, aber nicht Abgeordnete oder Abgeordneter. Auch wenn die oder der Vorsitzende für die Dauer der Wahlperiode gewählt wird, so kann sie oder er doch durch Beschluss der Mehrheit der Mitglieder der Vertretung abberufen werden (§ 61 Abs. 2).

Die oder der Vorsitzende hat folgende Aufgaben:

- Leitung der Sitzung, Eröffnung und Schließung der Sitzung, Aufrechterhaltung der Ordnung und Ausübung des Hausrechts (§ 63 Abs. 1),
- ggf. Ausschluss eines Mitglieds der Vertretung von der Sitzung (§ 63 Abs. 2 S. 1),
- Feststellung der Beschlussfähigkeit der Vertretung (§ 65 Abs. 1 S. 2),
- Ziehung des Loses in den Fällen des § 67 S. 6.

Ob die oder der Vorsitzende gegenüber den anderen Abgeordneten wegen dieser besonderen Funktion eine erhöhte Aufwandsentschädigung erhält, kann nach § 55 Abs. 1 S. 3 in einer Satzung geregelt werden.

[487] Blum/Häusler/Meyer-Blum, NKomVG, § 57 Rdnr. 39.
[488] Blum/Häusler/Meyer-Blum, NKomVG, § 54 Rdnr. 42.
[489] Vgl. Blum/Häusler/Meyer-Blum, NKomVG, § 57 Rdnr. 43.

VIII. Konstituierende Sitzung der Vertretung

Die Vertretung ist als Organ handlungsfähig, wenn sie sich »konstituiert« hat. Die erste Sitzung der Vertretung muss binnen eines Monats nach Beginn der Wahlperiode stattfinden (§ 59 Abs. 2 S. 1). Die **wesentlichen Punkte**, die in die Tagesordnung aufgenommen werden, sind:[490]

- Pflichtenbelehrung der Abgeordneten durch die Hauptverwaltungsbeamtin oder den Hauptverwaltungsbeamten, § 43 S. 1 i.V.m. § 54 Abs. 3.
- Verpflichtung der Abgeordneten durch die Hauptverwaltungsbeamtin oder den Hauptverwaltungsbeamten, § 60 S. 1.
- Wahl der/des Vorsitzenden der Vertretung, § 61 Abs. 1.
- Beschluss über die Stellvertretung, § 61 Abs. 1 S. 3.
- Beschluss über die Geschäftsordnung, § 69.
- Ggf. Beschluss über die Erhöhung der Zahl der Beigeordneten im Hauptausschuss, § 74 Abs. 2 S. 3, Abs. 3.
- Bestimmung der Beigeordneten sowie deren Vertreter für den Hauptausschuss, § 75 Abs. 1.
- Wahl der ehrenamtlichen Stellvertreterinnen oder Stellvertreter der Hauptverwaltungsbeamtin oder des Hauptverwaltungsbeamten und ggf. Beschluss über die Reihenfolge der Vertretung, § 81 Abs. 2 S. 1.
- Bildung der Ausschüsse (Anzahl, Mitgliederzahl, namentliche Benennung der Ausschussmitglieder einschl. evtl. anderer Personen), § 71.
- Bildung der Ausschüsse nach besonderen Rechtsvorschriften, § 73.
- Verteilung der Ausschussvorsitze und namentliche Benennung der Ausschussvorsitzenden, § 71 Abs. 8.
- Ggf. Bestimmung von Ortsvorstehern, § 96 Abs. 1 S. 1.
- Beschlussfassung über Wahleinsprüche, § 47 Abs. 1 NKWG.

IX. Aufgaben der Vertretung

Die Aufgaben der Vertretung bestehen aus den Aufgaben des Ausschließlichkeitskatalogs, den speziellen Zuständigkeiten, den Vorbehalts- und Vorlagebeschlüssen und der Überwachung der Verwaltung.

1. AUFGABEN DES AUSSCHLIESSLICHKEITSKATALOGS

Der sog. positive Aufgabenkatalog der Vertretung nach § 58 Abs. 1 Nr. 1–20 und § 58 Abs. 2 Nr. 1–4 enthält keine abschließende Aufzählung, sondern nur die aus Sicht des Gesetzgebers wichtigsten der von der Vertretung wahrzunehmenden Angelegenheiten. Von diesen sind folgende Aufgaben hervorzuheben:

[490] Blum/Häusler/Meyer-Blum, NKomVG, § 59 Rdnr. 24.

§ 58 Abs. 1

Nr. 1 Diese Vorschrift betont, dass die Vertretung als Hauptorgan die strategische Entwicklung der Kommune steuert. Als Beispiele für die Anwendung dieser neuen Regelung kommen z. B. die Ausrichtung als kinderfreundliche Kommune oder Klimakommune in Betracht.

Nr. 2 Aufgrund ihrer Richtlinienkompetenz kann die Vertretung nur allgemeine Regelungen für die Verwaltungsführung erlassen, nicht aber spezielle Anweisungen im Einzelfall.

Nr. 5 Erlass, Änderung und Aufhebung von Satzungen, womit auch der Bebauungsplan in Abs. 2 Nr. 2 erfasst wird, und die in Nr. 9 besonders aufgeführte Haushaltssatzung sowie Verordnungen.

Nr. 6 Verleihung und Entziehung von Ehrenbezeichnungen.

Nr. 7 Festsetzung[491] öffentlicher Abgaben (Gebühren, Beiträge und Steuern) und Umlagen.

Nr. 8 Festsetzung allgemeiner privatrechtlicher Entgelte, es sei denn, dass deren jährliches Aufkommen einen in der Hauptsatzung festgesetzten Betrag voraussichtlich nicht übersteigt.

Nr. 9 Erlass der Haushaltssatzung, das Haushaltssicherungskonzept, über- und außerplanmäßige Aufwendungen, Auszahlungen und Verpflichtungen nach Maßgabe der §§ 117 und 119 sowie über das Investitionsprogramm.
Nach § 117 Abs. 1 S. 2 entscheidet die Hauptverwaltungsbeamtin oder der Hauptverwaltungsbeamte über unerhebliche über- und außerplanmäßige Aufwendungen und Auszahlungen.

Nr. 11 Errichtung, Gründung, Übernahme, wesentliche Erweiterung, Veränderung, Aufhebung oder Auflösung von Unternehmen und Einrichtungen im Rahmen des Wirtschaftsrechts. Für die Errichtung oder Änderung von nichtwirtschaftlichen öffentlichen Einrichtungen (z. B. Bücherei, Museum) ist keine Zuständigkeit der Vertretung nach § 58 Abs. 1 Nr. 11 gegeben.

Nr. 14 Verfügung über Vermögen der Kommune (z. B. Grundstücksverkäufe, Schenkungen); ausgenommen sind Rechtsgeschäfte bis zu einer in der Hauptsatzung festgelegten Wertgrenze. Um eine »Verfügung« i.S.d. § 58 Abs. 1 Nr. 14 handelt es sich dann, wenn damit eine Minderung (Änderung) des Vermögens der Kommune verbunden ist. Beim Abschluss eines Mietvertrages über ein kommunales Gebäude z. B. handelt es sich demzufolge nicht um eine »Verfügung« i.S.d. Vorschrift.[492]

Hat die Vertretung mit dem Haushaltsplan oder das sonst zuständige Organ mit der Zustimmung zu einer über- oder außerplanmäßigen Ausgabe (Nr. 9) **bereits dem Grunde und der Höhe nach seine Zustimmung** zu einer rechtsgeschäftlichen Verfügung über das Vermögen der Kommune erteilt, so dass nur noch der haushaltsmäßige Vollzug der bereits getroffenen Entscheidung verbleibt, so bedarf es keines zusätzlichen Beschlusses der Vertretung gemäß Nr. 14 mehr.[493]

[491] Mit »Festsetzung« ist hier die (abstrakt-generelle) Satzungsregelung gemeint, nicht aber die Abgabenfestsetzung im (konkreten) Einzelfall. Diese obliegt als Geschäft der laufenden Verwaltung dem Hauptverwaltungsbeamten bzw. der Hauptverwaltungsbeamtin.

[492] Vgl. Blum/Häusler/Meyer-Blum, NKomVG, § 58 Rdnrn. 31 f.

[493] Blum/Häusler/Meyer-Blum, NKomVG, § 58 Rdnr. 32.

Nr. 15 Richtlinien für die Aufnahme von Krediten (§ 120 Abs. 1 S. 2).

Nr. 16 Übernahme von Bürgschaften, Gewährleistung für Dritte, Bestellung von Sicherheiten für Dritte, es sei denn, dass das Rechtsgeschäft einen in der Hauptsatzung bestimmten Betrag nicht übersteigt oder zu den Rechtsgeschäften der laufenden Verwaltung gehört.

Nr. 18 Errichtung, Zusammenlegung und Aufhebung von Stiftungen, Änderung des Stiftungszwecks sowie Verwendung des Stiftungsvermögens, es sei denn, dass das von der Entscheidung betroffene Stiftungsvermögen einen in der Hauptsatzung bestimmten Betrag nicht übersteigt.

Nr. 19 Übernahme neuer Aufgaben, für die keine gesetzliche Verpflichtung besteht. In Betracht kommen hier nur Aufgaben, die von der Kommune bisher noch nicht wahrgenommen wurden.[494]

Nr. 20 Verträge der Kommune mit Mitgliedern der Vertretung usw., sofern es sich nicht um Verträge aufgrund einer förmlichen Ausschreibung oder um Geschäfte der laufenden Verwaltung handelt, deren Vermögenswert[495] einen in der Hauptsatzung bestimmten Betrag nicht übersteigt.

Die Änderungen in den Nrn. 8, 16 und 18 der Vorschrift sollen die Vertretung von eher verwaltungstechnischen Fragen entlasten, die für eine Beratung und Entscheidung unter allen Abgeordneten der Vertretung weniger bedeutsam erscheinen.[496] Deshalb soll die Vertretung künftig auch hinsichtlich der Festsetzung allgemeiner privatrechtlicher Entgelte (Nr. 8), der Übernahme von Bürgschaften und Sicherheiten (Nr. 16) und der Errichtung von Stiftungen (Nr. 18) usw. in der Hauptsatzung Wertgrenzen festlegen können, bis zu der Entscheidungen nicht in ihrer ausschließlichen Zuständigkeit liegen. Mit der Festlegung einer Wertgrenze werden die Angelegenheiten, die diese Wertgrenze unterschreiten, nicht zwangsläufig zu Geschäften der laufenden Verwaltung. Vielmehr greift in diesen Fällen je nach Einzelfall auch die »Lückenzuständigkeit« des Hauptausschusses.

Der § 58 Abs. 2 enthält weitere ausschließliche Zuständigkeiten des **Rates** u. a.:

Nr. 1 Benennung von Gemeindeteilen, Straßen und Plätzen, sofern sie nicht ausschließlich in einer Ortschaft, für die ein Ortsrat gewählt wurde, oder in einem Stadtbezirk gelegen sind.

Nr. 2 Abschließende Entscheidung über Aufstellung, Änderung, Ergänzung und Aufhebung von Bauleitplänen.

Nr. 3 Verleihung und Entziehung des Ehrenbürgerrechts.

2. SPEZIELLE ZUSTÄNDIGKEITEN

Spezielle Zuständigkeiten der Vertretung ergeben sich aufgrund von Vorschriften im NKomVG und in Spezialgesetzen. Zuständigkeiten nach dem NKomVG sind z. B.:

---

[494] Beim Bau einer weiteren Bücherei z. B. handelt es sich nicht um eine neue Aufgabe i.S.d. Vorschrift.

[495] Der Vermögenswert i.S.d. § 58 Abs. 1 Nr. 19 ist nicht identisch mit einer evtl. Wertgrenze für Geschäfte der laufenden Verwaltung i.S.v. § 84 Abs. 1 Nr. 7.

[496] Begründung der Landesregierung zum Gesetzentwurf, LT- Drucksache 16/2510, S. 19.

- Berufung/Abberufung der Gleichstellungsbeauftragten (§ 8 Abs. 2 S. 1).
- Erlass der Geschäftsordnung (§ 69).
- Beschlussfassung über Widersprüche in Angelegenheiten des eigenen Wirkungskreises (§ 76 Abs. 4 S. 1, 2), wenn dies gesetzlich so geregelt ist oder die Vertretung in dieser Angelegenheit entschieden hatte.
- Wahl der ehrenamtlichen Vertreter der Hauptverwaltungsbeamtin oder des Hauptverwaltungsbeamten (§ 81 Abs. 2 S. 1). Beauftragung einer Beamtin oder eines Beamten mit der allgemeinen Vertretung der Hauptverwaltungsbeamtin oder des Hauptverwaltungsbeamten (§ 81 Abs. 3 S. 2).
- Wahl der weiteren Beamten auf Zeit (§ 109 Abs. 1 S. 1) sowie deren Abberufung (§ 109 Abs. 3 S. 1).
- Berufung und Abberufung der Leiterin oder des Leiters und der Prüfer des Rechnungsprüfungsamtes (§ 154 Abs. 2 S. 1).
- Die Vertretung ist die oberste Dienstbehörde aller Beamtinnen und Beamten in der Kommune, also auch der Hauptverwaltungsbeamtin oder des Hauptverwaltungsbeamten; dieser oder diesem gegenüber ist die Vertretung zugleich höherer und unmittelbarer Dienstvorgesetzter (§ 107 Abs. 5 S. 1).

Zuständigkeiten nach Spezialgesetzen sind z. B.:

- Berufung einer anderen Wahlleitung (§ 9 Abs. 2 NKWG).
- Gemeindebrandmeister (§ 13 Abs. 2 S. 2 NBrandSchG).
- Kreisjägermeister in Landkreisen und kreisfreien Städten (§ 38 Abs. 1 NJagdG).

3. VORBEHALTSBESCHLÜSSE

Die Vertretung kann sich ggf. die Beschlussfassung in Angelegenheiten der Kommune wie folgt vorbehalten:

a) Vorbehalt im Einzelfall, § 58 Abs. 3 S. 1

Ein Beschlussvorbehalt ist der Vertretung möglich, wenn

- es sich um einen konkreten Einzelfall handelt,
- die Entscheidungskompetenz dem Hauptausschuss nach der Lückenkompetenz (§ 76 Abs. 2 S. 1)[497], der Hauptverwaltungsbeamtin oder dem Hauptverwaltungsbeamten nach § 85 Abs. 1 Nr. 7, einem Ausschuss nach § 76 Abs. 3 oder dem Betriebsausschuss obliegt,

[497] Entgegen der scheinbar klaren Formulierung in § 58 Abs. 3 S. 1 kommt ein Beschlussvorbehalt gegenüber dem Hauptausschuss nur bei den Aufgaben nach der Lückenkompetenz (§ 76 Abs. 2 S. 1) in Betracht. Der Vorbehalt ist unzulässig, wenn dem Hauptausschuss die Zuständigkeit durch spezielle gesetzliche Regelung zugewiesen worden ist (z. B. Widerspruchsentscheidungen nach § 76 Abs. 4, Einstellung von Arbeitnehmern nach § 105 Abs. 4 S. 2, Entscheidung über die Zulässigkeit eines Bürgerbegehrens nach § 32 Abs. 7); Sandfuchs, S. 343.

- das zuständige Organ in der Sache noch nicht abschließend entschieden hat oder
- die Vertretung sich die Beschlussfassung vorbehalten hat.

Wenn ein förmlicher Vorbehaltsbeschluss nicht gefasst wurde, bleibt zu prüfen, ob sich die Vertretung die Beschlussfassung ggf. **konkludent**[498] vorbehalten kann. Für den Beschlussvorbehalt reicht es aus, dass die Vertretung in der Sache beschließt.[499] Für den Vorbehalt ist **kein ausdrücklicher Beschluss** der Vertretung erforderlich.[500] 'OVG Lüneburg!

b) Vorbehalt für Gruppen von Angelegenheiten, § 58 Abs. 3 S. 2

Die Vertretung kann sich die Beschlussfassung auch für Gruppen von Angelegenheiten vorbehalten, wenn

- die Entscheidungskompetenz dem Hauptausschuss nach § 76 Abs. 2 S. 1 (s.o.), der Hauptverwaltungsbeamtin oder dem Hauptverwaltungsbeamten nach § 85 Abs. 1 Nr. 7, einem Ausschuss nach § 76 Abs. 3 oder dem Betriebsausschuss obliegt,
- es sich um eine Gruppe von Angelegenheiten (z. B. Vergabe von Aufträgen ab 50.000 €) handelt und
- eine Vorbehaltsregelung in der Hauptsatzung getroffen wurde.

4. VORLAGEBESCHLÜSSE

Der Hauptausschuss kann der Vertretung gem. § 58 Abs. 3 S. 3 Angelegenheiten zur Entscheidung vorlegen. Voraussetzung dafür ist, dass

1. die Entscheidungskompetenz gem. § 58 Abs. 3 S. 1 dem Hauptausschuss im Rahmen der Lückenkompetenz (§ 76 Abs. 2 S. 1) oder einem Ausschuss nach § 76 Abs. 3 obliegt und
2. der Hauptausschuss einen (rechtmäßigen) Vorlagebeschluss gefasst hat.

Ob die Vertretung über die ihr vorgelegte Angelegenheit entscheiden will, liegt in ihrem Ermessen (»kann […] beschließen«).
Gruppen von Angelegenheiten i.S.v. § 58 Abs. 3 S. 2 sind ausdrücklich nicht mit erfasst und können auch nicht erfasst werden, weil die Definition dieser Gruppen der Hauptsatzung vorbehalten ist.[501]

Wenn der Hauptausschuss **irrtümlich** meint, die Vertretung sei für die Entscheidung in einer Angelegenheit zuständig, und er den Beschluss der Vertretung gem. § 76 Abs. 1 S. 1 vorbereitet hat, kann aus der evtl. Beschlussempfehlung des Hauptausschusses nicht geschlossen werden, dass dieser die Angelegenheit der Vertretung nach § 58 Abs. 3 S. 3 vorgelegt hat. Aus dem Begriff der Vorlage folgt, dass sie durch ausdrücklichen Beschluss,

[498] Konkludent i.S.v. schlüssigem Verhalten.
[499] OVG Lüneburg, Nds.Rpfl. 2001, 374 (374 f.); a.A. Wilkens, S. 218.
[500] Thiele, NKomVG, § 58 Erl. 3; a.A. Blum/Häusler/Meyer-Blum, NKomVG, § 58 Rdnr. 56.
[501] Blum/Häusler/Meyer-Blum, NKomVG, § 58 Rdnr. 61.

nicht etwa konkludent (z. B. durch Unterbreitung eines Beschlussvorschlages), zu erfolgen hat.[502]

Die Hauptverwaltungsbeamtin oder der Hauptverwaltungsbeamte kann der Vertretung keine Angelegenheiten **direkt** zur Beschlussfassung vorlegen. Allerdings ist es möglich, dass die Hauptverwaltungsbeamtin oder der Hauptverwaltungsbeamte ein Geschäft der laufenden Verwaltung dem Hauptausschuss vorlegt (§ 76 Abs. 2 S. 3), das dieser dann der Vertretung gem. § 58 Abs. 3 S. 3 zur Beschlussfassung vorlegt.

5. ÜBERWACHUNG DER VERWALTUNG

§ 58 Abs. 4 S. 1 überträgt der Vertretung eine weitgehende Überwachungspflicht gegenüber den anderen Organen der Kommune. Als Mittel der Überwachung werden der Vertretung die in S. 1 und 3 abschließend genannten Rechte zur Verfügung gestellt, nämlich das Recht, die erforderlichen **Auskünfte** zu verlangen und das Recht der **Akteneinsicht**. Die Vertretung überwacht die Durchführung ihrer Beschlüsse sowie den sonstigen Ablauf der Verwaltungsangelegenheiten (§ 58 Abs. 4 S. 1). Dazu gehört auch die Überwachung der vorbereitenden Tätigkeit der Hauptverwaltungsbeamtin oder des Hauptverwaltungsbeamten nach § 85 Abs. 1 Nr. 1, aber auch dessen Organisationsentscheidungen und die Erledigung der Geschäfte der laufenden Verwaltung.[503]

Auf Verlangen eines Viertels der Mitglieder der Vertretung oder einer Fraktion oder Gruppe ist einzelnen Abgeordneten der Vertretung Einsicht in die Akten zu gewähren. Eines förmlichen Vertretungsbeschlusses bedarf es hierfür nicht.[504] Ausgenommen sind lediglich Angelegenheiten, die der Geheimhaltung unterliegen (§ 58 Abs. 4 S. 4 i.V.m. § 6 Abs. 3 S. 1). Die Vertretung ist zur Bildung von Untersuchungsausschüssen nicht befugt.[505]

[502] Blum/Häusler/Meyer-Blum, NKomVG, § 58 Rdnr. 61.
[503] Blum/Häusler/Meyer-Blum, NKomVG, § 58 Rdnr. 67.
[504] VG Stade, KommP N 1995, 20 (20).
[505] OVG Lüneburg, Beschl. v. 20.8.1968, OVGE 24, 466 (466–470).

B. DER HAUPTAUSSCHUSS

I. Allgemeines und Zusammensetzung

Von den Abgeordneten in den Kommunen muss als zweites **Organ** der Hauptausschuss gebildet werden. Der Hauptausschuss ist **kein Ausschuss** i.S.d. NKomVG, sondern ein Kollegialorgan der Kommune. In einem eigenen Aufgabenkreis trifft er abschließende Entscheidungen. Die für Ausschüsse geltenden Vorschriften sind nur dann anzuwenden, wenn dies ausdrücklich geregelt ist.

Der Hauptausschuss besteht nach § 74 Abs. 1 S. 1 aus
1. Der Hauptverwaltungsbeamtin oder dem Hauptverwaltungsbeamten,
2. den Abgeordneten der Vertretung mit Stimmrecht (Beigeordnete) und
3. den Abgeordneten der Vertretung ohne Stimmrecht.

Die **Hauptsatzung** kann bestimmen, dass neben der Hauptverwaltungsbeamtin oder dem Hauptverwaltungsbeamten auch andere Beamtinnen und Beamte auf Zeit dem Hauptausschuss mit **beratender** Stimme angehören (§ 74 Abs. 1 S. 2).

Beigeordnete sind Abgeordnete der Vertretung, die im Hauptausschuss Stimmrecht haben. Die Zahl der Beigeordneten in Gemeinden und Samtgemeinden richtet sich nach der Zahl der Abgeordneten und beträgt mindestens 2, höchstens 10 (§ 74 Abs. 2 S. 1).
In Gemeinden und Samtgemeinden, deren Vertretung 16 bis 44 Abgeordnete hat, kann die Vertretung für die Dauer der Wahlperiode beschließen, dass sich die Zahl der Beigeordneten um zwei erhöht (§ 74 Abs. 2 S. 2). In den Landkreisen und in der Region Hannover beträgt die Zahl der Beigeordneten sechs (§ 74 Abs. 3 S. 1). Die Vertretung kann hier vor der Besetzung des Hauptausschusses für die Dauer der Wahlperiode beschließen, dass dem Hauptausschuss weitere zwei oder vier Beigeordnete angehören (§ 74 Abs. 3 S. 2).
Will die Vertretung von den Ermächtigungen in § 74 Abs. 2 S. 2 und § 74 Abs. 3 S. 2 Gebrauch machen, muss sie dies in der ersten **(konstituierenden)** Sitzung beschließen (»[...] für die Dauer der Wahlperiode«). Ein späterer Beschluss über die Erhöhung oder aber die Reduzierung auf die gesetzlich vorgesehene Zahl der Beigeordneten ist unzulässig.[506]

Die Mitglieder des Hauptausschusses **ohne Stimmrecht** (§ 74 Abs. 1 S. 1 Nr. 3)[507] sind die Mitglieder nach § 71 Abs. 4 S. 1, 3 **(sog. Grundmandatsinhaber)**, aber auch die weiteren Beamten auf Zeit (§ 74 Abs. 1 S. 2).

Den **Vorsitz** im Hauptausschuss führt die Hauptverwaltungsbeamtin oder der Hauptverwaltungsbeamte (§ 74 Abs. 1 S. 3).

---

[506] Blum/Häusler/Meyer-Blum, NKomVG, § 74 Rdnr. 21.

[507] Gemeint sind hier nicht die zusätzlichen Mitglieder in den Ausschüssen der Vertretung, sondern die Abgeordneten, die im Hauptausschuss einen Sitz ohne Stimmrecht haben, § 74 Abs. 1 S. 1 Nr. 3 i.V.m. § 71 Abs. 4 S. 1, 2.

Fallbeispiel:
Bei der letzten Sitzung des Hauptausschusses der Stadt Münztal (43.244 Einwohner) waren folgende Personen anwesend:

Hauptverwaltungsbeamter	Odenthal
Beigeordnete	Klein, Sauer, Rönspiess, Müller, Dünnbier, Peters, Schulze, Siegmund und Berger
Abgeordneter	Senft als Vertreter für den Beigeordneten Harms
Abgeordnete	Kirchner
Erster Stadtrat	Wilms
Stadtkämmerer	Cassens
Zuhörer	Die Abgeordneten Fricke, Honig und Surbier

Der Hauptausschuss tagt nicht öffentlich (§ 78 Abs. 2 S. 1), so dass lediglich berechtigte Personen anwesend sein dürfen. Der Hauptausschuss der Stadt Münztal setzt sich wie folgt zusammen:

- Hauptverwaltungsbeamter Odenthal ist Mitglied und zugleich Vorsitzender des Hauptausschusses (§ 74 Abs. 1 S. 1 Nr. 1 und S. 3)
- 10 Beigeordnete, hier wurde die Zahl der Beigeordneten rechtmäßig um zwei erhöht (§ 74 Abs. 2 S. 1, 2), wobei ein Beigeordneter fehlt,
- Abgeordneter Senft ist Vertreter eines Beigeordneten (§ 75 Abs. 1 S. 3),
- Abgeordnete Kirchner ist Grundmandatsinhaberin (§ 74 Abs. 1 S. 1 Nr. 3),
- Erster Stadtrat Wilms und Stadtkämmerer Cassens sind als Beamte auf Zeit (§ 108 Abs. 1 S. 1, 2 und 3) Mitglied des Hauptausschusses, sofern die Hauptsatzung eine entsprechende Regelung enthält (§ 74 Abs. 1 S. 2).
- Alle Abgeordneten der Vertretung sind berechtigt, als Zuhörer an den Sitzungen des Hauptausschusses teilzunehmen (§ 78 Abs. 2 S. 2).

Somit sind alle genannten Personen als Mitglieder des Hauptausschusses rechtmäßig anwesend.

II. Bildung und Sitzverteilung

Der Hauptausschuss wird von der Vertretung in der ersten Sitzung nach Beginn der Wahlperiode gebildet. Die Beigeordneten werden nicht gewählt, sondern von der Vertretung aus der Mitte der Abgeordneten bestimmt. Das **Hare-Niemeyer-Verfahren**[508] ist hier anzuwenden, nachdem die Ausschüsse der Vertretung gebildet wurden (§ 75 Abs. 1 S. 1 Nr. 1 i.V.m. § 71 Abs. 2 S. 2–5), sofern nicht einstimmig ein anderes Verfahren beschlossen wurde (§ 71 Abs. 10 i.V.m. § 75 Abs. 1 S. 1).

Nachdem für die Fraktionen und Gruppen die Zahl der auf sie entfallenden Sitze und ggf. auch die Grundmandate (§ 75 Abs. 1 S. 1 Nr. 2 i.V.m. § 71 Abs. 4 S. 1, 2) ermittelt wurden, benennen die Fraktionen und Gruppen die Beigeordneten beziehungsweise die Grundmandatsinhaber. Die Sitzverteilung und die Besetzung des Hauptausschusses stellt die

[508] Vgl. Ausführungen dazu unter Dritter Teil, Kapitel A. II. 6.

Vertretung durch Beschluss fest (§ 75 Abs. 1 S. 1 i.V.m. § 71 Abs. 5). Die Bildung des Hauptausschusses wird in folgenden Verfahrensschritten vorgenommen:[509]

1. Ermittlung der Zahl der zu verteilenden Beigeordnetensitze; ggf. Erhöhung der Zahl der Beigeordneten um zwei (für Landkreise und Region ggf. um vier).
2. Feststellung der Stärke der Fraktionen und Gruppen in der Vertretung.
3. Berechnung der auf die einzelnen Fraktionen und Gruppen entfallenden Sitze (Hare-Niemeyer-Verfahren).
4. Benennung der Beigeordneten und ggf. der Grundmandatsinhaber durch die Fraktionen und Gruppen.
5. Feststellungsbeschluss über die Sitzverteilung und die Besetzung im Hauptausschuss.
6. Benennung der Vertreter der Beigeordneten und der Grundmandatsinhaber durch die Fraktionen und Gruppen.

III. Vertretung der Mitglieder des Hauptausschusses

Die Hauptverwaltungsbeamtin oder der Hauptverwaltungsbeamte ist sowohl stimmberechtigtes Mitglied (§ 74 Abs. 1 S. 1 Nr. 1) als auch Vorsitzende oder Vorsitzender (§ 74 Abs. 1 S. 3) des Hauptausschusses.

Ist die Hauptverwaltungsbeamtin oder der Hauptverwaltungsbeamte verhindert, an den Sitzungen des Hauptausschusses teilzunehmen, wird sie oder er nur in der **Funktion als Vorsitzende(r)** von einer ehrenamtlichen Stellvertreterin oder einem ehrenamtlichen Stellvertreter vertreten (§ 81 Abs. 2 S. 1).

Die Hauptverwaltungsbeamtin oder der Hauptverwaltungsbeamte wird als **stimmberechtigtes Mitglied** des Hauptausschusses **nicht** vertreten.[510] Die übrigen Beamten auf Zeit, sofern vorhanden und sofern sie nach der Hauptsatzung Mitglied im Hauptausschuss sind, können im Verhinderungsfall von anderen Beamten auf Zeit vertreten werden.[511]

Für alle Beigeordneten und Grundmandatsinhaber ist jeweils eine Stellvertreterin oder ein Stellvertreter zu bestimmen (§ 75 Abs. 1 S. 3), ebenso für die Bürgermeisterin oder den Bürgermeister in Mitgliedsgemeinden von Samtgemeinden. Es handelt sich grundsätzlich um eine persönliche, d.h. namentliche Stellvertretung. Erst wenn die persönliche Stellvertretung verhindert ist, können sich Stellvertreterinnen und Stellvertreter, die von derselben Fraktion oder Gruppe benannt worden sind, untereinander vertreten (§ 75 Abs. 1 S. 4).

Ist eine Fraktion oder Gruppe nur mit einem Mitglied im Hauptausschuss vertreten, so kann sie eine zweite Stellvertreterin oder einen zweiten Stellvertreter benennen (§ 75 Abs. 1 S. 5). Die Vertretung kann für die gesamte Dauer der Sitzung, aber auch nur für einzelne

[509] Vgl. Ipsen, NKomVG, § 75 Rdnr. 4.
[510] Thiele, NKomVG, § 75 Erl. 3; a.A. Blum/Häusler/Meyer-Schwind, NKomVG, § 74 Rdnr. 20.
[511] Im Anschluss an Blum/Häusler/Meyer-Schwind, NKomVG, § 74 Rdnr. 16 wird die a.A. von Thiele, NKomVG, § 75 Erl. 3, der ein Vertretungsverbot annimmt, als zu streng angesehen, weil Beamte auf Zeit ohnehin kein Stimmrecht im Hauptausschuss haben können.

Tagesordnungspunkte ausgeübt werden, bei denen sich ein Beigeordneter z. B. im Mitwirkungsverbot befindet oder aber aufgrund anderweitiger Verpflichtungen früher gehen muss. Der VGH München[512] hält das »Einwechseln« eines Vertreters während der Beratung eines Tagesordnungspunktes für unzulässig, da das Beratungs- und das Stimmrecht nicht auseinander gehen dürften.

VERTRETUNG IM HAUPTAUSCHUSS

Folgende Mitglieder:	werden nach folgenden Vorschriften vertreten:
Beigeordnete	nach § 75 Abs. 1 S. 3
Grundmandatsinhaber	nach § 75 Abs. 1 S. 3
Beamte auf Zeit	werden nicht vertreten
Hauptverwaltungsbeamte/ Hauptverwaltungsbeamter	– als Vorsitzende/r nach § 81 Abs. 2 S. 1 – keine Vertretung als stimmberechtigtes Mitglied

IV. Neubildung des Hauptausschusses

Nach § 71 Abs. 9 S. 2 i.V.m. § 75 Abs. 1 S. 6 müssen zwei Voraussetzungen für eine Neubesetzung des Hauptausschusses vorliegen: Die Zusammensetzung des Ausschusses entspricht nicht mehr dem Stärkeverhältnis der Fraktionen und Gruppen in der Vertretung, und es muss ein Neubesetzungsantrag gestellt werden. Bei der Neubildung sind die Fraktionen und Gruppen nicht daran gehindert, die bisherigen Mitglieder des Hauptausschusses erneut zu benennen.

Nach § 71 Abs. 9 S. 3 i.V.m. § 75 Abs. 1 S. 6 können Fraktionen und Gruppen die durch sie benannten Mitglieder des Hauptausschusses jederzeit aus dem Hauptausschuss abberufen und durch andere ersetzen. Diese Bestimmung bezieht sich sowohl auf die stimmberechtigten Ausschussmitglieder als auch auf die Grundmandatsinhaber. Hierfür ist ein feststellender Ratsbeschluss nach § 71 Abs. 5 notwendig. Die Mitgliedschaft im Hauptausschuss beginnt für das »Neumitglied« erst mit dem Feststellungsbeschluss und nicht bereits mit der Entscheidung der Fraktion oder Gruppe über den »Austausch«.[513]

Fallbeispiel:
Zu Beginn der Wahlperiode haben sich in der Vertretung der Stadt Delligsen (52.355 Einwohner) folgende Fraktionen gebildet:

CDU-Fraktion	=	22 Mitglieder
SPD-Fraktion	=	16 Mitglieder
Grüne-Fraktion	=	3 Mitglieder

Abgeordneter Wolter gehört keiner Fraktion an.

[512] VGH München, BayVBl. 1960, 192 (193).
[513] Blum/Häusler/Meyer-Schwind, NKomVG, § 71 Rdnr. 27.

Wegen Nichtberücksichtigung bei einer parteiinternen Kandidatenaufstellung war die Abgeordnete Schneider am 15.9. aus der CDU-Fraktion ausgetreten und hatte gemeinsam mit dem Abgeordneten Wolter die Gruppe Bürgerbündnis gebildet. Aufgrund der neuen Situation beantragte die Grüne-Fraktion mit Schreiben vom 25.9. die Neubildung des Hauptausschusses.
Muss dem Antrag entsprochen werden und wie setzt sich der Hauptausschuss künftig zusammen?

Hinweis:
In der konstituierenden Sitzung wurde kein Erhöhungsbeschluss nach § 74 Abs. 2 S. 2 gefasst, und es wurde auch kein abweichendes Verfahren beschlossen (§ 71 Abs. 10 i.V.m. § 75 Abs. 1 S. 1).

Lösung:
Der Hauptausschuss muss auf Antrag hin neu gebildet werden, wenn seine Zusammensetzung nicht mehr dem Stärkeverhältnis der Fraktionen und Gruppen der Vertretung entspricht (§ 71 Abs. 9 S. 2 i.V.m. § 75 Abs. 1 S. 6). Ein Antrag auf Neubildung wurde gestellt. Fraglich ist, ob die Zusammensetzung des Hauptausschusses noch dem neuen Stärkeverhältnis der Fraktionen und Gruppen entspricht. Es ist eine Vergleichsberechnung vor und nach dem Fraktionsaustritt der Abgeordneten Gerber vorzunehmen. Nach § 74 Abs. 1 S. 1 Nr. 2 i.V.m. § 74 Abs. 2 S. 1 hat hier der Hauptausschuss 8 Beigeordnete, die von der Vertretung aus der Mitte der Abgeordneten bestimmt werden (§ 75 Abs. 1 S. 1). Da kein abweichendes Verfahren beschlossen worden ist, richtet sich die Sitzverteilung nach dem Hare-Niemeyer-Verfahren (§ 71 Abs. 2, 3, 4 i.V.m. § 75 Abs. 1 S. 1). Es ist zu berücksichtigen, dass der CDU-Fraktion mit 22 Mitgliedern zwar die Mehrheit der insgesamt 42 Abgeordneten angehören, sie aber nach dem »reinen« Proportionalverfahren nach Hare-Niemeyer aber nicht die Mehrheit der Ausschusssitze erhält. Für diesen Fall wird das »modifizierte« Proportionalverfahren nach § 71 Abs. 3 angewandt, wonach die CDU- Fraktion einen »Vorabsitz« erhält.

Fraktionen/ Gruppe	**Stärke der Berechnung**	**Sitze nach ganzen Zahlen**	**Sitze nach Vorabsitz**	**Sitze nach Bruchteilen**	**Sitze insgesamt**
CDU = 22 Abg.	8 x 22 41 = 4,29	4	1	./.	**5**
SPD = 16 Abg.	8 x 16 41 = 3,12	3	./.	./.	**3**
Grüne = 3 Abg.	8 x 3 41 = 0,59	./.	./.	./.	./.
= 41 Abg.	= 8,00	7	1	./.	**8**

Vor dem Fraktionsaustritt standen der CDU-Fraktion 5 und der SPD-Fraktion 3 Beigeordnetensitze zu, während die Grünen ein Grundmandat (§ 71 Abs. 4 S. 1 i.V.m. § 75 Abs. 1 S. 1 Nr. 2) beanspruchen konnten.[514]

[514] Der fraktionslose Abgeordnete Wolter war nicht in die Berechnung einzubeziehen; nach § 71 Abs. 2 S. 1 werden die zu verteilenden Sitze auf die in der Vertretung vertretenen Fraktionen u. Gruppen (mindestens zwei Abgeordnete, § 57 Abs. 1) verteilt.

Stärke der Fraktionen/Gruppe	Stärke der Berechnung	Sitze nach ganzen Zahlen	Sitze nach Bruchteilen	Sitze insgesamt
CDU = 21 Abg.	8 x 21 42 = 4,00	4	./.	**4**
SPD = 16 Abg.	8 x 16 42 = 3,05	3	./.	**3**
Grüne = 3 Abg.	8 x 3 42 = 0,57	./.	1	**1**
Bürgerbündnis = 2 Abg.	8 x 2 42 = 0,38	./.	./.	./.
= 42 Abg.	= 8,00	7	1	**8**

Nach dem Fraktionsaustritt hat die CDU-Fraktion Anspruch auf 4, die SPD-Fraktion auf 3 und die Grünen-Fraktion auf 1 Beigeordnetensitz. Der Gruppe Bürgerbündnis steht ein Grundmandat im Hauptausschuss zu. Die Zusammensetzung des Hauptausschusses entspricht nicht mehr dem Stärkeverhältnis der Fraktionen und Gruppen. Alle Voraussetzungen nach § 71 Abs. 9 S. 2 i.V.m. § 75 Abs. 1 S. 6 sind gegeben, so dass der Hauptausschuss neu gebildet werden muss. Der Hauptausschuss der Stadt Delligsen setzt sich nach der Neubildung gem. § 74 Abs. 1 S. 1 wie folgt zusammen:

- Hauptverwaltungsbeamtin oder Hauptverwaltungsbeamter
- 4 Beigeordnete der CDU-Fraktion
- 3 Beigeordnete der SPD-Fraktion
- 1 Beigeordnete(r) der Grünen-Fraktion
- 1 Grundmandatinhaber der Gruppe Bürgerbündnis
- ggf. weitere Beamte auf Zeit gem. Hauptsatzung

V. Fortführung der Tätigkeit des Hauptausschusses

Der Hauptausschuss führt seine Tätigkeit nach Ablauf der Wahlperiode bis zur ersten Sitzung des neu gebildeten Hauptausschusses fort (§ 75 Abs. 2 S. 1), um eine Kontinuität nach Ablauf der Wahlperiode zu gewährleisten. Das gleiche gilt auch für die Auflösung der Vertretung (§ 75 Abs. 2 S. 2). Die Beigeordneten und Grundmandatsinhaber sind im Hauptausschuss weiterhin tätig, unabhängig davon, ob sie wieder in die neue Vertretung gewählt worden sind. Es ist auch nicht erforderlich, dass diese Mitglieder für die neue Vertretung wieder kandidiert haben.

Die Regelung nach § 75 Abs. 2 S. 1 gilt nicht für die Hauptverwaltungsbeamtin oder den Hauptverwaltungsbeamten, da deren oder dessen Beamtenverhältnis kraft Gesetzes mit dem Amtsantritt der neuen Hauptverwaltungsbeamtin oder des neuen Hauptverwaltungsbeamten endet (§ 80 Abs. 5 S. 5).

VI. Aufgaben des Hauptausschusses

Dem Hauptausschuss obliegen Aufgaben nach § 76 Abs. 1, 4 und 6, spezielle Zuständigkeiten, von der Vertretung übertragene Aufgaben, Vorbehalts- und Vorlagebeschlüsse, sowie Aufgaben nach der Lücken- oder Auffangzuständigkeit.

1. AUFGABEN NACH § 76 ABS. 1, 4, 6

- Vorbereitung der Beschlüsse der Vertretung (Abs. 1)
  Grundsätzlich müssen alle Beschlüsse der Vertretung vorbereitet werden. Anerkannt ist jedoch, dass aus systematischen und teleologischen Gründen Ausnahmen vom Vorbereitungsgebot erforderlich sind.[515]

- Entscheidung über Widersprüche (Abs. 4)
  Der Hauptausschuss beschließt über Widersprüche im eigenen Wirkungskreis (§ 76 Abs. 4 S. 1). Diese Zuständigkeitsregelung gilt nicht, wenn eine Entscheidung der Vertretung angefochten wird. Der Hauptausschuss hat zudem keine Zuständigkeit, wenn gesetzlich etwas anderes bestimmt ist oder er die Zuständigkeit für die Entscheidung über Widersprüche nach § 76 Abs. 4 S. 1 auf die Hauptverwaltungsbeamtin oder den Hauptverwaltungsbeamten übertragen hat, was in der Praxis häufig der Fall ist. Der Beschluss über einen Widerspruch ist zu trennen von der im Widerspruchsverfahren jederzeit möglichen **Abhilfeentscheidung** (§ 72 VwGO), denn die Abhilfeentscheidung ergeht regelmäßig als Angelegenheit der laufenden Verwaltung i.S.v. § 85 Abs. 1 Nr. 7, die in die alleinige Zuständigkeit der Hauptverwaltungsbeamtin oder des Hauptverwaltungsbeamten fällt, wenn keine Sonderregelungen bestehen.[516]

- Abstimmung der Tätigkeit der Ausschüsse (Abs. 6)
  Diese Vorschrift charakterisiert die zentrale Steuerungs- und Lenkungsfunktion des Hauptausschusses und betont dessen Verantwortung für eine sachgerechte und ordnungsgemäße Vorbereitung von Entscheidungen der Vertretung.[517] Der Hauptausschuss wirkt darauf hin, dass die Tätigkeit der Ausschüsse aufeinander abgestimmt wird (§ 76 Abs. 6). Diese Aufgabe wird insbesondere im Zusammenhang mit der Vorbereitung der Beschlüsse der Vertretung wahrgenommen, wenn z. B. von den Ausschüssen abweichende Beschlussempfehlungen abgegeben wurden.[518]

---

515 Vgl. Ausführungen dazu unter Siebter Teil, Kapitel F. III.
516 Blum/Häusler/Meyer-Schwind, NKomVG, § 76 Rdnr. 42.
517 Blum/Häusler/Meyer-Schwind, NKomVG, § 76 Rdnr. 45.
518 Blum/Häusler/Meyer-Schwind, NKomVG, § 76 Rdnr. 45 f.

2. SPEZIELLE ZUSTÄNDIGKEITEN

Der Hauptausschuss hat u. a. folgende Einzelzuständigkeiten:

- Entscheidung über die Zulässigkeit von Einwohneranträgen (§ 31 Abs. 5 S. 1) sowie Bürgerbegehren (§ 32 Abs. 7 S. 1),
- Verfolgung und Ahndung von Ordnungswidrigkeiten wegen der Weigerung der Übernahme einer ehrenamtlichen Tätigkeit (§ 39 Abs. 2 S. 4) und wegen Verletzung der Amtsverschwiegenheit (§ 40 Abs. 2 i.V.m. § 39 Abs. 2 S. 4),
- Aufgaben als höherer Dienstvorgesetzter der übrigen Beamtinnen und Beamten der Kommune (z. B. als Einleitungsbehörde in Disziplinarangelegenheiten § 127 Abs. 1 Nr. 2 NDO i.V.m. § 107 Abs. 5 S. 3) mit Ausnahme der Hauptverwaltungsbeamtin oder des Hauptverwaltungsbeamten,
- Zuständigkeit für beamtenrechtliche Entscheidungen, wenn die oberste Dienstbehörde berechtigt ist, die ihr obliegenden Aufgaben auf andere Behörden zu übertragen (§ 107 Abs. 6 S. 1), so z. B. Verbot der Amtsführung (§ 39 Abs. 1 BeamtStG), Verweigerung einer Aussagegenehmigung (§ 37 Abs. 4 BeamtStG), Genehmigung einer Nebentätigkeit (§ 40 BeamtStG),
- Einstellung, Eingruppierung und Entlassung von Arbeitnehmerinnen und Arbeitnehmern im Einvernehmen mit der Hauptverwaltungsbeamtin oder dem Hauptverwaltungsbeamten (§ 107 Abs. 4 S. 2),
- Entscheidungen in Fällen, in denen die Hauptverwaltungsbeamtin oder der Hauptverwaltungsbeamte der Auffassung ist, dass ein Beschluss des Betriebsausschusses das Gesetz verletzt, die Befugnisse des Ausschusses überschreitet oder das Wohl der Kommune gefährdet (§ 140 Abs. 3 S. 2),
- Entscheidungen in Fällen, in denen die Hauptverwaltungsbeamtin oder der Hauptverwaltungsbeamte das Wohl der Kommune durch den Beschluss eines Ausschusses nach § 76 Abs. 3 für gefährdet hält (§ 88 Abs. 4 S. 3),
- Treffen von Eilentscheidungen (§ 89 S. 1), wenn die vorherige Entscheidung der Vertretung nicht eingeholt werden kann.

3. DELEGIERTE AUFGABEN

Der Hauptausschuss entscheidet in Angelegenheiten, die ihm von der Vertretung übertragen worden sind:
- Überwachung der Durchführung der Beschlüsse der Vertretung und des sonstigen Verwaltungsablaufs (§ 58 Abs. 5),
- Ernennung von Gruppen von Beamten im Einvernehmen mit der Hauptverwaltungsbeamtin oder dem Hauptverwaltungsbeamten (§ 107 Abs. 4 S. 1).

4. VORBEHALTSBESCHLÜSSE

Der Hauptausschuss beschließt zudem über Angelegenheiten (§ 76 Abs. 2 S. 2), wenn
- er sich im Einzelfall die Beschlussfassung vorbehalten hat,
- ein Geschäft der laufenden Verwaltung (§ 85 Abs. 1 S. 1 Nr. 7) vorliegt und

- die Hauptverwaltungsbeamtin oder der Hauptverwaltungsbeamte in der Sache noch keine abschließende Entscheidung getroffen hat.

5. VORLAGEBESCHLÜSSE

Die Hauptverwaltungsbeamtin oder der Hauptverwaltungsbeamte kann dem Hauptausschuss einzelne Geschäfte der laufenden Verwaltung zur Beschlussfassung vorlegen (§ 76 Abs. 2 S. 3). Der Hauptausschuss kann, muss aber nicht in der Angelegenheit entscheiden, sondern er ist berechtigt, die Angelegenheit der Hauptverwaltungsbeamtin oder dem Hauptverwaltungsbeamten zurückzugeben. Es besteht darüber hinaus die Möglichkeit, diese Angelegenheit der Vertretung zur Beschlussfassung vorzulegen (§ 58 Abs. 3 S. 3). Der Betriebsausschuss kann alle seine Beschlusszuständigkeiten dem Hauptausschuss vorlegen (§ 76 Abs. 2 S. 4).

6. LÜCKEN- ODER AUFFANGZUSTÄNDIGKEIT

Der Hauptausschuss beschließt über Angelegenheiten, für die nicht die Vertretung, der Stadtbezirksrat, der Ortsrat, der Betriebsausschuss oder die Hauptverwaltungsbeamtin oder der Hauptverwaltungsbeamte nach § 85 zuständig ist (sog. Lücken- oder Auffangzuständigkeit). Es handelt sich um eine Zuständigkeitsvermutung zugunsten des Hauptausschusses. Dieser ist nach dem Aufbau des NKomVG im Zweifel stets zuständig, nicht etwa die Vertretung als Hauptorgan (§ 45 Abs. 1 S. 1) der Kommune.[519] Unter die Lückenkompetenz fallen z. B. der Ankauf von Grundstücken oder die Vergabe von Aufträgen, sofern diese Angelegenheiten nicht aufgrund nur geringer Bedeutung zu den Geschäften der laufenden Verwaltung zu rechnen sind.[520] Auch die Errichtung nichtwirtschaftlicher öffentlicher Einrichtungen (z. B. Bücherei) oder Maßnahmen der Gefahrenabwehr, die nicht zu den Geschäften der laufenden Verwaltung gehören, sind unter die Auffangzuständigkeit des § 76 Abs. 2 zu subsumieren.[521]

In jedem Falle ist zunächst zu prüfen, ob es sich bei der Aufgabe um ein Geschäft der laufenden Verwaltung (§ 85 Abs. 1 Nr. 7) handelt. Es ist zu beachten, dass sich die Vertretung bei den unter § 76 Abs. 2 fallenden Aufgaben die Beschlussfassung vorbehalten kann. Auch der Hauptausschuss kann sie der Vertretung zur Entscheidung vorlegen (§ 58 Abs. 3 S. 3). Die Vertretung kann die Entscheidungszuständigkeit nach Abs. 2 S. 1 für bestimmte Gruppen von Angelegenheiten durch Hauptsatzung auf einen Ausschuss nach § 71 übertragen (§ 76 Abs. 3). Die Satzungsregelung ist bis zum Endes der Wahlperiode zu befristen; sie kann geändert oder aufgehoben werden.

---

[519] Vgl. Blum/Häusler/Meyer-Schwind, NKomVG, § 76 Rdnr. 22.
[520] Vgl. Ipsen, Rdnr. 426.
[521] Vgl. Ipsen, Rdnr. 426; vgl. Blum/Häusler/Meyer-Schwind, NKomVG, § 76 Rdnr. 22.

7. RECHTE DES HAUPTAUSSCHUSSES

Neben den genannten Zuständigkeiten hat der Hauptausschuss im Rahmen der Erfüllung seiner Aufgaben folgende Rechte:

- Recht auf Unterrichtung durch die Hauptverwaltungsbeamtin oder den Hauptverwaltungsbeamten in wichtigen Angelegenheiten (§ 85 Abs. 4) sowie bei Eilentscheidungen, die durch die Hauptverwaltungsbeamtin oder den Hauptverwaltungsbeamten im Einvernehmen mit einer Stellvertreterin oder einem Stellvertreter nach § 81 Abs. 2 getroffen wurden (§ 89 S. 3),
- Recht, von der Hauptverwaltungsbeamtin oder dem Hauptverwaltungsbeamten Auskünfte in allen Verwaltungsangelegenheiten zu verlangen und zu allen Verwaltungsangelegenheiten Stellung zu nehmen (§ 77 S. 1); ausgenommen sind lediglich die der Geheimhaltung unterliegenden Angelegenheiten (§ 77 S. 2),
- Recht, dem Rechnungsprüfungsamt Aufträge zur Prüfung der Verwaltung zu erteilen (§ 153 Abs. 1 S. 2),
- Recht, seine Zuständigkeiten im Einzelfall oder für bestimmte Aufgabengebiete auf die Hauptverwaltungsbeamtin oder den Hauptverwaltungsbeamten zu übertragen (§ 76 Abs. 5 S. 1),
- Einspruchsrecht gegen Beschlüsse der Vertretung, eines Stadtbezirksrates, eines Ortsrates, wenn er das Wohl der Kommune für gefährdet hält (§ 79 S. 1). Der Einspruch hat aufschiebende Wirkung und führt dazu, dass das zuständige Organ nochmals in einer neuen Sitzung über die Angelegenheit beschließen muss (§ 79 S. 3). Sofern dieses den Ausgangsbeschluss bestätigt, kann der Hauptausschuss nicht erneut gegen den neuen Beschluss vorgehen.

Fallbeispiele:

Grundstücksankauf
Eine Kommune (17.465 Einwohner) beabsichtigt, ein Grundstück im Wert von 175.000 € zu erwerben.

Eine konkrete Zuständigkeitszuweisung an ein Organ ist nicht gegeben, insbesondere handelt es sich nicht um die Verfügung von Gemeindevermögen, da die veranschlagten Haushaltsmittel (Geld) nicht zum Vermögen der Kommune i.S.d. § 58 Abs. 1 Nr. 14 zählen. Erst das erworbene Grundstück wird Teil des Anlagevermögens der Kommune (§ 46 Nr. 2 GemHVO). Aufgrund des hohen Kaufpreises liegt kein Geschäft der laufenden Verwaltung vor, so dass der Hauptausschuss nach der Lückenkompetenz (§ 76 Abs. 2 S. 1) zuständig ist.

Grundstückstausch
Die Stadt Bockel (47.970 Einwohner) benötigt für eine Rathauserweiterung ein angrenzendes Grundstück (Wert: 95.000 €). Der Eigentümer ist zur Abgabe des Grundstücks unter der Voraussetzung bereit, dass er dafür im Wege des Grundstückstausches ein der Stadt gehörendes Grundstück (Wert: 125.000 €) unter Zuzahlung von 30.000 € erhält.

Es bestehen folgende Wertgrenzen:

für Geschäfte der laufenden Verwaltung:	50.000 €
nach § 58 Abs. 1 Nr. 14	100.000 €

Bei dem Grundstückstausch handelt es sich um die Zusammenfassung zweier Rechtsgeschäfte, um den Ankauf und den Verkauf je eines Grundstücks. Für die Entscheidung über den Grundstücksankauf (95.000 €) ist hier der Hauptausschuss zuständig (vgl. Fall zuvor). Über den Grundstücksverkauf (125.000 €) entscheidet hingegen die Vertretung nach § 58 Abs. 1 Nr. 14, weil die in der Hauptsatzung festgelegte Wertgrenze von 100.000 € überschritten wird. Da hier die Entscheidungen über den An- und Verkauf untrennbar miteinander verbunden sind, trifft die Vertretung als Hauptorgan (§ 45 Abs. 1 S. 1) die Entscheidung über dieses einheitliche Rechtsgeschäft.

<u>*Bestellung eines Fachbereichsleiters*</u>
Auf die interne Ausschreibung zur Besetzung einer Fachbereichsleiterstelle sind mehrere Bewerbungen eingegangen. Die Vertretung hat sich die Beschlussfassung über die Stellenbesetzung vorbehalten. Ein Beschlussvorbehalt der Vertretung (§ 58 Abs. 3 S. 1) ist gegenüber der Hauptverwaltungsbeamtin oder dem Hauptverwaltungsbeamten nur bei Geschäften der laufenden Verwaltung (§ 85 Abs. 1 S. 1 Nr. 7) möglich. Über die Besetzung der Fachbereichsleiterstelle (Umsetzung) entscheidet der Hauptverwaltungsbeamte im Rahmen seiner Leitungsfunktion gem. § 85 Abs. 3 S. 1; der Beschlussvorbehalt durch die Vertretung ist rechtswidrig.

<u>*Widerspruch gegen gemeindliches Vorkaufsrecht*</u>
Die Kommune hatte entsprechend § 28 Abs. 2 S. 1 BauGB in einem Grundstücksgeschäft ihr gesetzliches Vorkaufsrecht ausgeübt, wogegen der Grundstückskäufer Widerspruch eingelegt hatte.

Da die Vertretung weder aufgrund besonderer gesetzlicher Regelung zuständig ist, noch zuvor in dieser Angelegenheit entschieden hatte, beschließt der Hauptausschuss (§ 76 Abs. 4 S. 1) über diesen Widerspruch im eigenen Wirkungskreis, sofern nicht die Zuständigkeit auf die Hauptverwaltungsbeamtin oder den Hauptverwaltungsbeamten übertragen wurde (§ 76 Abs. 5 S. 1).

<u>*Anmietung eines Verwaltungsgebäudes*</u>
Wegen der beengten räumlichen Verhältnisse im Rathaus soll ein Gebäude für die Dauer von zehn Jahren zu einem Mietpreis von 10.000 €/Monat angemietet werden. Die Wertgrenze für Geschäfte der laufenden Verwaltung beträgt nach der Hauptsatzung 20.000 €.

Eine konkrete Zuständigkeitszuweisung an ein Organ liegt nicht vor. Maßgeblich ist hier der Jahresbetrag[522] von 120.000 €, so dass die Entscheidung über den Abschluss des Mietvertrages nicht zu den Geschäften der laufenden Verwaltung zählt. Zuständig ist der Hauptausschuss nach § 76 Abs. 2 S. 1.

---

[522] Sandfuchs, S. 360.

Fallvariante
Vermieter des o. g. Gebäudes ist Ratsherr Kaiser. Die Hauptsatzung der Kommune enthält folgende Regelung:

Für Verträge der Kommune gemäß § 58 Abs. 1 Nr. 20 ist die Vertretung zuständig; ausgenommen sind Verträge aufgrund einer förmlichen Ausschreibung oder Geschäfte der laufenden Verwaltung bis zu einem Vermögenswert von 10.000 € beziehungsweise bei Abschluss von Miet- und Pachtverträgen von 8.000 € (Jahresbetrag).

Für die Entscheidung ist die Vertretung gem. § 58 Abs. 1 Nr. 20 zuständig. Es geht um einen Mietvertrag mit einem Mitglied der Vertretung. Eine förmliche Ausschreibung hat nicht stattgefunden und der in der Hauptsatzung festgelegte Betrag von 8.000 €/Jahr ist überschritten.

Auftragsvergaben
Die Vertretung der Stadt Alfeld (25.000 Einwohner) will künftig über alle Auftragsvergaben entscheiden, die einen Wert von 50.000 € übersteigen.

Es handelt sich um einen Beschlussvorbehalt der Vertretung gegenüber dem Hauptausschuss (§ 58 Abs. 3 S. 1). Die Vertretung kann sich bei dieser Gruppe von Angelegenheiten (alle Aufträge > 50.000 €) die Beschlussfassung zwar vorbehalten, müsste dies aber in der Hauptsatzung regeln (§ 58 Abs. 3 S. 2).

VII. Verfahrensregelungen im Hauptausschuss

1. BESCHLUSSFÄHIGKEIT

Ebenso wie die Vertretung kann auch der Hauptausschuss als **Kollegialorgan** seinen Willen nur durch Beschlüsse bilden. Grundlegende Voraussetzung ist, dass der Hauptausschuss beschlussfähig ist. Dies ist nach § 65 Abs. 1 S. 1 i.V.m. § 78 Abs. 4 der Fall, wenn nach ordnungsgemäßer Einberufung die Mehrheit der stimmberechtigten Mitglieder (Beigeordnete) anwesend ist (1. Alternative) oder wenn alle Mitglieder, also auch die **nicht stimmberechtigten Mitglieder**[523], anwesend sind und keines die fehlerhafte Einberufung rügt (2. Alternative).

Die Hauptverwaltungsbeamtin oder der Hauptverwaltungsbeamte lädt nach § 78 Abs. 1 S. 1 die Mitglieder des Hauptausschusses schriftlich oder durch elektronisches Dokument unter Mitteilung einer von ihm aufgestellten Tagesordnung nach Bedarf ein (§ 59 Abs. 1 S. 1 i.V.m. § 78 Abs. 4 S. 1). Sie oder er muss ihn einberufen, wenn ein Drittel der Beigeordneten dies unter Angabe des Beratungsgegenstandes verlangt (§ 78 Abs. 1 S. 2). Bei Ver-

[523] Sandfuchs, S. 469.

hinderung der Hauptverwaltungsbeamtin oder des Hauptverwaltungsbeamten obliegt die Einladung zur Sitzung des Hauptausschusses der ehrenamtlichen Stellvertreterin oder dem ehrenamtlichen Stellvertreter (§ 81 Abs. 2 S. 1). Die Vorschrift des § 59 Abs. 1 überlässt die Bestimmung der Ladungsfristen der Entscheidung der Vertretung durch **Geschäftsordnung.** Dabei wird es auch weiterhin erforderlich sein, zwischen einer normalen Ladungsfrist und einer solchen für Eilfälle zu unterscheiden.

Die Ladungsfrist für die **erste** Sitzung zu Beginn der Wahlperiode beträgt eine Woche (§ 59 Abs. 2 S. 2 i.V.m. § 78 Abs. 4 S. 1), weil sich die Vertretung erst in der ersten Sitzung eine Geschäftsordnung gibt.

2. VERTRETUNG DER MITGLIEDER

Die Hauptverwaltungsbeamtin oder der Hauptverwaltungsbeamte wird in ihrer oder seiner **Funktion als stimmberechtigtes Mitglied** im Hauptausschuss im Vertretungsfall **nicht vertreten.**[524] Dies kann zu Problemen bei der Beschlussfassung u. a. dann führen, wenn eine Pattsituation (zwei Fraktionen stellen z. B. je drei der insgesamt sechs Beigeordneten) gegeben ist. Ebenso kann bei fehlerhafter Ladung keine Beschlussfähigkeit über die 2. Alternative des § 65 Abs. 1 S. 1 herbeigeführt werden, da nicht alle Hauptausschussmitglieder anwesend sind.

3. VORBEREITUNG

Die Hauptverwaltungsbeamtin oder der Hauptverwaltungsbeamte hat die Beschlüsse des Hauptausschusses vorzubereiten (§ 85 Abs. 1 S. 1 Nr. 1) und dabei die Ausschüsse der Vertretung zu beteiligen (§ 85 Abs. 1 S. 2). Von dieser grundsätzlichen Verpflichtung kann sie oder er abweichen, wenn es z. B. die Eilbedürftigkeit erfordert.

4. ABSTIMMUNG

Mangels Sonderregelungen richtet sich die Beschlussfassung im Hauptausschuss grundsätzlich nach den allgemeinen Regelungen für die Beschlussfassung in der Vertretung, also nach § 78 Abs. 4 S. 1 i.V.m. § 66.

§ 78 Abs. 3 eröffnet die Möglichkeit, Beschlüsse im **Umlaufverfahren** zu fassen, wenn kein Hauptausschussmitglied widerspricht. Diese Regelung soll der Verwaltungsvereinfachung dienen und helfen, eine Sitzung des Hauptausschusses zu vermeiden.[525] Im Gegensatz zur Vertretung kann der Hauptausschuss seine Beschlüsse also auch außerhalb von Sitzungen fassen. Bei dieser Form der Beschlussfassung wird von der Hauptverwaltungsbeamtin oder

[524] Vgl. Ausführungen dazu unter Dritter Teil, Kapitel B. III.
[525] Blum/Häusler/Meyer-Schwind, NKomVG, § 78 Rdnr. 13.

dem Hauptverwaltungsbeamten eine **Vorlage** erstellt, in der die zu beschließende Angelegenheit genau bezeichnet und begründet wird. Die Vorlage geht allen Mitgliedern des Hauptausschusses nacheinander oder gleichzeitig zu. Die Mitglieder des Hauptausschusses erklären durch Unterschrift auf der Beschlussvorlage

1. ihr Einverständnis mit der Durchführung des Umlaufverfahrens (verfahrensrechtliche Frage),
2. ihre Zustimmung/Ablehnung/Enthaltung zu dem in der Sache gestellten Antrag (Sachfrage).

Nach früherer Rechtslage war eine entsprechende Beschlussfassung nur bei »einfachen Angelegenheiten« vorgesehen. Diese Einschränkung ist wegen praktisch unlösbarer Auslegungsschwierigkeiten durch Gesetz entfallen.[526] Bei der Frage, ob überhaupt im Umlaufverfahren entschieden werden soll, ist bereits die Nichtzustimmung eines Mitglieds des Hauptausschusses hinderlich, und zwar unabhängig davon, ob es sich um ein stimmberechtigtes oder beratendes Mitglied des Ausschusses handelt.[527] Die Wahl des Umlaufverfahrens ist nämlich gerade für nicht stimmberechtigte Ausschussmitglieder mit dem Nachteil verbunden, dass sie ihre Argumente zur Beschlussvorlage den stimmberechtigten Mitgliedern nicht vortragen können. Ein **Widerspruch** sollte deutlich machen, dass er sich gegen die Wahl des Umlaufverfahrens richtet und nicht gleichbedeutend mit einer sachlichen Ablehnung des Beschlussvorschlages sein muss. Bei einem entsprechenden Widerspruch gegen das Umlaufverfahren wird die Hauptverwaltungsbeamtin oder der Hauptverwaltungsbeamte zweckmäßigerweise eine Sitzung des Hauptausschusses einberufen oder die Möglichkeiten einer Eilentscheidung (§ 89) prüfen.

5. MITWIRKUNGSVERBOT

Das Mitwirkungsverbot (§ 41) findet auf die Beigeordneten und die Grundmandatsinhaber über § 54 Abs. 3 (nicht: § 78 Abs. 4) Anwendung, auf die Hauptverwaltungsbeamtin oder den Hauptverwaltungsbeamten und die weiteren Beamten auf Zeit hingegen über § 87 Abs. 4. Bei den Abgeordneten, die als Zuhörer an der Sitzung des Hauptausschusses teilnehmen, gilt § 41 entsprechend (§ 78 Abs. 2 S. 3).

Auch wenn bei der Beschlussfassung im **Umlaufverfahren** keine Beratung unter den Mitgliedern stattfindet, so ist das Mitwirkungsverbot stets zu beachten. Die von den Tatbestandsvoraussetzungen des § 41 Abs. 2, 3 Betroffenen dürfen u. a. nicht entscheidend an den Angelegenheiten der Kommune mitwirken (§ 41 Abs. 1 S. 1), was jedoch auch beim Umlaufverfahren der Fall wäre.

---

[526] Gesetz vom 19.3.2001, Nds.GVBl., S. 112.

[527] OVG Lüneburg, NST-N 1992, 120 (123); Blum/Häusler/Meyer-Schwind, NKomVG, § 78 Rdnr. 15.

6. LEITUNG DER SITZUNG

Die Sitzungsleitung obliegt der Hauptverwaltungsbeamtin oder dem Hauptverwaltungsbeamten als Vorsitzende oder Vorsitzender des Hauptausschusses (§ 74 Abs. 1 S. 3). Bei Verhinderung leitet die ehrenamtliche Stellvertreterin oder der ehrenamtliche Stellvertreter die Sitzung (§ 81 Abs. 2 S. 1).

7. AUSSCHLUSS VON MITGLIEDERN

Die Hauptverwaltungsbeamtin oder der Hauptverwaltungsbeamte als Leiter der Sitzung kann ein Mitglied des Hauptausschusses bei ungebührlichem oder wiederholt ordnungswidrigem Verhalten von der Sitzung ausschließen (§ 63 Abs. 2 S. 1 i.V.m. § 78 Abs. 4 S. 1). Der Hauptausschuss kann ein Mitglied, das sich grober Ungebühr oder wiederholter Zuwiderhandlungen gegen die zur Aufrechterhaltung der Ordnung erlassenen Anordnungen schuldig gemacht hat, auf bestimmte Zeit, höchstens auf sechs Monate, von der Mitarbeit ausschließen (§ 63 Abs. 3 i.V.m. 78 Abs. 4 S. 1). Der Beschluss bedarf der Mehrheit der **stimmberechtigten** Mitglieder des Hauptausschusses.

8. NICHTÖFFENTLICHKEIT

Die Sitzungen des Hauptausschusses sind ausnahmslos nichtöffentlich (§ 78 Abs. 2 S. 1). Alle Abgeordneten der Vertretung sind berechtigt, an den Sitzungen des Hauptausschusses als Zuhörerinnen oder Zuhörer teilzunehmen (§ 78 Abs. 2 S. 2). Trotz der Nichtöffentlichkeit der Sitzungen ist es zulässig, im Bedarfsfall Sachverständige oder sonstige Personen, die zur Sachaufklärung beitragen sollen, anzuhören.[528]

Fallbeispiel:
Bürgermeister Hermanns hatte zu einer Sitzung des Hauptausschusses der Gemeinde Seedorf (32.450 Einwohner) für Freitag um 19.00 Uhr geladen. Nachdem der Bürgermeister bis 19.15 Uhr auf das Erscheinen der Mitglieder gewartet hatte, eröffnete er schließlich die Sitzung, als mit dem Beigeordneten Nölle der vierte Beigeordnete erschienen war. Beigeordneter Schmidt rügte die kurzfristige Einladung, die er erst am Dienstag derselben Woche erhalten hätte. Bürgermeister Hermanns wies darauf hin, dass die Ladungsfrist für den Hauptausschuss nach der Geschäftsordnung drei Tage betrage und hier eindeutig gewahrt sei. Da allen Hauptausschussmitgliedern die vollständigen Einladungen am Dienstag durch Boten zugegangen waren, stellte er die Beschlussfähigkeit fest.

Lösung:
Der Hauptausschuss ist beschlussfähig, wenn nach ordnungsgemäßer Einberufung die Mehrheit seiner Mitglieder anwesend ist (§ 65 Abs. 1 S. 1 1. Alt. i.V.m. § 78 Abs. 4 S. 1). Ordnungsgemäß einberufen ist der Hauptausschuss, wenn die Voraussetzungen nach § 78

[528] Ipsen, NKomVG, § 78 Rdnr. 6.

Abs. 1 S. 1 und § 59 Abs. 1 S. 1 i.V.m. § 78 Abs. 4 S. 1 erfüllt sind. Zweifelhaft ist hier nur, ob die Ladungsfrist eingehalten worden ist. Die Frist beträgt nach der Geschäftsordnung der Vertretung drei Tage (§ 78 Abs. 4 S. 2). Für die Berechnung der Frist gelten §§ 187 Abs. 1, 188 Abs. 1 BGB analog. Der Tag des Zugangs der Ladung wird bei der Berechnung nicht berücksichtigt. Der Zugang ist das für den Anfang der Frist maßgebende Ereignis (§ 187 Abs. 1 BGB analog). Die Frist beginnt hier am Mittwoch zu laufen und endet somit am Freitag um 24.00 Uhr. Da die Sitzung bereits am Freitag stattfindet, ist die Ladungsfrist nicht eingehalten worden. Der Hauptausschuss war nach der 1. Alternative nicht beschlussfähig.

Der Hauptausschuss ist auch nach der 2. Alternative des § 65 Abs. 1 S. 1 nicht beschlussfähig, da zum einen lediglich fünf von neun stimmberechtigten Mitgliedern (Hauptverwaltungsbeamter und acht Beigeordnete) anwesend waren und zum anderen durch den Beigeordneten Schmidt die Verletzung der Ladungsvorschriften gerügt wurde. Die entgegenstehende Feststellung des Bürgermeisters ändert an der Beschlussunfähigkeit des Hauptausschusses nichts.

C. DIE HAUPTVERWALTUNGSBEAMTIN/DER HAUPTVERWALTUNGSBEAMTE

I. Wahl

1. WAHL UND AMTSZEIT

Die Hauptverwaltungsbeamtin oder der Hauptverwaltungsbeamte wird von den Bürgerinnen und Bürgern nach den Vorschriften des NKWG über die Direktwahl für eine Amtszeit von **acht Jahren** gewählt (§ 80 Abs. 1).[529]

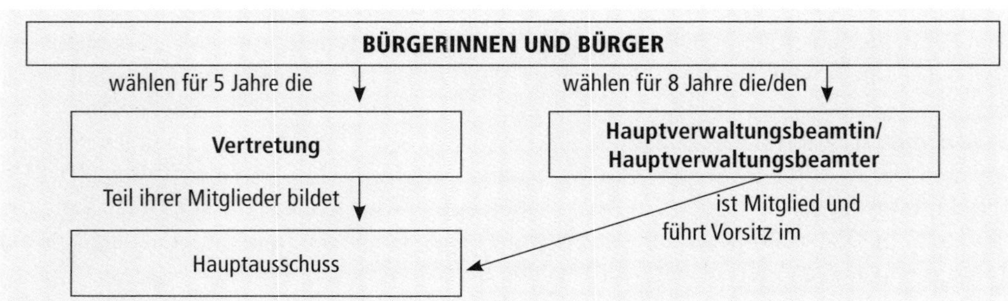

[529] Es ist geplant, die Amtszeiten der Hauptverwaltungsbeamtin bzw. des Hauptverwaltungsbeamten auf fünf Jahre zu verkürzen. Einen entsprechenden Gesetzentwurf brachte die Niedersächsische Landesregierung am 23.7.2013 ein, vgl. http://www.stk.niedersachsen.de/aktuelles/presseinformationen/landesregierung-beschliet-gemeinsame-wahl-von-kommunalen-vertretungen-und-hauptverwaltungsbeamten-116942.html (zuletzt besucht am 12.9.2013). Siehe zu diesem Thema Meyer, DVP 2013, S. 56–58.

2. ZEITPUNKT DER WAHL

Die Wahl findet innerhalb von sechs Monaten vor Ablauf der Amtszeit (§ 80 Abs. 2 S. 1 Nr. 1) der bisherigen Stelleninhaberin oder des bisherigen Stelleninhabers beziehungsweise deren oder dessen Eintritt in den Ruhestand (§ 80 Abs. 2 S. 1 Nr. 2) statt. Scheidet die Hauptverwaltungsbeamtin oder der Hauptverwaltungsbeamte aus einem anderen als dem in § 80 Abs. 2 S. 1 Nr. 2 genannten Grund vorzeitig aus dem Amt aus, so wird die neue Hauptverwaltungsbeamtin oder der neue Hauptverwaltungsbeamte innerhalb von sechs Monaten nach dem Ausscheiden gewählt (§ 80 Abs. 2 S. 2). Die Wahl kann bis zu drei Monate später und in dem Fall des § 80 Abs. 2 S. 1 Nr. 1 bis zu drei Monate früher stattfinden als in den Sätzen 1 und 2 vorgeschrieben, wenn dadurch die gemeinsame Durchführung mit einer anderen Wahl ermöglicht wird (§ 80 Abs. 2 S. 3). Den Wahltag bestimmt die Vertretung (§ 45 b Abs. 2 NKWG).

3. WÄHLBARKEITSVORAUSSETZUNGEN

Als Hauptverwaltungsbeamtin oder Hauptverwaltungsbeamter ist nach § 80 Abs. 4 wählbar, wer am Wahltag

1. mindestens 23 Jahre, aber noch nicht 65 Jahre alt ist,
2. nach § 49 Abs. 1 S. 1 Nr. 3 wählbar und nicht nach § 49 Abs. 2 von der Wählbarkeit ausgeschlossen ist, und
3. die Gewähr dafür bietet, jederzeit für die freiheitlich demokratische Grundordnung i.S.d. Grundgesetzes einzutreten.

Es ist nicht erforderlich, dass die Bewerberin oder der Bewerber ihren oder seinen Wohnsitz in der Kommune hat. Eine bestimmte Vor- und Ausbildung (Qualifikation) wird für das Amt der Hauptverwaltungsbeamtin oder des Hauptverwaltungsbeamten durch das NKomVG nicht gefordert.[530] Gesetzlich ist nicht geregelt, dass die Hauptverwaltungsbeamtin oder der Hauptverwaltungsbeamte – wie die übrigen Beamten auf Zeit (§ 109 Abs. 2 S. 2) – z. B. die erforderliche »Sachkunde« haben muss. Hat allerdings die Hauptverwaltungsbeamtin oder der Hauptverwaltungsbeamte in kreisfreien Städten, in großen selbständigen Städten, in Landkreisen und in der Region Hannover nicht die durch Prüfung erworbene Befähigung für den höheren allgemeinen Verwaltungsdienst oder zum Richteramt, dann muss dem Leitungspersonal (Dezernenten, Amtsleiter und deren Vertreter) ein Beamter angehören, der diese Fähigkeit besitzt (§ 107 Abs. 1 S. 2). In den übrigen Kommunen muss dem Leitungspersonal eine Beamtin oder ein Beamter mit der Befähigung für die Laufbahn der Laufbahngruppe 2 der Fachrichtung Allgemeine Dienste angehören, die oder der mit der dem Erwerb der Befähigung zugrunde liegenden Qualifikation vertiefte Kenntnisse des allgemeinen und besonderen Verwaltungsrechts erworben hat (§ 107 Abs. 1 S. 3).

---

[530] Blum/Häusler/Meyer-Mielke, NKomVG, § 80 Rdnr. 22; Thiele, NKomVG, § 80 Erl. 1; LT-Drs. 13/1450, S. 99, 110, 111.

4. WAHLVORSCHLÄGE/KANDIDATUR

Eine **Stellenausschreibung** ist gesetzlich nicht vorgesehen. § 9 Abs. 1 NBG findet keine Anwendung, da keine Auswahl nach Eignung, Befähigung und fachlicher Leistung vorzunehmen ist. Der Wahltag muss allerdings spätestens am 120. Tag vor der Wahl von der Wahlleitung öffentlich bekannt gemacht werden (§ 45 b Abs. 3 S. 1 NKWG), so dass Interessenten Kenntnis über die zu besetzende Stelle erlangen können. Wahlvorschläge können von Parteien, Wählergruppen oder Einzelpersonen bei der Wahlleitung eingereicht werden (§ 21 Abs. 1, 2 NKWG). Während die Wahlvorschläge von Wählergruppen und Einzelpersonen von mindestens fünfmal, in Kommunen bis zu 9.000 Einwohnern von mindestens dreimal so viel Wahlberechtigten des Wahlgebiets, wie der Vertretung an Abgeordneten angehören, unterschrieben werden müssen (§ 45 d Abs. 3 S. 2 NKWG), sind die (größeren) Parteien von diesem Erfordernis in der Regel befreit (§§ 45 d Abs. 4, 21 Abs. 10 NKWG).

Die Kandidatur als Bürgermeisterin oder Bürgermeister in mehreren Gemeinden oder zugleich als Bürgermeisterin oder Bürgermeister einer Gemeinde und als Landrätin oder Landrat eines Landkreises (= Direktwahlen) ist nicht möglich (§ 45 d Abs. 5 S. 1 NKWG), wohl aber zugleich als Abgeordnete oder Abgeordneter und als Hauptverwaltungsbeamtin oder Hauptverwaltungsbeamter. Wahrgenommen werden kann im Falle der Wahl entweder nur das Amt der Hauptverwaltungsbeamtin oder des Hauptverwaltungsbeamten oder das Abgeordnetenmandat. Wurde eine Person für beides gewählt, so muss sie innerhalb einer Woche gegenüber der Wahlleitung erklären, ob sie das Amt oder das Mandat annimmt (§ 40 Abs. 2 S. 1 NKWG). Wird innerhalb dieser Frist keine Erklärung abgegeben, so gilt die Wahl als Hauptverwaltungsbeamtin oder Hauptverwaltungsbeamter als nicht angenommen (§ 45 h S. 3) und das Mandat als Abgeordnete oder Abgeordneter als angenommen (§ 40 Abs. 1 S. 4 NKWG).

5. DURCHFÜHRUNG DER WAHL

Die Hauptverwaltungsbeamtin oder der Hauptverwaltungsbeamte wird **direkt** von den Wahlberechtigten in allgemeiner, unmittelbarer, freier, gleicher und geheimer Wahl (§ 4 Abs. 1 NKWG) nach den Grundsätzen der **Mehrheitswahl** gewählt. Jeder Wähler hat eine Stimme (§ 4 Abs. 3 NKWG). Die Stimmzettel müssen den Familiennamen, Vornamen, Geburtsjahr, Beruf und Wohnanschrift der Bewerber/-innen sowie den Wahlvorschlagsträger enthalten (§ 45 e S. 1 NKWG, § 40 Abs. 1 S. 2 NKWO).

6. WAHLERGEBNIS

a) Wahlergebnis bei mehreren Wahlvorschlägen

Als Hauptverwaltungsbeamtin oder Hauptverwaltungsbeamter ist gewählt, wer mehr als die Hälfte der gültigen Stimmen erhalten hat (§ 45 g Abs. 2 S. 2 NKWG). Erreicht keine der

Personen diese absolute Mehrheit, so ist eine Stichwahl zwischen den Personen durchzuführen, die bei der Wahl die meisten Stimmen erhalten haben (§ 45 g Abs. 2 S. 3 NKWG).[531]

b) Wahlergebnis bei nur einem Wahlvorschlag

Gibt es nur einen zugelassenen Wahlvorschlag, so ist die vorgeschlagene Person gewählt, wenn sie mehr Ja-Stimmen als Nein-Stimmen erhalten hat (§ 45 g Abs. 3 S. 1 NKWG). Erhält die vorgeschlagene Person nicht die nach Satz 1 erforderlichen Stimmen, so wird eine neue Direktwahl (§ 45 n NKWG) durchgeführt (§ 45 g Abs. 3 S. 2 NKWG). Das Wahlergebnis wird vom Wahlausschuss festgestellt (§ 45 g Abs. 1 NKWG). Die Wahlleitung benachrichtigt anschließend die gewählte Person (§ 40 Abs. 1 S. 1, § 45 h S. 1 NKWG), die dann binnen einer Woche schriftlich mitteilen muss, ob sie die Wahl annimmt (§ 45 h S. 2 NKWG). Sofern die Person sich nicht äußert, gilt die Wahl als nicht angenommen (§ 45 h S. 2 NKWG). Die Wahlprüfung und die Möglichkeiten des Wahleinspruchs richten sich nach §§ 46 ff. NKWG. Über die Wahleinsprüche entscheidet die Vertretung gem. §§ 46 Abs. 3 S. 3, 47 Abs. 1 S. 1 NKWG. Die betroffene Hauptverwaltungsbeamtin oder der betroffene Hauptverwaltungsbeamte darf an der Beratung und Entscheidung nicht mitwirken (§ 47 Abs. 3 NKWG).

II. Rechtsstellung und Beamtenverhältnis

Die Hauptverwaltungsbeamtin oder der Hauptverwaltungsbeamte ist **hauptamtlich** als Beamtin oder Beamter auf Zeit für die Kommune tätig (§ 80 Abs. 5 S. 1, 2). Die Amtszeit beträgt **acht Jahre** (§ 80 Abs. 1 S. 2). Als von den Bürgerinnen und Bürgern direkt gewähltes Mitglied der Vertretung ist die Hauptverwaltungsbeamtin oder der Hauptverwaltungsbeamte Politikerin oder Politiker. Gleichzeitig ist sie oder er Beamtin oder Beamter der Kommune und hat damit die einschlägigen Beamtenpflichten zu beachten. Dabei ist insbesondere auf die Verpflichtung zu unparteiischer Amtsführung und parteipolitischer Neutralität (§ 33 Abs. 2 BeamtStG) als hergebrachte Grundsätze des Berufsbeamtentums (Art. 33 Abs. 5 GG) zu achten. Von daher ist eine Mitgliedschaft in einer Fraktion/Gruppe gem. § 57 Abs. 1 ausgeschlossen.[532]

Wahlempfehlungen zugunsten einer Partei oder eines Wahlbewerbers, die die Hauptverwaltungsbeamtin oder der Hauptverwaltungsbeamte in amtlicher Eigenschaft abgibt, werden nicht durch das Grundrecht auf freie Meinungsäußerung gedeckt.[533] Ebenso wird durch die Wahlwerbung einer Hauptverwaltungsbeamtin oder eines Hauptverwaltungsbeamten für die Mitglieder seiner Partei in einem Zeitungsinterview das Neutralitätsgebot verletzt, wenn der Artikel nach Form und Inhalt eine hinreichende Trennung von privater

[531] Mit dem Gesetz zur Wiedereinführung der Stichwahl bei Direktwahlen vom 5.3.2013 (LT-Drs. 17/25, S. 1 ff.) führte der Gesetzgeber die im Jahr 2011 abgeschaffte Stichwahl wieder ein. Zu den Vor- und Nachteilen vgl. Seybold, DVP 2010, S. 411 ff. u. 453 ff.

[532] Vgl. Ausführungen dazu unter Dritter Teil, Kapitel A. VI. 2.

[533] BVerwG, NVwZ 2001, 928 (929); Blum/Häusler/Meyer-Mielke, NKomVG, § 80 Rdnr. 29.

Meinungsäußerung und einer Äußerung des Amtsträgers in dieser Funktion nicht erkennen lässt.[534]

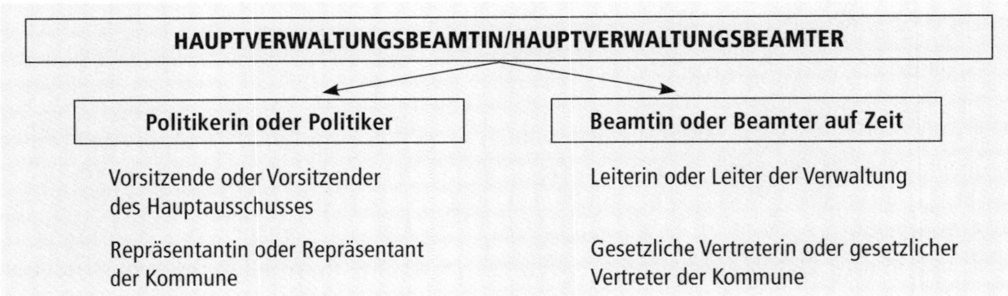

1. BEGINN DES BEAMTENVERHÄLTNISSES

Das Beamtenverhältnis auf Zeit wird kraft Gesetzes begründet (§ 80 Abs. 5 S. 3). Einer im Beamtenrecht grundsätzlich erforderlichen Ernennungsurkunde (§ 8 Abs. 2 BeamtStG) bedarf es nicht. Rechtsbegründend ist bereits die Wahl (§ 7 Abs. 4 NBG). Diese muss allerdings rechtmäßig sein (§ 80 Abs. 5 S. 4 NKomVG) und unterliegt der Wahlprüfung (§§ 46 ff. NKWG). Das Beamtenverhältnis beginnt nach **schriftlicher** Annahme der Wahl (§ 45 h S. 2 NKWG), jedoch nicht vor Ablauf des Tages, an dem die Amtszeit des bisherigen Stelleninhabers nach § 80 Abs. 1 S. 2 endet, oder vor Beginn des Ruhestandes des bisherigen Amtsinhabers nach § 83 S. 3. Die Hauptverwaltungsbeamtin oder der Hauptverwaltungsbeamte wird in der auf die Begründung des Beamtenverhältnisses folgenden Sitzung durch eine ehrenamtliche Stellvertreterin oder einen ehrenamtlichen Stellvertreter vereidigt (§ 81 Abs. 1 S. 1, 2). Ist noch keine ehrenamtliche Stellvertreterin oder kein ehrenamtlicher Stellvertreter gewählt worden, so nimmt das älteste anwesende und hierzu bereite Mitglied der Vertretung die Vereidigung vor (§ 81 Abs. 1 S. 3). Beamtenrechtlich ist die Vertretung sowohl oberste Dienstbehörde, höherer Dienstvorgesetzter als auch unmittelbarer Dienstvorgesetzter der Hauptverwaltungsbeamtin oder des Hauptverwaltungsbeamten (§ 107 Abs. 5 S. 1).

2. BEENDIGUNG DES BEAMTENVERHÄLTNISSES

Das Beamtenverhältnis auf Zeit endet mit dem Amtsantritt der Nachfolgerin oder des Nachfolgers (§ 80 Abs. 5 S. 5), ggf. vor Ablauf der Amtszeit von acht Jahren durch Abwahl der Hauptverwaltungsbeamtin oder des Hauptverwaltungsbeamten durch die Wahlberechtigten (§ 82 Abs. 1).

Im Übrigen endet das Beamtenverhältnis gem. § 21 BeamtStG, außer durch Tod, durch

- Entlassung,
- Verlust der Beamtenrechte,
- Entfernung aus dem Dienst nach den Disziplinargesetzen,
- Eintritt oder Versetzung in den Ruhestand.

[534] OVG Lüneburg, NdsVBl. 2008, 207 (207–210).

3. RUHESTAND AUF ANTRAG

Für Hauptverwaltungsbeamtinnen und Hauptverwaltungsbeamten gilt gemäß § 83 S. 1 keine Altersgrenze. § 37 NBG ist nicht anzuwenden.

Ohne Nachweis der Dienstunfähigkeit kann nach § 83 S. 3 die Hauptverwaltungsbeamtin oder der Hauptverwaltungsbeamte auf Antrag in den Ruhestand versetzt werden, wenn sie oder er zum Zeitpunkt des Beginns des Ruhestands

1. mindestens 65 Jahre alt ist und
2. das Amt der Hauptverwaltungsbeamtin oder des Hauptverwaltungsbeamten in der laufenden Amtszeit seit mindestens fünf Jahren innehat.

Über den Antrag entscheidet die **Kommunalaufsichtsbehörde** (§ 107 Abs. 5 S. 2). Die Entscheidung kann nicht zurückgenommen werden, § 83 S. 5. Nach § 83 S. 6 beginnt der Ruhestand mit dem Endes des sechsten Monats, der auf den Monat folgt, in dem der Hauptverwaltungsbeamtin oder dem Hauptverwaltungsbeamten die Verfügung über die Versetzung in den Ruhestand zugestellt wird.

4. RUHESTAND AUF ANTRAG AUS BESONDEREN GRÜNDEN

Die Hauptverwaltungsbeamtin oder der Hauptverwaltungsbeamte kann weiterhin die Versetzung in den Ruhestand mit der Begründung beantragen, dass ihr oder ihm das für die weitere Amtsführung **erforderliche Vertrauen** nicht mehr entgegengebracht wird (§ 84 S. 1). Der Antrag muss schriftlich bei der oder dem Vorsitzenden der Vertretung gestellt werden und bedarf der Zustimmung von drei Vierteln der Mitglieder der Vertretung (§ 84 S. 2). Die Entscheidung wird in einer besonderen Sitzung der Vertretung, die frühestens zwei Wochen nach Eingang des Antrags stattfindet, ohne Aussprache getroffen (§ 84 S. 3 i.V.m. § 82 Abs. 2 S. 2, 3.). Wenn die Vertretung dem Antrag zugestimmt hat und sofern die Voraussetzungen für die Gewährung eines Ruhegehalts erfüllt sind, versetzt die **Kommunalaufsichtsbehörde** die Hauptverwaltungsbeamtin oder den Hauptverwaltungsbeamten durch schriftliche Verfügung in den Ruhestand (§ 84 S. 5).

5. BESOLDUNG

Die Einstufung des Amtes der Hauptverwaltungsbeamtin oder des Hauptverwaltungsbeamten richtet sich nach der Niedersächsischen Kommunalbesoldungsverordnung entsprechend der Einwohnerzahl der Kommune. Die Besoldungsgruppe reicht gem. § 1 Abs. 1 S. 1 NKBesVO von A 15 BBesG (bis zu 10.000 Einwohnern) bis B 9 (über 400.000 Einwohner). Die Ämter auf Zeit der Landkreise und der Region Hannover reichen von B 4 (bis 75.000 Einwohner) bis B 9 (Region Hannover). Daneben wird gem. § 3 Abs. 2 S. 1 NKBesVO eine Aufwandsentschädigung zwischen höchstens 102,26 € (bis 10.000 Einwohner) und höchstens 342,57 € (über 150.000 Einwohner) gezahlt. Die Hauptverwaltungsbeamtin oder der Hauptverwaltungsbeamte in einer Kommune mit 12.500 Einwohnern z. B. erhält eine Besoldung nach A 16 BBesG und eine Aufwandsentschädigung von höchstens 204,52 € (Stand 1.5.2011).[535]

6. RUHEGEHALT

Ein Ruhegehalt wird der Hauptverwaltungsbeamtin oder dem Hauptverwaltungsbeamten gezahlt, wenn sie oder er bei Eintritt in den Ruhestand eine ruhegehaltsfähige Dienstzeit von mindestens fünf Jahren geleistet hat oder infolge Krankheit, Verwundung oder sonstiger Beschädigung, die sie oder er sich ohne grobes Verschulden bei Ausübung oder aus Veranlassung des Dienstes zugezogen hat, dienstunfähig geworden ist (§ 4 Abs. 1 BeamtVG).

III. Abwahl

Die Abwahl der Hauptverwaltungsbeamtin oder des Hauptverwaltungsbeamten wird nach § 82 in einem zweistufigen Verfahren durchgeführt: Zunächst beschließt die Vertretung über die Einleitung des Abwahlverfahrens und anschließend erfolgt die Abwahl durch die wahlberechtigten (§ 48) Bürgerinnen und Bürger.

1. EINLEITUNG DES ABWAHLVERFAHRENS

Folgende Voraussetzungen sind bei der Einleitung des Abwahlverfahrens nach § 82 einzuhalten:

- Es muss ein Antrag auf Abwahl der Hauptverwaltungsbeamtin oder des Hauptverwaltungsbeamten von mindestens drei Vierteln der Abgeordneten gestellt werden.
- Die Entscheidung über diesen Antrag muss in einer besonderen Sitzung der Vertretung getroffen werden, die frühestens zwei Wochen nach Eingang des Antrags stattfinden darf.
- Eine Aussprache der Mitglieder der Vertretung über den Abwahlantrag ist gesetzlich ausgeschlossen.
- Der Beschluss über den Antrag muss in namentlicher Abstimmung mit einer Mehrheit von drei Vierteln der Vertretungsmitglieder gefasst werden.

An diesem Beschluss darf die Hauptverwaltungsbeamtin oder der Hauptverwaltungsbeamte nicht beteiligt werden. Er darf weder zur Sitzung einladen (§ 39 BeamtStG; Ausschluss von Amtshandlungen) noch an der Beschlussfassung teilnehmen (§ 41 Abs. 1 S. 1 i.V.m. 87 Abs. 4).

Die Hauptverwaltungsbeamtin oder der Hauptverwaltungsbeamte gilt als abgewählt, falls sie oder er innerhalb einer Woche nach Beschluss der Vertretung, das Abwahlverfahren ein-

[535] Die Besoldung der Hauptverwaltungsbeamten soll jedoch geändert werden; die Niedersächsische Landesregierung brachte am 3.9.2013 einen diesbezüglichen Gesetzentwurf ein, vgl. http://www.stk.niedersachsen.de/aktuelles/presseinformationen/pistorius-neuordnung-der-besoldung-fuer-die-buergermeister-und-landraete-in-niedersachsen-117823.html (zuletzt besucht am 12. September 2013).

zuleiten, auf die Durchführung des Abwahlverfahrens **verzichtet**. Der Verzicht ist schriftlich gegenüber der Vorsitzenden oder dem Vorsitzenden der Vertretung zu erklären (§ 82 Abs. 3).

2. ABWAHL DURCH DIE BÜRGERINNEN UND BÜRGER

Für die Abwahl der Hauptverwaltungsbeamtin oder des Hauptverwaltungsbeamten durch die Bürgerinnen und Bürger bestehen folgende Regelungen:

- Die Entscheidung über die Abwahl durch die Bürgerinnen und Bürger muss innerhalb von vier Monaten nach dem von der Vertretung beschlossenen Abwahlantrag stattfinden (§ 45 o Abs. 1 NKWG).
- Der Tag der Abwahl wird von der Vertretung festgelegt (§ 45 b Abs. 2 NKWG).
- Der Stimmzettel muss den Namen des Amtsinhabers und die zu entscheidende Abwahlfrage ausweisen, auf »Ja« oder »Nein« lauten und es dürfen keine Zusätze enthalten sein (§ 45 o Abs. 3 NKWG).

Die Hauptverwaltungsbeamtin oder der Hauptverwaltungsbeamte ist mit der Mehrheit der abgegebenen gültigen Stimmen abgewählt, sofern diese mindestens 25 % der Wahlberechtigten beträgt (§ 46 o Abs. 4 NKWG).
Nach § 82 Abs. 4 scheidet die Hauptverwaltungsbeamtin oder der Hauptverwaltungsbeamte mit Ablauf des Tages aus dem Amt aus, an dem der Wahlausschuss die Abwahl feststellt (§ 45 o Abs. 5 NKWG).
In diesem Zusammenhang wird auf die neu eingeführte Möglichkeit der Vertretung, sich **selbst aufzulösen**, hingewiesen, wenn die Hauptverwaltungsbeamtin oder der Hauptverwaltungsbeamte von der Bevölkerung bei einem von der Vertretung eingeleiteten Abwahlverfahren **nicht abgewählt** wird (§ 70 Abs. 3).

IV. Vertretung der Hauptverwaltungsbeamtin oder des Hauptverwaltungsbeamten

Die Hauptverwaltungsbeamtin oder der Hauptverwaltungsbeamte wird vertreten durch

- ehrenamtliche Stellvertreterinnen oder Stellvertreter
  und
- die (hauptamtliche) allgemeine Stellvertreterin oder den (hauptamtlichen) allgemeinen Stellvertreter

Darüber hinaus kann in der Hauptsatzung die Stellvertretung für bestimmte Aufgabengebiete gesondert geregelt werden, z. B. durch Fachbereichsleiter (§ 81 Abs. 3 S. 3).

1. EHRENAMTLICHE STELLVERTRETER

Die Vertretung wählt in ihrer ersten Sitzung aus den **Beigeordneten** bis zu drei ehrenamtliche Stellvertreterinnen oder Stellvertreter (§ 81 Abs. 2 S. 1).

Diese führen die Bezeichnung

- stellvertretende Bürgermeisterin oder stellvertretender Bürgermeister in Gemeinden
- Bürgermeisterin oder Bürgermeister in kreisfreien und großen selbständigen Städten
- stellvertretende Samtgemeindebürgermeisterin oder stellvertretender Samtgemeindebürgermeister in Samtgemeinden
- stellvertretende Landrätin oder stellvertretender Landrat in Landkreisen
- stellvertretende Regionspräsidentin oder stellvertretender Regionspräsident in der Region Hannover

Die Reihenfolge, falls sie bestehen soll, legt die Vertretung durch Beschluss fest (§ 81 Abs. 2 S. 2). Sie kann, muss aber nicht in der Bezeichnung deutlich werden (z. B. Erster stellvertretender Bürgermeister).
Aufgabe der ehrenamtlichen Stellvertreterinnen und Stellvertreter ist es gem. § 81 Abs. 2 S. 1), die Hauptverwaltungsbeamtin oder den Hauptverwaltungsbeamten im Verhinderungsfall zu vertreten bei der

- repräsentativen Vertretung der Kommune
- Einberufung des Hauptausschusses
- Leitung der Sitzungen des Hauptausschusses
- Verpflichtung der Abgeordneten sowie der Pflichtenbelehrung

Eine ehrenamtliche Stellvertreterin oder ein ehrenamtlicher Stellvertreter der Hauptverwaltungsbeamtin oder des Hauptverwaltungsbeamten kann von der Vertretung auch mit der Mehrheit der Mitglieder (absolute Mehrheit) abberufen werden (§ 81 Abs. 2 S. 4, 5).

2. ALLGEMEINE STELLVERTRETERIN ODER ALLGEMEINER STELLVERTRETER

Für alle in § 81 Abs. 2 S. 1 nicht genannten Angelegenheiten, insbesondere bei der **rechtlichen** Außenvertretung (§ 86 Abs. 1 S. 2) und bei der Leitung der Verwaltung (§ 85 Abs. 3 S. 1), hat die Hauptverwaltungsbeamtin oder der Hauptverwaltungsbeamte eine allgemeine Stellvertreterin oder einen allgemeinen Stellvertreter (§ 81 Abs. 3 S. 1). Sofern die Vertretung in Gemeinden und Samtgemeinden mit mehr als 10.000 Einwohnern (§ 108 Abs. 2 S. 1) die allgemeine Stellvertretung auf Vorschlag der Hauptverwaltungsbeamtin oder des Hauptverwaltungsbeamten (§ 109 Abs. 1 S. 1) einer Beamtin oder einem Beamten auf Zeit als Amt übertragen hat, führt diese oder dieser gem. § 108 Abs. 1 S. 2 Nr. 1 die Amtsbezeichnung »Erste Gemeinderätin« oder »Erster Gemeinderat« beziehungsweise »Erste Stadträtin« oder »Erster Stadtrat).

Wurde in Gemeinden mit bis zu 10.000 Einwohnern (§ 108 Abs. 2 S. 2) auf Vorschlag der Hauptverwaltungsbeamtin oder des Hauptverwaltungsbeamten eine Laufbahnbeamtin oder ein Laufbahnbeamter mit der allgemeinen Stellvertretung beauftragt, so erhält diese oder dieser die Funktionsbezeichnung »Allgemeine Vertreterin« oder »Allgemeiner

Vertreter«. Ihre oder seine Amtsbezeichnung lautet nach wie vor z. B. Gemeindeamtsrätin oder Gemeindeamtsrat.

Stellvertreter der Hauptverwaltungsbeamtin oder des Hauptverwaltungsbeamten	
Ehrenamtliche(r) Stellvertreter(in), § 81 Abs. 2 S. 1	Hauptamtliche(r) Stellververtreter(in), § 81 Abs. 3 S. 1

Die (weiteren) Beamten auf Zeit werden von der Vertretung auf **Vorschlag** der Hauptverwaltungsbeamtin oder des Hauptverwaltungsbeamten von der Vertretung für eine Amtszeit von **acht Jahren gewählt** (§ 109 Abs. 1 S. 1). Es handelt sich um ein sogenanntes exklusives **Vorschlagsrecht**, so dass weitere Vorschläge aus der Mitte der Vertretung nicht zur Wahl gestellt werden können.[536] Die Beamten auf Zeit werden mit der Mehrheit der Mitglieder der Vertretung gewählt (§§ 109 Abs. 1 S. 1, 67 S. 3). Die notwendige Mehrheit muss im ersten Wahlgang erreicht werden, da sonst der Vorschlag abgelehnt ist. Ein zweiter Wahlgang und ggf. ein Losentscheid sind ausgeschlossen. Gibt es **keinen Konsens** zwischen der Hauptverwaltungsbeamtin oder dem Hauptverwaltungsbeamten und der Vertretung über einzelne Verfahrensschritte oder über die Besetzung der Stelle, so kann die Vertretung mit einer **Mehrheit von drei Viertel** ihrer Abgeordneten die Blockadesituation lösen. Das Recht der Vertretung, einen eigenen Kandidaten zu wählen, ist dann gegeben, wenn die Hauptverwaltungsbeamtin oder der Hauptverwaltungsbeamte bis zum Ablauf von drei Monaten nach dem Ende der Amtszeit des bisherigen Wahlbeamten keine Bewerberin oder keinen Bewerber vorschlägt (§ 109 Abs. 1 S. 5 Nr. 1) oder nach Ablehnung eines vorgeschlagenen Bewerbers keinen weiteren Personalvorschlag unterbereitet (Nr. 2).

V. Aufgaben

Die Hauptverwaltungsbeamtin oder der Hauptverwaltungsbeamte ist **stimmberechtigtes** Mitglied in der Vertretung und im Hauptausschuss sowie Organ der Kommune. Sie oder er hat folgende Aufgaben:

1. Repräsentative, rechtsgeschäftliche und gerichtliche Vertretung der Kommune
2. Einberufung der Vertretung und des Hauptausschusses, sowie Vorsitz im Hauptausschuss
3. Aufgaben nach § 85
4. Spezielle Zuständigkeiten
5. Von der Vertretung oder dem Hauptausschuss übertragene Aufgaben

[536] Blum/Häusler/Meyer-Weidemann, NKomVG, § 109 Rdnr. 1; OVG Lüneburg, NdsVBl. 2008, 133 (135).

1. REPRÄSENTATIVE, RECHTSGESCHÄFTLICHE UND GERICHTLICHE VERTRETUNG DER KOMMUNE

Es ist Aufgabe der Hauptverwaltungsbeamtin oder des Hauptverwaltungsbeamten, die Kommune zu **repräsentieren** (§ 86 Abs. 1 S. 1). Repräsentative Vertretung umfasst diejenigen Handlungen, mit welchen die Teilnahme und Anteilnahme der politischen Körperschaft Kommune am gesellschaftlichen Leben symbolisiert werden soll.[537] Die Wahrnehmung dieser Aufgabe ist nicht eingegrenzt und kann daher eine breite Palette von Aktivitäten umfassen. Von der schlichten Teilnahme an Veranstaltungen jeder Art über Grußworte, symbolische Akte wie Grundsteinlegungen, Freigabe von Straßen und Einrichtungen oder Kranzniederlegungen, Teilnahme an Umzügen, Schirmherrschaften bis hin zu offiziellen Festreden auch über allgemeinpolitische Vorhaben und Ziele der Kommune.[538] Dabei hat sie oder er die notwendige parteipolitische Zurückhaltung zu wahren (§ 33 Abs. 2 BeamtStG). Für die Erfüllung der Repräsentationsaufgaben werden der Hauptverwaltungsbeamtin oder dem Hauptverwaltungsbeamten im Haushaltsplan Verfügungsmittel bereitgestellt.

Zu den Aufgaben der Hauptverwaltungsbeamtin oder des Hauptverwaltungsbeamten gehört auch die **umfassende Vertretung der Kommune nach außen in allen Rechts- und Verwaltungsgeschäften sowie in gerichtlichen Verfahren** (§ 86 Abs. 1 S. 2 Alt. 1) Sie obliegt dem Organ, also dem Organwalter Hauptverwaltungsbeamtin oder Hauptverwaltungsbeamter mit seinen Vertretern und den nach § 85 Abs. 3 S. 1 HS 2 beauftragten Dienstkräften der Kommune im Rahmen ihrer Zuständigkeit. Unter den Begriff Rechtsgeschäfte fallen Handlungen aus dem Privatrecht, wie z. B. Verträge (Arbeitsverträge, Kaufverträge) oder rechtsgeschäftsähnliche Handlungen, wie z. B. Mahnung und Mängelrüge.[539] Unter Verwaltungsgeschäften sind Handlungen aus dem öffentlichen Recht zu verstehen, die einseitig sein können (z. B. Widmung), mitwirkungsbedürftig (z. B. Beamtenernennung) oder mehrseitig (z. B. öffentlich-rechtlicher Vertrag).[540]

In die Vertretungsmacht einbezogen ist die Prozessführungsbefugnis im gerichtlichen Verfahren (§ 86 Abs. 1 S. 2 Alt. 2). Sie umfasst vor allem die Prozesshandlungen der Kommune als Partei vor Gericht (z. B. Erhebung und Entgegennahme von Klagen und die Prozessverträge).[541]

2. EINBERUFUNG DER VERTRETUNG UND DES HAUPTAUSSCHUSSES SOWIE VORSITZ IM HAUPTAUSSCHUSS

Der Hauptverwaltungsbeamtin oder dem Hauptverwaltungsbeamten obliegt die Einberufung zu den Sitzungen der Vertretung und des Hauptausschusses.[542] Als Vorsitzende oder

[537] Blum, in KVR-NGO, § 63 Rdnr. 2; Blum/Häusler/Meyer-Mielke, NKomVG, § 86 Rdnr. 3.
[538] Blum/Häusler/Meyer-Mielke, NKomVG, § 86 Rdnr. 4.
[539] Blum/Häusler/Meyer-Mielke, NKomVG, § 86 Rdnr. 13.
[540] Blum/Häusler/Meyer-Mielke, NKomVG, § 86 Rdnr. 13.
[541] Blum/Häusler/Meyer-Mielke, NKomVG, § 86 Rdnr. 14.
[542] Vgl. Ausführungen dazu unter Dritter Teil, Kapitel B. V. 3.

Vorsitzender des Hauptausschusses (§ 74 Abs. 1 S. 3) hat die Hauptverwaltungsbeamtin oder der Hauptverwaltungsbeamte die Sitzungen zu leiten und die damit verbundenen Aufgaben wahrzunehmen (§ 63 Abs. 1, 2 i.V.m. § 78 Abs. 4 S. 1).

3. AUFGABEN NACH § 85

- Vorbereitung der Beschlüsse des Hauptausschusses
  Die Hauptverwaltungsbeamtin oder der Hauptverwaltungsbeamte hat die Beschlüsse des Hauptausschusses vorzubereiten (§ 85 Abs. 1 Nr. 1). Sinn und Zweck der Vorbereitung ist es, eine sachgerechte und zügige Beratung und Entscheidung des Hauptausschusses zu ermöglichen.[543] Bei der Vorbereitung der Beschlüsse des Hauptausschusses soll die Hauptverwaltungsbeamtin oder der Hauptverwaltungsbeamte die Ausschüsse der Vertretung beteiligen (§ 85 Abs. 1 S. 2). Die Art und der Umfang sind gesetzlich nicht geregelt; sie liegen im Ermessen der Hauptverwaltungsbeamtin oder des Hauptverwaltungsbeamten.[544] Die Vorbereitungspflicht besteht nur dem Organ des Hauptausschusses gegenüber, nicht aber gegenüber den einzelnen Mitgliedern des Hauptausschusses.[545]

- Ausführung von Beschlüssen
  Die Hauptverwaltungsbeamtin oder der Hauptverwaltungsbeamte muss die Beschlüsse der Vertretung und des Hauptausschusses ausführen (§ 85 Abs. 1 Nr. 2).

- Vorbereitung der Beschlüsse der Stadtbezirksräte und der Ortsräte
  Die Bürgermeisterin oder der Bürgermeister und die Oberbürgermeisterin oder der Oberbürgermeister bereiten darüber hinaus die Beschlüsse der Stadtbezirksräte und der Ortsräte vor und führen sie aus (§ 85 Abs. 1 S. 3).

- Ausschließliche Zuständigkeiten
  Der Hauptverwaltungsbeamtin oder dem Hauptverwaltungsbeamten obliegen die folgenden in § 85 Abs. 1 S. 1 Nrn. 3 bis 6 aufgeführten Aufgaben in ausschließlicher Zuständigkeit, so dass sich die Vertretung und der Hauptausschuss hier die Beschlussfassung nicht vorbehalten können:
  - Maßnahmen auf dem Gebiet der Verteidigung einschließlich des Schutzes der Zivilbevölkerung, sonstige Aufgaben im übertragenen Wirkungskreis aufgrund von Bundesgesetzen, die das Land im Auftrage des Bundes ausführt oder als eigene Angelegenheiten ausführt und wozu die Bundesregierung aufgrund gesetzlicher Zustimmung des Bundesrates Einzelweisungen erteilen kann, wie z. B. in den Bereichen des Katastrophenschutzes oder des Ausländerrechts sowie gewerberechtliche und immissionsschutzrechtliche Genehmigungen und sonstige Maßnahmen.
  - Aufgaben, die der Geheimhaltung unterliegen.

[543] Vgl. Blum/Häusler/Meyer-Mielke, NKomVG, § 85 Rdnr. 6.
[544] Vgl. Ipsen, NKomVG, § 85 Rdnr. 7.
[545] Vgl. OVG Münster, KommP N 1995, 267 (267).

- Ausführung von Weisungen der Kommunal- und der Fachaufsichtsbehörden, soweit dabei kein Ermessensspielraum gegeben ist. Wird ein Ermessensspielraum eingeräumt, ist das Organ zuständig, in dessen Aufgabenbereich die Angelegenheit fällt.[546]
- Geschäfte der laufenden Verwaltung

Die Hauptverwaltungsbeamtin oder der Hauptverwaltungsbeamte hat die nicht unter § 85 Abs. 1 S. 1 Nrn. 1 bis 6 fallenden Geschäfte der laufenden Verwaltung (§ 85 Abs. 1 S. 1 Nr. 7) zu führen. Die Formulierung »Geschäfte der laufenden Verwaltung« ist ein **unbestimmter Rechtsbegriff**, der bestimmte Merkmale aufweist. Von einem Geschäft der laufenden Verwaltung ist nach ständiger Rechtsprechung grundsätzlich auszugehen, **»wenn die Sache nach Regelmäßigkeit und Häufigkeit zu den üblichen Geschäften gehört, ohne dass bejahendenfalls noch auf Umfang und Schwierigkeit in rechtlicher und tatsächlicher Hinsicht und auf die finanziellen Auswirkungen abzustellen wäre; wesentliches Merkmal ist die Erledigung nach feststehenden Grundsätzen auf eingefahrenen Gleisen.«**[547]

Der Umfang der Geschäfte der laufenden Verwaltung ist in den Kommunen unterschiedlich und kann nur im Einzelfall bestimmt werden, da er von deren Größe und insbesondere auch ihrer Finanzkraft abhängig ist.[548]

Die Vertretung hat im Rahmen ihrer Richtlinienkompetenz (§ 58 Abs. 1 Nr. 2) die Möglichkeit, der Hauptverwaltungsbeamtin oder dem Hauptverwaltungsbeamten eine **Wertgrenze** für die Geschäfte der laufenden Verwaltung vorzugeben.[549]

In kleineren Kommunen kann beispielsweise festgelegt werden, dass die Hauptverwaltungsbeamtin oder der Hauptverwaltungsbeamte über Auftragsvergaben bis zu einem Betrag von 10.000 € entscheidet. Bei der Stadt Hannover, der größten Stadt Niedersachsens, hingegen kann diese Wertgrenze bei Verträgen über Lieferungen und Leistungen 200.000 € betragen.[550]

Zu den Geschäften der laufenden Verwaltung gehören die Masse der auf Rechtsvorschriften des Bundes, des Landes oder der Kommune beruhenden begünstigenden oder belastenden Bescheide, auch Genehmigungen und Erlaubnisse, die Beschaffung von Schreib-, Heizmaterial, Büromöbeln und Diensträumen, die Aushändigung von Orden und Ehrenzeichen, nicht dagegen die Vergabe einer Turnhalle für eine schwer einzuschätzende politische Veranstaltung.[551]

Sowohl Aufgaben des eigenen als auch des übertragenen Wirkungskreises gehören zu den Geschäften der laufenden Verwaltung.

---

546 Vgl. Ipsen, Rdnr. 386.

547 OVG Münster, OVGE 25, 186 (193); vgl. Ipsen, Rdnr. 377; vgl. Blum/Häusler/Meyer-Mielke, NKomVG, § 85 Rdnr. 30.

548 Ipsen, NKomVG, § 85 Rdnr. 22.

549 Ipsen, NKomVG, § 85 Rdnr. 22.

550 Im Anhang zur Hauptsatzung der Landeshauptstadt Hannover sind u. a. folgende Wertgrenzen geregelt: Verträgen über Lieferungen und Leistungen: 265.000 €; Verfügungen über das Gemeindevermögen und Erwerb von Grundstücken und grundstücksgleichen Rechten: 199.000 €. Stand: November 2015.

551 Blum/Häusler/Meyer-Mielke, NKomVG, § 85 Rdnr. 30.

Die Vertretung (§ 58 Abs. 3 S. 1, 2) und auch der Hauptausschuss (§ 76 Abs. 2 S. 2) können sich bei Geschäften der laufenden Verwaltung die Beschlussfassung vorbehalten.

Die Hauptverwaltungsbeamtin oder der Hauptverwaltungsbeamte kann nach § 76 Abs. 2 S. 3 Geschäfte der laufenden Verwaltung dem Hauptausschuss zur Beschlussfassung vorlegen (nicht jedoch unmittelbar der Vertretung).

Auch in den Fällen des § 58 Abs. 1 Nrn. 16 und 20 kann ein Geschäft der laufenden Verwaltung gegeben sein. Zu beachten ist, dass hier der Begriff der Geschäfte der laufenden Verwaltung nicht mit dem nach § 85 Abs. 1 S. 1 Nr. 7 identisch ist. Die für die Hauptverwaltungsbeamtin oder den Hauptverwaltungsbeamten anzusetzende Wertgrenze ist in diesen Fällen in der Regel (erheblich) niedriger als bei den Geschäften der laufenden Verwaltung i.S.d. § 85 Abs. 1 S. 1 Nr. 7.

- Leitung der Verwaltung.
  Der Hauptverwaltungsbeamtin oder dem Hauptverwaltungsbeamten obliegt die Leitung der Kommunalverwaltung. Sie oder er leitet und beaufsichtigt den Geschäftsgang der Verwaltung und regelt die Geschäftsverteilung (§ 85 Abs. 3 S. 1) im Rahmen der Richtlinien der Vertretung (§ 58 Abs. 1 Nr. 2). Hierzu gehören u. a. der Erlass von Dienstanweisungen und Entscheidungen über den Einsatz und die Umsetzung von Beschäftigten. Der Weisungsbefugnis unterliegen alle Mitarbeiterinnen und Mitarbeiter der Kommune, also auch die Beamten auf Zeit.[552] Eine Sonderstellung haben die Gleichstellungsbeauftragte (§ 9 Abs. 3 S. 2), die zwar der Hauptverwaltungsbeamtin oder dem Hauptverwaltungsbeamten unmittelbar unterstellt ist, aber bei der rechtmäßigen Erfüllung ihrer Aufgaben nicht an Weisungen gebunden ist und die Beschäftigten des Rechnungsprüfungsamtes (§ 154 Abs. 1 S. 3), die nur der Vertretung unterstellt und dieser unmittelbar verantwortlich sind. Ein wesentlicher Teil des Organisationsrechts liegt aufgrund der oben genannten Richtlinienkompetenz, nach denen die Verwaltung geführt werden soll, bei der Vertretung. Wenn die Hauptverwaltungsbeamtin oder der Hauptverwaltungsbeamte Kompetenzen hat, sind sie grundsätzlich unentziehbar, müssen aber unter Beachtung der Richtlinien der Vertretung ausgeübt werden.[553]

- Unterrichtung der anderen Organe.
  Die Hauptverwaltungsbeamtin oder der Hauptverwaltungsbeamte ist verpflichtet, die Vertretung, den Hauptausschuss, soweit es sich um Angelegenheiten eines Stadtbezirks oder eines Ortsrats handelt, den Stadtbezirksrat oder den Ortsrat über wichtige Angelegenheiten zu unterrichten (§ 85 Abs. 4). Über wichtige Beschlüsse des Hauptausschusses hat sie oder er zeitnah die Vertretung zu unterrichten.

- Unterrichtung der Einwohnerinnen und Einwohner, Einwohnerversammlungen.
  In Gemeinden und Samtgemeinden muss die Hauptverwaltungsbeamtin oder der Hauptverwaltungsbeamte die Einwohnerinnen und Einwohner in geeigneter Weise über

[552] Vgl. Blum/Häusler/Meyer-Mielke, NKomVG, § 85 Rdnr. 41.
[553] Blum/Häusler/Meyer-Mielke, NKomVG, § 85 Rdnr. 38.

wichtige Angelegenheiten der Gemeinde oder Samtgemeinde informieren (§ 85 Abs. 5 S. 1). Bei wichtigen Planungen und Vorhaben der Gemeinde oder Samtgemeinde sollen die Einwohnerinnen und Einwohner rechtzeitig und umfassend über die Grundlagen, Ziele, Zwecke und Auswirkungen informiert werden (§ 85 Abs. 5 S. 2). Die Information muss so vorgenommen werden, dass Gelegenheit zur Äußerung und Erörterung besteht (§ 85 Abs. 5 S. 3). Zu diesem Zweck soll die Hauptverwaltungsbeamtin oder der Hauptverwaltungsbeamte Einwohnerversammlungen durchführen (§ 85 Abs. 5 S. 4). Einzelheiten (z. B. Einberufung, Rederecht) regelt die Hauptsatzung. Ein Verstoß gegen die Informationspflicht berührt aber die Rechtmäßigkeit der Entscheidung nicht (§ 85 Abs. 5 S. 6). In Landkreisen und in der Region Hannover informiert die Hauptverwaltungsbeamtin oder der Hauptverwaltungsbeamte die Öffentlichkeit in geeigneter Weise über wichtige Angelegenheiten des Landkreises oder der Region Hannover. Sie oder er hat auch der Landesregierung über Vorgänge zu berichten, die für diese von Bedeutung sind. Zu diesem Zweck kann sie oder er sich in geeigneter Weise bei den staatlichen Behörden der unteren Verwaltungsstufe, deren Geschäftsbereich sich auf den Landkreis oder die Region Hannover erstreckt, informieren (§ 85 Abs. 6 S. 1, 2).

4. SPEZIELLE ZUSTÄNDIGKEITEN

Besondere Zuständigkeiten der Hauptverwaltungsbeamtin oder des Hauptverwaltungsbeamten sind in Spezialgesetzen, aber auch im NKomVG geregelt:

a) Spezialgesetzliche Zuständigkeiten

Hierunter fallen z. B. Aufgaben als Dienstvorgesetzter (§ 3 Abs. 3 NBG i.V.m. § 107 Abs. 5 S. 1), Erlass von Eilverordnungen (§ 55 Abs. 2 S. 2 Nds.SOG) oder die Anordnung einer haushaltswirtschaftlichen Sperre (§ 30 GemHKVO).

b) Spezielle Zuständigkeiten nach dem NKomVG

- Teilnahme an Sitzungen
  Die Hauptverwaltungsbeamtin oder der Hauptverwaltungsbeamte nimmt an den Sitzungen der Ausschüsse der Vertretung, der Stadtbezirksräte und der Ortsräte teil (§ 87 Abs. 2 S. 1). Sie oder er kann sich durch Beschäftigte der Kommune vertreten lassen (§ 87 Abs. 2 S. 2).

- Einspruch
  Hält die Hauptverwaltungsbeamtin oder der Hauptverwaltungsbeamte einen Beschluss der Vertretung für rechtswidrig, so muss sie oder er entweder der Kommunalaufsichtsbehörde unverzüglich über den Sachverhalt berichten oder Einspruch gegen den Beschluss einlegen (§ 88 Abs. 1 S. 1).

Bei rechtswidrigen Beschlüssen des Hauptausschusses, eines Stadtbezirksrats oder eines Ortsrats gelten die Regelungen des § 88 Abs. 1 entsprechend. Hält die Hauptverwaltungsbeamtin oder der Hauptverwaltungsbeamte einen Beschluss des Betriebsausschusses für gesetzwidrig oder meint sie oder er, dass ein Beschluss dessen Kompetenzen überschreitet oder das Wohl der Kommune gefährdet, muss sie oder er eine Entscheidung des Hauptausschusses herbeiführen (§ 140 Abs. 3 S. 2). Hält die Hauptverwaltungsbeamtin oder der Hauptverwaltungsbeamte das Wohl der Kommune durch einen Beschluss eines Ausschusses nach § 76 Abs. 3 für gefährdet, so kann sie oder er innerhalb einer Woche Einspruch einlegen. In diesem Fall ist dann der Beschluss zunächst nicht auszuführen und eine Entscheidung des Hauptausschusses in der Angelegenheit herbeizuführen (§ 88 Abs. 4).

- Eilentscheidungen
  Eilentscheidungen trifft die Hauptverwaltungsbeamtin oder der Hauptverwaltungsbeamte im Einvernehmen mit der (ehrenamtlichen) Stellvertreterin oder dem (ehrenamtlichen) Stellvertreter (§ 81 Abs. 2), wenn in dringenden Fällen die vorherige Entscheidung des Hauptausschusses nicht eingeholt werden kann und der Eintritt erheblicher Nachteile oder Gefahren droht (§ 89 S. 2).

- Über- und außerplanmäßige Auszahlungen
  Die Hauptverwaltungsbeamtin oder der Hauptverwaltungsbeamte erteilt die Zustimmung zu **unerheblichen** über- und außerplanmäßigen Auszahlungen (§ 117 Abs. 1 S. 2).

- Jahresrechnung
  Die Hauptverwaltungsbeamtin oder der Hauptverwaltungsbeamte stellt innerhalb dreier Monate nach Ablauf des Haushaltsjahres den Jahresabschluss auf (§ 129 Abs. 1 S. 2) und stellt dessen Vollständigkeit und Richtigkeit fest. Zusammen mit dem Schlussbericht des Rechnungsprüfungsamtes (§ 156 Abs. 3, 4) und einer eigenen Stellungnahme hierzu hat sie oder er den Jahresabschluss unverzüglich der Vertretung vorzulegen (§ 129 Abs. 1 S. 2).

5. ÜBERTRAGENE (DELEGIERTE) AUFGABEN

Nach § 85 Abs. 1 Nr. 2 muss die Hauptverwaltungsbeamtin oder der Hauptverwaltungsbeamte die ihr oder ihm vom Hauptausschuss gemäß § 76 Abs. 5 S. 1 im Einzelfall oder für Gruppen von Angelegenheiten (z. B. Widersprüche § 76 Abs. 4) übertragenen Aufgaben erfüllen. Der Hauptausschuss kann die Zuständigkeit für die Einstellung, Eingruppierung und Entlassung bestimmter Gruppen von Arbeitnehmerinnen und Arbeitnehmern auf die Hauptverwaltungsbeamtin oder den Hauptverwaltungsbeamten übertragen (§ 107 Abs. 4 S. 2). Wurden auf die Hauptverwaltungsbeamtin oder den Hauptverwaltungsbeamten Aufgaben übertragen, so werden diese wie Geschäfte der laufenden Verwaltung behandelt.[554] Das originär zuständige Organ »Vertretung« oder »Hauptausschuss« kann sich bei diesen übertragenen Aufgaben die Beschlussfassung gegenüber der Hauptverwaltungsbeamtin oder dem Hauptverwaltungsbeamten vorbehalten.[555]

554 Blum/Häusler/Meyer-Mielke, NKomVG, § 85 Rdnrn. 36 f.; vgl. auch Blum/Häusler/Meyer-Schwind, NKomVG, § 76 Rdnr. 43.
555 Vgl. Ausführungen dazu unter Dritter Teil, Kapitel B. I. 1.

D. DIE AUSSCHÜSSE DER VERTRETUNG

I. Allgemeines

Die Vertretung kann aus der Mitte der Abgeordneten Ausschüsse bilden (§ 71 Abs. 1), damit bei der Entscheidungsfindung nicht sämtliche Detaildiskussionen geführt werden müssen. In diesen Ausschüssen spezialisieren sich die Abgeordneten arbeitsteilig auf bestimmte Verwaltungsbereiche (z. B. Finanzen, Wirtschaft, Schulen, Soziales).[556]

Die Ausschüsse der Vertretung (z. B. Haushalts-, Bau- oder Kulturausschuss) haben grundsätzlich keine Organstellung, es sei denn, ihnen wurden **Entscheidungszuständigkeiten** nach § 76 Abs. 3 durch Hauptsatzung übertragen. Insofern haben sie dann auch **Organstellung.**[557] Ziel dieser Ermächtigung ist es nicht, zusätzliche nur beschließende Ausschüsse einzurichten. Vielmehr soll ein Fachausschuss neben seiner beratenden Funktion Entscheidungskompetenzen erhalten und damit in seiner Bedeutung aufgewertet werden.[558] Sie dürfen nicht mit dem Hauptausschuss, der ein Organ der Kommune ist, oder den **Ausschüssen nach besonderen Rechtsvorschriften** verwechselt werden (z. B. der Schulausschuss § 110 NSchG oder der Jugendhilfeausschuss nach § 70 Abs. 1 SGB VIII–KJHG).

Aufgabe der beratenden Ausschüsse ist es im Wesentlichen, Beschlüsse der Vertretung vorzubereiten (§ 71), indem sie Empfehlungen aussprechen oder Anregungen geben. Entscheidungen in der Sache können sie nur dann treffen, wenn ihnen Entscheidungszuständigkeiten von der Vertretung durch Hauptsatzung zugewiesen worden sind (§ 76 Abs. 3).

Nach § 85 Abs. 1 S. 2 soll die Hauptverwaltungsbeamtin oder der Hauptverwaltungsbeamte bei der Vorbereitung der Beschlüsse des Hauptausschusses die Ausschüsse der Vertretung beteiligen.

II. Bildung der Ausschüsse

Die Vertretung bildet im Rahmen ihres Selbstorganisationsrechts in der Regel zu Beginn der Wahlperiode durch Beschluss die Ausschüsse. Sofern sich zu einem späteren Zeitpunkt die Notwendigkeit der Bildung eines weiteren Ausschusses ergibt, ist dies **jederzeit** möglich (§ 71 Abs. 9 S. 1). Auch ist es ggf. jederzeit möglich, Ausschüsse umzubilden oder aufzulösen.

Es liegt im Ermessen der Vertretung, wieviele und welche Ausschüsse gebildet werden sollen, abgesehen von der Einrichtung sogenannter Pflichtausschüssen aufgrund spezialgesetzlicher Sondervorschriften, wie oben erwähnt.[559] Ausschüsse dürfen nur für Aufgaben gebildet werden, für die die Vertretung oder der Hauptausschuss zuständig ist.[560]

---

[556] Vgl. Burgi, § 12, Rdnr. 8.
[557] Blum/Häusler/Meyer-Meyer, NKomVG, § 7 Rdnr. 3; Ipsen, Rdnr. 304.
[558] Franke/Fischer, NdsVBl. 2010, S. 260.
[559] Ipsen, Rdnr. 301.
[560] Blum/Häusler/Meyer-Schwind, NKomVG, § 71 Rdnr. 2.

1. AUSSCHUSSSITZE UND SITZVERTEILUNG

Auch die Anzahl der Ausschusssitze liegt im Ermessen der Vertretung (§ 71 Abs. 2 S. 1) und darf nicht willkürlich entschieden werden. Das Ermessen wird durch das Prinzip der repräsentativen Demokratie begrenzt.[561] Für kommunale Gremien gilt grundsätzlich das **Prinzip der Spiegelbildlichkeit** der Wahl.[562] Das bedeutet, dass schon aus dem in Art. 28 Abs. 2 S. 2 GG, Art. 57 Abs. 2 S. 1 NV niedergelegten Grundsatz der Wahlrechtsgleichheit folgt, dass sich die Kräfteverhältnisse im Plenum der Vertretung auch bei der Verteilung der Einflüsse in den Ausschüssen wiederfinden müssen.[563] Um die Funktionsfähigkeit des Ausschusses und eine effektive Ausschussarbeit zu gewährleisten, müssen nicht alle, wohl aber die größeren Fraktionen/Gruppen im Ausschuss vertreten sein.[564]

Sachlich gerechtfertigt ist eine Ausschussgröße, die etwa einem Viertel der Mitglieder der Vertretung entspricht. Das bedeutet jedoch nicht, dass jede in der Vertretung vertretene Fraktion oder Gruppe einen stimmberechtigten Sitz im Ausschuss erhalten muss; selbst dann nicht, wenn sie mehr als 10 % der Sitze der Vertretung innehat.[565] So kann z. B. bei 37 Mitgliedern der Vertretung eine Ausschussgröße von sieben Mitgliedern festgelegt werden.[566]

Die von der Vertretung festgelegte Zahl der Sitze in den Ausschüssen wird grundsätzlich nach dem **Hare-Niemeyer-Verfahren**[567] auf die Benennungen der Fraktionen und Gruppen der Vertretung entsprechend dem Verhältnis der Mitgliederzahl der einzelnen Fraktionen und Gruppen zur Mitgliederzahl aller Fraktionen und Gruppen verteilt (§ 71 Abs. 2 S. 2). Das **Hare-Niemeyer-Verfahren** stellt sicher, dass sich die Sitzverteilung in der Vertretung in den Ausschüssen widerspiegelt. Im Gegensatz zum **Höchstzahlverfahren D'Hondt**[568] führt es zu einer stärkeren Berücksichtigung der kleineren Fraktionen und Gruppen.

Die Vertretung kann **einstimmig** ein für die Verteilung der Sitze in den Ausschüssen **abweichendes Verfahren** beschließen (§ 71 Abs. 10). Nach § 71 Abs. 2 ergibt sich folgende Berechnungsformel nach **Hare-Niemeyer**:

$$\frac{\text{Zu vergebenden Sitze im Ausschuss} \quad \text{X} \quad \text{Mitgliederzahl der jeweiligen Fraktion/Gruppe}}{\text{Zahl der Mitglieder aller Fraktionen/Gruppen}} = \text{Sitze der jeweiligen Fraktion/Gruppe}$$

561 OVG Lüneburg, NST-N 1999, 25 (26).
562 BVerwGE 119, 305 (307); OVG Lüneburg, NdsVBl. 2006, 22 (24).
563 Blum/Häusler/Meyer-Schwind, NKomVG, § 71 Rdnr. 10.
564 BVerwG, NVwZ-RR 1993, 209 (209).
565 VGH München, NVwZ-RR 1993, 267 (268 f.).
566 S. a. Burgi, § 12, Rdnr. 11.
567 Vgl. Ausführungen dazu unter Dritter Teil, Kapitel A. II. 6.
568 Vgl. Ausführungen dazu unter Dritter Teil, Kapitel D. II. 3.

Bei der Berechnung der Sitzverteilung ist zu beachten, dass

- die Hauptverwaltungsbeamtin oder der Hauptverwaltungsbeamte nicht berücksichtigt wird,
- nicht die Gesamtzahl der Abgeordneten maßgeblich ist, sondern die Gesamtmitgliederzahl aller Fraktionen und Gruppen[569] der Vertretung und
- Einzelabgeordnete, die keiner Fraktion oder Gruppe angehören, unberücksichtigt bleiben.

2. GRUNDMANDATE, EINZELABGEORDNETE UND ANDERE PERSONEN

Fraktionen oder Gruppen, auf die bei der Sitzverteilung kein Sitz entfallen ist, dürfen ein zusätzliches Mitglied[570] mit beratender Stimme in den Ausschuss entsenden (§ 71 Abs. 4 S. 1). Der Anspruch auf ein **Grundmandat** im Ausschuss ist lediglich dann nicht gegeben, wenn ein Mitglied der Fraktionen oder Gruppen bereits stimmberechtigtes Ausschussmitglied ist (§ 71 Abs. 4 S. 2), weil es aufgrund einer interfraktionellen Absprache von einer anderen Fraktion oder Gruppe als Ausschussmitglied benannt und auf deren Sitze angerechnet worden ist.[571] Als Ausschussmitglied stehen dem Grundmandatsinhaber mit Ausnahme des Stimmrechts **alle** Rechte eines (»Voll«) Mitglieds zu, insbesondere auch das Antragsrecht nach § 56.

Gem. § 71 Abs. 4 S. 3 können **Abgeordnete, die keiner Fraktion oder Gruppe angehören**, verlangen, in einem Ausschuss ihrer Wahl beratendes Mitglied zu werden. Möglich ist dabei auch die Mitgliedschaft in einem Ausschuss nach besonderen Rechtsvorschriften (z. B. Betriebsausschuss), sofern die jeweilige Rechtsvorschrift hinsichtlich der Zusammensetzung des Ausschusses keine abschließende Regelung trifft (§ 71 Abs. 4 S. 3 i.V.m. § 73). Gemäß § 71 Abs. 9 S. 3 NKomVG können Ausschussmitglieder jederzeit abberufen und durch andere ersetzt werden.[572]
In die Ausschüsse können neben den Abgeordneten auch **»andere Personen«**, jedoch nicht Beschäftigte der Kommune berufen werden (§ 71 Abs. 7 S. 1). Besondere persönliche Voraussetzungen werden vom Gesetz her nicht gestellt, auch müssen sie nicht Einwohner der Kommune sein oder ein Mindestalter haben. Die Zahl der anderen Personen soll nicht mehr als ein Drittel der Ausschussmitglieder betragen (§ 71 Abs. 7 S. 2). Als andere Personen können keine Abgeordneten berufen werden.[573] Die anderen Personen haben **kein**

[569] Vgl. Ausführungen dazu unter Dritter Teil, Kapitel A. VI. 1.

[570] »Zusätzliches« ist sprachlich ungenau u. könnte – für sich genommen – missverstanden werden, da auf diese Fraktionen oder Gruppen gerade kein Sitz entfallen ist, sie also keinen weiteren bekommen können. Die Vorschrift ist so zu verstehen, dass sich die Zahl der Ausschussmitglieder für jede Fraktion oder Gruppe, auf die nach der Verteilung nach § 71 II kein Sitz entfallen ist, um je einen diesen Fraktionen oder Gruppen zustehenden (beratenden) Sitz erhöht (vgl. Sandfuchs, S. 166).

[571] Vgl. Gern, Rdnrn. 420 ff.

[572] Von weiteren materiellen Voraussetzungen sind Abberufung und Ersetzung nicht abhängig. Wirksam wird beides erst mit Beschluss der Vertretung. Vgl. hierzu Blum/Häusler/Meyer-Schwind, NKomVG, § 71 Rdnrn. 25 ff.

[573] Menzel, in KVR-NGO, § 51 Rdnr. 81.

Stimmrecht, sondern nur beratende Stimme (§ 71 Abs. 7 S. 3). Auf sie sind die §§ 54 und 55 anzuwenden; eine Entschädigung kann jedoch, soweit sie pauschal gewährt wird, nur als Sitzungsgeld gezahlt werden (§ 71 Abs. 7 S. 4).

Ausschussmitglieder können also folgende Personen sein:

- Abgeordnete, § 71 Abs. 1
- Grundmandatsträger, § 71 Abs. 4 S. 1
- Einzelabgeordnete, § 71 Abs. 4 S. 3
- »andere Personen«, § 71 Abs. 7

3. AUSSCHUSSVORSITZE

Die Ausschussvorsitze werden nach dem bereits erwähnten Höchstzahlverfahren **D'Hondt** auf die Fraktionen und Gruppen verteilt (§ 71 Abs. 8 S. 1), sofern die Abgeordneten nicht gem. § 71 Abs. 10 **einstimmig** ein anderes Verfahren für die Besetzung der Ausschussvorsitze beschlossen haben. Nach dem **d'Hondtschen Höchstzahlverfahren** werden die Ausschussvorsitze den Fraktionen und Gruppen in der Reihenfolge der Höchstzahlen zugeteilt, die sich durch Teilung der Mitgliederzahlen der Fraktionen und Gruppen durch 1, 2, 3, usw. ergeben (§ 71 Abs. 8 S. 1).

Nachstehend die Verteilung nach dem **d'Hondtschen Verfahren** an einem Beispiel, in dem sieben Ausschussvorsitze bei insgesamt 42 Abgeordneten zu verteilen sind.

Teiler	**SPD-Frakt. 20 Mitgl.**	**Höchst-zahl**	**CDU-Frakt. 14 Mitgl.**	**Höchst-zahl**	**FDP-Frakt. 8 Mitgl.**	**Höchst-zahl**
: 1	20	(1)	14	(2)	8	(4)
: 2	10	(3)	7	(5)	4	
: 3	6,66	(6)	4,66		2,66	
: 4	5	(7)	3,5		2	
Vorsitze	4		2		1	

Danach stehen der SPD-Fraktion vier, der CDU-Fraktion zwei Ausschussvorsitze und der FDP-Fraktion ein Ausschussvorsitz zu.

Die Fraktionen und Gruppen benennen die Ausschüsse, deren Vorsitz sie beanspruchen, in der Reihenfolge der Höchstzahlen nach dem sogenannten **Zugreifverfahren**. In diesem Beispiel darf zunächst die SPD-Fraktion entscheiden, in welchem Ausschuss sie den Vorsitz führen will. Danach kann sich die CDU-Fraktion unter den restlichen Ausschüssen einen Ausschuss auswählen, dann die SPD-Fraktion usw., bis die sieben Ausschussvorsitze verteilt sind. Im Anschluss daran benennen die Fraktionen und Gruppen die Vorsitzenden aus der Mitte der den Ausschüssen angehörenden Abgeordneten (§ 71 Abs. 8 S. 4). Den Vorsitz kann auch ein Grundmandatsinhaber erhalten. Es ist umstritten[574], ob auch eine

[574] Befürwortend: Thiele, NKomVG, § 71 Erl. 13; ablehnend: Menzel in KVR-NGO, § 51 Rdnr. 95.

»andere Person« zum Ausschussvorsitzenden berufen werden kann. Sofern im Verlauf der Wahlperiode durch Auflösung und/oder Neubildung die Anzahl der Ausschüsse geändert wird, muss von den Abgeordneten eine Neuverteilung aller Ausschussvorsitze vorgenommen werden.[575]

III. Verfahren der Ausschussbildung

Die Ausschussbildung vollzieht sich in folgenden Verfahrensschritten:[576]

1. Festlegung der Ausschüsse, die gebildet werden sollen (§ 71 Abs. 1).
2. Festlegung der Zahl der Ausschusssitze (§ 71 Abs. 2 S. 1) einschließlich evtl. Sitze für »andere Personen« (§ 71 Abs. 7 S. 1).
3. Feststellung der Fraktionen und Gruppen in der Vertretung und deren Mitgliederzahl (§ 71 Abs. 2 S. 1 und § 57 Abs. 1).
4. Berechnung der auf die Fraktionen und Gruppen entfallenden Sitze nach dem **Hare-Niemeyer-Verfahren** (§ 71 Abs. 2, 3, 4), sofern kein abweichendes Verfahren beschlossen wurde (§ 71 Abs. 10). Bei gleichen Zahlenbruchteilen entscheidet das Los (§ 71 Abs. 5 S. 5). Das Los zieht die oder der Vorsitzende der Vertretung.
5. **Gesonderte** Berechnung für die Anrechnung der »anderen Personen« (§ 71 Abs. 7 S. 1) auf die Fraktionen/Gruppen nach dem **Hare-Niemeyer-Verfahren** (§ 71 Abs. 2), sofern kein anderes Verfahren beschlossen wurde (§ 71 Abs. 10).
6. Die Fraktionen und Gruppen benennen die Mitglieder für die ihnen zustehenden Sitze (§ 71 Abs. 2 S. 7), evtl. Grundmandate (§ 71 Abs. 4 S. 1) und die eventuell »anderen Personen« (§ 71 Abs. 7 S. 1 i.V.m. Abs. 2 S. 7).
7. Fraktions-/gruppenlose Abgeordnete (Einzelabgeordnete) melden ihren Ausschusswunsch an (§ 71 Abs. 4 S. 3).
8. Feststellung der Sitzverteilung und der Ausschussbesetzung durch Beschluss der Vertretung (§ 71 Abs. 5).
9. Berechnung der Zahl der Ausschussvorsitze für die Fraktionen und Gruppen nach dem **d'Hondtschen Höchstzahlverfahren** (§ 71 Abs. 8 S. 1), sofern kein abweichendes Verfahren beschlossen wurde (§ 71 Abs. 10).
10. Durchführung des »Zugreifverfahrens« (§ 71 Abs. 8 S. 4).
11. Benennung der Ausschussvorsitzenden durch die Fraktionen und Gruppen (§ 71 Abs. 8 S. 4).

Von den Benennungen der Fraktionen und Gruppen kann die Vertretung nicht abweichen.[577] Durch Beschluss der Vertretung wird festgestellt, dass die Sitzverteilung und die Ausschussbesetzung ordnungsgemäß durchgeführt wurden.[578]

---

[575] Thiele, NKomVG, § 71 Erl. 10.
[576] Vgl. Blum/Häusler/Meyer-Schwind, NKomVG, § 71 Rdnr. 12; vgl. Ipsen, NKomVG, § 71 Rdnr. 8.
[577] Vgl. Ipsen, NKomVG, § 71 Rdnr. 36.
[578] Ipsen, NKomVG, § 71 Rdnr. 35.

Eines Beschlusses über die Besetzung der Ausschussvorsitze bedarf es nicht. Die Vertretung ist jedoch nicht gehindert, mit dem Beschluss nach § 71 Abs. 5 auch die Feststellung über die Besetzung der Ausschussvorsitze zu verbinden.

Die von der Vertretung im Rahmen der Ausschussbildung zu treffenden Entscheidungen bedürfen als innerorganisatorische Beschlüsse **nicht** der Vorbereitung durch den Hauptausschuss.[579]

1. NEUBILDUNG VON AUSSCHÜSSEN

Die Ausschüsse können **jederzeit** durch Beschlüsse der Vertretung aufgelöst und neu gebildet werden (§ 71 Abs. 9 S. 1). Ein Ausschuss muss nach § 71 Abs. 9 S. 2 auf Antrag hin neu gebildet werden, wenn seine Zusammensetzung nicht mehr dem Stärkeverhältnis der Fraktionen und Gruppen der Vertretung entspricht. Bei der Neubildung sind die Fraktionen und Gruppen nicht daran gebunden, die bisherigen Ausschussmitglieder wieder zu benennen.[580]

Die Fraktionen oder Gruppen können Ausschussmitglieder, die sie vorgeschlagen haben, aus einem Ausschuss abberufen und durch andere ersetzen (»austauschen«). Hierzu bedarf es eines Feststellungsbeschlusses durch die Vertretung nach § 71 Abs. 5. Der »Austausch« von Ausschussmitgliedern vollzieht sich in folgenden Schritten:
1. Abberufung des Ausschussmitglieds durch die Fraktion oder Gruppe, die es benannt hat (§ 71 Abs. 9 S. 3).
2. Benennung eines neuen Ausschussmitglieds durch diese Fraktion oder Gruppe (§ 71 Abs. 9 S. 3).
3. Feststellender Beschluss der Vertretung (§ 71 Abs. 5, 9 S. 3).

Erst mit dem Feststellungsbeschluss nach § 71 Abs. 5 endet beziehungsweise beginnt die Mitgliedschaft der oder des Abgeordneten im Ausschuss.[581]

2. AUSSCHÜSSE NACH BESONDEREN RECHTSVORSCHRIFTEN

Ausschüsse nach besonderen Rechtsvorschriften (§ 73) sind z. B. der Betriebsausschuss bei Eigenbetrieben (§ 140 Abs. 2), der Jugendhilfeausschuss (§§ 70, 71 SGB VIII), der Schulausschuss (§ 110 NSchG) und der Grundstücksverkehrsausschuss (§ 41 Abs. 1 Gesetz über Landwirtschaftskammern). Für diese Ausschüsse gelten vorrangig die spezialgesetzlichen Bestimmungen. Soweit diese die Zusammensetzung, die Form der Bildung, die Auflösung, den Vorsitz oder das Verfahren nicht im Einzelnen regeln, sind §§ 71 und 72 anzuwenden mit der Besonderheit, dass die nicht der Vertretung angehörenden Mitglieder Stimmrecht haben, soweit gesetzlich nichts anderes bestimmt ist (§ 73 S. 2). Die Ausschüsse nach

[579] Blum/Häusler/Meyer-Schwind, § 76 Rdnr. 11.
[580] Thiele, NKomVG, § 71 Erl. 11; vgl. Ihnen, S. 274.
[581] Vgl. Ipsen, NKomVG, § 71 Rdnr. 34.

besonderen Rechtsvorschriften können auch Entscheidungsbefugnis haben, wie z. B. der Jugendhilfeausschuss, der nach § 71 Abs. 3 S. 1 SGB VIII in Angelegenheiten der Jugendhilfe im Rahmen der von der Vertretung für das Jugendamt erlassenen Satzung das Beschlussrecht über bereitgestellte Haushaltsmittel hat.

IV. Besetzung gleichartiger Stellen

Wenn eine Kommune unabhängig von der Ausschussbildung mehrere **unbesoldete** Stellen gleicher Art (z. B. Vertreter der Kommune im Aufsichtsrat eines wirtschaftlichen Unternehmens) zu besetzen oder ihre Besetzung vorzuschlagen hat, sind dabei gem. § 71 Abs. 6 die Regelungen nach § 71 Abs. 2, 3 und 5, also grundsätzlich das **Hare-Niemeyer-Verfahren**, anzuwenden.

E. ORTSCHAFTEN, STADTBEZIRKE

Die Stadtbezirks- und die Ortschaftsverfassung wurde eingeführt, um der oftmals fehlenden Identifizierung der Bürgerinnen und Bürger mit ihren gewählten »Volks«vertretungen sowie der nach der Gebietsreform erheblich geringeren Zahl der Kommunen und der damit verbundenen geringeren Zahl der Abgeordneten entgegen zu wirken.[582]

I. Stadtbezirksrat/Ortsrat

In kreisfreien Städten oder Städten mit mehr als 100.000 Einwohnern können durch die **Hauptsatzung** für das gesamte Stadtgebiet Stadtbezirksräte eingerichtet werden (§ 90 Abs. 2 S. 1). Die Hauptsatzung legt die Zahl der Stadtbezirke und ihre Grenzen fest (§ 90 Abs. 2 S. 2). Für jeden Stadtbezirk ist ein Stadtbezirksrat zu wählen (§ 90 Abs. 2 S. 3). Gebietsteile einer Gemeinde, deren Einwohnerinnen und Einwohner eine engere Gemeinschaft bilden, können durch **Hauptsatzung** zu Ortschaften bestimmt werden (§ 90 Abs. 1). Die Hauptsatzung legt zugleich fest, ob Ortsräte gewählt oder Ortsvorsteherinnen oder Ortsvorsteher bestellt werden. Somit gibt es zwei Ortschaftstypen: Ortschaften mit Ortsrat oder (nur) mit Ortsvorsteher.

1. BILDUNG

Der Stadtbezirksrat hat halb so viele Mitglieder wie eine Gemeinde mit der Einwohnerzahl des Stadtbezirks gem. § 46 Abs. 1 S. 1 Ratsfrauen und Ratsherren hätte. Die sich dabei er-

[582] Blum/Häusler/Meyer-Häusler, NKomVG, § 90 Rdnr. 2; LT-Drs. 9/1087, S. 9.

gebende gerade Mitgliederzahl wird um eins erhöht (§ 91 Abs. 1 S. 2). Die Mitgliederzahl des Ortsrates wird durch die **Hauptsatzung** bestimmt; es sind jedoch mindestens fünf Ortsratsmitglieder zu wählen (§ 91 Abs. 1 S. 1).

2. MITGLIEDER

Die Mitglieder des Stadtbezirksrates beziehungsweise des Ortsrates werden von den Wahlberechtigten des Stadtbezirks oder der Ortschaft zugleich mit den Ratsfrauen und Ratsherren der Gemeinde nach den Vorschriften dieses Gesetzes und des NKWG gewählt (§ 91 Abs. 2 S. 1). Dabei entspricht der Ortsrat oder der Stadtbezirksrat der Vertretung i.S.d. NKWG, die Mitglieder des Ortsrates oder des Stadtbezirksrates den Ratsfrauen und Ratsherren sowie den Abgeordneten i.S.d. NKWG und die Ortschaft oder der Stadtbezirk dem Wahlgebiet i.S.d. NKWG.

Die **Hauptsatzung** kann bestimmen, dass Ratsmitglieder, die in der Ortschaft oder dem Stadtbezirk wohnen oder in deren Wahlbereich die Ortschaft oder der Stadtbezirk ganz oder teilweise liegt, dem Ortsrat oder dem Stadtbezirksrat mit **beratender** Stimme angehören (§ 91 Abs. 3).

Für die Mitglieder des Ortsrates oder des Stadtbezirksrates gelten die Vorschriften über Abgeordnete entsprechend (§ 91 Abs. 4 S. 1). § 55 gilt mit der Maßgabe entsprechend, dass Mitgliedern nach § 91 Abs. 3 eine Entschädigung nur als Sitzungsgeld gezahlt werden kann (§ 91 Abs. 4 S. 2 HS. 1).

3. ORTSBÜRGERMEISTERIN/ORTSBÜRGERMEISTER BZW. BEZIRKSBÜRGERMEISTERIN/BEZIRKSBÜRGERMEISTER

Der Ortsrat oder der Stadtbezirksrat wählt in seiner ersten Sitzung aus seiner Mitte für die Dauer der Wahlperiode die Vorsitzende oder den Vorsitzenden und deren oder dessen Stellvertretung (§ 92 Abs. 1 S. 1).
Die oder der Vorsitzende führt in Ortsräten die Bezeichnung Ortsbürgermeisterin oder Ortsbürgermeister und in Stadtbezirksräten die Bezeichnung Bezirksbürgermeisterin oder Bezirksbürgermeister (§ 92 Abs. 1 S. 2).

4. EINBERUFUNG DES ORTSRATES ODER DES STADTBEZIRKSRATES

Die oder der Vorsitzende beruft den Stadtbezirksrat oder den Ortsrat ein (§ 92 Abs. 2 S. 1). Er ist unverzüglich einzuberufen, wenn die Hauptverwaltungsbeamtin oder der Hauptverwaltungsbeamte dies unter Angabe des Beratungsgegenstandes verlangt. Für das Verfahren des Ortsrates oder des Stadtbezirksrates gelten die Vorschriften für den Rat entsprechend (§ 91 Abs. 5 S. 1). Einzelheiten des Verfahrens und die Zusammenarbeit des Ortsrates oder des Stadtbezirksrates mit dem Rat, dem Verwaltungsausschuss und den Ausschüssen des

Rates regelt der Rat in der Geschäftsordnung (§ 91 Abs. 5 S. 2). Der Ortsrat und der Stadtbezirksrat dürfen **keine** Ausschüsse bilden (§ 91 Abs. 5 S. 3).

5. ZUSTÄNDIGKEITEN DES ORTSRATES ODER DES STADTBEZIRKSRATES

Der Ortsrat oder der Stadtbezirksrat vertritt die Interessen der Ortschaft oder des Stadtteils und fördert deren oder dessen positive Entwicklung innerhalb der Gemeinde (§ 93 Abs. 1 S. 1). Soweit der Rat nach § 58 Abs. 1, 2 nicht ausschließlich zuständig ist und soweit es sich nicht um Aufgaben handelt, die nach § 85 Abs. 1 Nrn. 3 bis 6 der Hauptverwaltungsbeamtin oder dem Hauptverwaltungsbeamten obliegen, **entscheidet** der Ortsrat oder der Stadtbezirksrat unter Beachtung der Belange der Gemeinde u. a. in folgenden Angelegenheiten (§ 93 Abs. 1 S. 2):

Nr. 1 Unterhaltung, Ausstattung und Benutzung der im Stadtbezirk oder in der Ortschaft gelegenen öffentlichen Einrichtungen, wie Schulen, Büchereien, Kindergärten, Jugendbegegnungsstätten, Sportanlagen, Altenheime, Dorfgemeinschaftshäuser, Friedhöfe und ähnliche soziale und kulturelle Einrichtungen, deren Bedeutung über den Stadtbezirk oder die Ortschaft nicht hinausgeht.

Nr. 3 Benennung und Umbenennung von Straßen, Wegen und Plätzen, die ausschließlich in der Ortschaft oder dem Stadtbezirk gelegen sind.

Nr. 5 Pflege des Ortsbildes sowie Unterhaltung und Ausgestaltung der Park- und Grünanlagen mit wesentlicher Bedeutung nur für die Ortschaft oder den Stadtbezirk

Nr. 7 Einrichtung eines Schiedsamts mit der Ortschaft oder dem Stadtbezirk als Amtsbezirk und Wahl der Schiedsperson für dieses Amt, wenn die Ortschaft oder der Stadtbezirk mindestens 2.000 Einwohnerinnen und Einwohner hat.

Nr. 8 Förderung und Durchführung von Veranstaltungen der Heimatpflege und des Brauchtums in der Ortschaft oder im Stadtbezirk.

Nr. 10 Pflege der Kunst in der Ortschaft oder im Stadtbezirk.

Nr. 11 Repräsentation der Ortschaft oder des Stadtbezirks.

Nr. 12 Information und Dokumentation in Angelegenheiten der Ortschaft und des Stadtbezirkes.

Darüber hinaus können dem Ortsrat oder dem Stadtbezirksrat **weitere** Angelegenheiten des eigenen Wirkungskreises durch **Hauptsatzung** zur Entscheidung übertragen werden (§ 93 Abs. 1 S. 3). Dem Ortsrat oder dem Stadtbezirksrat sind die für die Erledigung seiner Aufgaben erforderlichen Haushaltsmittel zur Verfügung zu stellen (§ 93 Abs. 2 S. 1), wobei das Recht des Rates, die Haushaltssatzung zu erlassen, nicht berührt wird. In der Hauptsatzung kann bestimmt werden, dass den Ortsräten und den Stadtbezirksräten die Haushaltsmittel auf Antrag als Budget zuzuweisen sind (§ 93 Abs. 2 S. 4).

Der Ortsrat oder der Stadtbezirksrat kann in Angelegenheiten, deren Bedeutung über die Ortschaft oder den Stadtbezirk nicht hinausgeht, eine Befragung der Bürgerinnen und Bürger in der Ortschaft oder in dem Stadtbezirk beschließen (§ 93 Abs. 3).

6. MITWIRKUNGSRECHTE DES ORTSRATES ODER DES STADTBEZIRKSRATES

Der Ortsrat oder der Stadtbezirksrat ist zu allen wichtigen Fragen des eigenen und des übertragenen Wirkungskreises, die die Ortschaft oder den Stadtbezirk in besonderer Weise berühren, rechtzeitig **anzuhören** (§ 94 Abs. 1 S. 1). Das Anhörungsrecht besteht **vor** Beschlussfassung des Rates oder des Verwaltungsausschusses (§ 94 Abs. 1 S. 2). Insbesondere ist er bei den Beratungen der Haushaltssatzung rechtzeitig zu hören, soweit es um die Bereitstellung der für die Erledigung seiner Aufgaben erforderlichen Mittel geht (§ 93 Abs. 2 S. 3). Ferner in folgenden Angelegenheiten:

1. Planung und Durchführung von Investitionsvorhaben in der Ortschaft oder im Stadtbezirk.
2. Aufstellung, Änderung, Ergänzung und Aufhebung des Flächennutzungsplanes sowie von Satzungen nach dem Baugesetzbuch soweit sie sich auf die Ortschaft oder den Stadtbezirk beziehen.
3. Errichtung, Übernahme, wesentliche Änderungen und Schließung von öffentlichen Einrichtungen in der Ortschaft oder im Stadtbezirk.
4. Um- und Ausbau sowie Benennung und Umbenennung von Straßen, Wegen und Plätzen in der Ortschaft oder im Stadtbezirk, soweit keine Entscheidungszuständigkeit nach § 93 Abs. 1 S. 1 Nr. 2 oder 3 besteht.
5. Veräußerung, Vermietung und Verpachtung von Grundvermögen der Gemeinde soweit es in der Ortschaft oder im Stadtbezirk liegt.
6. Änderung der Grenzen der Ortschaft oder des Stadtbezirks.
7. Aufstellung der Vorschlagsliste für Schöffinnen und Schöffen.
8. Wahl der Schiedsperson des Schiedsamts, zu dessen Amtsbezirk die Ortschaft oder der Stadtbezirk gehört, wenn nicht ein Schiedsamt nach § 93 Abs. 1 S. 2 Nr. 7 eingerichtet wird.

In der Bauleitplanung ist der Ortsrat oder der Stadtbezirksrat spätestens nach Abschluss des Verfahrens zur Beteiligung der Behörden und Stellen, die Träger öffentlicher Belange sind (§ 4 BauGB), anzuhören (§ 94 Abs. 2 S. 1). Auf Verlangen des Ortsrates oder des Stadtbezirksrates hat die Hauptverwaltungsbeamtin oder der Hauptverwaltungsbeamte für die Ortschaft oder den Stadtbezirk eine Einwohnerversammlung durchzuführen (§ 94 Abs. 1 S. 3).

7. VORSCHLÄGE, ANREGUNGEN UND BEDENKEN

Der Ortsrat oder der Stadtbezirksrat kann in allen Angelegenheiten, die die Ortschaft oder den Stadtbezirk betreffen, Vorschläge unterbreiten, Anregungen geben und Bedenken äußern (§ 94 Abs. 3 S. 1). Über die Vorschläge muss das zuständige Gemeindeorgan innerhalb von vier Monaten entscheiden. Bei der Beratung der Angelegenheit im zuständigen Gemeindeorgan haben die Ortsbürgermeisterin oder der Ortsbürgermeister, die Bezirksbürgermeisterin oder der Bezirksbürgermeister oder deren oder dessen Stellvertreter das Recht, angehört zu werden (§ 94 Abs. 3 S. 2, 3).

8. SONDERVORSCHRIFTEN FÜR ORTSCHAFTEN

Der Umfang und der Inhalt der Entscheidungs- und Anhörungsrechte des Ortsrates können in der **Hauptsatzung** abweichend geregelt werden, soweit dies aufgrund der besonderen örtlichen Gegebenheiten erforderlich ist; für diesen Beschluss ist eine Mehrheit von zwei Dritteln der Ratsmitglieder erforderlich (§ 95 Abs. 1). Die Ortsbürgermeisterin oder der Ortsbürgermeister erfüllt **Hilfsfunktionen** für die Gemeindeverwaltung; sie oder er ist in das Ehrenbeamtenverhältnis zu berufen (§ 95 Abs. 2 S. 1). Einzelheiten regelt die **Hauptsatzung**. Die Ortsbürgermeisterin oder der Ortsbürgermeister kann es ablehnen, Hilfsfunktionen zu übernehmen (§ 95 Abs. 2 S. 3). Die Ortsbürgermeisterin oder der Ortsbürgermeister muss in der Ortschaft wohnen (§ 95 Abs. 3).

II. Ortsvorsteherin oder Ortsvorsteher

Die Ortsvorsteherin oder der Ortsvorsteher wird vom Rat für die Dauer der Wahlperiode aufgrund eines Vorschlags der Fraktion bestimmt, deren Mitglieder der Partei oder Wählergruppe angehören, die in der Ortschaft bei der Wahl der Ratsfrauen und Ratsherren die meisten Stimmen erhalten hat (§ 96 Abs. 1 S. 1). Da die Ortsvorsteherin oder der Ortsvorsteher Hilfsfunktionen für die Gemeindeverwaltung erfüllt, ist sie oder er in das Ehrenbeamtenverhältnis zu berufen; sie oder er muss in der Ortschaft wohnen, für die sie oder er bestellt ist (§ 96 Abs. 1 S. 3).

Nach dem Ende der Wahlperiode führt die Ortsvorsteherin oder der Ortsvorsteher ihre oder seine Tätigkeit bis zur Neubestellung einer Ortsvorsteherin oder eines Ortsvorstehers fort (§ 96 Abs. 2). Durch Beschluss des Rates mit einer Mehrheit von zwei Dritteln seiner Mitglieder kann die Ortsvorsteherin oder der Ortsvorsteher abberufen werden (§ 96 Abs. 3 S. 2). Die Ortsvorsteherin oder der Ortsvorsteher hat die Belange der Ortschaft gegenüber den Organen der Gemeinde zur Geltung zu bringen und im Interesse einer bürgernahen Verwaltung Hilfsfunktionen für die Gemeindeverwaltung zu erfüllen (§ 96 Abs. 1 S. 4). In diesem Zusammenhang kann sie/er zu allen Angelegenheiten, die die Ortschaft betreffen, Vorschläge machen und vom Bürgermeister Auskünfte verlangen (§ 96 Abs. 1 S. 5). Zu allen wichtigen Fragen, die die Ortschaft berühren, ist sie oder er rechtzeitig zu hören (§ 96 Abs. 1 S. 6). Das Anhörungsrecht entspricht dem Anhörungsrecht des Ortsrates. Näheres ist in der **Hauptsatzung** zu regeln (§ 96 Abs. 1 S. 7).

F. BESCHLUSSVERFAHREN

I. Allgemeines

Die Vertretung der Kommune ist ein Kollegialorgan, bestehend aus gleichberechtigten Mitgliedern.[583] Einzelne Abgeordnete sind nicht berechtigt, für die Vertretung zu handeln.[584] Diese kann seine Entscheidungen nur durch **gemeinsames** Tätigwerden der Mitglieder in Sitzungen treffen.[585] Sie hat **Sitzungszwang**. Eine Entscheidung der Vertretung kann nicht im schriftlichen Verfahren herbeigeführt werden, wie es beim Hauptausschuss möglich ist.[586] Die Vertretung handelt durch **Beschlüsse**. Dieses ist die typische Form der Willensbildung in kollegial besetzten Organen und Organteilen.

II. Zustandekommen und Umsetzung von Beschlüssen der Vertretung

1. Vorbereitung durch die Hauptverwaltungsbeamtin oder den Hauptverwaltungsbeamten, im Regelfall durch Erstellung einer Beschlussvorlage.
2. Vorbereitung durch Ausschüsse der Vertretung durch Beratung und Abgabe einer Beschlussempfehlung.
3. Vorbereitung durch den Hauptausschuss durch Beratung und ggf. Koordinierung unterschiedlicher Beschlussempfehlungen der beratenden Ausschüsse, im Regelfall durch Abgabe einer Beschlussempfehlung.
4. Beschluss der Vertretung.
5. Ausführung des Beschlusses durch die Hauptverwaltungsbeamtin oder den Hauptverwaltungsbeamten.
6. Überwachung der Beschlussausführung durch die Vertretung.

III. Verfahren der Beschlussfassung

Für eine rechtmäßige Beschlussfassung ist es erforderlich, dass die Vertretung beschlussfähig und damit handlungsfähig ist. Die Vertretung ist beschlussfähig, wenn nach ordnungsgemäßer Einberufung die Mehrheit seiner Mitglieder anwesend ist (§ 65 Abs. 1 S. 1 Alt. 1) oder wenn (bei fehlerhafter Einberufung) alle Mitglieder anwesend sind und keines die Verletzung der Einberufungsvorschriften rügt (§ 65 Abs. 1 S. 1 Alt. 2).

Die Vertretung ist einzuberufen, sooft es die Geschäftslage erfordert (§ 59 Abs. 2 S. 3). Ein Drittel der Mitglieder der Vertretung oder der Hauptausschuss kann verlangen, dass die Vertretung einberufen wird. Gleiches gilt für einzelne Abgeordnete, wenn die letzte Sitzung länger als

[583] Burgi, § 12, Rdnr. 5; vgl. auch Ipsen, Rdnrn. 207 ff.
[584] Burgi, § 12, Rdnr. 5.
[585] Vgl. auch Ipsen, Rdnrn. 209 f.
[586] Sog. Umlaufverfahren, § 78 Abs. 3; vgl. Ausführungen dazu unter Dritter Teil, Kapitel B. VII. 4.

drei Monate zurückliegt. Mit dem Verlangen auf Einberufung muss der Beratungsgegenstand angegeben werden (§ 59 Abs. 2 S. 4). Die Tagesordnung für die Sitzung der Vertretung wird von der Hauptverwaltungsbeamtin oder dem Hauptverwaltungsbeamten aufgestellt (§ 59 Abs. 3 S. 1) und zwar im Benehmen mit der oder dem Vorsitzenden der Vertretung. Diese oder dieser kann verlangen, dass die Tagesordnung um einen Beratungsgegenstand ergänzt wird. Die Tagesordnung für die erste Sitzung der Wahlperiode stellt die Hauptverwaltungsbeamtin oder Hauptverwaltungsbeamte allein auf (§ 59 Abs. 3 S. 2). Die oder der Vorsitzende vertritt die Hauptverwaltungsbeamtin oder den Hauptverwaltungsbeamten bei der Einberufung der Vertretung einschließlich der Aufstellung der Tagesordnung (§ 59 Abs. 3 S. 3). Stellt die oder der Vorsitzende die Tagesordnung auf, so ist das Benehmen mit der allgemeinen Stellvertreterin oder dem allgemeinen Stellvertreter der Hauptverwaltungsbeamtin oder des Hauptverwaltungsbeamten herzustellen (§ 59 Abs. 3 S. 4). Diese oder dieser kann verlangen, dass ein bestimmter Beratungsgegenstand auf die Tagesordnung gesetzt wird.

In **dringlichen** Fällen kann die Tagesordnung zu Sitzungsbeginn durch Beschluss erweitert werden. Dafür ist eine Zweidrittelmehrheit der Mitglieder der Vertretung erforderlich (§ 59 Abs. 3 S. 5).

Zu Beginn der Sitzung stellt die oder der Vorsitzende fest, ob die Vertretung beschlussfähig ist (§ 65 Abs. 1 S. 2). Die Beschlussfähigkeit besteht unter der Voraussetzung des § 65 Abs. 1 S. 3 im Verlauf der Sitzung fort.

Die Beschlüsse der Vertretung müssen grundsätzlich vom Hauptausschuss vorbereitet werden. Sinn dieser Vorbereitungspflicht ist es, die Kommune vor übereilten Entscheidungen zu schützen.[587]

Die Vertretung bildet ihren Willen durch Beschlüsse in Form von Abstimmungen oder Wahlen (§§ 66, 67). Beschlüsse sind abschließende Entscheidungen eines Kollegialorgans, die in Form einer Abstimmung oder Wahl getroffen werden mit Bindungswirkung für die Kommune.[588]

Entsprechend der zu entscheidenden Angelegenheiten können Beschlüsse unterteilt werden in:

Sachbeschlüsse	z. B. Grundstücksverkäufe, Auftragsvergaben
Wahlbeschlüsse	z. B. ehrenamtliche Stellvertreter, § 81 Abs. 2, weitere Beamte auf Zeit, § 109 Abs. 1
Verfahrensbeschlüsse	z. B. Geschäftsordnung, Anträge zur Sitzungsunterbrechung und Vertagung
Innerorganisatorische Beschlüsse	z. B. Bildung von Ausschüssen, § 71, Feststellung des Sitzverlustes, § 52 Abs. 2
Vorbehaltsbeschlüsse	z. B. Entzug von Entscheidungskompetenzen

[587] Blum/Häusler/Meyer-Schwind, NKomVG, § 76 Rdnr. 5.
[588] Ihnen, S. 252.

Sach-, Verfahrens-, innerorganisatorische sowie Vorbehaltsbeschlüsse werden ausnahmslos in Form einer Abstimmung gefasst. Auch in Personalangelegenheiten findet grundsätzlich eine Abstimmung statt. Eine Wahl ist nur dann durchzuführen, wenn es im NKomVG oder einem Spezialgesetz ausdrücklich geregelt ist, wie z. B. in § 109 Abs. 1 S. 1: » Beamtinnen oder Beamte auf Zeit werden von der Vertretung für eine Amtszeit von acht Jahren gewählt.« Gefasste Beschlüsse können aufgehoben und geändert werden, soweit für die Kommune noch keine rechtliche Bindung eingetreten ist.[589] Über abgelehnte Anträge kann bei Bedarf in einer neuen Sitzung noch einmal abgestimmt werden.

Grundsätzlich genügt bei Abstimmungen nach § 66 Abs. 1 die Mehrheit der auf »Ja« oder »Nein« lautenden Stimmen (= **einfache Mehrheit**). Diese grundsätzliche Regelung des § 66 Abs. 1 gilt dann nicht, wenn besondere Mehrheiten durch Gesetz (z. B. Erlass der Hauptsatzung, § 12 Abs. 2; Abberufung der oder des Vorsitzenden der Vertretung, § 61 Abs. 2) oder durch die Geschäftsordnung in Verfahrensangelegenheiten (z. B. geheime Abstimmung; Änderung der Geschäftsordnung) vorgeschrieben sind. Abgestimmt wird grundsätzlich offen, also z. B. durch Handzeichen. In der Geschäftsordnung können abweichende Regelungen (geheime Abstimmung) getroffen werden (§ 66 Abs. 2).

Rechtsgrundlage für Einzelwahlen ist § 67. Es wird grundsätzlich schriftlich und offen gewählt. Wenn nur ein Kandidat vorgeschlagen worden ist, wird, sofern niemand widerspricht, durch Zuruf oder Handzeichen gewählt. Eine Wahl muss nach § 67 S. 2 geheim durchgeführt werden, wenn (nur) ein Mitglied der Vertretung es verlangt. Gewählt ist der Bewerber, der die Stimmen der Mehrheit der Mitglieder (= absolute Mehrheit) auf sich vereinigt. Erreicht kein Bewerber die absolute Mehrheit, findet ein zweiter Wahlgang statt, bei dem der Kandidat gewählt ist, für den die meisten Stimmen (= relative Mehrheit) abgegeben worden sind (§ 67 S. 4, 5). Bei Stimmengleichheit im zweiten Wahlgang entscheidet das von der oder dem Vorsitzenden der Vertretung zu ziehende Los (§ 67 S. 6, 7).

Die Sitzungen der Vertretung sind öffentlich, soweit nicht das öffentliche Wohl oder Interessen Einzelner (z. B. Verträge oder Personalangelegenheiten) den Ausschluss der Öffentlichkeit erfordern (§ 64 Abs. 1). Damit die Öffentlichkeit ihr Anwesenheitsrecht ausüben kann, sind Zeit, Ort und Tagesordnung einer öffentlichen Sitzung ortsüblich bekannt zu machen (§ 59 Abs. 5). Bei öffentlichen Sitzungen der Vertretung können nach § 62 Abs. 1 Einwohnerfragestunden zu den Beratungsgegenständen der Sitzung sowie zu anderen Angelegenheiten der Kommune durchgeführt werden. Die Einwohnerfragestunden können vor oder nach dem jeweiligen Tagesordnungspunkt stattfinden, aber auch als gesonderter Tagesordnungspunkt.[590]

Die Geschäftsordnung, die sich die Vertretung nach § 69 geben muss, soll insbesondere Bestimmungen über die Aufrechterhaltung der Ordnung, die Ladung und das Abstimmungsverhalten enthalten.

---

[589] Vgl. zur Bindungswirkung, insbesondere zur Außenwirkung auch Gern, Rdnr. 499.
[590] Vgl. Blum/Häusler/Meyer-Blum, NKomVG, § 62 Rdnr. 1 f.

Durchführung einer Sitzung der Vertretung:

1. Festlegung von Zeit und Ort der Sitzung
durch die Hauptverwaltungsbeamtin oder den Hauptverwaltungsbeamten (§ 59 Abs. 1 S. 1) ggf. durch die oder den Vorsitzenden der Vertretung (§ 59 Abs. 3 S. 3) im Vertretungsfall; Sitzungen je nach Geschäftslage (§ 59 Abs. 2 S. 3), ggf. auf Antrag von einem Drittel der Mitglieder der Vertretung (§ 59 Abs. 2 S. 3 Nr. 1), des Hauptausschusses (§ 59 Abs. 2 S. 3 Nr. 1) oder einzelner Abgeordneter, wenn die letzte Sitzung länger als drei Monate zurückliegt (§ 59 Abs. 2 S. 3 Nr. 2).

2. Aufstellung der Tagesordnung
durch die Hauptverwaltungsbeamtin oder den Hauptverwaltungsbeamten (§ 59 Abs. 3 S. 1) im Benehmen mit der oder dem Vorsitzenden der Vertretung; ggf. im Vertretungsfall mit durch die Vorsitzende oder den Vorsitzenden der Vertretung (§ 59 Abs. 3 S. 3) im Benehmen mit der allgemeinen Stellvertreterin oder dem allgemeinen Stellvertreter; ggf. Aufnahme von Tagesordnungspunkten auf Antrag von einem Drittel der Mitglieder, des Hauptausschusses, einzelner Abgeordneter (§ 59 Abs. 2 Nr. 1, Nr. 2) oder der Gleichstellungsbeauftragten (§ 9 Abs. 4 S. 3).

3. Einberufung zur Sitzung
durch die Hauptverwaltungsbeamtin oder den Hauptverwaltungsbeamten (§ 59 Abs. 1 S. 1); ggf. im Vertretungsfall durch die Vorsitzende oder den Vorsitzenden der Vertretung; die Ladungsfrist, auch den Eilfall, regelt die Geschäftsordnung (§ 59 Abs. 1 S. 2); die Ladungsfrist für die erste Sitzung der Wahlperiode beträgt eine Woche (§ 59 Abs. 2 S. 2).

4. Ortsübliche Bekanntmachung
von Zeit, Ort und Tagesordnung der Sitzung (§ 59 Abs. 5) durch die Hauptverwaltungsbeamtin oder den Hauptverwaltungsbeamten (§ 85 Abs. 1 Nr. 7), ggf. durch die allgemeine Stellvertreterin oder den allgemeinen Stellvertreter (§ 81 Abs. 3).

5. Eröffnung der Sitzung
durch die Vorsitzende oder den Vorsitzenden der Vertretung (§ 63 Abs. 1), ggf. durch die Stellvertreterin oder den Stellvertreter (§ 61 Abs. 1 S. 3).

6. Feststellung der Beschlussfähigkeit
durch die Vorsitzende oder den Vorsitzenden der Vertretung (§ 65 Abs. 1 S. 2), ggf. durch die Stellvertreterin oder den Stellvertreter (§ 61 Abs. 1 S. 3); die Beschlussfähigkeit besteht unter den Voraussetzungen des § 65 Abs. 1 S. 3 für die gesamte Dauer der Sitzung fort.

7. Beschluss der Tagesordnung
durch die Vertretung (ggf. auch konkludenter Beschluss); ggf. Änderung der Reihenfolge oder Absetzen von Punkten, Änderung der Zuordnung zum öffentlichen/nichtöffentlichen Teil, Erweiterung der Tagesordnung in dringlichen Fällen (§ 59 Abs. 3 S. 5).

8. Abarbeitung der Tagesordnung
Leitung der Sitzung, Aufrechterhaltung der Ordnung und Ausübung des Hausrechts durch Vorsitzende oder den Vorsitzenden der Vertretung (§ 63 Abs. 1), ggf. durch die Stellvertreterin oder den Stellvertreter (§ 61 Abs. 1 S. 3); Rederecht und Antragsrecht der Abgeordneten (§ 56 S. 1), Anhörung von anwesenden Sachverständigen (§ 62 Abs. 2) und/oder anwesenden Einwohnerinnen und Einwohnern, Durchführung von Abstimmungen (§ 66) und Wahlen (§ 67), ggf. Verweisung oder Vertagung von Tagesordnungspunkten.

9. Schließung der Sitzung
durch die Vorsitzende oder den Vorsitzenden der Vertretung (§ 63 Abs. 1), ggf. durch die Stellvertreterin oder den Stellvertreter (§ 61 Abs. 1 S. 3).

VIERTER TEIL
KOMMUNALE SATZUNGEN

A. ERMÄCHTIGUNG, BEGRIFF UND ARTEN KOMMUNALER SATZUNGEN

Kommunale Satzungen sind Rechtsvorschriften, also abstrakt-generelle Regelungen, welche gemäß § 58 Abs. 1 Nr. 5 auf Beschluss der Vertretung erlassen werden. Die Befugnis zur Rechtsetzung, also zum Erlass von Satzungen, gewährleistet den Kommunen Art. 28 Abs. 2 S. 1 und 2 GG. Hierin ist die kommunale Satzungsgewalt, auch Autonomie oder Satzungshoheit genannt, geregelt. Auch wenn die Kommunen in der staatlichen Gewaltenteilung der Exekutive zuzuordnen sind, werden sie wie die Legislative durch den Erlass von Satzungen normsetzend tätig.[591] Ob die Satzungshoheit zum Kernbereich der kommunalen Selbstverwaltung gehört, ist umstritten.[592]

Aus § 10 Abs. 1 ergibt sich für die Kommunen keine über Art. 28 Abs. 2 S. 1 und 2 GG hinausgehende Kompetenz zum Erlass von Satzungen, sondern es wird die Regelung insofern bloß wiederholt. Es wird aber zum Ausdruck gebracht, dass es sich bei Satzungen um das zentrale Instrument zur Regelung der eigenen Angelegenheiten handelt.[593]

Man unterscheidet zwischen Satzungen mit und ohne Außenwirkung.[594] Zum Erlass einiger Satzungen ist jede Kommune verpflichtet, so dass auch zwischen freiwilligen Satzungen und Pflichtsatzungen unterschieden werden kann.

So ist jede Kommune verpflichtet, eine Hauptsatzung zu erlassen, was § 12 Abs. 1 S. 1 bestimmt. Gemäß § 112 Abs. 1 müssen alle Kommunen für jedes Haushaltsjahr eine Haushaltssatzung erlassen, so dass auch diese zu den Pflichtsatzungen zählt. Weil diese Satzungen von jeder Kommune zu erlassen sind, diese Pflicht also nicht vom Vorliegen be-

591 Blum/Häusler/Meyer-Meyer, NKomVG, § 10 Rdnr. 6 m.w.N.

592 Gern, Rdnr. 248 m.w.N., dafür BayVerfGH NVwZ 1989, 551 (551 und 553); 1993, 163 (164); bisher offen gelassen vom BVerfG NVwZ, 1982, 306 (307).

593 Armbrust, S. 137.

594 So auch Gern, Rdnr. 256.

stimmter Voraussetzungen abhängt, werden diese Satzungen als unbedingte Pflichtsatzungen bezeichnet.[595] Daneben gibt es bedingte Pflichtsatzungen,[596] die nur unter bestimmten Voraussetzungen zu erlassen sind. Zum Beispiel hat eine Kommune gemäß § 140 Abs. 1 eine Betriebssatzung zu erlassen, wenn sie einen Eigenbetrieb gegründet hat. Auch für eine kommunale Anstalt muss die Kommune eine Satzung erlassen, in der gemäß § 142 S. 1 die entsprechenden Rechtsverhältnisse zu regeln sind. Daneben steht es der Kommune frei, weitere Satzungen zu erlassen. In freiwilligen Satzungen können Kommunen zum Beispiel die Benutzung kommunaler Einrichtungen regeln. Sollen kommunale Abgaben (Steuern, Gebühren oder Beiträge) erhoben werden, ist dies gemäß § 2 Abs. 1 S. 1 NKAG in einer Satzung zu regeln. Auch einen Anschluss- und Benutzungszwang zu öffentlichen Einrichtungen z.B. zur Wasser-, Abfall- oder Fernwärmeversorgung können Kommunen gemäß § 13 S. 1 nur durch Satzung regeln. Weil sie aber grundsätzlich frei in der Entscheidung sind, ob sie einen Anschluss- und Benutzungszwang regeln, sind dies freiwillige Satzungen.[597]
Beispiele für Regelungen in Satzungen:

Auszug aus der Hauptsatzung der Landeshauptstadt Hannover, Stand 13.4.2013:

§ 1
Bezeichnung und Hoheitszeichen

(1) Die Stadt führt die Bezeichnung „Landeshauptstadt Hannover".

(2) Die Farben der Stadt Hannover sind rot-weiß, untereinander angeordnet.

(3) Das Stadtwappen ist ein von zwei Löwen gehaltener roter Schild, der eine silberne Mauer mit zwei Türmen zeigt. Auf den Zinnen zwischen den Türmen steht ein – heraldisch – nach rechts gewendeter goldener Löwe; in der Türöffnung schwebt ein goldenes Schildchen mit einem grünen Kleeblatt. Überragt wird das Ganze von einem geschlossenen Helm, zwischen dessen rot-gold geteilten Büffelhörnern ein grünes Kleeblatt schwebt.

Auszug aus der Hundesatzung der Stadt Osnabrück, Stand 13.12.2011:

§ 1
Steuergegenstand

Gegenstand der Steuer ist das Halten von mehr als drei Monate alten Hunden im Stadtgebiet. Wird das Alter eines Hundes nicht nachgewiesen, so ist davon auszugehen, dass er älter als drei Monate ist.

595 Gern, Rdnr. 266 f.
596 Gern, Rdnr. 266.
597 A.A. Gern, Rdnr. 268, der die Benutzungsgebührensatzung als Beispiel für bedingte Pflichtsatzungen nennt; vgl. auch Burgi, § 15 Rdnr. 19.

§ 2
Steuerpflicht, Haftung

(1) Steuerpflichtig ist die Hundehalterin/der Hundehalter. Als Hundehalterin/Hundehalter gilt, wer einen Hund oder mehrere Hunde in ihrem/seinem Haushalt oder Betrieb, ihrer/seiner Institution oder Organisation für Zwecke der persönlichen Lebensführung aufgenommen hat oder einen Hund im Interesse einer juristischen Person hält. (...)

§ 3
Steuermaßstab und Steuersätze

(1) Die Steuer wird nach der Anzahl der gehaltenen Hunde bemessen: Sie beträgt jährlich:
- a) für den ersten Hund 108,00 Euro
- b) für den zweiten Hund 162,00 Euro
- c) für jeden weiteren Hund 198,00 Euro
- d) für jeden gefährlichen Hund 720,00 Euro

(2) a) Gefährliche Hunde im Sinne von Absatz 1 Buchstabe d) sind solche Hunde, bei denen nach ihrer besonderen Veranlagung, Erziehung und/oder Charaktereigenschaft die erhöhte Gefahr einer Verletzung von Personen besteht oder von denen eine Gefahr für die öffentliche Sicherheit ausgehen kann. Gefährliche Hunde in diesem Sinne sind insbesondere auch diejenigen Hunde, die bereits in der Öffentlichkeit durch eine gesteigerte Aggressivität aufgefallen sind, insbesondere Menschen oder Tiere gebissen oder sonst eine über das natürliche Maß hinausgehende Kampfbereitschaft, Angriffslust oder Schärfe gezeigt haben, soweit die zuständige Behörde die Gefährlichkeit nach § 7 Abs. 1 des Niedersächsischen Gesetzes über das Halten von Hunden (Niedersächsisches Hundegesetz, nachfolgend NHundG) vom 26. Mai 2011 (Niedersächsisches Gesetz- und Verordnungsblatt 2011, S. 130 und 184) festgestellt hat.

b) Gefährliche Hunde im Sinne dieser Vorschrift sind jedenfalls Hunde der Rassen
1. American Staffordshire Terrier
2. Staffordshire-Bullterrier
3. Bullterrier
4. Pitbull-Terrier

sowie deren Kreuzungen untereinander oder mit anderen Hunden. (...)

Auszug aus der Satzung über die Abfallentsorgung in der Stadt Braunschweig, Stand 07.10.2008:

§ 4
Anschluss- und Benutzungsrecht/-zwang

(1) Jeder Eigentümer eines Grundstücks sowie gewerblich, industriell oder landwirtschaftlich genutzten und bebauten Grundstücken im Stadtgebiet hat im Rahmen dieser Satzung das Recht, sein Grundstück an die öffentliche Einrichtung der Abfallentsorgung anzuschließen (Anschlussrecht). (...)

(2) Jeder Anschlussberechtigte ist verpflichtet, sein Grundstück sowie gewerblich, industriell oder landwirtschaftlich genutztes und bebautes Grundstück im Rahmen dieser Satzung an die öffentliche

Einrichtung der Abfallentsorgung anzuschließen (Anschlusszwang). Daneben sind die Erzeuger und Besitzer von Abfällen zur Beseitigung aus anderen Herkunftsbereichen als privaten Haushaltungen verpflichtet, die betreffenden Grundstücke anzuschließen, soweit sie diese Abfälle nicht in eigenen Anlagen beseitigen. Kein Anschlusszwang besteht für Abfälle, die vom Einsammeln und Befördern ausgeschlossen sind.
Jeder Anschlussberechtigte und sonstige Abfallbesitzer ist verpflichtet, im Rahmen des Anschlusszwanges die auf dem Grundstück oder die sonst bei ihm angefallenen überlassungspflichtigen Abfälle der öffentlich-rechtlichen Einrichtung zur Abfallentsorgung satzungsgemäß zu überlassen (Benutzungszwang). (...)

(3) Es ist untersagt, auf öffentlichen Straßen und Anlagen Abfall zu entsorgen. Hierzu zählen insbesondere:

- Zeitungen, Papier, Papiertaschentücher, Pappgeschirr
- Lebensmittelreste
- Plastiktüten, andere Kunststoffprodukte
- Zigarettenkippen
- Kaugummi
- Flaschen
- Dosen (...)

§ 6
Befreiung

Vom Benutzungszwang ist befreit, wer nachweist, dass er Abfälle zur Verwertung aus privaten Haushaltungen selbst auf dem an die Abfallentsorgungseinrichtung angeschlossenen Grundstück ordnungsgemäß und schadlos verwertet (Eigenverwertung). (...)

I. Satzungen mit bloßer Innenwirkung

Satzungen sind keine Gesetze im formellen Sinn.[598] Im Hinblick auf ihren Inhalt gibt es zunächst Satzungen mit bloßer Innenwirkung, wozu beispielsweise die Hauptsatzungen von Kommunen zählen. Sie entfalten nur kommunenintern Rechtsfolgen, und außerhalb der Verwaltung stehende Dritte können keine Rechte aus ihnen ableiten. Auch aus den kommunalen Haushaltssatzungen ergeben sich unmittelbar weder Rechte noch Pflichten für außen stehende Dritte, wenn auch die in ihnen geregelten Festsetzungen zu den Realsteuern eine gewisse Außenwirkung entfalten. Sowohl Hauptsatzungen als auch Haushaltssatzungen sind Satzungen im formellen Sinn.[599] Beide Satzungen sind Pflichtsatzungen, was für die Hauptsatzung § 12 Abs. 1 S. 1 und für die Haushaltssatzung § 112 Abs. 1 jeweils bestimmt.

[598] Satzungen werden von der Vertretung als Verwaltungsorgan erlassen, und nicht vom Bundes- oder Landesparlament, wie dies ein Gesetz im formellen Sinn kennzeichnet. Vgl. auch Suckow/Weidemann, Rdnr. 43.
[599] Vgl. auch Gern, Rdnr. 257.

II. Satzungen mit Außenwirkung

Satzungen mit Außenwirkung gehören zu den sogenannten Gesetzen im materiellen Sinn.[600] Sie gelten verbindlich auch für Dritte, also z. B. für die Einwohner einer Kommune. Sofern Satzungen in Grundrechte eingreifen oder die Grundrechtsausübung prägen, bedürfen sie zur Rechtmäßigkeit einer spezielleren Ermächtigung, als sie Art. 28 Abs. 2 S. 1 und 2 GG und § 10 Abs. 1 darstellen.[601] Der Grundsatz vom Vorbehalt des Gesetzes, welcher sich aus dem Grundsatz der Gesetzmäßigkeit der Verwaltung aus Art. 20 Abs. 3 GG ergibt, gebietet, dass alle wesentlichen Entscheidungen vom Gesetzgeber getroffen werden. Die Kommunen als Exekutive haben diese Gesetze bloß anzuwenden. Wann eine spezielle Regelung des Gesetzgebers erforderlich ist, entscheidet sich nach dem vom Bundesverfassungsgericht entwickelten Wesentlichkeitsgrundsatz, wonach nicht bloß Eingriffe in Freiheit und Eigentum durch die Exekutive einer Eingriffsermächtigung bedürfen, sondern auch grundrechtsrelevante Fragen im Bereich der Leistungsverwaltung.[602] Wesentlich bedeutet danach »wesentlich für die Verwirklichung der Grundrechte.«[603]

Beispiele für spezielle Satzungsermächtigungen, die auch die Regelung von grundrechtsrelevanten Fragen ermöglichen, sind § 13 Abs. 1 S. 1 für den Anschluss- beziehungsweise Benutzungszwang sowie § 2 Abs. 1 S. 1 NKAG für die Erhebung von Steuern, Gebühren und Beiträgen. Im Bereich Baurecht bestehen spezielle Satzungsermächtigungen für den Bebauungsplan in § 10 Abs. 1 BauGB, für die Regelung einer Veränderungssperre in § 16 Abs. 1 BauGB und für eine Erschließungsbeitragssatzung in § 132 BauGB.

Auch im Bereich der Aufgaben des übertragenen Wirkungskreises ist ein Erlassen von Satzungen zulässig, allerdings nur, wenn es hierzu eine spezielle Ermächtigung gibt.[604]

KOMMUNALE SATZUNGEN
= abstrakt-generelle Regelungen einer Kommune
= zentrales Instrument zur Regelung der eigenen Angelegenheiten

Bloße **Innenwirkung**	Mit **Außenwirkung**
= Satzungen im formellen Sinn Keine Gesetze im formellen Sinn	= Gesetze im materiellen Sinn
Art. 28 Abs. 2 S. 1 und 2 GG als Satzungsermächtigung ausreichend	Im grundrechtsrelevanten Bereich spezielle Satzungsermächtigung erforderlich
Beispiele: • Hauptsatzung • Haushaltssatzung	Beispiele: • Anschluss- und Benutzungszwang • Abgabensatzung • Bebauungspläne

600 Gern, Rdnr. 256.

601 Gern, Rdnr. 50; Blum/Häusler/Meyer-Meyer, NKomVG, § 10 Rdnr. 8 m.w.N.; zur Herleitung u. zum Umfang des Grundsatzes vom Vorbehalt des Gesetzes sowie zur Begründung u. zum Inhalt der Wesentlichkeitstheorie vgl. Funke/Papp, JuS 2010, S. 397 f.

602 BVerfGE 40, 237 (249); 47, 46 (79).

603 BVerfGE 40, 237 (249); 47, 46 (79).

604 Blum/Häusler/Meyer-Meyer, NKomVG, § 10 Rdnr. 4. Eine ausdrückliche Regelung hierzu enthält das NKomVG anders als noch die NGO indes nicht.

B. RECHTMÄSSIGKEITSANFORDERUNGEN AN SATZUNGEN

Neben einer ggf. erforderlichen speziellen Satzungsermächtigung ist zur Rechtmäßigkeit von Satzungen erforderlich, dass alle übrigen Rechtsvorschriften eingehalten werden.[605] Dies ergibt sich aus dem Grundsatz vom Vorrang des Gesetzes, welcher aus dem Grundsatz der Gesetzmäßigkeit der Verwaltung, Art. 20 Abs. 3 GG, hergeleitet wird.[606] Danach ist höherrangiges Recht einzuhalten, also alle Bundes- und Landesgesetze sowie Verordnungen.

I. Formelle Rechtmäßigkeitsanforderung an Satzungen

Zur formellen Rechtmäßigkeit einer Satzung ist erforderlich, dass über sie in einem ordnungsgemäßen Satzungsbeschluss entschieden und sie ausgefertigt und bekanntgemacht wurde. Außerdem ist ausnahmsweise für einige Satzungen die Genehmigung durch die Kommunalaufsichtsbehörde erforderlich.

1. ORDNUNGSGEMÄSSER SATZUNGSBESCHLUSS

Wegen der Anforderungen an einen ordnungsgemäßen Satzungsbeschluss kann zunächst auf die Ausführungen zu den formellen Anforderungen eines Beschlusses der Vertretung verwiesen werden.[607] Für den Satzungsbeschluss gelten einige Besonderheiten. Das in der Kommune für den Satzungsbeschluss zuständige Organ ist die Vertretung gemäß § 58 Abs. 1 Nr. 5. Die Regelungen über das Mitwirkungsverbot in § 41 Abs. 1, 2 gelten nicht für Satzungsbeschlüsse und deren Beratungen, weil es sich bei Satzungen um Rechtsnormen i.S.d. § 41 Abs. 3 Nr. 1 handelt. Für die Beschlüsse über Satzungen sind teilweise bestimmte Mehrheiten erforderlich. So ist beispielsweise für den Beschluss über die Hauptsatzung gemäß § 12 Abs. 2 die Mehrheit der Mitglieder der Vertretung erforderlich, aber gemäß § 90 Abs. 3 die Mehrheit von zwei Dritteln seiner Mitglieder, wenn eine Gebietsänderung geregelt wird.

2. GENEHMIGUNG UND MITTEILUNG

Grundsätzlich sind kommunale Satzungen im eigenen Wirkungskreis genehmigungsfrei.[608] Bestimmte Satzungen bedürfen jedoch der Genehmigung durch die Kommunalaufsichtsbehörde. Hierzu gehören gemäß § 114 Abs. 2 die Haushaltssatzung, wenn sie genehmigungsbedürftige Teile enthält. Auch der Flächennutzungsplan bedarf gemäß § 6 Abs. 1 BauGB der Genehmigung, so wie unter bestimmten Voraussetzungen auch der Bebauungsplan,

---

605 Armbrust, S. 137; Suckow/Weidemann, Rdnrn. 26 f.

606 Suckow/Weidemann, Rdnr. 27.

607 Vgl. hierzu Dritter Teil: »Kommunale Organe«, Kapitel F sowie Siebter Teil: »Kommunalrecht in der Klausur«, Kapitel C. ff.

608 Armbrust, S. 143.

nämlich gemäß § 10 Abs. 2 S. 1 BauGB in den Fällen der § 8 Abs. 2 Satz 2, Abs. 3 Satz 2 und Abs. 4 BauGB. Seit 2005 bedarf die Hauptsatzung anders als vorher weder der Genehmigung durch die Kommunalaufsichtsbehörde noch eines Anzeigeverfahrens.[609] Mit dieser Änderung sollte die kommunale Verwaltung gestärkt werden.[610]

3. AUSFERTIGUNG

Die Ausfertigung einer kommunalen Satzung erfolgt gemäß § 11 Abs. 1 S. 1 durch Unterzeichnung von der oder dem Hauptverwaltungsbeamten. Die Unterzeichnung muss handschriftlich mit vollem Namen unter Angabe des Datums zu erfolgen. Die Datumsangabe ist als Nachweis der Authentizität der Satzung erforderlich und auch die Angabe des Ortes ist üblich.[611] Die Ausfertigung, bei der es sich um eine Urkunde handelt, dient der Dokumentation, dass ihr Inhalt mit dem Willen des Satzungsgebers übereinstimmt (Identitätsfunktion) sowie dass die Voraussetzungen für die Rechtswirksamkeit beachtet sind (Legalitätsfunktion).[612]

4. BEKANNTMACHUNG, INKRAFTTRETEN

Außerdem sind Satzungen zu verkünden, was gemäß § 11 Abs. 1 S. 2 in einem amtlichen Verkündungsblatt, in einer oder mehreren örtlichen Tageszeitungen oder im Internet erfolgen kann, wobei die Form der Verkündung gemäß § 11 Abs. 1 S. 3 in der Hauptsatzung zu bestimmen ist. Wirksam werden Satzungen zum Zeitpunkt ihres Inkrafttretens[613]. Wenn nichts anderes bestimmt ist, treten Satzungen gemäß § 10 Abs. 3 mit dem 14. Tage nach Ablauf des Tages in Kraft, an dem sie verkündet worden sind. Ein anderer Zeitpunkt kann jedoch von der Kommune festgelegt werden. Auch ein rückwirkendes Inkrafttreten ist so möglich. Dessen Zulässigkeit ist aber davon abhängig, dass kein schutzwürdiges Vertrauen der betroffenen Bürger entgegensteht.[614]

§ 11 Abs. 3 S. 1 ermöglicht die Verkündung im Internet. Es muss nach § 11 Abs. 3 S. 4 bei dieser Form der Verkündung gewährleistet sein, dass die Bereitstellung der Information dauerhaft durch technische und organisatorische Maßnahmen gesichert wird, wozu auch gehört, dass die Dokumente mit den verkündeten Versionen nicht verändert werden können.[615]

---

[609] Blum/Häusler/Meyer-Meyer, NKomVG, § 10 Rdnr. 10 m.w.N.

[610] Blum/Häusler/Meyer-Meyer, NKomVG, § 10 Rdnr. 10. Weitere Ziele der Reform waren der Abbau der Regelungsdichte u. die Verwaltungsvereinfachung.

[611] Ihnen, S. 135.

[612] Blum/Häusler/Meyer-Meyer, NKomVG, § 11 Rdnr. 3.

[613] Vgl. Armbrust S. 143.

[614] Vgl. hierzu Blum/Häusler/Meyer-Meyer, NKomVG, § 10 Rdnr. 17 mit Hinweisen auf die Rechtsprechung des BVerfG.

[615] Blum/Häusler/Meyer-Meyer, NKomVG, § 11 Rdnr. 12.

II. Materielle Rechtmäßigkeitsanforderungen an Satzungen

Damit der Inhalt einer Satzung rechtmäßig ist, muss er allen einschlägigen gesetzlichen Vorschriften entsprechen.[616] Weicht der Satzungsinhalt hingegen von der Regelung einer gesetzlichen Vorschrift ab, ohne dass dies ausdrücklich zugelassen wird, ist die entsprechende Satzungsregelung materiell rechtswidrig.[617] Wenn es eine spezielle Satzungsermächtigung gibt, stellen die entsprechenden Voraussetzungen materielle Rechtmäßigkeitsanforderungen dar.

Auch ein in der Satzung geregelter Inhalt, für den nicht bereits Rahmenbedingungen geregelt sind, muss unter Umständen bestimmten Regeln entsprechen. So darf beispielsweise eine belastende Satzungsregelung grundsätzlich nicht mit rückwirkender Kraft erlassen werden,[618] weil das Vertrauen am Fortbestand der bisherigen Regelung durch die Betroffenen zu schützen ist. Außerdem sind in Satzungen mit Außenwirkung stets die im Grundgesetz geregelten Gleichheitsrechte zu beachten.[619] Eingriffe in Freiheitsrechte und in das Recht auf Eigentum müssen darüber hinaus verhältnismäßig sein.[620]

C. FEHLERFOLGEN: HEILUNG UND UNWIRKSAMKEIT

Grundsätzlich führt jeder Verstoß gegen gesetzliche Vorschriften, die es bei dem Erlass einer Satzung einzuhalten gilt, zu deren Rechtswidrigkeit.[621] Die Rechtswidrigkeit einer Satzung trifft aber noch keine Aussage über deren Gültigkeit oder auch Wirksamkeit. So ist es denkbar, dass eine Satzung zwar rechtswidrig, aber dennoch wirksam ist. Zudem können Verstöße gegen bestimmte Verfahrens- und Formvorschriften geheilt werden, wodurch die Satzung rechtmäßig wird.[622] Der Grundsatz, von dem es einige Ausnahmen gibt,[623] lautet jedoch, dass eine Satzung die an Verfahrens- und Formfehlern leidet, nichtig ist.[624] Ist eine Satzungsregelung materiell rechtswidrig, führt dies ebenso grundsätzlich zu deren Unwirksamkeit, auch Nichtigkeit genannt.[625] Die übrigen Regelungen dieser Satzung sind aber dann wirksam, wenn sie für sich betrachtet materiell rechtmäßig sind. Dann spricht man von der Teilnichtigkeit der Satzung.[626]

---

616 Armbrust, S. 137 ff.
617 Armbrust, S. 142 ff. mit Beispielen.
618 Gern, Rdnrn. 287 f.; Blum/Häusler/Meyer-Meyer, NKomVG, § 10 Rdnr. 17.
619 Armbrust, S. 138 f.
620 Armbrust, S. 138 f.
621 Armbrust, S. 143 f.
622 Armbrust, S. 143 f.
623 Vgl. Gern, Rdnr. 297, der zwischen wesentlichen u. unwesentlichen Verfahrensfehlern unterscheidet.
624 Armbrust, S. 143.
625 Gern, Rdnr. 297; Armbrust, S. 143.
626 Gern, Rdnr. 299.

I. Heilungsvorschriften

Wenn eine Satzung rechtswidrig ist, können Vorschriften deren Heilung regeln. Rechtswidrige Satzungen werden durch die Heilung bestandskräftig, sind also wirksam.[627] Die Heilung von Verfahrens- und Formvorschriften finden sich im NKomVG sowie in speziellen Gesetzen, wobei die ggf. einschlägigen spezielleren Regelungen denen des NKomVG vorgehen. Nach § 10 Abs. 2 S. 1 ist die Verletzung von Verfahrens- und Formvorschriften unbeachtlich also geheilt, wenn sie nicht innerhalb eines Jahres seit Verkündung der Satzung gegenüber der Kommune geltend gemacht wird. Dieses sogenannte Rügemodell stellt die Rechtssicherheit über das Prinzip der Gesetzmäßigkeit.[628]

Für Bebauungspläne und sonstige baurechtliche Satzungen sehen §§ 214 und 215 BauGB Heilungsvorschriften vor. Einige Fehler sind danach von vornherein unbeachtlich, sogenannte absolute Unbeachtlichkeit, oder sie sind dann unbeachtlich, wenn sie nicht innerhalb einer Frist von einem Jahr nach Erlass der Satzung gegenüber der Gemeinde gerügt werden, sogenannte relative Unbeachtlichkeit.[629]

II. Satzungskontrolle

Es gibt verschiedene Instanzen, die für die Kontrolle von Satzungen zuständig sind. Die Hauptverwaltungsbeamtin oder der Hauptverwaltungsbeamte ist zur Handlung verpflichtet, wenn er eine Satzung für rechtswidrig hält.[630] Die Aufsichtsbehörden haben nicht nur im Anzeige- und Genehmigungsverfahren die Möglichkeit der Überprüfung einer Satzung.[631] Eine gerichtliche Kontrolle von Satzungen kann von dem Betroffenen durch die abstrakte Normenkontrolle herbeigeführt werden.[632] Einen Anspruch auf Erlass einer fehlerfreien Satzung kann der Bürger aber grundsätzlich nicht haben.[633]

---

[627] Gern, Rdnr. 297.

[628] Blum/Häusler/Meyer-Meyer, NKomVG, § 10 Rdnr. 12.

[629] Maurer, § 4 Rdnr. 56.

[630] In Betracht kommen als Handlungsalternativen Einspruch u. Bericht. Vgl. hierzu Dritter Teil: »Kommunale Organe«, Kapitel F. V.

[631] Gern, Rdnr. 303. Vgl. auch Fünfter Teil: »Staatliche Aufsicht«, Kapitel C.

[632] Vgl. auch Sechster Teil: »Rechtsschutz in der Kommune«, Kapitel D.

[633] Gern, Rdnr. 307 mit Hinweis auf einige Ausnahmen.

FÜNFTER TEIL
STAATLICHE AUFSICHT

A. EINLEITUNG

Um trotz des Rechts der kommunalen Selbstverwaltung[634] die Kommunen zu rechtmäßigem Handeln anzuhalten und – für den Fall eines Rechtsverstoßes – wieder rechtmäßige Zustände herzustellen, besteht die Institution der Kommunalaufsicht für Angelegenheiten des eigenen Wirkungskreises. Hierbei hat die Kommunalaufsicht die Rechtmäßigkeitskontrolle bezüglich kommunaler Maßnahmen. Dementsprechend ist die Notwendigkeit staatlicher Aufsicht eine Folge des Grundsatzes der Gesetzmäßigkeit der Verwaltung, der sich wiederum aus dem in Art. 20 Abs. 3 GG geregelten Rechtsstaatsprinzip ergibt.[635] Steht der Kommune bei ihrer Maßnahme ein Beurteilungsspielraum zu, so darf die Kommunalaufsichtsbehörde nur prüfen, ob dessen Grenzen eingehalten wurden.[636]

Für den übertragenen Wirkungskreis hat die sogenannte Fachaufsicht das Recht zur Überprüfung der Recht- und Zweckmäßigkeit der Maßnahme. Diese weitreichende Befugnis der Fachaufsicht lässt sich damit begründen, dass es sich bei den Aufgaben des übertragenen Wirkungskreises um solche handelt, die originär staatlich sind und deren Ausführung lediglich auf die Kommunen übertragen wurde.[637] Des Weiteren ist umstritten, ob in Angelegenheiten des eigenen Wirkungskreises eine Sonderaufsicht möglich ist. Deren Existenz wird aber für Niedersachsen überwiegend abgelehnt.[638]

---

[634] Siehe hierzu Erster Teil: »Kommunale Körperschaften, ihre Aufgaben u. verfassungsrechtliche Grundlagen« Kapitel C.

[635] Vgl. zu dem Zusammenhang zwischen der Staatsaufsicht u. Art. 20 Abs. 3 GG: Ihnen, S. 403 u. Geis, § 24 Rdnr. 1.

[636] Geis, § 24 Rdnr. 12.

[637] Siehe hierzu Erster Teil: »Kommunale Körperschaften, ihre Aufgaben u. verfassungsrechtliche Grundlagen« Kapitel A, II.

[638] Blum/Häusler/Meyer-Häusler, NKomVG, § 170 Rdnr. 12; Ipsen, Rdnr. 836; a.A. Thiele, NKomVG, § 170 Erl. 1.

B. ZUSTÄNDIGKEIT DER KOMMUNALAUFSICHTSBEHÖRDE

Zur Bestimmung der zuständigen Kommunalaufsichtsbehörde ist die sachliche, die instanzielle und die örtliche Zuständigkeit zu prüfen.

I. Sachliche Zuständigkeit

Die sachliche Zuständigkeit der Kommunalaufsichtsbehörde ergibt sich aus § 170 Abs. 1 S. 2. Hiernach wird zwischen der Kommunalaufsicht und der Fachaufsicht unterschieden. Liegt eine Angelegenheit des übertragenen Wirkungskreises gemäß § 6 vor, ist hierfür nach dem ausdrücklichen Wortlaut der Vorschrift die Fachaufsicht zuständig. Aus dem Umkehrschluss des § 170 Abs. 1 S. 2 ergibt sich, dass die Kommunalaufsicht demgegenüber für Angelegenheiten des eigenen Wirkungskreises gemäß § 5 zuständig ist.

II. Instanzielle Zuständigkeit

Welche Behörde instanziell für die Kommunalaufsicht zuständig ist, hängt von der Art der Kommune ab, über welche die Aufsicht ausgeübt werden soll. Hierbei lässt sich gemäß § 171 die folgende Unterteilung vornehmen:

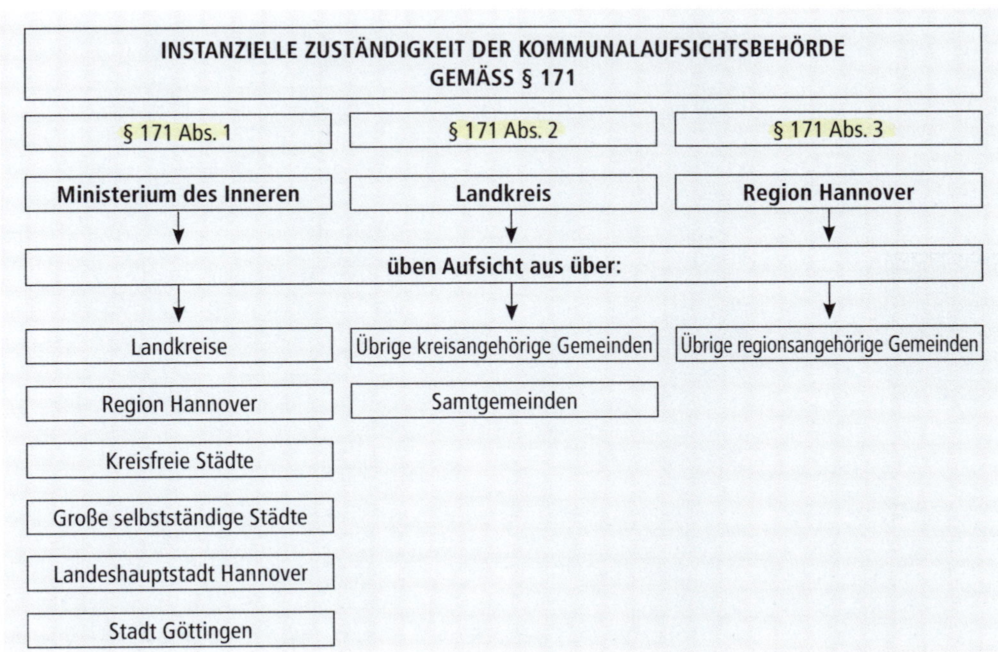

III. Örtliche Zuständigkeit

Da eine Regelung der örtlichen Zuständigkeit der Kommunalaufsichtsbehörde im NKomVG (bewusst) nicht enthalten ist, muss für deren Bestimmung Rückgriff auf die allgemeinen Vorschriften genommen werden. Die örtliche Zuständigkeit der Kommunalaufsichtsbehörde ergibt sich in Niedersachsen dementsprechend aus § 1 Abs. 1 Nds.VwVfG i.V.m. § 3 Abs. 1 Nr. 3 b VwVfG.

C. MASSNAHMEN DER KOMMUNALAUFSICHTSBEHÖRDE

Zur Ausübung der Kommunalaufsicht stehen verschiedene Maßnahmen zur Verfügung, die sich hinsichtlich ihrer Eingriffsidentität unterscheiden. Diese Maßnahmen können grob unterteilt werden in präventive und repressive.[639]

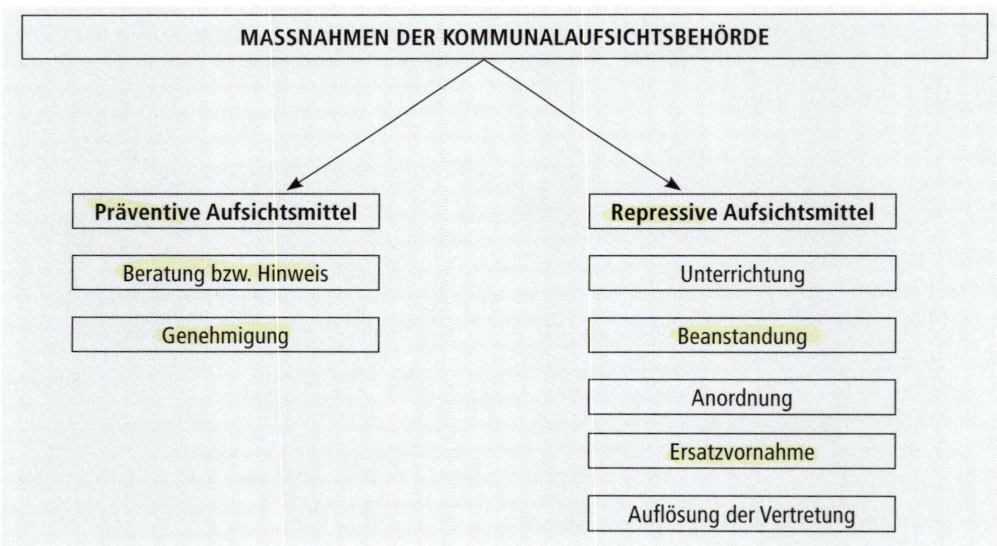

[639] Wie hier: Geis, § 24 Rdnr. 14; Schmidt, Rdnr. 697; von Mutius, Rdnr. 858; Burgi, § 8 Rdnr. 40; Waechter, Rdnr. 202; vgl. Meyer, NVwZ 2003, S. 819; vgl. Ihnen, S. 406. Anders als hier führt Ipsen, Rdnrn. 864–894 auch den Punkt »vorbereitende Aufsichtsmittel« an, unter den er u. a. das Informationsrecht gemäß § 172 Abs. 1 einsortiert.

I. Präventive Aufsichtsmittel

1. BERATUNG BZW. HINWEIS

Bei einer Beratung der Kommune durch die Kommunalaufsicht beziehungsweise bei einem Hinweis handelt es sich um präventive Mittel, die jedoch in Niedersachsen gesetzlich nicht geregelt sind.[640] Einer solchen Regelung bedarf es vor dem Hintergrund des Vorbehalts des Gesetzes deshalb nicht, weil weder die Beratung noch der Hinweis in die Rechte der Kommune eingreift.[641]
Durch ein solches präventives Vorgehen soll erreicht werden, dass die Kommunen bereits im Vorfeld zu einem rechtmäßigen Verhalten angehalten werden, so dass ein repressives Vorgehen der Kommunalaufsicht vermieden wird.[642] Durch die Beratung können sich die Kommunen die juristischen Kenntnisse und die Erfahrung der Kommunalaufsichtsbehörde zunutze machen.[643]
Solche informellen Kontakte einer kooperativen Zusammenarbeit zwischen der Kommune und der Kommunalaufsichtsbehörde haben in der Praxis eine große Bedeutung.[644]

2. GENEHMIGUNG, § 176

Gemäß § 176 Abs. 1 S. 1 werden die einer Genehmigung bedürftigen Satzungen, Beschlüsse und andere Maßnahmen der Kommune erst mit der Erteilung der Genehmigung wirksam. Sie stehen daher unter einem Genehmigungsvorbehalt der Kommunalaufsichtsbehörde. Solche Maßnahmen sind beispielsweise die Überschreitung der Kreditermächtigung (§ 116 Abs. 2 S. 1), der Höchstbetrag der Liquiditätskredite (§ 122 Abs. 2) und die in § 152 Abs. 2 aufgeführten Maßnahmen der Veräußerung, Umwandlung und Erweiterung im Rahmen der wirtschaftlichen Betätigung der Kommune. Weitere Genehmigungsvorbehalte sind beispielsweise für Bebauungspläne (§ 10 Abs. 2 BauGB) und Flächennutzungspläne (§ 6 BauGB) vorgeschrieben.
In § 176 Abs. 1 S. 2 ist eine Genehmigungsfiktion enthalten. Demnach gilt die Genehmigung als erteilt, wenn die zuständige Aufsichtsbehörde über einen Genehmigungsantrag nicht innerhalb eines Monats nach Eingang des Antrags entschieden hat. Dies gilt aber gemäß § 176 Abs. 1 S. 3 dann nicht, wenn die Kommune einer Fristverlängerung zugestimmt hat. Durch die Genehmigungsfiktion soll erreicht werden, dass über die Genehmigung zügig entschieden wird.[645]

---

640 Für Bayern siehe aber: Art. 108 BayGO.
641 Ihnen, S. 407.
642 Vgl. Geis, § 24 Rdnr. 15.
643 Geis, § 24 Rdnr. 15.
644 Burgi, § 8 Rdnr. 46; Meyer, NVwZ 2003, S. 819; Leisner-Egensperger, DÖV 2005, S. 761 ff., die sich mit dieser Entwicklung kritisch auseinandersetzt.
645 Blum/Häusler/Meyer-Freese, NKomVG, § 176 Rdnr. 5.

II. Repressive Aufsichtsmittel

1. UNTERRICHTUNG, § 172

Die Kommunalaufsicht hat gemäß § 172 Abs. 1 S. 1 das Recht, sich jederzeit über die Angelegenheit der Kommunen zu unterrichten. Die konkrete Umsetzung dieses Rechts ergibt sich aus § 172 Abs. 1 S. 2, nach dem Personen mit Prüfungen und Besichtigungen vor Ort beauftragt werden dürfen sowie mündliche und schriftliche Berichte, Protokolle sowie Akten und sonstige Unterlagen anfordern oder einsehen können. Die im Gesetz genannten Protokolle beziehen sich nach dem Wortlaut auf solche der Vertretung, des Hauptausschusses, der Stadtbezirks- und Ortsräte sowie der Ausschüsse der Vertretung. Das Recht auf Unterrichtung umfasst auch die Teilnahme eines Vertreters der Aufsicht an Sitzungen mit eigenem Rederecht.[646] Zum Teil wird das Informationsrecht nicht als repressives Aufsichtsmittel angesehen,[647] da es jedoch einen Eingriff in die Rechte der Kommune darstellt, Unterlagen zur Verfügung zu stellen, insbesondere Berichte anzufordern, ist es durchaus als repressiv zu verstehen.[648]

Zwar besteht das Recht zur Unterrichtung vom Gesetzeswortlaut ausgehend »jederzeit«, es ist aber einschränkend zu berücksichtigen, dass auch dieses Recht nicht schrankenlos besteht. Vielmehr setzt ein solcher Eingriff in die kommunale Selbstverwaltung voraus, dass ein Anlass für Zweifel an der Rechtmäßigkeit der betreffenden Maßnahme besteht.[649] Außerdem darf sich die Kommunalaufsicht nur über einzelne Vorgänge unterrichten, nicht hingegen permanent über alle Angelegenheiten Informationen einfordern.[650] Die Unterrichtung dient der Kommunalaufsicht dazu, mögliche Rechtsverstöße aufzudecken und in einem solchen Falle hiergegen vorgehen zu können.[651]

2. BEANSTANDUNG, § 173

Liegt ein Beschluss oder eine andere Maßnahme der Kommune vor, so kann die Kommunalaufsicht diese gemäß § 173 Abs. 1 S. 1 beanstanden, wenn eine Gesetzesverletzung gegeben ist.[652] Als Folge der Beanstandung darf gemäß § 173 Abs. 1 S. 2 die beanstandete Maßnahme nicht vollzogen werden.

---

[646] Armbrust, S. 174; Geis, § 24 Rdnr. 17. Des Weiteren darf die Kommunalaufsichtsbehörde im Rahmen ihres Unterrichtungsrechts kommunale Organe oder Bedienstete einbestellen, Geis, § 24 Rdnr. 17.

[647] Ipsen, Rdnr. 865 sieht hierin ein lediglich vorbereitendes Aufsichtsmittel, Waechter, Rdnr. 217 sieht es eher als ein Hilfsrecht zur Ausübung der Aufsicht. Seine Auffassung, es liege eine (bloße) Duldungsverfügung vor, überzeugt nicht, da die Kommune bei der Unterrichtung unter Umständen mehr tun muss als sich lediglich passiv zu verhalten.

[648] Wie hier auch Geis, § 24 Rdnrn. 14 u. 17; vgl. Burgi, § 8 Rdnr. 47.

[649] Blum/Häusler/Meyer-Freese, NKomVG, § 172 Rdnr. 7; Armbrust, S. 174.

[650] Geis, § 24 Rdnr. 17.

[651] Vgl. Blum/Häusler/Meyer-Freese, NKomVG, § 172 Rdnr. 7.

[652] Vgl. zu Prüfung der Rechtmäßigkeit einer Beanstandung den Siebten Teil.

Bei der Beanstandung handelt es sich einen Verwaltungsakt i.S.d. § 35 S. 1 VwVfG.[653] Mit diesem muss die Kommunalaufsichtsbehörde der Kommune eine angemessene Frist setzen, um die beanstandete Maßnahme rückgängig zu machen.[654]

3. ANORDNUNG, § 174 ABS. 1

Die Kommunalaufsichtsbehörde darf gemäß § 174 Abs. 1 anordnen, dass die Kommune innerhalb einer bestimmten Frist die nötigen Maßnahmen veranlasst, wenn diese Kommune die ihr gesetzlich obliegende Pflicht oder Aufgaben nicht erfüllt. Die Anordnung muss hinreichend bestimmt sein und die Frist muss angemessen sein.[655] Das Erfordernis der Bestimmtheit ergibt sich bereits daraus, dass es sich bei der Anordnung um einen Verwaltungsakt gemäß § 35 VwVfG handelt,[656] für den sich die Voraussetzung der Bestimmtheit aus § 37 Abs. 1 VwVfG ergibt.[657]

4. ERSATZVORNAHME, § 174 ABS. 2

Die in § 174 Abs. 2 geregelte Ersatzvornahme stellt die Durchführung der notwendigen Maßnahmen durch die Kommunalaufsicht für die und auf Kosten der Kommune dar.[658] Im Rahmen der Ersatzvornahme hat die Kommunalaufsichtsbehörde die Möglichkeit, die Maßnahme entweder selbst vorzunehmen oder einen Dritten zu beauftragen.[659] Das Handeln der Kommunalaufsichtsbehörde bei der Ersatzvornahme wird der Kommune zugerechnet.[660] Beispielsweise hat die Kommunalaufsichtsbehörde die Möglichkeit, im Wege der Ersatzvornahme eine Satzung oder einen Verwaltungsakt für die Gemeinde zu erlassen.[661]

Die kommunalrechtliche Ersatzvornahme stellt einen speziellen Fall der Verwaltungsvollstreckung dar, so dass die allgemeinen Vollstreckungsvoraussetzungen vorliegen müssen.[662]

5. BESTELLUNG VON BEAUFTRAGTEN, § 175

Ein weiteres Mittel der Kommunalaufsicht ist die in § 175 geregelte Bestellung von Beauftragten. Diese Maßnahme stellt einen Verwaltungsakt i.S.d. § 35 VwVfG dar.[663] Der Beauf-

[653] Geis, § 24 Rdnr. 18; Schmidt, Rdnr. 710; Ipsen, NKomVG, § 173 Rdnr. 6.
[654] Geis, § 24 Rdnr. 18.
[655] Armbrust, S. 175.
[656] Geis, § 24 Rdnr. 20; Ipsen, NKomVG, § 174 Rdnr. 6.
[657] Zu dem Erfordernis des § 37 Abs. 1 siehe Suckow/Weidemann, Rdnrn. 161 ff.
[658] Burgi, § 8 Rdnr. 47.
[659] Waechter, Rdnr. 221.
[660] Geis, § 24 Rdnr. 22.
[661] Armbrust, S. 175; Waechter, Rdnr. 221; Geis, § 24 Rdnr. 21.
[662] Geis, § 24 Rdnr. 21. Zur Verwaltungsvollstreckung ganz allgemein siehe näher Suckow/Weidemann, Rdnrn. 370 ff.
[663] Geis, § 24 Rdnr. 27; Schmidt, Rdnr. 724.

tragte hat gemäß § 175 S. 2 die Stellung eines Organs. Welche konkrete Person als Beauftragter bestellt wird, liegt im Ermessen der Kommunalaufsichtsbehörde.[664] Der Beauftragte darf entweder alle Aufgaben der Kommune übernehmen, also anstelle mehrerer Organe handeln, oder auch nur für ein nicht korrekt funktionierendes Organ eingesetzt werden.[665]

Durch die Bestellung eines Beauftragten wird die kommunale Selbstverwaltung weitgehend außer Kraft gesetzt.[666] Sie ist in der Praxis ein selten eingesetztes Aufsichtsmittel.[667]

6. AUFLÖSUNG DER VERTRETUNG, § 70 ABS. 2

Gemäß § 70 Abs. 2 besteht die Möglichkeit, die Vertretung aufzulösen. Als Folge davon ist die Wahlperiode der Vertretung vorzeitig beendet.[668] Nach der Auflösung der Vertretung findet eine einzelne Neuwahl gemäß § 43 Abs. 1 S. 1 NKWG statt.

D. TÄTIGWERDEN DER KOMMUNALAUFSICHTSBEHÖRDE

Ob die Kommunalaufsicht tätig wird, liegt in ihrem Ermessen (Entschließungsermessen), was sich aus den Formulierungen (»kann«) der Vorschriften über die jeweiligen Aufsichtsmittel ergibt. Entschließt sich die Kommunalaufsichtsbehörde zum Handeln, so stellt sich für die die Frage, welche der grundsätzlich zur Verfügung stehenden Maßnahmen sie wählt (Auswahlermessen). Zwar wird bestritten, dass der Kommunalaufsicht Ermessen zustehe; statt des damit verbundenen Opportunitätsprinzips bestehe eine Rechtspflicht zum Eingreifen (Legalitätsprinzip).[669] Jedoch ist mit dem Wort »kann« Ermessen verbunden,[670] so dass diese Auffassung dem Wortlaut des Gesetzes widerspricht. Daher ist das Opportunitätsprinzip im Rahmen der Kommunalaufsicht allgemein anerkannt.[671] Die Ausübung der Aufsicht erfolgt ausschließlich im öffentlichen Interesse, so dass ein Dritter keinen Anspruch auf ein Tätigwerden der Kommunalaufsicht hat.[672] Welche Kriterien die Kommunalaufsichtsbehörde hierbei hinsichtlich der Ausübung des Ermessens anwendet und damit zur Grundlage ihrer Entscheidung werden lassen sollte, hängt von den Umständen des Einzelfalls ab. So kann

---

664 Thiele, NKomVG, § 175 Erl. 2.
665 Armbrust, S. 175.
666 Armbrust, S. 175.
667 Wachter, Rdnr. 222.
668 Blum/Häusler/Meyer-Blum, NKomVG, § 70 Rdnr. 14.
669 Waechter, Rdnr. 198.
670 Suckow/Weidemann, Rdnrn. 258 u. 260.
671 Burgi, § 8 Rdnr. 42 f.; Geis, § 24 Rdnr. 4; vgl. Ipsen, Rdnr. 844; Ipsen, NKomVG, § 170 Rdnr. 7; Thiele, NKomVG, § 170 Erl. 4; Ihnen, S. 404 f.
672 Blum/Häusler/Meyer-Häusler, NKomVG, § 170 Rdnr. 8; Geis, § 24 Rdnr. 36.

beispielsweise eine bloße Beratung statt eines repressiven Aufsichtsmittels ausreichend sein, wenn sich rechtmäßige Zustände bereits durch diese weniger eingreifende Maßnahme herstellen lassen.[673]

Bei ihrer Entscheidung muss die Kommunalaufsicht das Spannungsverhältnis zwischen ihrer Pflicht, die Rechtmäßigkeit kommunaler Maßnahmen zu überprüfen und der in § 170 Abs. 1 S. 3 beschriebenen Bestimmung, dass sie hierbei die Entschlusskraft und die Verantwortungsfreude nicht beeinträchtigen soll, berücksichtigen. Grundsätzlich hat die Kommunalaufsicht den Grundsatz der Verhältnismäßigkeit zu beachten, insbesondere die Erforderlichkeit.[674] Konkret bedeutet dies, dass die Kommunalaufsicht bei der Auswahl ihrer Mittel die Eingriffsintensität berücksichtigen muss, unter mehreren gleichsam geeigneten Maßnahmen die am wenigsten eingreifende zu wählen.[675] Ein besonderer Fall liegt vor, wenn die Rechtswidrigkeit einer Maßnahme zugleich ihre Unwirksamkeit zur Folge hat.[676] Ist dies der Fall, so kann mit guter Begründung vertreten werden, dass die Kommunalaufsichtsbehörde gar nicht einzugreifen braucht, da die Maßnahme wegen ihrer Unwirksamkeit ohnehin keine Wirkung entfaltet. Demgegenüber ist es mindestens ebenso gut vertretbar, ein Einschreiten der Kommunalaufsichtsbehörde zu verlangen, um den »Rechtsschein der Wirksamkeit« zu beseitigen.[677] Das bedeutet, dass die Beseitigung der rechtswidrigen Maßnahme dazu dient, den Eindruck zu vermeiden, die Maßnahme sei rechtlich wirksam, weil nicht gegen sie vorgegangen wird. Bei jeder Maßnahme der Kommunalaufsicht, die einen Eingriff in die kommunale Selbstverwaltung darstellt, ist die Kommune zuvor grundsätzlich anzuhören.[678]

E. FACHAUFSICHT

Bei der Fachaufsicht steht dem Staat nach wie vor das Recht zu, die Ausführung durch die Kommunen als nicht zweckmäßig, z. B. als nicht effizient oder als nicht politisch opportun, zu bemängeln.[679] Welche Behörde die zuständige Fachaufsichtsbehörde ist, ergibt sich aus § 171 Abs. 5 S. 1. Die dort enthaltene, auf die unterschiedlichen Arten von Kommunen bezogene Zuständigkeitsregelung ist jedoch dem Gesetzeswortlaut nach nur anwendbar, »soweit durch Rechtsvorschrift nichts anderes bestimmt ist«. Dementsprechend ist primär

[673] Vgl. Geis, § 24 Rdnr. 6.
[674] Vgl. von Mutius, Rdnr. 866; vgl. Blum/Häusler/Meyer-Häusler, NKomVG, § 170 Rdnr. 7; vgl. Blum/Häusler/Meyer-Freese, NKomVG, § 172 Rdnr. 1; vgl. Burgi, § 8 Rdnr. 46; vgl. Geis, § 24 Rdnr. 6.
[675] Vgl. Burgi, § 8 Rdnr. 46.
[676] Siehe zur Unwirksamkeit von Beschlüssen der Vertretung im Siebten Teil, Kapitel E, am Anfang; Kapitel F, II.; Kapitel I, VI.; Kapitel J, IV.
[677] Armbrust, S. 174.
[678] Wachter, Rdnr. 223b. Zur Anhörung bei belastenden Verwaltungsakten ganz allgemein Suckow/Weidemann, Rdnr. 142.
[679] Burgi, § 8 Rdnr. 34.

zu überprüfen, ob das Fachgesetz, das der Kommune die betreffende Aufgabe überträgt,[680] eine spezielle Zuständigkeitsregelung enthält.

Welche Maßnahmen zur Ausübung der Fachaufsicht in Betracht kommen, ist ausdrücklich zum einen in § 172 Abs. 2 aufgeführt. Hiernach besteht ein Informationsrecht in Form eines Rechts auf Anforderung von Auskünften und Berichten, auf Vorlage von Akten und sonstigen Unterlagen sowie auf Durchführung von Geschäftsprüfungen. Zum anderen ist in § 6 Abs. 2 und § 170 Abs. 2 das Mittel der Weisung genannt, das der Kommunalaufsicht zusteht. Für die Ausführungen von Weisungen ist die Hauptverwaltungsbeamtin oder der Hauptverwaltungsbeamte gemäß § 85 Abs. 1 S. 1 Nr. 6 organzuständig, soweit dabei kein Ermessensspielraum besteht.[681] Solche Arten von Weisungen lassen nämlich keine politische Entscheidung zu, so dass sie gesetzlich der Entscheidung von Vertretung und Hauptausschuss entzogen sind.[682]

Befolgt eine Kommune eine Weisung der Fachaufsicht nicht, so darf die Fachaufsicht repressiv gegen diese Kommune vorgehen. Hierzu bedient sie sich in der Regel der Kommunalaufsicht, da sie selbst kein Instrument zum repressiven Vorgehen hat.[683] Dieses Vorgehen entspricht der in § 171 Abs. 5 S. 3 geregelten Verpflichtung der Kommunalaufsichtsbehörden zur Unterstützung der Fachaufsichtsbehörden.[684] Die klare Abgrenzung der Kommunalaufsicht von der Fachaufsicht kann in der Praxis nicht selten schwierig sein.[685]

---

680 Vgl. Geis, § 24 Rdnr. 30.

681 Näher zur Zuständigkeit bei der Ausführung von Weisungen der Fachaufsicht Waechter, Rdnr. 213.

682 Blum/Häusler/Meyer-Mielke, NKomVG, § 85 Rdnr. 20.

683 Burgi, § 8 Rdnr. 38; vgl. Blum/Häusler/Meyer-Meyer, NKomVG, § 6 Rdnr. 26; vgl. Ipsen, Rdnr. 860.

684 Blum/Häusler/Meyer-Freese, NKomVG, § 171 Rdnr. 12.

685 Ipsen, Rdnr. 861. Zur theoretischen Abgrenzung in einer Übersicht siehe Seybold, S. 35.

SECHSTER TEIL
RECHTSSCHUTZ IN DER KOMMUNE

Ebenso wie alle anderen Rechtssubjekte des Privatrechts können auch Kommunen in privatrechtlichen Streitigkeiten vor den Zivilgerichten klagen oder verklagt werden.[686] Darüber hinaus sind viele kommunale Beziehungen komplex geregelt. Beispiele sind die dem Staat gegenüber gewährleistete kommunale Selbstverwaltungsgarantie[687] und für die Beziehung der Kommune zum Einwohner der Grundsatz vom Vorbehalt des Gesetzes, wonach der Kommune grundrechtsrelevante Regelungen nur mit gesetzlicher Eingriffsermächtigung gestattet sind.[688] Für den Rechtsschutz der Kommune oder gegenüber der Kommune können grundsätzlich alle Gerichtszweige zuständig sein.[689] Für die Beurteilung des zuständigen Rechtsweges, kommt es darauf an, den Streitgegenstand zu bestimmen, also auch zu klären, wer die Parteien der Streitigkeit sind.[690] Beziehungen in einer Kommune, die regelmäßig durch verfassungs- oder verwaltungsgerichtliche Entscheidungen geklärt werden, bestehen zwischen ihr und dem Staat sowie zu den Einwohnern, aber auch zwischen ihren Organen sowie letztlich zwischen den Organmitgliedern einzelner Organe. Auch können die Beziehungen zwischen den Kommunen untereinander, z.B. das Verhältnis zwischen Samtgemeinde und Mitgliedsgemeinde, der Klärung durch das Gericht bedürfen.[691]

A. VERFASSUNGSGERICHTLICHER RECHTSSCHUTZ

Die Kommunen sind zwar keine Grundrechtsträger und können diese daher nicht als Abwehrrechte gegen den Staat geltend machen.[692] Mit den verfassungsrechtlich garantierten

[686] Gern, Rdnr. 862.

[687] Vgl. Erster Teil: »Kommunale Körperschaften, ihre Aufgaben u. verfassungsrechtliche Grundlagen«, Kapitel C.

[688] Maurer, § 6 Rdnr. 3; Suckow/Weidemann, Rdnr. 30.

[689] Die Frage des einschlägigen Rechtsweges ist immer wieder Gegenstand der wissenschaftlichen Diskussion. Zu den Rechtswegen, auf denen Kommunen sich gegen kartellbehördliche Maßnahmen wehren können, vgl. beispielsweise Brüning, NVwZ 2011, S. 986 f.

[690] Kopp/Schenke, VwGO § 40 Rdnr. 11.

[691] So etwa in dem Beschluss des OVG Lüneburg, BeckRS 2011,47214, der eine Beanstandung als rechtmäßig erachtete, welche einer Mitgliedsgemeinde untersagte, die Standortentscheidung für eine Realschule dadurch zu unterlaufen, dass sie eine Realschule in freier Trägerschaft an einem anderen Standort initiiert und finanziell unterstützt.

[692] BVerfGE 61, 82 (102 f.); ausführlich Armbrust, S. 39 ff. m.w.N., auch auf eine a. A.

Rechten aus Art. 28 Abs. 2 S. 1, 2 GG und Art. 57 Abs. 1 NV haben sie aber einen eigenen, verfassungsrechtlich gewährleisteten Schutzbereich. Gegen Eingriffe in diesen Schutzbereich, ob sie vom Gesetzgeber oder von den staatlichen Aufsichtsbehörden ausgehen, wird ihnen Rechtsschutz durch Verfassungsgerichte gewährt, wenn sie die sogenannte kommunale Verfassungsbeschwerde erheben.[693]

I. Staatsgerichtshof in Bückeburg

Niedersächsische Kommunen können gemäß Art. 54 Nr. 5 NV wegen der Verletzung ihres Rechts auf Selbstverwaltung vor dem Staatsgerichtshof in Bückeburg Verfassungsbeschwerde erheben, wenn diese Verletzung von einem Landesgesetz ausgeht. Damit diese Verfassungsbeschwerde zulässig ist, muss sie nach § 36 Abs. 2 StGHG ND innerhalb einer Frist von zwei Jahren seit dem Inkrafttreten des Gesetzes erhoben werden. Wenn der Staatsgerichtshof zu der Überzeugung kommt, dass die angegriffene Vorschrift oder eine weitere Vorschrift des gleichen Gesetzes mit der Verfassung unvereinbar ist, stellt er deren Nichtigkeit fest, was § 34 Abs. 1 S. 1, 35 Abs. 4 StGHG ND geregelt ist.[694]

II. Bundesverfassungsgericht in Karlsruhe

Alle Kommunen können nach Art. 93 Abs. 1 Nr. 4 b) GG Verfassungsbeschwerde vor dem Bundesverfassungsgericht in Karlsruhe erheben, wenn sie sich durch ein Bundesgesetz in ihrem Recht auf Selbstverwaltung aus Art. 28 Abs. 2 GG verletzt sehen, wobei auch Rechtsverordnungen angegriffen werden können.[695] Die Zulässigkeit einer solchen Verfassungsbeschwerde setzt gemäß § 93 Abs. 3 BVerfGG voraus, dass diese innerhalb eines Jahres seit Inkrafttreten des Gesetzes erhoben wird. Auch das vom Bundesverfassungsgericht als mit dem Grundgesetz unvereinbar erklärte Gesetz ist nichtig. Weil die Kommunalverfassungsbeschwerde vor dem Bundesverfassungsgericht gemäß Art. 93 Abs. 1 Nr. 4 b) a.E. GG nur zulässig ist, wenn eine landesverfassungsgerichtliche Beschwerdemöglichkeit fehlt,[696] in Niedersachsen der Staatsgerichtshof in Bückeburg für Landesgesetze aber eben eine solche Beschwerdemöglichkeit darstellt, können in Niedersachsen Landesgesetzes nicht vor dem Bundesverfassungsgericht angegriffen werden.

---

[693] Vgl. hierzu mit Grundfällen Starke, JuS 2008, S. 319 ff.

[694] Zur Begründetheitsprüfung einer Kommunalverfassungsbeschwerde ausführlich mit Beispielen siehe Starke, JuS 2008, S. 322 ff.

[695] Zum Beschwerdegegenstand u. zum Prüfungsmaßstab ausführlich Starke, JuS 2008, S. 322 f.

[696] Es handelt sich um die sogenannte »Subsidiarität« der Kommunalverfassungsbeschwerde, Starke, JuS 2008, S. 321.

B. VERWALTUNGSGERICHTLICHER RECHTSSCHUTZ

Rechtsschutz wird den Kommunen aber auch vor den sieben niedersächsischen Verwaltungsgerichten,[697] dem Oberverwaltungsgericht in Lüneburg[698] und vor dem Bundesverwaltungsgericht in Leipzig gewährt. Hier haben sie u. a. die Möglichkeit, Anfechtungs-, Verpflichtungs-, Feststellungs- oder Leistungsklage zu erheben[699] oder im Normenkontrollverfahren die untergesetzlichen Rechtsnormen des Landes, wozu gemäß § 7 Nds.AGVwGO auch landesrechtliche Verordnungen gehören, oder anderer Kommunen anzugreifen. Die zur Zulässigkeit einer solchen Klage erforderliche Klagebefugnis[700] können die Kommunen im Wesentlichen nur mit ihrem Selbstverwaltungsrecht aus Art. 28 Abs. 2 GG und aus Art. 57 Abs. 1 NV begründen, um so gegen Maßnahmen des Bundes, des Landes Niedersachsen, aber auch anderer Kommunen oder anderer Hoheitsträger vorzugehen.[701] Für Maßnahmen von Hoheitsträgern gegenüber einer Kommune, die wie z.B. kartellbehördliche Verfügungen wegen Preismissbrauchs auch gegenüber einem privaten Rechtsträger denkbar und für die Zivilgerichte zuständig wären, besteht u.U. ein Wahlrecht der Kommune, ein Verwaltungs- oder ein Zivilgericht anzurufen.[702]

Vor Verwaltungsgerichten können Kommunen sich also mit Klagen gegen Beanstandungen oder andere Mittel der Aufsichtsbehörden wehren,[703] sowie durch die sogenannte Normenkontrollklage Rechtsverordnungen oder Satzungen wie z. B. Haushaltssatzungen,[704] aber auch Bebauungs- oder Flächennutzungspläne[705] anderer Kommunen angreifen. Auf Grundrechte können sich Gemeinden allerdings nicht berufen,[706] was auch für die Eigentumsgarantie aus Art. 14 GG gilt.[707]

[697] § 1 Abs. 2 S. 1 Nds.AGVwGO

[698] § 1 Abs. 1 S. 1, 2 Nds.AGVwGO

[699] Gern, Rdnr. 828. Einen Überblick über die Klagearten des verwaltungsgerichtlichen Verfahrens siehe Kopp/Schenke, VwGO, Vorb § 40 Rdnr. 3 ff., § 42 Rdnrn. 2.

[700] Die Klagebefugnis setzt allgemein voraus, dass eine Rechtsverletzung geltend gemacht wird, die aus rechtlichen oder tatsächlichen Gründen möglich ist. Vgl hierzu vertiefend für alle Klagearten Kugele, § 42 VwGO, Rdnrn. 65 ff.

[701] Gern, Rdnrn. 828 f.

[702] Für die Wahl maßgeblich wäre die Begründung des Anliegens. Vgl. zum Beispiel kartellrechtlicher Verfügungen Brüning, NVwZ 2011, S. 987.

[703] Gern, Rdnrn. 833 f. u. 837 f.

[704] Für ein Beispiel der Normenkontrolle einer Gemeinde gegen die Haushaltssatzung des Landkreises, weil die dort geregelten Kreisumlagesätze zu hoch kalkulilert seien, vgl. VGH Kassel, Beschl. v. 12.2.1996, GN 3392/94.

[705] Die zur Zulässigkeit erforderliche Antragsbefugnis bei der Normenkontrolle gegen Bauleitpläne von Nachbargemeinden ergibt sich in den meisten Fällen aus einer möglichen Verletzung des interkommunalen Abstimmungsgebotes aus § 2 Abs. 2 S. 1 BauGB, Gern, Rdnr. 853.

[706] BVerfGE 61, 82 (102 f.); Gern, Rdnr. 831; ausführlich Armbrust, S. 39 ff. m.w.N., auch auf eine a.A.

[707] BVerfGE 62, 82 (108 f.); Gern, Rdnr. 831; a.A. BayVerfGH NVwZ-RR 1993, 422 (422).

C. ORGAN GEGEN ORGAN: KOMMUNALES VERFASSUNGSSTREITVERFAHREN

Im sogenannten Kommunalverfassungsstreitverfahren werden Konflikte zwischen den Organen einer Kommune oder zwischen den Organteilen eines Organes behandelt.[708] Obwohl es hier um Streitigkeiten innerhalb eines Trägers hoheitlicher Aufgaben geht und die VwGO auf diesen Bereich nicht zugeschnitten ist, ist der Verwaltungsrechtsweg nach § 40 Abs. 1 VwGO eröffnet.[709] Insbesondere handelt es sich bei dem Kommunalverfassungsstreitverfahren trotz dieser Bezeichnung um keine verfassungsrechtliche Streitigkeit i.S.d. § 40 Abs. 1 VwGO.[710] Für den Kommunalverfassungsstreit kommen vorwiegend die Leistungs- und die Feststellungsklage in Betracht, weil es mangels Außenwirkung selten um Verwaltungsakte geht, die angegriffen oder begehrt werden.[711] In der Mindermeinung blieb die Rechtsprechung des OVG Münster, wonach es sich bei dem Kommunalverfassungsstreitverfahren stets um eine sogenannte Klageart »sui generis«, also um eine eigene, in der VwGO nicht erwähnte Art handele.[712] Danach sei es zu beurteilen wie ein Organstreitverfahren nach dem BVerfGG, so dass beispielsweise entsprechend § 67 BVerfGG die Feststellung der Verletzung von Organrechten erzielt werden konnte. Weil die Klageart »sui generis« voraussetzt, dass ein Rechtsschutzbegehren nicht von einer in der VwGO geregelten Klageart abgedeckt ist, die allgemeine Leistungsklage und die Feststellungsklage dies aber ermöglichten, bestehe kein Anlass, eine neue Klageart einzuführen.[713] Statt der bloßen Feststellung der Verletzung von Organrechten kann danach auch begehrt werden, dass Organe oder Organteile auf Vornahme, Unterlassung oder Duldung einer Handlung verurteilt werden.[714] Es wird unterschieden zwischen dem Interorganstreit, in dem zwischen verschiedenen Organen z. B. zwischen Hauptverwaltungsbeamten und Vertretung gestritten wird, und dem Intraorganstreit, der zwischen einem Organteil und einem Organ, dem er angehört, oder zwischen zwei Organteilen desselben Organs geführt wird.[715]

Im Kommunalverfassungsstreitverfahren gilt es die Besonderheiten zu beachten, dass auch eine Fraktion beteiligungsfähig ist, und zwar nach § 61 Nr. 2 VwGO, wobei die Hauptverwaltungsbeamtin oder der Hauptverwaltungsbeamte im Organstreit in analoger Anwendung des § 61 Nr. 2 VwGO beteiligungsfähig ist.[716] Die Klagebefugnis setzt voraus, dass eine sogenannte wehrfähige Rechtsposition in Betracht kommt, die den Kläger in seinen Rechten verletzen könnte.[717] Nach der sogenannten Kontrastorgantheorie muss

---

[708] Knemeyer, Rdnr. 279.
[709] Vgl. zur Zulässigkeit eines Kommunalverfassungsstreitverfahrens Rennert, JuS 2008, S. 123 f.
[710] Kopp/Schenke, VwGO, § 40 Rdnr. 34.
[711] Ehlers, NVwZ 1990, S. 105; Preusche, NVwZ 1987, S. 854.
[712] OVGE 17, 261 (263); 27, 258 (260).
[713] Ausführlich zur Entwicklung der Meinungen in Rechtsprechung sowie in Literatur m.w.N. Ehlers, NVwZ 1990, S. 105 ff.; vgl. auch Burgi, § 14 Rdnrn. 10 f.; Ogorek, JuS 2009, S. 513.
[714] Preusche, NVwZ 1987, S. 854 ff. ausführlich zu den in Betracht kommenden Klagearten.
[715] Ogorek, JuS 2009, S. 511 m.w.N.
[716] Kopp/Schenke, VwGO § 61, Rdnr. 11.
[717] Ehlers, NVwZ 1990, S. 111.

sich das klagende Organ oder das klagende Organteil auf ein Sachinteresse stützen, durch dessen Geltendmachung es zu einem Kontrastorgan im Sinne einer inneradministrativen Gewaltenteilung und -balancierung wird.[718]

D. RECHTSSCHUTZ DER EINWOHNER IM BEREICH KOMMUNALEN HANDELNS

Kommunen erfüllen hoheitliche Aufgaben, für die es aus Einwohnersicht keine Rolle spielt, ob sie vom Staat direkt oder von selbständigen Selbstverwaltungskörperschaften wie den Kommunen wahrgenommen werden. Für öffentlich-rechtliche Streitigkeiten steht ihnen daher ebenso wie gegenüber allen staatlichen Maßnahmen Rechtsschutz vor den Verwaltungsgerichten zur Verfügung, wenn nicht speziellere Gerichtsbarkeiten einschlägig sind. So ist beispielsweise aufgrund der abdrängenden Sonderzuweisung des § 51 Abs. 1 Nr. 1 bis 10 SGG für viele kommunal gewährte Sozialleistungen der Sozialrechtsweg eröffnet. Für kommunale Abgaben gilt aber der Verwaltungsrechtsweg und nicht der Finanzrechtsweg.[719]

Wann genau eine öffentlich-rechtliche Streitigkeit vorliegt, die von der privatrechtlichen Streitigkeit abzugrenzen ist, ist gesetzlich nicht genauer geregelt. Von Literatur und Rechtsprechung wurden Abgrenzungstheorien entwickelt, um eine möglichst klare Einordnung zu erreichen. Nach der inzwischen herrschenden modifizierten Subjektstheorie wird auf die Rechtsnorm abgestellt, welche die Streitigkeit regelt.[720] Um eine Norm öffentlichen Rechts soll es sich dann handeln, wenn sie nur den Staat oder sonstigen Träger hoheitlicher Gewalt berechtigt oder verpflichtet.[721]

Gemäß Art. 19 Abs. 4 GG steht Bürgern das Recht auf gerichtliche Kontrolle zu, wenn eine Rechtsverletzung durch öffentliche Gewalt vorliegt.[722] Vor Gericht können Kommunen auf die Vornahme einer Handlung oder auf Unterlassung sowie auf Duldung verklagt werden.[723] Ebenfalls möglich ist es, dass kommunale Regelungen durch Gerichtsurteil oder -beschluss aufgehoben werden. Für den Bereich der Einzelfallregelungen in Form von Verwaltungsakten können gemäß § 42 Abs. 1 VwGO Anfechtungs- und Verpflichtungsklage erhoben werden. Mit der Anfechtungsklage kann ein Verwaltungsakt zu Fall gebracht werden.[724]

---

[718] Ausführlich hierzu m.w.N. Ogorek, JuS 2009, S. 514.

[719] Die Sonderzuweisung des § 33 Abs. 1 Nr. 2 FGO gilt für Abgaben nach dem NKAG nicht. Anderes geregelt ist dies in Nordrhein-Westfalen u. Bayern.

[720] Maurer, § 3 Rdnr. 13; Kopp/Schenke, VwGO § 40 Rdnr. 11. Zu den Abgrenzungstheorien siehe auch Weidemann, NVwVfG, § 1 Rdnr. 18.

[721] Maurer, § 3 Rdnr. 13; Kopp/Schenke, VwGO § 40 Rdnr. 11. Zu den Abgrenzungstheorien siehe auch Weidemann, NVwVfG, § 1 Rdnr. 18.

[722] Vgl. Suckow/Weidemann, Rdnr. 407.

[723] Übersichtlich dargestellt in Suckow/Weidemann, Rdnr. 409.

[724] Mit einem Aufbauschema zur Prüfung der Anfechtungsklage Maurer, § 10 Rdnr. 29.

Mit der Verpflichtungsklage kann der Erlass eines Verwaltungsaktes oder zumindest eine ermessensfehlerfreie Entscheidung erzielt werden.[725]

Ein Vorverfahren in Gestalt des Widerspruchsverfahrens findet nach § 8 a Abs. 1 und 2 AGVwGO im Regelfall nicht mehr statt. In den in § 8 a Abs. 3 AGVwGO genannten Fällen gibt es aber noch ein Widerspruchsverfahren. Anfechtungs- und Verpflichtungsklage sind in diesen Bereichen gemäß § 68 Abs. 1 S. 1 VwGO erst dann zulässig, wenn ein erfolgloses Widerspruchsverfahren durchgeführt wurde.

Gegen kommunale Satzungen ist das Normenkontrollverfahren nach § 47 Abs. 1 Nrn. 1, 2 VwGO zulässig.[726] Die zur Zulässigkeit dieser Klagen erforderliche Klagebefugnis richtet sich nach der einschlägigen Klageart. Allgemein setzt sie voraus, dass die Möglichkeit besteht, dass der Kläger in eigenen Rechten verletzt ist.[727] Ist der Adressat eines belastenden Verwaltungsaktes in der Anfechtungssituation nach der Adressatentheorie stets klagebefugt, weil er zumindest in seiner allgemeinen Handlungsfreiheit aus Art. 2 Abs. 1 GG verletzt sein kann, muss derjenige, welcher die Kommune zum Erlass eines Verwaltungsaktes verpflichten will, ein subjektiv-öffentliches Recht[728] geltend machen. Die Anforderungen an die Klagebefugnis zur Normenkontrolle sind gering. Nach § 47 Abs. 2 S. 1 VwGO genügt es, wenn Kläger geltend macht, durch die Rechtsvorschrift oder deren Anwendung in eigenen Rechten verletzt zu sein oder zu werden, wobei es im wesentlichen Bereich der Bauleitpläne ausreichend ist, dass der Kläger ein nach § 1 Abs. 7 BauGB zu berücksichtigendes Interesse hat.[729]

Sämtliche Vorschriften, deren Verletzung der Bürger vor Gericht geltend machen kann, setzten nur Mindeststandards. Sei es die Anhörung des Bürgers, bevor im Auftrag der Hauptverwaltungsbeamtin oder des Hauptverwaltungsbeamten ein rechtseingreifender Verwaltungsakt erlassen wird oder die Berücksichtigung eines Interesses des Bürgers bei der Aufstellung von Bauleitplänen, die ihn betreffen. So kann eine Anhörung im Sinne einer bürgerfreundlichen Verwaltung geboten sein, auch wenn keine Anhörungspflicht besteht.

[725] Mit einem Aufbauschema zur Prüfung der Verpflichtungsklage Maurer, § 10 Rdnr. 30.

[726] Die einschlägige Landesnorm lautet § 7 NdsVwGG. Vgl. zu den Rechtsnormen i.S.d. § 47 Abs. 1 Nr. 2 VwGO auch Kopp/Schenke, VwGO § 47 Rdnr. 25.

[727] Sogenannte Möglichkeitstheorie, Kopp/Schenke, VwGO § 42 Rdnr. 66.

[728] Zum Begriff ausführlich Maurer, § 8 Rdnrn. 2 ff.

[729] Kopp/Schenke, VwGO, § 47, Rdnrn. 54 f.

SIEBTER TEIL
KOMMUNALRECHT IN DER KLAUSUR

A. AUFBAUMUSTER

Im Rahmen von Kommunalrechtsklausuren ist häufig in Form eines Rechtsgutachtens die formelle und materielle Rechtmäßigkeit eines Beschlusses einer Vertretung oder eines Hauptausschusses zu prüfen. Danach ist die Prüfung nach den folgenden Aufbaumustern vorzunehmen, wobei problemorientiert auf die vom Sachverhalt aufgeworfenen Punkte einzugehen ist.

1. **Arbeitsziel**
   Je nach Aufgabenstellung und Sachverhalt ist Rechtsgrundlage für ein mögliches Vorgehen gegen den Beschluss der Einspruch (§ 88) oder die Beanstandung (§ 173 Abs. 1).

2. **Gutachtliche Prüfung des Beschlusses**
   a) Prüfung der formellen Rechtmäßigkeit.
   b) Prüfung der materiellen Rechtmäßigkeit.

3. **Entscheidungsvorschlag**
   a) Bei festgestellter Rechtswidrigkeit ist die Wirksamkeit des Beschlusses zu prüfen.
   b) Der Aufgabenstellung entsprechend ist abzuwägen, ob ein Vorgehen nach § 88 oder nach § 173 Abs. 1 vorzuschlagen ist.

4. **Förmlicher Bescheid**
   Sofern nach der Aufgabenstellung gefordert.

AUFBAUMUSTER FÜR PRÜFUNGEN EINES EINGREIFENS DES HAUPTVERWALTUNGSBEAMTEN/EINER BEANSTANDUNG IM KOMMUNALRECHT

HVB

A. Eingreifen durch den Hauptverwaltungsbeamten

I. Rechtsgrundlage: § 88 I NKomVG

II. Formelle Rechtmäßigkeitsvoraussetzungen des Eingreifens: Zuständigkeit des Hauptverwaltungsbeamten, § 88 I 1 NKomVG

III. Materielle Rechtmäßigkeitsvoraussetzungen des Eingreifens

1. Tatbestandsmerkmale des § 88 I 1 NKomVG
   a) Beschluss der Vertretung oder Bürgerentscheid
   b) Eigener Wirkungskreis, § 5 I Nr. 1 NKomVG
   c) Rechtswidrigkeit, bei einem Beschluss:
      aa) Formelle Rechtmäßigkeit des Beschlusses
         (1) Organzuständigkeit,
             insbesondere Vertretung gemäß § 58 I NKomVG
             insbesondere Hauptverwaltungsbeamter gemäß § 85 I NKomVG
             insbesondere Hauptausschuss gemäß § 76 II 1 NKomVG
         (2) Beschlussfähigkeit, § 65 I NKomVG
         (3) Vorbereitung durch Hauptausschuss, § 76 I 1 NKomVG
         (4) Abstimmung oder Wahl, § 66 NKomVG oder § 67 NKomVG
         (5) Mitwirkungsverbot, §§ 41, 54 III NKomVG
         (6) Öffentlichkeit, §§ 64, 59 V NKomVG
         (7) Sonstiges, insbesondere § 63 NKomVG
      bb) Materielle Rechtmäßigkeit des Beschlusses
2. Rechtsfolge aus § 88 I NKomVG: Auswahlermessen zwischen Bericht an die Kommunalaufsichtsbehörde und Unterrichtung der Vertretung (§ 88 I 1 NKomVG) auf der einen und Einspruch (§ 88 I 2 NKomVG) auf der anderen Seite

IV. Entscheidungsvorschlag

KAB

B. Beanstandung durch die Kommunalaufsichtsbehörde

I. Ermächtigungsgrundlage: § 173 I 1 NKomVG

II. Formelle Rechtmäßigkeitsvoraussetzungen der Beanstandung

1. Zuständigkeit der Kommunalaufsichtsbehörde
   a) Sachliche Zuständigkeit, § 170 I NKomVG (hierzu beachten: § 5 I Nr. 1 NKomVG)
   b) Instanzielle Zuständigkeit, § 171 I-IV NKomVG (hierzu beachten: § 14 I 1, V und VI NKomVG)
   c) Örtliche Zuständigkeit, § 3 VwVfG i.V.m. § 1 Nds. VwVfG
2. Verfahren

III. Materielle Rechtmäßigkeitsvoraussetzungen der Beanstandung /Eingreifens

1. Tatbestandsmerkmale des § 173 I 1 NKomVG
   a) Beschluss oder andere Maßnahmen einer Kommune oder Bürgerentscheid
   b) Gesetzesverletzung, bei einem Beschluss:
      aa) Formelle Rechtmäßigkeit des Beschlusses
         (1) Organzuständigkeit,
             insbesondere Vertretung gemäß § 58 I NKomVG,
             insbesondere Hauptverwaltungsbeamter gemäß § 85 I NKomVG,
             insbesondere Hauptausschuss gemäß § 76 II 1 NKomVG
         (2) Beschlussfähigkeit, § 65 I NKomVG
         (3) Vorbereitung durch Hauptausschuss, § 76 I 1 NKomVG
         (4) Abstimmung oder Wahl, § 66 NKomVG oder § 67 NKomVG
         (5) Mitwirkungsverbot, §§ 41, 54 III NKomVG
         (6) Öffentlichkeit, §§ 64, 59 V NKomVG
         (7) Sonstiges, insbesondere § 63 NKomVG
      bb) Materielle Rechtmäßigkeit des Beschlusses
2. Rechtsfolge aus § 173 I 1 NKomVG: Entschließungs- und Auswahlermessen

IV. Entscheidungsvorschlag

B. ARBEITSZIEL

I. Bericht/Einspruch der Hauptverwaltungsbeamten

Hält die Hauptverwaltungsbeamtin oder der Hauptverwaltungsbeamte einen Beschluss der Vertretung für rechtswidrig, so hat sie oder er unverzüglich der Kommunalaufsichtsbehörde über den Sachverhalt zu berichten und die Vertretung davon zu unterrichten (§ 88 Abs. 1 S. 1). Stattdessen kann sie oder er gegen den Beschluss Einspruch einlegen (§ 88 Abs. 1 S. 2).

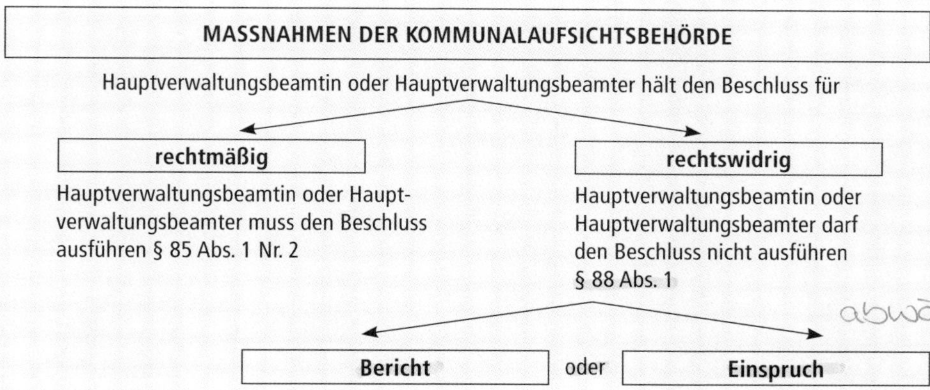

Die Hauptverwaltungsbeamtin oder der Hauptverwaltungsbeamte kann grundsätzlich nur gegen **Beschlüsse** vorgehen. Diese werden in der Regel von der Hauptverwaltungsbeamtin oder dem Hauptverwaltungsbeamten ausgeführt (§ 85 Abs. 1 Nr. 2) und wirken meist nach außen, was aber nicht Voraussetzung ist. Nicht um Beschlüsse i.S.d. § 88 Abs. 1 handelt es sich bei den im Rahmen der Vorbereitung gefassten Beschlussempfehlungen von Ausschüssen und dem Hauptausschuss, da hierdurch die Willensbildung der Kommune noch nicht abgeschlossen wird.

1. EINSPRUCHSFRIST

Eine konkrete Frist für das Vorgehen nach § 88 Abs. 1 ist nicht geregelt. Die Hauptverwaltungsbeamtin oder der Hauptverwaltungsbeamte muss den Bericht/Einspruch unverzüglich nach der eigenen, sicheren Kenntnis der Rechtswidrigkeit einlegen.[730] Dies setzt eine umfassende Prüfung des Beschlusses voraus.

Der Bericht/Einspruch betrifft nur Beschlüsse, die des Vollzuges durch die Hauptverwaltungsbeamtin oder den Hauptverwaltungsbeamten bedürfen (Arg. aus § 88 Abs. 1 S. 5)

[730] Vgl. Blum/Häusler/Meyer-Mielke, NKomVG, § 88 Rdnr. 22.

und kommt grundsätzlich nicht mehr in Betracht, wenn der Beschluss bereits ausgeführt worden ist. Bereits vollzogene Beschlüsse kann die Hauptverwaltungsbeamtin oder der Hauptverwaltungsbeamte jedenfalls insoweit noch rügen, als er damit die Heilung ihrer Rechtswidrigkeit (vgl. § 10 Abs. 2 S. 1) verhindern kann.[731] Für den Fall des Einspruchs ist die Vertretung verpflichtet, über die Angelegenheit in einer Sitzung erneut zu beschließen, die frühestens drei Tage nach der ersten Beschlussfassung stattfinden darf (§ 88 Abs. 1 S. 3). Wenn die Hauptverwaltungsbeamtin oder der Hauptverwaltungsbeamte auch diesen Beschluss für rechtswidrig hält, muss er der Kommunalaufsichtsbehörde unverzüglich über den Sachverhalt berichten und die jeweiligen Standpunkte darlegen (§ 88 Abs. 1 S. 4).

2. BESCHLÜSSE DES HAUPTAUSSCHUSSES

Bei rechtswidrigen Beschlüssen des Hauptausschusses, eines Stadtbezirksrats oder eines Ortsrats gelten die Regelungen des § 88 Abs. 1 entsprechend (§ 88 Abs. 2 S. 1). Die Vertretung ist bei ihrer nächsten Sitzung zu unterrichten (§ 88 Abs. 2 S. 2).

3. BESCHLÜSSE DES BETRIEBSAUSSCHUSSES

Hält die Hauptverwaltungsbeamtin oder der Hauptverwaltungsbeamte einen Beschluss des Betriebsausschusses für gesetzwidrig oder ist sie oder er der Ansicht, dass ein Beschluss die Befugnisse des Ausschusses überschreitet oder das Wohl der Kommune gefährdet, muss sie oder er eine Entscheidung des Hauptausschusses herbeiführen (§ 140 Abs. 3 S. 2).

II. Einschreiten der Kommunalaufsichtsbehörde

1. EINGRIFFSMITTEL

Die Kommunalaufsicht soll u. a. sicherstellen, dass die Kommune die geltenden Gesetze beachtet (§ 170 Abs. 1 S. 2). Der Kommunalaufsichtsbehörde stehen zur Erfüllung dieser Aufgabe als Eingriffsmittel u. a. die Beanstandung, die Anordnung, die Ersatzvornahme oder die Bestellung eines Beauftragten zur Verfügung.

a) Beanstandung

Die Kommunalaufsichtsbehörde kann gemäß § 173 Abs. 1 S. 1 Beschlüsse und andere Maßnahmen der Kommune sowie Bürgerentscheide beanstanden, wenn sie das Gesetz verletzen.

Gesetzwidrigkeit liegt nicht nur bei Verstößen gegen Gesetze im formellen Sinne vor, sondern auch dann, wenn Gesetze im materiellen Sinne (Verordnungen, Satzungen) verletzt

[731] Vgl. Blum/Häusler/Meyer-Mielke, NKomVG, § 88 Rdnr. 9.

werden. Zur Gesetzmäßigkeit gehört auch die Einhaltung der ungeschriebenen Gesetze des Staats- und Verwaltungsrechts.[732] Beanstandete Maßnahmen dürfen nach § 173 Abs. 1 S. 2 nicht vollzogen werden. Weiter kann die Kommunalaufsichtsbehörde verlangen, dass bereits getroffene Maßnahmen rückgängig gemacht werden. Eine Beanstandung (§ 173 Abs. 1) kann unter Einhaltung der folgenden Voraussetzungen erlassen werden:

aa) Formelle Rechtmäßigkeit der Beanstandung

(1) Sachliche Zuständigkeit

Die sachliche Zuständigkeit der KAB ergibt sich aus § 170 Abs. 1 S. 2 i.V.m. § 5 Abs. 1. Sie überwacht die kommunale Aufgabenerfüllung im eigenen Wirkungskreis. Zum eigenen Wirkungskreis der Kommunen gehören nach § 5 Abs. 1 alle Angelegenheiten der örtlichen Gemeinschaft und Aufgaben, die ihnen aufgrund von Art. 57 Abs. 4 NV durch Rechtsvorschrift als Pflichtaufgaben zur Erfüllung in eigener Verantwortung zugewiesen sind. Angelegenheiten der **örtlichen Gemeinschaft** sind solche Aufgaben, die in der örtlichen Gemeinschaft wurzeln oder auf die örtliche Gemeinschaft einen spezifischen Bezug haben und von dieser eigenverantwortlich und selbständig bewältigt werden können.[733] Sachverhaltsbezogen ist darzulegen, ob es sich um Angelegenheiten der örtlichen Gemeinschaft handelt, wie z. B. der Erlass einer Geschäftsordnung (Organisationsrecht der Vertretung), die Vergabe eines Auftrags (Finanzhoheit), die Einstellung eines Beschäftigten (Personalhoheit) oder um der Kommune durch Gesetz als **eigene zugewiesene** Aufgaben, wie z. B. die Schulträgerschaft (§ 101 Abs. 2 NSchG) oder der Brandschutz (§ 1 Abs. 2 NBrandSchG).

(2) Instanzielle Zuständigkeit

Die instanzielle Zuständigkeit Der KAB ist in § 171 Abs. 1, 2, 3 geregelt. Die Kommunalaufsicht über die Landkreise, die Region Hannover, die kreisfreien Städte (§ 14 Abs. 6), die großen selbständigen Städte (§ 14 Abs. 5), die Landeshauptstadt Hannover (§ 15 Abs. 2) und die Stadt Göttingen (§ 16 Abs. 2) führt das für Inneres zuständige Ministerium als Kommunalaufsichtsbehörde (§ 171 Abs. 1). Die Kommunalaufsicht über die übrigen kreisangehörigen Gemeinden sowie über die Samtgemeinden führen der Landkreis als Kommunalaufsichtsbehörde und das für Inneres zuständige Ministerium als oberste Kommunalaufsichtsbehörde (§ 171 Abs. 2). Die Kommunalaufsicht über die übrigen regionsangehörigen Gemeinden führt die Region Hannover als Kommunalaufsichtsbehörde und das für Inneres zuständige Ministerium als oberste Kommunalaufsichtsbehörde (§ 171 Abs. 3).

(3) Örtliche Zuständigkeit

Die örtliche Zuständigkeit der KAB ist im NKomVG nicht geregelt. Da es sich beim Erlass einer Beanstandungsverfügung um einen **Verwaltungsakt** handelt, richtet sich die örtliche Zuständigkeit nach § 3 Abs. 1Nr. 3 lit. b VwVfG i.V.m. § 1 Abs. 1 Nds.VwVfG. Danach ist diejenige Behörde zuständig, in deren Bezirk eine juristische Person ihren Sitz hat.

---

[732] VG Münster, DÖV 1963, 622 (623).

[733] BVerfGE 8, 122 (134).

bb) Materielle Rechtmäßigkeit der Beanstandung

(1) Beschluss, andere Maßnahme einer Gemeinde oder Bürgerentscheid
Die KAB kann gegen Beschlüsse i.S.d. § 173 Abs. 1 vorgehen. Entscheidend ist, dass eine **rechtliche** Bindung eintritt, da die Organe der Kommune nach »[...] eigenverantwortlicher Prüfung der Rechtmäßigkeit ihres Handelns eine Entscheidung zu treffen haben und die Rechtsaufsichtsbehörde erst danach tätig werden darf. Bei der Zulassung eines vorbeugenden rechtsaufsichtlichen Einschreitens würde das Gewicht, das die kommunale Selbstverwaltung durch ihre verfassungsmäßige Absicherung (Art. 28 Abs. 2 GG, Art. 57 Abs. 1 NV) besitzt, missachtet.«[734] Da die Kommune als juristische Person keine Beschlüsse fassen kann, wird ihr das Handeln ihrer Organe als eigenes Handeln zugerechnet.[735]

(2) Gesetzesverletzung
Nach Art. 20 Abs. 3 GG ist die Kommune an Recht und Gesetz gebunden. Die Kommunalaufsichtsbehörde kann daher bei jeglicher Form von Gesetzesverletzungen einschreiten, also dann, wenn die Beschlüsse oder sonstigen Maßnahmen rechtswidrig sind.[736]

b) Anordnung und Ersatzvornahme

Die Anordnung (§ 174 Abs. 1) dient dazu, ein Handeln der Kommune innerhalb einer bestimmten Frist zu bewirken. Im Gegensatz zur Beanstandung, die voraussetzt, dass die Kommune tätig geworden ist, setzt die Anordnung voraus, dass die Kommune in Fällen, in denen eine Pflicht zum Handeln besteht, untätig geblieben ist. Mit der Anordnung wird die Kommune zur Nachholung einer ihr gesetzlich obliegenden Pflicht oder Aufgabe angehalten.[737] Kommt eine Kommune nicht einer Anordnung innerhalb der gesetzten Frist nach, kann die KAB die Anordnung im Wege der Ersatzvornahme auf Kosten der Kommune selbst durchführen oder durch einen anderen durchführen lassen (§ 174 Abs. 2).

c) Bestellung von Beauftragten

Das stärkste und auch nur sehr selten eingesetzte Aufsichtsmittel ist die Bestellung einer Beauftragten oder eines Beauftragten. Wenn und solange nicht gewährleistet ist, dass eine Kommune ordnungsgemäß verwaltet wird und die Befugnisse der KAB nach den §§ 172 bis 174 nicht ausreichen, kann die KAB eine Beauftragte oder einen Beauftragten bestellen, die oder der alle oder einzelne Aufgaben einer Kommune oder eines Kommunalorgans auf Kosten der Kommune wahrnimmt (§ 175). Im Rahmen des Auftrags hat sie oder er Organstellung. Sie oder er kann damit sowohl die Funktion der Vertretung oder des Hauptausschusses als auch der Hauptverwaltungsbeamtin oder des Hauptverwaltungsbeamten erfüllen.[738] Dabei tritt die oder der Beauftragte an die Stelle des Organs als Ganzes.[739]

---

[734] VGH München, FdSt.1993, Rdnr. 125.
[735] Blum/Häusler/Meyer-Meyer, NKomVG, § 7 Rdnr. 1.
[736] Vgl. Ipsen, NKomVG, § 173 Rdnr. 3.
[737] Vgl. Blum/Häusler/Meyer-Freese, NKomVG, § 174 Rdnr. 1.
[738] Blum/Häusler/Meyer-Freese, NKomVG, § 175 Rdnr. 3.
[739] Blum/Häusler/Meyer-Freese, NKomVG, § 175 Rdnr. 3.

2. GENEHMIGUNGEN

Da die Kommunen aufgrund ihres Selbstverwaltungsrechts eigenverantwortlich handeln, bedürfen sie nur ausnahmsweise der Genehmigung der Aufsichtsbehörde. Der Begriff »Genehmigung« ist weit auszulegen,[740] auch bei evtl. notwendigen »Zustimmungen« ist entsprechend § 176 zu verfahren. Folgende Maßnahmen bedürfen nach dem NKomVG der Genehmigung oder Zustimmung durch die KAB:

§ 25 Abs. 1	Umgliederung von Gebietsteilen
§ 65 Abs. 3	Beschlüsse der Vertretung bei Beschlussfähigkeit
§ 116 Abs. 2 S. 1	Kreditaufnahme im Rahmen der vorläufigen Kreditaufnahme
§ 119 Abs. 4	Gesamtbetrag der Verpflichtungsermächtigungen
§ 120 Abs. 2 S. 1	Gesamtbetrag der vorgesehenen Kreditaufnahmen
§ 120 Abs. 4 S. 1	Einzelkredite bei Beschränkung der Kreditaufnahme
§ 120 Abs. 6 S. 1	Kreditverpflichtungen gleichgestellte Zahlungsverpflichtungen
§ 121 Abs. 2 S. 2	Bürgschaften und Verpflichtungen aus Gewährverträgen
§ 121 Abs. 3	Zustimmung zu Rechtsgeschäften Dritter mit der Verpflichtung der Kommune in künftigen Haushaltsjahren
§ 121 Abs. 5 S. 2	Absehen vom Prüfungsrecht bei Bürgschaften usw.
§ 122 Abs. 2	Höchstbetrag der Liquiditätskredite
§ 135 Abs. 2 S. 3	Reduzierung von Stiftungsvermögen
§ 135 Abs. 2 S. 4	anderweitige Verwendung von Stiftungsvermögen
§ 152 Abs. 2	Veräußerung, Umwandlung, Zusammenschluss wirtschaftlicher Unternehmen
§ 154 Abs. 2 S. 3	Zustimmung zur Abberufung des RPA-Leiters

Wenn eine Maßnahme genehmigungspflichtig oder zustimmungsbedürftig ist, wird diese frühestens mit der Genehmigung oder Zustimmung wirksam (§ 176 Abs. 1 S. 1). Die Genehmigung gilt als erteilt, wenn die Aufsichtsbehörde nicht binnen eines Monats nach Eingang des Genehmigungsantrags entschieden und die Kommune einer Verlängerung der Frist nicht zugestimmt hat (§ 176 Abs. 1 S. 2, 3). Für Genehmigungen nach § 119 Abs. 4, § 120 Abs. 2, 6, § 121 Abs. 2, 3, § 122 Abs. 2 sowie § 152 Abs. 2 gilt eine Frist von drei Monaten, in den Fällen des § 119 Abs. 4 und des § 120 Abs. 2 jedoch nur, wenn für die Genehmigung eine besondere Prüfung erforderlich ist. Bei nicht gravierenden Mängeln, z. B. in einer kommunalen Satzung, kann die Genehmigung ggf. mit »Maßgaben« (= Einschränkungen) erteilt werden.[741]

[740] Blum/Häusler/Meyer-Freese, NKomVG, § 176 Rdnr. 1.

[741] Vgl. Thiele, NKomVG, § 10 Erl. 5.

C. VERBANDSZUSTÄNDIGKEIT

Zunächst ist im Rahmen der gutachtlichen Prüfung eines Beschlusses die »Verbandszuständigkeit« zu untersuchen und zwar, ob die Kommune für die Angelegenheit **sachlich** und **örtlich** zuständig ist. **Diese Zuständigkeitsprüfung ist nicht notwendig, wenn im Einstieg der Klausur auf die Tatbestandsmerkmale, z. B. der Beanstandung (§ 173 Abs. 1 S. 1), eingegangen wurde.**[742]

I. Zuständigkeit anderer Träger

Die Zuständigkeit der Kommune kann aufgrund gesetzlicher Grundlage ausgeschlossen sein, auch wenn es sich um öffentliche Aufgaben handelt, die im Gebiet der Kommune anfallen.

<u>Zuständigkeit des Landkreises:</u>
- für überörtliche Aufgaben (§ 3 Abs. 2 S. 1),
- freiwillig übernommene Aufgaben von den Gemeinden (§ 5 Abs. 3 S. 1),
- gem. Spezialgesetz z. B.:
  - Abfallbeseitigung (§ 6 Abs. 1 S. 1 NAbfG)
  - Trägerschaft für weiterführende Schulen (§ 102 Abs. 2 NSchG)
  - Krankenhausversorgung (§ 1 NKHG)

<u>Zuständigkeit von Sonderverwaltungen:</u>
- z. B. Eichämter, Gewerbeaufsichtsämter, Finanzämter

II. Sachliche Zuständigkeit

Wenn die sachliche Zuständigkeit gesetzlich nicht besonders geregelt ist, ist sie aus § 2 Abs. 2 (Allzuständigkeit) herzuleiten.

1. SPEZIELLE ZUSTÄNDIGKEITSREGELUNGEN

Spezielle Zuständigkeitszuweisungen an die Kommunen enthalten die Spezialgesetze, aber auch das NKomVG.

a) Aufgaben des eigenen Wirkungskreises

Zuständigkeitsregelungen in Spezialgesetzen:
- Brandschutz und Hilfeleistung (§ 1 Abs. 1 NBrandschG)
- Schulträgerschaft für Grundschulen (§ 102 Abs. 1 NSchG)

[742] Seybold, DVP 2013, S. 13.

- Straßenbaulast für Gemeindestraßen (§ 48 NStrG)
- Straßenreinigung (§ 52 Abs. 2 NStrG)
- Einrichtung gemeindlicher Schiedsämter (§ 1 SchiedsämterG)
- Aufstellung von Bauleitplänen (§ 2 Abs. 1 BauGB)

Zuständigkeitsregelungen im NKomVG:
- Bereitstellung öffentlicher Einrichtungen (§ 4 S. 2)
- Gleichstellungsbeauftragte (§ 8 Abs. 1 S. 1)
- Erlass der Hauptsatzung (§ 12 Abs. 1 S. 1)
- Hilfe bei Verwaltungsangelegenheiten (§ 37 Abs. 1)
- Verleihung des Ehrenbürgerrechts (§ 29 Abs. 1)
- Erlass der Haushaltssatzung (§ 112 Abs. 1)
- Übernahme von u. a. Bürgschaften (§ 121 Abs. 2 S. 1)
- Erwerb von Vermögen (§ 124 Abs. 1)
- Veräußerung von Vermögen (§ 125 Abs. 1 S. 1)
- Wirtschaftliche Betätigung (§ 136 Abs. 1)

b) Aufgaben des übertragenen Wirkungskreises

Die Aufgaben des übertragenen Wirkungskreises werden den Kommunen durch **Rechtsvorschrift** übertragen (Art. 57 Abs. 4 NV, § 6 Abs. 1).

aa) Gemeinden

Z. B. sind Gemeinden Meldebehörde (§ 2 S. 1 Nds.MeldeG), Ausweisbehörde (§ 3 Abs. 1 Nds.AGPAuswG.) und für das Personenstandswesen (§ 51 PStG) zuständig.

bb) Selbständige Gemeinden

Die selbständigen Gemeinden nehmen im übertragenen Wirkungskreis alle Aufgaben wahr, die den Landkreisen obliegen, sofern Rechtsvorschriften dies nicht ausdrücklich ausschließen. Einschränkungen der Zuständigkeit bestehen durch Gesetz, z. B. Wasserbehörde (§ 168 Abs. 2 S. 2 NWG), durch Zuständigkeitsverordnung Nds.SOG,[743] Zuständigkeitsverordnung OWi.[744]

cc) Große selbständige Städte

Die großen selbständigen Städte nehmen im übertragenen Wirkungskreis alle Aufgaben wahr, die den Landkreisen obliegen, sofern Rechtsvorschriften dies nicht ausdrücklich ausschließen. Einschränkungen hinsichtlich der Zuständigkeit bestehen durch Gesetz, z. B. Naturschutzbehörde (§ 54 Abs. 1 S. 2 NNatSchG), Jagdbehörde (§ 36 Abs. 1 S. 2 NJagdG) und Verordnungen z. B. Zuständigkeitsverordnung Nds.SOG.

---

[743] Verordnung über Zuständigkeiten auf verschiedenen Gebieten der Gefahrenabwehr (Zust.VO-SOG).

[744] Verordnung über sachliche Zuständigkeiten für die Verfolgung u. Ahndung von Ordnungswidrigkeiten. (Zust. VO-OWi).

dd) Kreisfreie Städte

Die kreisfreien Städte erfüllen neben ihren Aufgaben als Gemeinden alle Aufgaben, die den Landkreisen obliegen (§ 18), z. B. Bauaufsichtsbehörde (§ 63 Abs. 1 NBauO), Naturschutzbehörde (§ 54 Abs. 1 S. 1 NNatSchG), Wasserbehörde (§ 168 Abs. 2 S. 1 NWG), Jagdbehörde (§ 36 Abs. 1 S. 1 NJagdG).

2. ALLZUSTÄNDIGKEIT

Soweit Rechtsvorschriften nicht ausdrücklich etwas anderes bestimmen, ist die sachliche Zuständigkeit aus der Allzuständigkeit der Kommune (§ 2 Abs. 2) herzuleiten. Nach Art. 28 Abs. 2 GG, Art. 57 Abs. 1 NV bezieht sich die Allzuständigkeit der Kommunen auf die Angelegenheiten der örtlichen Gemeinschaft,[745] also auf die Aufgaben des eigenen Wirkungskreises (§ 5 Abs. 1). Die Kommune kann ohne besondere gesetzliche Ermächtigung alle Aufgaben an sich ziehen, die durch Spezialgesetz nicht anderen Trägern öffentlicher Verwaltung zugewiesen sind.[746]

Danach kann die Kommune immer dann tätig werden, wenn es sich

- um öffentliche Aufgaben handelt,
- die innerhalb des Gemeinde-, Kreis-, Regionsgebietes anfallen und
- gesetzlich keinem anderen Träger zugewiesen sind.

Die öffentlichen Aufgaben können sowohl öffentlich-rechtlicher (z. B. Steuer- und Gebührenerhebung, Einstellung von Beamten, Zulassung zu einer öffentlichen Einrichtung, Erlass von Satzungen) als auch privatrechtlicher Natur sein (z. B. Grundstücksan- und -verkauf, Vermietung von Räumen, Kauf von Büromaterial). Es liegt im Ermessen der Kommune, sich für die öffentlich-rechtliche oder die privatrechtliche Handlungsform zu entscheiden, sofern keine zwingenden gesetzlichen Vorgaben bestehen.

III. Örtliche Zuständigkeit

Die örtliche Zuständigkeit bestimmt sich – sofern vorhanden – nach Spezialgesetz (z. B. § 100 Abs. 1 S. 2 Nds.SOG, § 3 Abs. 1 VwVfG i.V.m. § 1 Abs. 1 Nds.VwVfG, §§ 17 ff. AO, § 47 StVO, § 37 Abs. 7 GewO). Liegt eine konkrete Zuständigkeitsregelung nicht vor, ist Rechtsgrundlage § 2 Abs. 2, § 3 Abs. 2 S. 1, wenn die jeweilige Kommune für die Aufgabenerfüllung »[...] in ihrem Gebiet« zuständig ist.

---

[745] Vgl. Ausführungen dazu unter Erster Teil, Kapitel A. I.

[746] BVerfGE 83, 363 (385); 79, 127 (146 f.).

D. ORGANZUSTÄNDIGKEIT

Auf die Ausführungen zu den Aufgaben der Vertretung[747], des Hauptausschusses[748] und der Hauptverwaltungsbeamtin oder des Hauptverwaltungsbeamten[749] wird hingewiesen.

E. BESCHLUSSFÄHIGKEIT

Die Vertretung als Kollegialorgan kann Entscheidungen (= Beschlüsse) nur durch gemeinsames Tätigwerden aller Mitglieder in Sitzungen fassen (Sitzungszwang).[750]. Die Möglichkeit der Beschlussfassung im schriftlichen Verfahren, wie es der Hauptausschuss kann (Umlaufverfahren[751], § 78 Abs. 3) ist für die Vertretung gegeben. Grundvoraussetzung für die Handlungsfähigkeit der Vertretung, also über Angelegenheiten wirksam beraten und entscheiden zu können, ist deren Beschlussfähigkeit.

I. Beschlussfähigkeit nach § 65 Abs. 1

Die Vertretung ist nach § 65 Abs. 1 S. 1 beschlussfähig, wenn nach ordnungsgemäßer Einberufung der Mehrheit seiner Mitglieder anwesend ist oder wenn alle Mitglieder anwesend sind und keines eine Verletzung der Vorschriften über die Einberufung der Vertretung rügt.

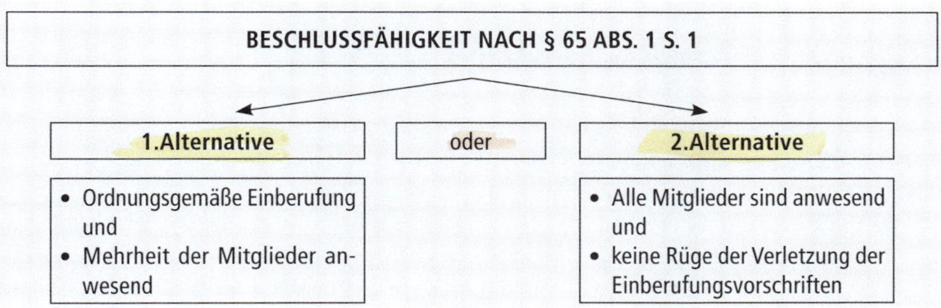

1. § 65 ABS. 1 S. 1 ALT. 1

Die Vertretung ist beschlussfähig, wenn nach ordnungsgemäßer Einberufung die Mehrheit seiner Mitglieder anwesend ist.

---

[747] Vgl. Ausführungen dazu unter Dritter Teil, Kapitel A. IX.
[748] Vgl. Ausführungen dazu unter Dritter Teil, Kapitel B. VI.
[749] Vgl. Ausführungen dazu unter Dritter Teil, Kapitel C. V.
[750] Vgl. Ausführungen dazu unter Dritter Teil, Kapitel F. I.
[751] Vgl. Ausführungen dazu unter Dritter Teil, Kapitel B. VII. 4.

a) Ordnungsgemäße Einberufung[752]

Die Vertretung hat **kein Selbstversammlungsrecht**, sondern sie kann vom Grundsatz her nur in einer ordnungsgemäß einberufenen Sitzung beraten und beschließen.[753] Eine ordnungsgemäß einberufene Sitzung setzt nach § 59 Abs. 1 S. 1 voraus, dass die Hauptverwaltungsbeamtin oder der Hauptverwaltungsbeamte die Abgeordneten schriftlich oder durch elektronisches Dokument unter Mitteilung der Tagesordnung einlädt. Einzelheiten, wie die **Ladungsfrist**, regelt die **Geschäftsordnung.** Die Ladungsvorschriften des Absatzes 1 und der zu ihrer Ausführung ergangenen GO-Bestimmungen sind Schutzvorschriften zu Gunsten der Abgeordneten der Vertretung. Das Recht, rechtzeitig unter Mitteilung der Tagesordnung geladen zu werden (einschließlich des Rechts, nur gerechtfertigte Verkürzungen der Ladungsfrist hinnehmen zu müssen), ist verfahrensrechtliches Mitwirkungsrecht jedes Abgeordneten.[754] Ein Verstoß gegen die Regelung des § 59 Abs. 5, wonach Ort, Zeit und Tagesordnung der Sitzung ortsüblich bekannt zu machen sind, berührt die Ordnungsmäßigkeit der Einladung nicht.[755]

Auch wenn die Überschrift des § 59 »Einberufung der Vertretung« lautet, ist Adressat der Vorschrift des § 59 Abs. 5 die **Öffentlichkeit**, nicht aber die oder der Abgeordnete. Wenn die Bekanntmachung unterbleibt, steht dieser Umstand einem wirksamen Zusammentritt der Vertretung jedoch nicht entgegen.[756]

Bei einer Sitzungsunterbrechung, auch von mehreren Tagen, ist keine neue Einladung erforderlich, da die Abgeordneten noch in der Sitzung erfahren haben, wann der nicht erledigte Sitzungsteil behandelt wird.[757] Über zusätzliche Punkte kann allerdings, sofern es sich nicht um Dringlichkeitsanträge nach § 59 Abs. 3 S. 5 handelt, in der fortgeführten Sitzung nur dann beraten und entschieden werden, wenn hierzu u. a. ordnungsgemäß geladen wurde.

aa) Ladung durch die Hauptverwaltungsbeamten

Zuständig für die Ladung der Abgeordneten ist die Hauptverwaltungsbeamtin oder der Hauptverwaltungsbeamte. Im Verhinderungsfall vertritt die oder der Vorsitzende die Hauptverwaltungsbeamtin oder den Hauptverwaltungsbeamten bei der Einberufung der Vertretung einschließlich der Aufstellung der Tagesordnung nach § 59 Abs. 3 S. 3.
Wenn die Vertretung nach dem Beginn der neuen Wahlperiode zu ihrer ersten Sitzung einberufen wird, so wird die Hauptverwaltungsbeamtin oder der Hauptverwaltungsbeamte bei dieser Einberufung einschließlich der Aufstellung der Tagesordnung nach § 59 Abs. 4 durch die bisherige Vorsitzende oder den bisherigen Vorsitzenden der Vertretung vertreten.

---

[752] Vgl. Ausführungen dazu unter Dritter Teil, Kapitel F. III.
[753] Blum/Häusler/Meyer-Blum, NKomVG, § 59 Rdnr. 2.
[754] Vgl. Blum/Häusler/Meyer-Blum, NKomVG, § 59 Rdnr. 19.
[755] Thiele, NKomVG, § 59 Erl. 9.
[756] Vgl. Luerssen/Neuffer, § 41 Anm. 9; vgl. auch Sandfuchs, S. 365.
[757] Auch eine (erneute) ortsübliche Bekanntmachung nach § 59 Abs. 5 ist nicht erforderlich (OVG Lüneburg, FdSt 1985, Rdnr. 429).

(1) Termin der Sitzung
Die konstituierende Sitzung muss binnen eines Monats nach Beginn der Wahlperiode, also spätestens am 30. November, stattfinden (§ 59 Abs. 2 S. 1).
Ansonsten hat die Hauptverwaltungsbeamtin oder der Hauptverwaltungsbeamte die Vertretung einzuberufen, sooft es die Geschäftslage erfordert. Hierbei handelt es sich um einen unbestimmten Rechtsbegriff mit Beurteilungsspielraum der Hauptverwaltungsbeamtin oder des Hauptverwaltungsbeamten. Weiterhin ist unter den Voraussetzungen des § 59 Abs. 2 S. 4 die Vertretung zu laden.[758]

(2) Uhrzeit der Sitzung
Die Festlegung der Uhrzeit liegt im pflichtgemäßen Ermessen der Hauptverwaltungsbeamtin oder des Hauptverwaltungsbeamten. Dabei hat sie oder er die Belange der Abgeordneten und der Bediensteten der Kommune zu berücksichtigen.[759] Bei den öffentlichen Sitzungen der Vertretung tritt das Anliegen, die Sitzung in möglichst großer Öffentlichkeit stattfinden zu lassen, hinter dem Bedürfnis zurück, einen für die Abgeordneten der Vertretung und betroffene Gemeindebedienstete gleichermaßen akzeptablen Sitzungstermin zu finden.[760] Den üblichen Sitzungszeiten kommt ein besonderer Vorrang zu, weil sich die Mehrheit der Beteiligten darauf eingestellt haben wird.[761] »Der Sitzungszeitraum muss so liegen, dass breite Teile aller Bevölkerungsgruppen – insbesondere die Berufstätigen – die zumutbare Möglichkeit haben, derart an Sitzungen der Vertretung teilzunehmen, dass sie sich ein klares Bild über die Sitzungstätigkeit der Vertretung verschaffen können.«[762]
Ein Anspruch Dritter auf Festlegung eines späteren Sitzungstermins besteht nicht.[763]
Eine nachträgliche Änderung des Beginns der Sitzung ist in der Regel unproblematisch, sofern sie sachgerecht ist und den Abgeordneten (und der Öffentlichkeit i.S.d. §§ 64, 59 Abs. 5) rechtzeitig mitgeteilt wird.

(3) Ort der Sitzung
Auch bei der Wahl des Sitzungsortes steht der Hauptverwaltungsbeamtin oder dem Hauptverwaltungsbeamten ein weit gespannter Entscheidungsspielraum zu, der im Wesentlichen durch das Willkürverbot begrenzt wird.[764] Öffentliche Sitzungen müssen unter Berücksichtigung des Öffentlichkeitsprinzips (§ 64) grundsätzlich im Gemeindegebiet durchgeführt werden (Vermeidung unnötiger Erschwernisse).[765] *»Soll der Sitzungsort nach der Absendung der Einladung innerhalb der bereits laufenden Einladungsfrist gewechselt werden, beginnt keine neue Frist zu laufen, denn es handelt sich noch um dieselbe Sitzung. Sie wird charakterisiert durch die Zeit und die Tagesordnung. Der Tagungsort spielt insoweit nur eine untergeordnete Rolle.«*[766]

---

[758] Vgl. Ausführungen dazu unter Dritter Teil, Kapitel F. III.
[759] Blum/Häusler/Meyer-Blum, NKomVG, § 59 Rdnr. 7.
[760] OVG Saarlouis, NVwZ-RR 1994, 37 (38 f.).
[761] Blum/Häusler/Meyer-Blum, NKomVG, § 59 Rdnr. 7; OVG Lüneburg, dng 1982, 359 (359).
[762] OVG Saarlouis, NVwZ-RR 1994, 37 (38 f.).
[763] OVG Lüneburg, dng 1982, 359 (359).
[764] OVG Münster, DVBl. 1990, 160 (161).
[765] Vgl. Blum/Häusler/Meyer-Blum, NKomVG, § 59 Rdnr. 9; vgl. Ipsen, NKomVG, § 59 Rdnr. 3.
[766] Fey in KVR-NLO, § 38 Rdnr. 11.

bb) Ladung der Abgeordneten

Die Hauptverwaltungsbeamtin oder der Hauptverwaltungsbeamte lädt die Abgeordneten, auch wenn ihm bekannt ist, dass diese nicht an der Sitzung teilnehmen können (z. B. Krankenhausaufenthalt oder Urlaub) oder dürfen (Mitwirkungsverbot).
Eine Einladung ist lediglich dann nicht zu versenden, wenn eine Abgeordnete oder ein Abgeordneter auf bestimmte Zeit von der Mitarbeit in der Vertretung ausgeschlossen wurde (§ 63 Abs. 3) oder das Mandat ruht (§ 53). Sofern diese Abgeordnete oder dieser Abgeordnete irrtümlich dennoch eine Einladung erhalten hat, berechtigt diese nicht zur Teilnahme an der Sitzung.[767] Wenn die Einladung im Vertretungsfall durch die Vorsitzende oder den Vorsitzenden der Vertretung vorgenommen wird, so hat diese/dieser alle Abgeordneten zu laden und in diesem Fall auch die Hauptverwaltungsbeamtin oder den Hauptverwaltungsbeamten.

Soll in der anstehenden Sitzung der Vertretung das Vorliegen der Voraussetzungen für den Sitzverlust[768] einer Abgeordneten oder eines Abgeordneten festgestellt werden, ist auch diese/dieser zur Sitzung zu laden. Das Mandat als Abgeordnete(r) endet erst mit dem Feststellungsbeschluss der Vertretung nach § 52 Abs. 2. Die Feststellung wirkt konstitutiv.[769] Die Ersatzperson kann dagegen nicht geladen werden, da diese zum Zeitpunkt der Einladung wegen des fehlenden Beschlusses der Vertretung gem. § 52 Abs. 2 noch kein(e) Abgeordnete(r) ist (vgl. § 51).

Wenn eine Ersatzperson nachrückt, weil eine Abgeordnete oder ein Abgeordneter verstorben ist, muss die Ersatzperson zur Sitzung geladen werden. Für diesen Fall ist ein Feststellungsbeschluss nach § 52 Abs. 2 nicht vorgesehen, so dass das Mandat unmittelbar mit der Annahme der Wahl beginnt.[770]

cc) Form der Einladung

Sinn des Schrifterfordernisses der Einladung beziehungsweise des elektronischen Dokuments ist die Gewährleistung einer einheitlichen Ladung. Dadurch soll keine Abgeordnete und kein Abgeordneter – bewusst oder unbewusst – bevorzugt oder benachteiligt werden.[771] Dabei ist nicht erforderlich, dass die Abgeordneten ein Einladungsschreiben mit Originalunterschrift erhalten. Die Anforderungen werden grundsätzlich auch bei der Übermittlung der Einladung per Telefax erfüllt.[772]

Die Geschäftsordnung kann, muss aber nicht die Form der schriftlichen Einladung regeln (§ 59 Abs. 1 S. 1). So kann z. B. festgelegt werden, dass die Einladungen per E-Mail (= elektronisches Dokument) vorgenommen werden.[773]

---

[767] Vgl. Blum/Häusler/Meyer-Blum, NKomVG, § 53 Rdnr. 2 und Blum/Häusler/Meyer-Blum, NKomVG, § 63 Rdnr. 41.

[768] Vgl. Ausführungen dazu unter Dritter Teil, Kapitel A. IV. 3. a).

[769] Blum/Häusler/Meyer-Blum, NKomVG, § 52 Rdnr. 10, a. A. Thiele, NKomVG, § 52 Erl. 4; Ipsen, NKomVG, § 52 Rdnr. 14, die lediglich von einer deklaratorischen Bedeutung des Feststellungsbeschlusses ausgehen.

[770] Thiele, NKomVG, § 52 Erl. 4.

[771] Blum, in KVR-NKomVG, § 59 Rn. 6.

[772] Blum/Häusler/Meyer-Blum, NKomVG, § 59 Rdnr. 4.

[773] Blum/Häusler/Meyer-Blum, NKomVG, § 59 Rdnr. 4.

dd) Mitteilung der Tagesordnung

Die Hauptverwaltungsbeamtin oder der Hauptverwaltungsbeamte haben das Recht und die Pflicht, eigenverantwortlich die Tagesordnung für die Vertretung aufzustellen.[774] Dies hat im Benehmen mit der oder dem Vorsitzenden der Vertretung zu erfolgen (§ 59 Abs. 3 S. 1). Im Vertretungsfall stellt die oder der Vorsitzende der Vertretung die Tagesordnung auf im Benehmen mit der allgemeinen Stellvertreterin oder dem allgemeinen Stellvertreter (§ 59 Abs. 3 S. 3). Bei der Benehmensherstellung können sowohl die oder der Vorsitzende der Vertretung, als auch die allgemeine Stellvertreterin oder der allgemeine Stellvertreter verlangen, dass ein bestimmter Punkt auf die Tagesordnung gesetzt wird (§ 59 Abs. 3 S. 1, 4).

Der Hauptverwaltungsbeamtin oder dem Hauptverwaltungsbeamten als auch der/dem Vorsitzenden der Vertretung steht ein »Vorprüfungsrecht« nicht zu. Sie müssen die geforderten Punkte auf die Tagesordnung setzen, auch wenn die Vertretung nicht zuständig ist.[775] Die Tagesordnung ist die Zusammenstellung aller Punkte, über die in der Sitzung beraten und entschieden werden soll. Sach- und Wahlbeschlüsse müssen grundsätzlich auf der Tagesordnung gestanden haben, damit sie wirksam gefasst werden können.

Verfahrensbeschlüsse (z. B. Durchführung einer geheimen Abstimmung, Ausschluss der Öffentlichkeit) müssen nicht in der Tagesordnung enthalten sein. Die einzelnen Tagesordnungspunkte sind getrennt nach öffentlichem und nichtöffentlichem Teil der Sitzung aufzuführen. Die einzelnen zur Beratung anstehenden Gegenstände müssen in der Tagesordnung so deutlich angegeben werden, dass die Mitglieder der Vertretung vor Überraschungen geschützt sind und ihnen die Möglichkeit gegeben ist, sich gründlich und rechtzeitig mit den Beratungsgegenständen vertraut zu machen.[776]

Der genaue Wortlaut der zu fassenden Beschlüsse muss in der Tagesordnung nicht enthalten sein, sondern es reicht grundsätzlich aus, sie schlagwortartig zu benennen.[777] Punkte, wie z. B. »Verschiedenes« oder »Mitteilungen der Hauptverwaltungsbeamtin oder des Hauptverwaltungsbeamten« sind zu unbestimmt, sofern Beschlüsse gefasst werden sollen. Bei diesen Punkten dürfen Beschlüsse und Beratungen nicht stattfinden.[778]
Eine Verletzung des Konkretisierungsgebotes der Tagesordnungspunkte ist ein schwerwiegender Verfahrensmangel, der zur Beschlussunfähigkeit der Vertretung führt. Ein trotzdem gefasster Beschluss ist unwirksam.[779] Eine Ausnahme gilt lediglich bei Tagesordnungspunkten, die durch beigefügte Beratungsunterlagen konkretisiert werden.

(1) Beschluss der Tagesordnung

Die Vertretung fasst zu Beginn der Sitzung einen Beschluss (ggf. auch konkludent) über die von der Hauptverwaltungsbeamtin oder dem Hauptverwaltungsbeamten aufgestellte

---

[774] Vgl. Ausführungen dazu unter Dritter Teil, Kapitel F. III.

[775] OVG Lüneburg, DVBl. 1984, 734 (735); OVG Münster, KommJur 2004, 421 (424); vgl. Blum/Häusler/Meyer-Blum, NKomVG, § 59 Rdnr. 39.

[776] Blum/Häusler/Meyer-Blum, NKomVG, § 59 Rdnr. 36.

[777] Blum/Häusler/Meyer-Blum, NKomVG, § 59 Rdnr. 36.

[778] Blum/Häusler/Meyer-Blum, NKomVG, § 59 Rdnr. 36.

[779] VG Braunschweig, VwRR 1998, 11 (11).

Tagesordnung.[780] Nach Sitzungsbeginn ist die Vertretung als »Herrscher des Verfahrens« berechtigt, den Ablauf ihrer eigenen Sitzung festzulegen und ggf. die vorgesehene Tagesordnung zu ändern.[781] Sie hat die Möglichkeit,

- die Reihenfolge der Tagesordnungspunkte zu ändern,
- Punkte von der Tagesordnung zu streichen,
- Punkte vom öffentlichen Teil dem nichtöffentlichen zuzuordnen,
- die Tagesordnung um weitere Punkte zu ergänzen,

sofern die Voraussetzungen des § 59 Abs. 3 S. 5 gegeben sind.
Änderungen zu den Punkten 1–3 sind mit der einfachen Mehrheit (§ 66 Abs. 1) zu beschließen, während für eine Erweiterung der Tagesordnung eine Mehrheit von zwei Dritteln der Mitglieder der Vertretung benötigt wird.

(2) Mitversenden von Beratungsunterlagen

Das Mitversenden von Beschlussvorlagen (Beratungsunterlagen, Drucksachen) ist nach § 59 Abs. 1 nicht vorgeschrieben. Das NKomVG geht insoweit vom **Mündlichkeitsprinzip** aus. Was genau beschlossen wird, ergibt sich aus der Beratung und der Abstimmung in der Sitzung.[782] Die Pflicht zur Mitteilung der Tagesordnung zur Vorbereitung der Abgeordneten schließt eine an Umfang und Schwierigkeitsgrad der einzelnen Tagesordnungspunkte orientierte Information der Abgeordneten ein.[783] Die Beifügung von Beratungsunterlagen ist in der Praxis die Regel. Dazu kann die Hauptverwaltungsbeamtin oder der Hauptverwaltungsbeamte aufgrund der Geschäftsordnung verpflichtet werden. In diesem Zusammenhang wird auch auf das Auskunftsrecht der Abgeordneten nach § 56 gegenüber der Hauptverwaltungsbeamtin oder dem Hauptverwaltungsbeamten verwiesen.

ee) Einhaltung der Ladungsfrist

Die näheren Angaben zur Ladungsfrist kann die Vertretung zukünftig in der Geschäftsordnung selbst bestimmen (§ 59 Abs. 1 S. 2). Die bisherige **Wochenfrist** wird man auch weiterhin als erprobte, sachgerechte Regelfrist ansehen können.[784] Auch die Ladung in Eilfällen ist gesetzlich nicht mehr geregelt. Da es im Zusammenhang mit der Ladung der Vertretung auch weiterhin Eilfälle geben wird, sind auch darüber Regelungen in der Geschäftsordnung zu treffen.[785]

Eine förmliche Zustellung der Einladungen ist nach dem NKomVG nicht vorgesehen. Die Ladung ist den Abgeordneten zugegangen, wenn sie so in deren »Machtbereich« gelangt ist (§ 130 Abs. 1 S. 1 BGB analog), dass unter gewöhnlichen Umständen mit der Möglichkeit der Kenntnisnahme zu rechnen ist.[786] Für die Berechnung der Ladungsfrist ist nicht § 31 VwVfG anzuwenden, da es sich bei der Einladung zur Sitzung der Vertretung nicht um ein Verwaltungsverfahren i.S.d. § 9 VwVfG handelt. Die Einhaltung der Frist wird nach §§ 187,188 BGB analog berechnet.

[780] Thiele, NKomVG, § 59 Erl. 8.
[781] Vgl. Thiele, NKomVG, § 59 Erl. 8.
[782] VGH Kassel, DÖV 1987, 450 (450).
[783] OVG Münster, NVwZ-RR 1990, 368 (369).
[784] Blum/Häusler/Meyer-Blum, NKomVG, § 59 Rdnr. 13.
[785] Häusler/Franke/Fischer, NKomVG, Erl. 4.1.
[786] Vgl. Ipsen, NKomVG, § 59 Rdnr. 10; vgl. Suckow/Weidemann, Rdnr. 189.

(1) Trennung von Einladung und Tagesordnung
Auch wenn nach § 59 Abs. 1 S. 1 unter Mitteilung der Tagesordnung zu laden ist, können die Einladung und die Tagesordnung im Bedarfsfall getrennt voneinander verschickt werden.[787] Weiterhin ist es zulässig, einzelne Tagesordnungspunkte nachzureichen. Entscheidend für die Fristberechnung in diesen Fällen ist der Tag, an dem den Abgeordneten die Tagesordnung zugegangen ist, da erst zu diesem Zeitpunkt die Ladung vollständig ergangen ist, insofern also den Anforderungen des § 59 Abs. 1 S. 1 entspricht.[788]

(2) Verzögerungen bei der Zustellung der Einladungen
In sinngemäßer Anwendung der gefestigten Rechtsprechung[789], dass ein Bürger bei der Einlegung von Rechtsbehelfen Verzögerungen bei der Briefbeförderung durch die Deutsche Post nicht zu vertreten hat, muss sich die Hauptverwaltungsbeamtin oder der Hauptverwaltungsbeamte die durch die Post eingetretenen Verzögerungen nicht zurechnen lassen, sofern er das seinerseits Erforderliche getan hat, um den fristgerechten Erhalt der Einladung bei regelmäßigem Betriebsablauf zu ermöglichen.[790] Werden die Einladungen aber durch Boten der Kommune ausgetragen, so hat die Hauptverwaltungsbeamtin oder der Hauptverwaltungsbeamte deren Fehler bei der Zustellung zu vertreten. Im Gegensatz zu der Aufgabe bei der Post haben die Einladungen den Verfügungsbereich der Hauptverwaltungsbeamtin oder des Hauptverwaltungsbeamten nicht verlassen.[791]

(3) Verkürzung der Ladungsfrist in Eilfällen
Ein **Eilfall** ist dann gegeben, wenn die Entscheidung über eine Angelegenheit keinen Aufschub duldet, weil sonst Nachteile für die Kommune oder Dritte eintreten, die nicht wieder rückgängig gemacht werden können.[792] Es darf nicht möglich sein, zu einer Sitzung innerhalb der in der Geschäftsordnung festgelegten »normalen« Frist zu laden. Im jeweiligen Einzelfall muss geprüft werden, ob tatsächlich ein Eilfall vorliegt, wobei der Grund, warum es zu dem Eilfall gekommen ist, unwichtig ist. Die Verkürzung der »normalen« Ladungsfrist in Eilfällen muss in der Geschäftsordnung geregelt werden.

Fraglich ist, bis auf welches **Mindestmaß** die Geschäftsordnung die Ladungsfrist abkürzen darf. Bei der Gestaltung der Geschäftsordnung wird ein sachgerechter Ausgleich zwischen dem Interesse der Abgeordneten gefunden werden müssen, überhaupt an der Eilentscheidung beteiligt zu sein (die sonst nach § 88 der Hauptausschuss beziehungsweise die Hauptverwaltungsbeamtin oder der Hauptverwaltungsbeamte zu treffen hätte), und ihrem wie dem allgemeinen Interesse, dass sie noch imstande sind, diese Entscheidung ausreichend vorbereitet und damit verantwortlich zu treffen.[793] Als äußerst zulässige Fristverkürzung wird man das Ende der am Ort üblichen Geschäftszeit des Vortages annehmen müssen

---

787 Geis, Rdnr. 120; Seybold, DVP 2013, S. 15.
788 Sandfuchs, S. 374.
789 BVerfGE 62, 334 (336 f.).
790 Thiele, NKomVG, § 65 Erl. 2; a.A. Blum/Häusler/Meyer-Blum, § 59 Rdnr. 18.
791 Sandfuchs, S. 375.
792 OVG Münster, OVGE 28, 235 (236).
793 Blum/Häusler/Meyer-Blum, NKomVG, § 59 Rdnr. 16.

(also z. B. 18.00 Uhr des Vortages).[794] Sinnvollerweise sollte die Geschäftsordnung auch die – bisher gesetzliche – Bestimmung aufnehmen, dass ein **Hinweis** auf die Abkürzung der Ladungsfrist in der Ladung aufzunehmen ist.[795]
Wenn die Voraussetzungen des Eilfalls gegeben sind, ist es zulässig, sowohl zu einer eigenständigen Sitzung zu laden als auch einzelne Tagesordnungspunkte für eine bereits anberaumte Sitzung nachzuschieben.[796]

b) Anwesenheit der Mehrheit der Mitglieder

In § 65 Abs. 1 S. 1 Alt. 1 ist festgelegt, dass die Vertretung nur bei Anwesenheit der Mehrheit ihrer Mitglieder beschlussfähig ist. Mitglieder der Vertretung sind die Abgeordneten und kraft Amtes die Hauptverwaltungsbeamtin oder der Hauptverwaltungsbeamte (§ 45 Abs. 1 S. 1). Die Zahl der Abgeordneten richtet sich nach der Einwohnerzahl (§ 46). Durch Satzung kann in Gemeinden und Samtgemeinden mit mehr als 8.000 Einwohnerinnen und Einwohnern sowie in Landkreisen und der Region Hannover die Zahl der zu wählenden Abgeordneten um zwei, vier oder sechs verringert werden. Die Entscheidung ist spätestens 18 Monate vor Ende der laufenden Wahlperiode zu treffen (§ 46 Abs. 4). Die Zahl von 20 Abgeordneten darf nicht unterschritten werden.

Bei einer Gemeinde mit 23.000 Einwohnern und 34 Abgeordneten plus Hauptverwaltungsbeamten müssen bei Feststellung der Beschlussfähigkeit mindestens 18 Mitglieder anwesend sein. Das gilt auch dann, wenn Sitze in der Vertretung unbesetzt sind und/oder z. B. Mitglieder von der Mitarbeit in der Vertretung für eine bestimmte Zeit gem. § 63 Abs. 3 ausgeschlossen worden sind.[797]

2. § 65 ABS. 1 S. 1 ALT. 2

Die Vertretung ist nach der 2. Alternative beschlussfähig, wenn **alle** Mitglieder der Vertretung anwesend sind und keines eine Verletzung der Vorschriften über die Einberufung der Vertretung rügt.

a) Anwesenheit aller Mitglieder der Vertretung

Zu Beginn der Sitzung müssen alle Mitglieder der Vertretung (§§ 45 Abs. 1 S. 1, 46 Abs. 1) anwesend sein. Wenn Mitglieder fehlen (z. B. Urlaub, Krankheit), kann die Beschlussfähigkeit nach der 2. Alternative durch die Vorsitzende oder den Vorsitzenden der Vertretung nicht wirksam festgestellt werden. Nach Sinn und Zweck dieser Vorschrift ist eine Ausnahme[798] dann gegeben, wenn

---

[794] Blum/Häusler/Meyer-Blum, NKomVG, § 59 Rdnr. 16.
[795] Blum/Häusler/Meyer-Blum, NKomVG, § 59 Rdnr. 16.
[796] Sandfuchs, S. 376.
[797] Sandfuchs, S. 376.
[798] Sandfuchs, S. 377.

- Sitze in der Vertretung unbesetzt sind (z. B. §§ 36 Abs. 7, 44 Abs. 5 S. 2, 3 NKWG),
- ein Mitglied der Vertretung verstorben ist und noch keine Ersatzperson nachgerückt ist,
- bei einem Mitglied der Vertretung das Mandat ruht (§ 53) oder
- ein Mitglied der Vertretung auf bestimmte Zeit von der Mitarbeit in der Vertretung ausgeschlossen worden ist (§ 63 Abs. 3).

In diesen Fällen reicht es aus, dass alle teilnahmeberechtigten Mitglieder der Vertretung anwesend sind.

b) Keine Rüge der Verletzung der Einberufungsvorschriften

Das Recht zur Rüge der Verletzung der Einberufungsvorschriften steht in der Vertretung nur den Mitgliedern der Vertretung zu, nicht aber Dritten (z. B. den weiteren Beamten auf Zeit). Im Hauptausschuss und in den Ausschüssen können auch die beratenden Mitglieder eine Verletzung der Einberufungsvorschriften rügen. Rügeberechtigt ist jedes Mitglied der Vertretung, nicht nur das durch den Ladungsfehler betroffene. Eine Verletzung in eigenen Rechten muss nicht geltend gemacht werden.

Eine Rüge liegt vor, wenn

- tatsächlich eine Verletzung der Ladungsvorschriften gegeben ist,
- diese Verletzung konkret benannt wird und
- der Wille des oder der Rügenden deutlich wird, dass die Sitzung nicht durchgeführt werden soll.

Wenn ein Mitglied der Vertretung eine Verletzung der Ladungsvorschriften vorträgt, muss das Wort »Rüge« nicht genannt werden. Entsprechend § 133 BGB (analog) ist von der/dem Vorsitzenden der Vertretung der tatsächliche Wille zu erforschen, ob das Mitglied der Vertretung die Durchführung der Sitzung verhindern will.[799] Dies ist z. B. dann nicht der Fall, wenn aus dem Vortrag deutlich wird, dass das Mitglied der Vertretung den Verstoß gegen die Ladungsvorschriften zwar nicht billigt, ihn aber für diese Sitzung hinnimmt.

Wenn der Ladungsfehler zu Beginn der Sitzung nicht bekannt war und deshalb keine Rüge ausgesprochen wurde, ist die Vertretung aufgrund der eindeutigen Formulierung des § 65 Abs. 1 S. 1 beschlussfähig. Eine rückwirkende Rüge ist nicht möglich.[800]

---

[799] Seybold, DVP 2013, S. 16.

[800] Vgl. Blum/Häusler/Meyer-Blum, NKomVG, § 65 Rdnr. 8; vgl. Ipsen, NKomVG, § 65 Rdnr. 4.

II. Beschlussfähigkeit nach § 65 Abs. 2

Ist eine Angelegenheit wegen Beschlussunfähigkeit der Vertretung zurückgestellt worden und wird sie zur Verhandlung über den gleichen Gegenstand zum zweiten Mal einberufen, so ist sie nach § 65 Abs. 2 ohne Rücksicht auf die Zahl der anwesenden Mitglieder beschlussfähig, wenn in der Ladung zur zweiten Sitzung ausdrücklich darauf hingewiesen worden ist. Eine Angelegenheit ist wegen Beschlussunfähigkeit der Vertretung zurückgestellt worden, wenn zweifelsfrei feststeht, dass ein anderer Grund für die Zurückstellung nicht vorhanden ist.[801] Wenn diese Voraussetzungen erfüllt sind, ist die Vertretung abweichend von § 65 Abs. 1 ohne Rücksicht auf die Zahl der anwesenden Mitglieder der Vertretung beschlussfähig, also auch dann, wenn nur eine **Minderheit** anwesend ist. § 65 Abs. 2 stellt eine Ausnahmeregelung für Sonderfälle dar. Sofern die Vertretung **dauernd** beschlussunfähig ist, kommt ggf. eine Auflösung der Vertretung nach § 70 Abs. 1, 2 in Betracht.

III. Beschlussfähigkeit nach § 65 Abs. 3

Nach § 65 Abs. 3 ist die Vertretung ohne Rücksicht auf die Zahl der anwesenden Mitglieder beschlussfähig, wenn bei mehr als der Hälfte der Mitglieder der Vertretung ein gesetzlicher Grund der Anwesenheit entgegensteht. Als gesetzliche Gründe kommen nach dem NKomVG in Betracht:

- Mitwirkungsverbot (§ 41)
- Ruhen des Mandats (§ 53)
- Ausschluss von der Mitarbeit in der Vertretung (§ 63 Abs. 2, 3)

Die von der Minderheit gefassten Beschlüsse bedürfen in diesem Fall der Genehmigung der Kommunalaufsichtsbehörde (§ 65 Abs. 3).

IV. Feststellung der Beschlussfähigkeit

Die Feststellung der Beschlussfähigkeit nach § 65 Abs. 1 S. 2 hat im Wesentlichen deklaratorischen Charakter.[802] Die oder der Vorsitzende der Vertretung kann die Beschlussfähigkeit nur dann wirksam feststellen, wenn die Tatbestandsvoraussetzungen hierfür gegeben sind. Eine unberechtigte Feststellung führt nicht zu einer »Heilung« von Ladungsmängeln;[803] ansonsten könnte die oder der Vorsitzende gewollt oder ungewollt mit seiner Feststellung die Vorschriften über die Beschlussfähigkeit umgehen und Tatsachen schaffen. Auch wenn es die oder der Vorsitzende versäumt hat, zu Beginn der Sitzung die Beschlussfähigkeit festzustellen, ist die Vertretung beschlussfähig, sofern die Tatbestandsvoraussetzungen nach § 65 Abs. 1 S. 1 gegeben sind. **»Anwesend«** sind nur solche Mitglieder der Vertretung,

---

[801] Blum/Häusler/Meyer-Blum, NKomVG, § 65 Rdnr. 18.
[802] Vgl. Blum/Häusler/Meyer-Blum, NKomVG, § 65 Rdnr. 9.
[803] Sandfuchs, S. 381.

die sich im Beratungsraum aufhalten und rechtlich und tatsächlich in der Lage sind, sich an der Beratung und Beschlussfassung zu beteiligen.[804] Keine Teilnahmeberechtigung besteht für Mitglieder der Vertretung, die vom Mitwirkungsverbot betroffen sind (§ 41 Abs. 1, 2 i.V.m. § 54 Abs. 3), deren Mandat ruht (§ 53) oder die von der Mitarbeit in der Vertretung ausgeschlossen sind (§ 63 Abs. 2, 3).

V. Beschlussfähigkeit im Sitzungsverlauf

Nach der (rechtmäßigen) Feststellung der Beschlussfähigkeit ist die Vertretung grundsätzlich für die gesamte Sitzung beschlussfähig (§ 65 Abs. 1 Satz 2). Im Interesse der Arbeitsfähigkeit der Vertretung und der Rechtssicherheit enthält § 65 Abs. 1 S. 3 eine gesetzliche Fiktion. Durch die Fiktion wird vermieden, dass bei jedem Tagesordnungspunkt erneut die Beschlussfähigkeit überprüft und festgestellt werden muss.[805]
Eine im Verlauf der Sitzung eintretende Verringerung der anwesenden Mitglieder der Vertretung hat grundsätzlich keine Auswirkung, auch dann nicht, wenn die Vertretung nach der 2. Alternative beschlussfähig war. Alle Mitglieder der Vertretung müssen nur zu Beginn der Sitzung anwesend sein.

Die Vertretung bleibt grundsätzlich beschlussfähig, auch wenn im weiteren Verlauf der Sitzung nur noch weniger als die Hälfte ihrer Mitglieder anwesend ist. Die Vermutung der Beschlussfähigkeit setzt voraus, dass die oder der Vorsitzende der Vertretung gem. § 65 Abs. 1 S. 2 die Beschlussfähigkeit zutreffend festgestellt hat. Die Punkte der Tagesordnung können beraten und entschieden werden. Beschlüsse in Angelegenheiten, die eine **qualifizierte** Mehrheit erfordern, wie z. B. die Änderung der Hauptsatzung (§ 12 Abs. 2) oder die Abberufung der oder des Vorsitzenden der Vertretung (§ 61 Abs. 2), können nicht gefasst werden. Wahlen können durchgeführt werden, da im zweiten Wahlgang die einfache Mehrheit ausreicht.[806]

1. ANTRAG AUF BESCHLUSSUNFÄHIGKEIT

Wenn die Beschlussfähigkeit von der oder dem Vorsitzenden der Vertretung zu Recht festgestellt wurde, kann diese von einem Mitglied der Vertretung nur noch während der Sitzung angezweifelt werden, nicht aber zu einem späteren Zeitpunkt.[807] Die oder der Vorsitzende der Vertretung muss die **Beschlussunfähigkeit** der Vertretung feststellen, wenn von einem Mitglied der Vertretung die Beschlussfähigkeit **angezweifelt** wird und **tatsächlich** nicht mehr die Mehrheit der Mitglieder der Vertretung anwesend ist.[808] Die Stellung eines formellen Antrages ist zwar nicht zwingend erforderlich, aber zur Verdeutlichung des Gewollten

---

[804] OVG Münster, Urt. v. 23.12.1974, OVGE 30, 196 (201).
[805] Blum/Häusler/Meyer-Blum, NKomVG, § 65 Rdnr. 10.
[806] Beamte auf Zeit können jedoch nicht gewählt werden, da die notwendige Mitgliedermehrheit im ersten Wahlgang erreicht werden muss (§ 109 Abs. 1 S. 1).
[807] Vgl. Blum/Häusler/Meyer-Blum, NKomVG, § 65 Rdnr. 8.
[808] Vgl. Blum/Häusler/Meyer-Blum, NKomVG, § 65 Rdnr. 15.

zu empfehlen.[809] Wenn von einem Mitglied der Vertretung hinreichend deutlich erklärt wird, dass nach seiner Auffassung die Beschlussfähigkeit nicht mehr gegeben ist und es sich für den weiteren Verlauf der Sitzung auf diesen Umstand berufen wolle, muss die oder der Vorsitzende der Vertretung die **Beschlussunfähigkeit** feststellen, wenn die Mehrheit der Mitglieder der Vertretung **tatsächlich** nicht mehr anwesend ist.[810] Entscheidend ist dabei die beim Abschluss des Zählvorganges festgestellte Zahl anwesender Mitglieder der Vertretung.

Die bisher nur in § 46 Abs. 1 S. 3 NGO enthaltene Regelung, nach der derjenige, der die Beschlussfähigkeit anzweifelt, zu den Anwesenden zählt, auch wenn er den Beratungsraum verlässt, ist nicht ins NKomVG übernommen worden.[811]

Fallbeispiel:
Von 43 Mitgliedern der Vertretung sind 40 zur Sitzung erschienen. Nachdem im Laufe der Beratung um die Ausschreibung der Stelle eines weiteren Wahlbeamten 18 Mitglieder der Vertretung den Saal verlassen haben, beantragt der Sprecher der SPD-Fraktion, die Beschlussunfähigkeit der Vertretung festzustellen.
Die Vertretung bleibt hier beschlussfähig, da noch 22 Ratsmitglieder, also die Mehrheit der Ratsmitglieder anwesend sind.

Die oder der Vorsitzende der Vertretung kann die Beschlussunfähigkeit auch von sich aus, also ohne Antrag eines Mitglieds der Vertretung, feststellen, wenn nicht mehr die Mehrheit der Mitglieder der Vertretung anwesend ist.[812] Auch ihr oder ihm steht das Antragsrecht zu. Sie oder er braucht dabei einen entsprechenden Antrag nicht bei sich selbst zu stellen, sondern kann den übrigen Mitgliedern der Vertretung das Ergebnis, die Beschlussunfähigkeit der Vertretung, mitteilen. Die Vertretung ist in folgenden Fällen beschlussfähig, auch wenn nicht mehr die Mehrheit der Mitglieder anwesend ist:

- Aufgrund der Vermutung der Beschlussunfähigkeit, sofern die Vertretung zu Beginn der Sitzung beschlussfähig war und die Beschlussunfähigkeit nicht offensichtlich ist (§ 65 Abs. 1 S. 3).
- Bei erneuter Sitzung über denselben Gegenstand, wenn dieser in einer vorherigen Sitzung wegen Beschlussunfähigkeit nicht abschließend behandelt werden konnte (§ 65 Abs. 2).
- Sofern der Anwesenheit der Mehrheit der Mitglieder der Vertretung ein gesetzlicher Grund entgegensteht (§ 65 Abs. 3).

2. OFFENSICHTLICHE BESCHLUSSUNFÄHIGKEIT

Wenn die Beschlussfähigkeit **offenkundig** nicht mehr gegeben ist, **muss** die oder der Vorsitzende der Vertretung von sich aus die Beschlussunfähigkeit feststellen.[813]
Die Regelung der **Vermutung** der Beschlussfähigkeit besteht nur für die nicht auf den ersten

---

[809] Blum/Häusler/Meyer-Blum, NKomVG, § 65 Rdnr. 14.
[810] Blum/Häusler/Meyer-Blum, NKomVG, § 65 Rdnr. 14 f.
[811] Blum/Häusler/Meyer-Blum, NKomVG, § 65 Rdnr. 15; LT-Drs. 16/2510, S. 112.
[812] Ipsen, NKomVG, § 65 Rdnr. 6.
[813] OVG Münster, Urt. v. 4.4.1962, OVGE 17, 261 (267).

Blick erkennbaren »Grenzfälle«, nicht aber um die Beschlussfähigkeit in jedem Fall zu erhalten (Verbot des Missbrauchs).[814]

VI. Erweiterung der Tagesordnung

Die von der Hauptveraltungsbeamtin oder dem Hauptverwaltungsbeamten aufgestellte Tagesordnung kann die Vertretung gem. § 59 Abs. 3 S. 5 unter den folgenden Voraussetzungen, die kumulativ vorliegen müssen, erweitern:

- durch Beschluss
- zu Beginn der Sitzung
- mit einer Mehrheit von zwei Dritteln der Mitglieder der Vertretung
- in dringlichen Fällen

Da die Tagesordnung gem. § 59 Abs. 3 S. 5 nur durch einen Beschluss der Vertretung erweitert werden kann, muss dieser in einer Klausur auch gem. dem Aufbaumuster geprüft werden. Jedes Mitglied der Vertretung kann den Antrag auf Erweiterung der Tagesordnung stellen. Die Entscheidung über diesen Antrag trifft die Vertretung durch Beschluss. Voraussetzung dafür ist, dass die Vertretung zu Beginn der Sitzung beschlussfähig war.

Ein **dringlicher Fall** ist dann gegeben, wenn die Entscheidung über eine Angelegenheit keinen Aufschub duldet, weil sonst Nachteile für die Kommune oder Dritte eintreten, die nicht rückgängig gemacht werden können **und** es nicht möglich ist, zu einer neuen Sitzung ggf. unter Einhaltung der gem. Geschäftsordnung für Eilfälle vorgesehenen verkürzten Ladungsfrist einzuberufen.[815] Es kommt nicht darauf an, weshalb es zu einem dringlichen Fall gekommen ist. Nur wenn die Tagesordnung rechtmäßig erweitert wurde, ist die Vertretung bei dem zusätzlichen Tagesordnungspunkt beschlussfähig. Anderenfalls ist sie beschlussunfähig, da zu diesem Punkt nicht geladen wurde mit der Folge, dass der Beschluss der Vertretung **unwirksam** ist.[816] Sofern alle Voraussetzungen für die Erweiterung der Tagesordnung erfüllt sind, ist eine ortsübliche Bekanntmachung des neuen Punktes nach § 59 Abs. 5 nicht erforderlich, da sie objektiv unmöglich ist.[817]

Im Verlauf der Sitzung oder wenn kein dringlicher Fall gegeben ist, kann die Vertretung die Tagesordnung in sinngemäßer Anwendung des § 65 Abs. 1 S. 1, 2. Alternative nur erweitern, wenn **alle** Mitglieder der Vertretung anwesend sind **und** alle Mitglieder der Vertretung der Erweiterung der Tagesordnung zustimmen.[818] Hierbei ist zu beachten, dass die Erweiterung der Tagesordnung – wenn kein dringlicher Fall gegeben ist – grundsätzlich nur bei nichtöffentlichen Tagesordnungspunkten in Betracht kommen kann, da anderenfalls ein Verstoß gegen § 59 Abs. 5 und damit gegen das Öffentlichkeitsprinzip des § 64 vorliegen würde.[819]

---

814 Sandfuchs, S. 384.
815 Vgl. Ipsen, NKomVG, § 59 Rdnr. 31; vgl. Blum/Häusler/Meyer-Blum, NKomVG, § 59 Rdnr. 42.
816 VG Oldenburg, NdsVBl. 2003, 166 (167); Blum/Häusler/Meyer-Blum, NKomVG, § 59 Rdnr. 43.
817 Thiele, NKomVG, § 59 Erl. 9.
818 Thiele, NKomVG, § 59 Erl. 7.
819 Vgl. Blum/Häusler/Meyer-Blum, NKomVG, § 59 Rdnr. 44.

Fallbeispiel:
Unmittelbar nach Feststellung der Beschlussfähigkeit des Rates der Gemeinde Domtal (10.480 Einwohner) beantragt Ratsherr Ziegenbein, die Tagesordnung um den Punkt 13 »Umbenennung der Hauptstr.« zu erweitern und übergab dem Ratsvorsitzenden einen schriftlichen Antrag seiner Fraktion. Nach kurzer Diskussion beschloss der Rat mit 19 Ja-Stimmen gegen 8 Nein-Stimmen, die Tagesordnung antragsgemäß zu erweitern.

War der Rat bei Tagesordnungspunkt 13 beschlussfähig?

Zu Tagesordnungspunkt 13 kann der Rat nur dann beschlussfähig sein, wenn die Tagesordnung wirksam erweitert worden ist. Entsprechend § 59 Abs. 3 S. 5 hat der Rat den Erweiterungsbeschluss zu Beginn der Sitzung gefasst. Mit 19 von 27 Stimmen wurde auch die erforderliche Zweidrittelmehrheit erreicht. Es liegt jedoch kein dringlicher Fall (Definition und Subsumtion erforderlich) vor, denn die Straßenumbenennung könnte ohne Schaden für die Gemeinde in einer späteren Sitzung vorgenommen werden. Der Rat war bei Tagesordnungspunkt 13 nicht beschlussfähig.

Rechtmäßigkeit der Erweiterung der Tagesordnung

Bei der Prüfung der Rechtmäßigkeit der Erweiterung der Tagesordnung gelten die o. g. Rechtmäßigkeitsvoraussetzungen mit folgenden Besonderheiten:

1. Formelle Rechtmäßigkeit
   - Organzuständigkeit
     Gem. § 59 Abs. 3 S. 5 ist die Vertretung organzuständig.
   - Vorbereitung
     Eine Vorbereitung durch den Hauptausschuss ist nicht erforderlich, da es sich um einen Verfahrensbeschluss handelt.
   - Abstimmung
     Gem. § 59 Abs. 3 S. 5 ist eine Zweidrittelmehrheit der Mitglieder der Vertretung (§ 45 Abs. 1 S. 2, § 46 Abs. 1) erforderlich.
   - Sonstige Vorschriften
     Der Erweiterungsbeschluss ist zu Beginn der Sitzung zu fassen (§ 59 Abs. 3 S. 5), d. h. nach Feststellung der Beschlussfähigkeit, aber vor Eintritt in die eigentliche Tagesordnung.
2. Materielle Rechtmäßigkeit
   Es muss ein dringlicher Fall gegeben sein.

VII. Prüfungsfolge

Wenn in einer Klausur im Rahmen der formellen Rechtmäßigkeit eines Beschlusses der Vertretung die Beschlussfähigkeit der Vertretung geprüft wird, muss sich die Beschlussfähigkeit auf eben den TOP des gefassten Beschlusses erstrecken. Damit es zu dieser sich aus § 65 Abs. 1 S. 3 ergebenden Rechtsfolge kommt, muss neben der Beschlussfähigkeit zu Sitzungsbeginn der Sitzung noch die sogenannte Deckungsgleichheit vorliegen, d. h. der mit der Einladung zur Sitzung mitgeteilte Tagesordnungspunkt muss mit dem tatsächlich gefassten Beschluss deckungsgleich sein. Ist dies nicht der Fall, kann sich die Beschlussfähigkeit nur aus der wirksamen Erweiterung der Tagesordnung ergeben. Außerdem darf sich keine Beschlussunfähigkeit aus dem Umstand ergeben, dass eine bestimmte Anzahl von Mitgliedern nicht mehr anwesend ist.

Prüfungsfolge für die Beschlussfähigkeit zu einem bestimmten TOP

1. **Beschlussfähigkeit zu Sitzungsbeginn**
   Prüfung der Beschlussfähigkeit nach der 1. oder 2. Alternative

2. **Deckungsgleichheit oder Erweiterungsbeschluss**
   Der mit der Einladung zur Sitzung mitgeteilte Tagesordnungspunkt und der tatsächlich gefasste Beschluss müssen »deckungsgleich« sein oder die Tagesordnung wurde zu Sitzungsbeginn wirksam erweitert, § 59 Abs. 3 S. 5.

3. **Wenn Mitglieder der Vertretung den Saal verlassen haben:**
   - Wurde ein Antrag auf Feststellung der Beschlussunfähigkeit gestellt und ist ggf. noch die Mehrheit der Mitglieder anwesend?
   - Liegt andernfalls offensichtliche Beschlussunfähigkeit vor, d. h. ist offenkundig, das nicht mehr die Mehrheit der Mitglieder anwesend ist?
   - Sind die Sonderregelungen nach § 65 Abs. 2, 3 einschlägig?

Rechtsfolge: Beschlussfähigkeit zum geprüften TOP
Die Vertretung ist aus § 65 Abs. 1 S. 3 zum geprüften TOP beschlussfähig.

F. VORBEREITUNG

Die Beschlussfassung durch Vertretung und Hauptausschuss setzt grundsätzlich zunächst eine Vorbereitung der Angelegenheit voraus. Der Hauptausschuss (§ 76 Abs. 1) und die Ausschüsse der Vertretung (§§ 71, 73) sind für die Vorbereitung der Beschlüsse der Vertretung zuständig. Beschlüsse des Hauptausschusses muss die Hauptverwaltungsbeamtin oder der Hauptverwaltungsbeamte unter Beteiligung der Ausschüsse der Vertretung vorbereiten (§ 85 Abs. 1 S. 1 Nr. 1 i.V.m. S. 2). Nur wenn ein sachlicher Grund vorliegt (z. B. besondere Eilbedürftigkeit oder besondere Vertraulichkeit einer Angelegenheit), darf auf die Vorbereitung durch die Ausschüsse verzichtet werden.[820]

Durch die Vorbereitung der Beschlüsse soll sichergestellt werden, dass Vertretung und Hauptausschuss ihre Entscheidungen nicht aus einer gewissen Situation heraus treffen, sondern bereits im Vorfeld eine umfassende Prüfung der Angelegenheit stattgefunden

[820] Blum/Häusler/Meyer-Mielke, NKomVG, § 85 Rdnr. 9.

hat.[821] Vorab sollen Detailfragen geklärt sein, damit sich die Mitglieder der Vertretung in der Sitzung auf die politische Erörterung der Angelegenheit konzentrieren können. Die Mitglieder der Vertretung sind aufgrund ihres freien Mandats (§ 54 Abs. 1) nicht an die Beschlussempfehlungen der Hauptverwaltungsbeamtin oder des Hauptverwaltungsbeamten, des Hauptausschusses und/oder der Ausschüsse der Vertretung gebunden. Sie können im Rahmen der Gesetze so entscheiden, wie sie es für das Wohl der Kommune für sachgerecht erachten.

I. Ablauf der Vorbereitung

Art und Umfang der Vorbereitung liegen im Ermessen der Hauptverwaltungsbeamtin oder des Hauptverwaltungsbeamten, des Hauptausschusses und der Ausschüsse, da das NKomVG dazu keine Regelungen trifft. In der Regel erstellt die Hauptverwaltungsbeamtin oder der Hauptverwaltungsbeamte eine Beschlussvorlage (ggf. mit Entscheidungsalternativen). Eine Pflicht hierzu besteht aber nicht. Es verstößt nicht gegen das NKomVG, wenn zu den einzelnen Tagesordnungspunkten keine Beschlussvorlagen versandt werden, sondern in der Sitzung (nur) mündlich vorgetragen wird.[822] Am Ende der Beratungen können die Ausschüsse der Vertretung Beschlussempfehlungen an das für die Entscheidung zuständige Organ abgeben.

Der Hauptausschuss hat auch im Rahmen der Vorbereitung der Beschlüsse der Vertretung die Aufgabe, die Ausschusstätigkeit zu koordinieren (§ 76 Abs. 6) und ggf. abweichende Beschlussempfehlungen der Ausschüsse aufeinander abzustimmen. Insofern wird er versuchen, der Vertretung eine Beschlussempfehlung zu unterbereiten, die die Ergebnisse der Ausschüsse der Vertretung berücksichtigt.[823] Er kann aber auch eine eigenständige, abweichende Empfehlung abgeben.

Wenn die Gleichstellungsbeauftragte in Angelegenheiten, die ihren Aufgabenbereich betreffen, dem Ergebnis der Vorbereitung widerspricht, so hat die Hauptverwaltungsbeamtin oder der Hauptverwaltungsbeamte die Vertretung zu Beginn der Beratung auf den Widerspruch der Gleichstellungsbeauftragten und ihre wesentlichen Gründe hinzuweisen (§ 9 Abs. 4 S. 4). Dies ist auch auf Beschlussvorschläge, die an den Hauptausschuss, den Jugendhilfeausschuss, die Stadtbezirksräte und die Ortsräte gerichtet sind, entsprechend anzuwenden (§ 9 Abs. 4 S. 5).

II. Pflicht zur Vorbereitung

Die Pflicht zur Vorbereitung von Beschlüssen der Vertretung (§ 76 Abs. 1 S. 1) besteht bei Entscheidungen in der Sache, d. h. sowohl bei **Sachentscheidungen** als grds. auch bei Wahlen.

[821] Vgl. Blum/Häusler/Meyer-Schwind, NKomVG, § 76 Rdnr. 5.
[822] VGH Kassel, VR 1988, 74 (74).
[823] Vgl. Thiele, NKomVG, § 76 Erl. 2.

»Vorbereitung ist die Erörterung einer Angelegenheit mit dem Ziel, sie entscheidungsreif zu machen. Sie kann, muss aber nicht mit einer Beschlussempfehlung enden«.[824]

Eine Vorbereitung i.S.d. § 76 Abs. 1 S. 1 und § 85 Abs. 1 S. 1 Nr. 1 hat dann stattgefunden, wenn z. B. ein anstehender Beschluss der Vertretung durch den Hauptausschuss **abschließend erörtert** wurde. Das ist dann nicht der Fall, wenn die Beratung im Hauptausschuss aus zeitlichen Gründen abgebrochen, die Angelegenheit noch einmal in die Ausschüsse verwiesen oder aber vertagt wurde,[825] um noch weitere Informationen einholen zu lassen. Wenn eine abschließende Vorbereitung im Hauptausschuss nicht stattgefunden hat, ist lediglich eine Beratung (§ 76 Abs. 1 S. 2), nicht jedoch eine Beschlussfassung im entscheidungszuständigen Organ zulässig.[826]

Der Hauptausschuss muss den Beschluss der Vertretung in der Sache beraten haben. Es ist nicht zulässig, eine Angelegenheit ohne gezielte Beratung an die Vertretung weiterzuleiten.[827]

Wenn sich die Mitglieder des Hauptausschusses nach längerer Erörterung der Angelegenheit darauf verständigt haben, der Vertretung gegenüber keine Beschlussempfehlung abzugeben, so hat die Vorbereitung i.S.d. § 76 Abs. 1 S. 1 stattgefunden; die Abgabe einer Beschlussempfehlung ist in der Praxis zwar üblich, aber durch das NKomVG nicht vorgeschrieben.

Haben sich entscheidungserhebliche Tatsachen geändert, die bei der Beratung im Hauptausschuss noch nicht bekannt waren, hat sich die Gesamtsituation gewandelt oder sind aufgrund von Anträgen der Mitglieder der Vertretung (§ 56) wesentliche Änderungen eingetreten (z. B. Bau eines Gemeinschaftshauses statt einer Sporthalle), so muss die Angelegenheit erneut vom Hauptausschuss vorbereitet werden.[828]

Eine Vorbereitung hat unabhängig davon stattzufinden, ob die Angelegenheit ggf. als Eilfall (unter verkürzter Ladungsfrist nach der Geschäftsordnung) von der Hauptverwaltungsbeamtin oder dem Hauptverwaltungsbeamten auf die Tagesordnung gesetzt wurde. Auch eine Erweiterung der Tagesordnung durch die Vertretung in dringlichen Fällen zu Beginn der Sitzung (§ 59 Abs. 3 S. 5) hebt die Vorbereitungspflicht bei Punkten, zu denen ein Beschluss gefasst werden soll, nicht auf.[829] Die Vorbereitung kann, wenn sie nicht schon vorsorglich im Hinblick auf die vorgesehene Tageordnungserweiterung durchgeführt wurde, während einer Unterbrechung der Sitzung der Vertretung geschehen.[830] Voraussetzung für eine wirksame Vorbereitung ist in diesem Fall aber, dass alle Mitglieder des Hauptausschusses (ggf. die Vertreter nach § 75 Abs. 1 S. 3) anwesend sind und keines eine Verletzung der

[824] Vgl. Sandfuchs, S. 392.
[825] Thiele, NKomVG, § 76 Erl. 2.
[826] Blum/Häusler/Meyer-Schwind, NKomVG, § 76 Rdnr. 14.
[827] Engel, in KVR-NLO, § 51 NLO, Rdnr. 5.
[828] Ipsen, NKomVG, § 76 Rdnr. 27.
[829] Vgl. Blum/Häusler/Meyer-Schwind, NKomVG, § 76 Rdnr. 16; vgl. Seybold, DVP 2013, S. 17.
[830] Thiele, NKomVG, § 76 Erl. 3.

Ladungsvorschriften rügt. Da der Hauptausschuss nicht ordnungsgemäß zu einer Sitzung einberufen wurde, kann dessen Beschlussfähigkeit – und somit Handlungsfähigkeit – nur über die 2. Alternative des § 65 Abs. 1 S. 1 i.V.m. § 78 Abs. 4 S. 1 hergestellt werden.[831]

III. Ausnahmen von der Vorbereitungspflicht

Vom Grundsatz der Vorbereitung nach § 76 Abs. 1 S. 1, dass grundsätzlich alle Beschlüsse der Vertretung vorbereitet werden müssen, gibt es aus systematischen und teleologischen Gründen Ausnahmen. Im Zweifel sind dabei die allgemein anerkannten Ausnahmen vom Vorbereitungsgebot eng zu verstehen.[832]

1. AUSSCHLUSS DER VORBEREITUNG DURCH GESETZ

Bei der Einleitung der Abwahl der Hauptverwaltungsbeamtin oder des Hauptverwaltungsbeamten durch die Vertretung und bei der Abberufung der weiteren Beamten auf Zeit (§ 82 Abs. 2 S. 3 i.V.m. § 109 Abs. 3 S. 3) findet eine Aussprache nicht statt. Die Vorbereitung (= Aussprache) ist somit gesetzlich nicht vorgesehen.

2. ANGELEGENHEITEN DER SELBSTORGANISATION

Die sog. innerorganisatorischen Angelegenheiten der Vertretung, z. B. die Feststellung des Vorliegens der Voraussetzungen für den Sitzverlust eines Abgeordneten (§ 52 Abs. 2), die Wahl und die Abberufung der/des Vorsitzenden der Vertretung (§ 61 Abs. 1, 2) oder die Bildung der beratenden Ausschüsse (§ 71 Abs. 1, 5) bedürfen nach herrschender Meinung keiner Vorbereitung.[833] Durch die Annahme einer Vorbereitungspflicht würde unnötig in innere Organisationsbefugnisse der Vertretung eingegriffen.[834]

3. VERFAHRENSANGELEGENHEITEN

Auch Beschlüsse zur Regelung des eigenen Verfahrens bedürfen keiner Vorbereitung, wie z. B. die Erweiterung der Tagesordnung in dringlichen Fällen (§ 59 Abs. 3 S. 5), die Anhörung von Sachverständigen (§ 62 Abs. 2), der Ausschluss der Öffentlichkeit (§ 64 S. 2), der Erlass und die Änderung der Geschäftsordnung (§ 69), die Genehmigung des Protokolls der letzten Sitzung (§ 68) sowie Beschlüsse über Geschäftsordnungsanträge (z. B. geheime Abstimmung, Schluss der Debatte, Unterbrechung oder Vertagung der Sitzung). Bei solchen Beschlüssen handelt es sich um den Beratungen in einem Kollegialorgan immanente, auf

[831] Sandfuchs, S. 393.

[832] Blum/Häusler/Meyer-Schwind, NKomVG, § 76 Rdnr. 8.

[833] Sandfuchs, S. 394; Ihnen, S. 287; Thiele, NKomVG, § 76 Erl. 3; Blum/Häusler/Meyer-Schwind, NKomVG, § 76 Rdnr. 11.

[834] Blum/Häusler/Meyer-Schwind, NKomVG, § 76 Rdnr. 11.

den Ablauf der Sitzung bezogene Beschlüsse, die sich schon wegen der Natur der Sache einer Vorbereitung entziehen.[835]

4. VORBEHALTSBESCHLÜSSE

Aus der Natur der Sache heraus ergibt sich, dass ein Vorbehalt der Beschlussfassung durch die Vertretung (§ 58 Abs. 3 S. 1) gegenüber dem Hauptausschuss keiner Vorbereitung bedarf.[836] Wenn der Hauptausschuss seine Zuständigkeit an die Vertretung abgeben wollte, hätte er die Angelegenheit der Vertretung zur Beschlussfassung vorlegen können (§ 58 Abs. 3 S. 3). Hat der Hauptausschuss Beschlüsse vorbereitet, die keiner Vorbereitung bedürfen, so ist dies unschädlich.[837]

IV. Verstöße gegen die Vorbereitungspflicht

Die Folgen eines Verstoßes gegen die Vorbereitungspflicht sind regelmäßig gravierend. Ein vorbereitungsbedürftiger Beschluss der Vertretung leidet ohne entsprechende Vorbereitung durch den Hauptausschuss an einem schweren Verfahrensmangel und führt in der Regel zur **Unwirksamkeit** des Beschlusses.[838]

G. ABSTIMMUNG

I. Allgemeines

Sach- und Verfahrensbeschlüsse werden ausnahmslos durch Abstimmungen gefasst. Auch bei Personalangelegenheiten findet grundsätzlich eine Abstimmung statt.[839] Eine Wahl ist nur dann durchzuführen, wenn dies im NKomVG oder in einem Spezialgesetz ausdrücklich geregelt ist. Mit dem Mandat der Abgeordneten ist das Recht auf Teilnahme an Abstimmungen verbunden und kann nur in gesetzlich geregelten Fällen, wie z. B. beim Mitwirkungsverbot (§ 41), beim Ruhen des Mandates (§ 53) oder beim Ausschluss von der Sitzung (§ 63 Abs. 2, 3) entzogen werden.

---

[835] Blum/Häusler/Meyer-Schwind, NKomVG, § 76 Rdnr. 9.

[836] Thiele, NKomVG, § 58 Erl. 3 ; Thiele, NKomVG, § 76 Erl. 3.
Hier darf aber nicht verwechselt werden, dass die anschließend von der Vertretung zu treffende Sachentscheidung vom Hauptausschuss vorbereitet werden muss.

[837] Blum in KVR-NGO, § 57 Rdnr. 30.

[838] Engel in KVR-NLO, § 51 Rdnr. 8; Thiele, NKomVG, § 76 Erl. 2; Blum/Häusler/Meyer-Schwind, NKomVG, § 76 Rdnr. 14.

[839] Blum/Häusler/Meyer-Blum, NKomVG, § 66 Rdnr. 1.

Nur die anwesenden und nicht von der Mitwirkung ausgeschlossenen Abgeordneten sind **abstimmungsberechtigt**. Eine vorherige schriftliche oder telefonisch übermittelte Stimmabgabe eines an der Sitzungsteilnahme verhinderten Abgeordneten ist nicht möglich. Dies ergibt sich aus dem **Prinzip der Mündlichkeit** von Sitzungen der Vertretung und der Verpflichtung der Abgeordneten, ihre Aufgaben nach bestem Wissen wahrzunehmen (§ 60). Die Argumente anderer Abgeordneter sollen zur Kenntnis genommen, überdacht und in die eigene Entscheidung mit einbezogen werden.[840] Weiterhin stellt das NKomVG auf anwesende Abgeordnete ab, wie sich aus § 66 Abs. 2 (»offene« Abstimmung) und § 67 S. 1 (Wahl ggf. durch Zuruf oder Handzeichen) ergibt. Auch die Vorschriften über die Beschlussfähigkeit (§ 65 Abs. 1) gehen von der »Anwesenheit« der Mitglieder der Vertretung aus.

II. Form der Abstimmung

Da Sitzungen der Vertretung grundsätzlich öffentlich sind (§ 64), wird dementsprechend auch im Regelfall **offen** (§ 66 Abs. 2), meist durch **Handzeichen**, abgestimmt. Weitere Formen der **offenen** Abstimmung sind:

- schriftliche Abstimmung (Stimmzettel)
- namentliche Abstimmung[841]
- Abstimmung durch Akklamation (Zuruf, Beifall)
- Stillschweigen (konkludentes Handeln)

Regelungen über die Form der Abstimmung sollen in der Geschäftsordnung geregelt werden (§ 66 Abs. 1). Über jeden Antrag wird getrennt abgestimmt, nur über gleichartige Anträge kann gemeinsam abgestimmt werden.[842] Anträge, die zur Abstimmung gestellt werden, sind so zu formulieren, dass über sie mit »Ja« oder »Nein« entschieden werden kann.[843]

Wenn mehrere Anträge gleichzeitig zur selben Sache gestellt werden, gilt folgende Reihenfolge:[844]

1. Anträge zur Geschäftsordnung
2. Weitergehende Anträge vor weniger weitergehenden
3. Zeitliche Reihenfolge der gestellten Anträge

Eine **irrtümliche** Stimmabgabe kann unverzüglich nach Erkennen des Irrtums bis zum Ende des Abstimmungsverfahrens korrigiert werden; eine spätere Anfechtung ist ausgeschlossen.[845]

---

[840] Sandfuchs, S. 399.

[841] Das Verfahren der namentlichen Abstimmung sollte in der Geschäftsordnung der Vertretung (§ 69) geregelt werden. Alle Mitglieder der Vertretung sollen in alphabetischer Reihenfolge ihres Namens aufgerufen werden u. ihre Stimme durch Zuruf (»Ja«, »Nein«, »Enthaltung«) abgeben. In der Niederschrift wird vermerkt, wie jedes Mitglied gestimmt hat.

[842] Blum/Häusler/Meyer-Blum, NKomVG, § 66 Rdnr. 2.

[843] Blum/Häusler/Meyer-Blum, NKomVG, § 66 Rdnr. 2.

[844] Fey in KVR-NLO, § 43 Rdnr. 3.

[845] Fey in KVR-NLO, § 43 Rdnr. 8.

1. GEHEIME ABSTIMMUNG

Die Geschäftsordnung kann von der offenen Abstimmung abweichende Regelungen treffen (§ 66 Abs. 2), also geheime Abstimmungen vorsehen. Bei der schriftlichen und namentlichen Abstimmung handelt es sich **nicht** um von der offenen Abstimmung abweichende Formen.[846] Wegen der grundsätzlichen Sitzungsöffentlichkeit darf aber die offene Abstimmung als Regelform nicht unterlaufen werden. So ist durch entsprechende Festlegung in der Geschäftsordnung sicherzustellen, dass Anträge auf geheime Abstimmung einer **qualifizierten Minderheit** bedürfen.[847] oder nur für eng umgrenzte Gruppen von Angelegenheiten vorgesehen sind, in denen es schwerwiegende sachliche Gründe gegen eine offene Abstimmung gibt (z. B. Personalentscheidungen).[848] Das Verlangen eines einzelnen Mitglieds der Vertretung, wie in § 67 S. 2 geregelt, reicht bei Abstimmungen nicht aus.[849] Die geheime Abstimmung muss so ausgestaltet sein, dass die Stimmabgabe eines einzelnen Mitglieds der Vertretung **nicht nachvollziehbar** ist.

2. EN-BLOC-ABSTIMMUNG

Es handelt sich hier »*um eine einheitliche, gleichzeitig zu treffende Entscheidung über mehrere in der Tagesordnung enthaltene Anträge.*«[850] Diese Abstimmungsform, im NKomVG nicht geregelt, ist regelmäßig **unzulässig**, weil sie sowohl das Recht des antragstellenden Abgeordneten verletzt, dass über seinen Antrag gesondert entschieden wird, als auch das Recht der an der Abstimmung beteiligten Abgeordneten, über jeden Antrag frei und unbehindert von sachfremden Überlegungen zu entscheiden.[851] Eine Ausnahme dürfe nur zulässig sein, wenn die Vertretung im Einzelfall **einvernehmlich** die En-bloc-Abstimmung beschließt und andere Rechtsvorschriften dem nicht entgegenstehen.[852] Bei der En-bloc-Abstimmung können mehrere Anträge, zwischen denen ein enger sachlicher Zusammenhang besteht, zusammengefasst werden.[853]

3. UMLAUFVERFAHREN

Der Hauptausschuss kann Beschlüsse bei Bedarf auch außerhalb von Sitzungen im Umlaufverfahren fassen (§ 78 Abs. 3).

---

[846] Vgl. Ipsen, NKomVG, § 66 Rdnr. 8.
[847] Thiele, NKomVG, § 66 Erl. 3.
[848] Blum/Häusler/Meyer-Blum, NKomVG, § 66 Rdnr. 9; OVG Münster, NVwZ-RR 1984, 409 (410).
[849] Thiele, NKomVG, § 66 Erl. 3.
[850] OVG Lüneburg, FdSt. 1992, Rdnr. 565.
[851] Blum/Häusler/Meyer-Blum, NKomVG, § 66 Rdnr. 2.
[852] Blum/Häusler/Meyer-Blum, NKomVG, § 66 Rdnr. 2.
[853] Blum/Häusler/Meyer-Blum, NKomVG, § 66 Rdnr. 2.

III. Mehrheit

1. GRUNDSÄTZE

Die Mitglieder der Vertretung können mit »Ja«, »Nein« oder »Enthaltung« stimmen. Das Abstimmungsergebnis, welches die oder der Vorsitzende der Vertretung feststellen muss, ist im Protokoll festzuhalten (§ 68 S. 2). Bei Abstimmungen reicht grundsätzlich nach § 66 Abs. 1 S. 1 die Mehrheit der auf »Ja« oder »Nein« lautenden Stimmen aus (= **einfache Mehrheit**). Diese Mehrheit ist unabhängig von der gesetzlichen Zahl der Mitglieder der Vertretung oder der Anzahl der abgegebenen Stimmen. Stimmenthaltungen und ungültige Stimmen bleiben bei der Ermittlung des Abstimmungsergebnisses unberücksichtigt.[854] So ist z. B ein Antrag auch bei einer Ja-Stimme gegenüber keiner Nein-Stimme und 28 Stimmenthaltungen angenommen.

2. BESONDERE GESETZLICHE REGELUNGEN

Die »einfache Mehrheit« gilt dann nicht, wenn **qualifizierte** Mehrheiten gesetzlich vorgeschrieben sind, so z. B.

a) Mehrheit der Mitglieder der Vertretung (= **absolute Mehrheit**):

- Erlass und Änderung der Hauptsatzung (§ 12 Abs. 2)
- Abberufung der oder des Vorsitzenden der Vertretung (§ 61 Abs. 2)
- Ausschluss eines Mitglieds der Vertretung von Sitzungen (§ 63 Abs. 3)
- Abberufung der ehrenamtlichen Stellvertreter der Hauptverwaltungsbeamtin oder des Hauptverwaltungsbeamten (§ 81 Abs. 2 S. 5)

b) Zweidrittelmehrheit:

- Erweiterung der Tagesordnung zu Beginn der Sitzung in dringlichen Fällen (§ 59 Abs. 3 S. 5)
- Abberufung der oder des Vorsitzenden des Bezirksrates oder des Ortsrates (§ 92 Abs. 3 S. 1)
- Regelung von Inhalt und Umfang der Entscheidungs- und Anhörungsrechte des Ortsrates (§ 95 Abs. 1)
- Abberufung der Ortsvorsteherin oder des Ortsvorstehers (§ 96 Abs. 3 S. 2)
- Abberufung der Bürgermeisterin oder des Bürgermeisters in Mitgliedsgemeinden von Samtgemeinden (§ 105 Abs. 3 S. 1)
- Verzicht auf die Bildung des Verwaltungsausschusses in Mitgliedsgemeinden von Samtgemeinden (§ 104 S. 1)

---

[854] Blum/Häusler/Meyer-Blum, NKomVG, § 66 Rdnr. 5; Thiele, NKomVG, § 66 Erl. 2.

c) Dreiviertelmehrheit:

- Antrag auf Abwahl der Hauptverwaltungsbeamtin oder des Hauptverwaltungsbeamten (§ 82 Abs. 2 S. 1)
- Verzicht auf Stellenausschreibung bei den weiteren Beamten auf Zeit **ohne** Einvernehmen der Hauptverwaltungsbeamtin oder des Hauptverwaltungsbeamten (§ 109 Abs. 1 S. 5)
- Wahl der weiteren Beamten auf Zeit ohne Vorschlag der Hauptverwaltungsbeamtin oder des Hauptverwaltungsbeamten (§ 109 Abs. 1 S. 5)
- Verzicht auf Stellenausschreibung bei den weiteren Beamten auf Zeit im Einvernehmen mit der Hauptverwaltungsbeamtin oder dem Hauptverwaltungsbeamten, wenn eine bestimmte Bewerberin oder ein bestimmter Bewerber gewählt werden soll (§ 109 Abs. 1 S. 4)
- Abberufung der weiteren Beamten auf Zeit (§ 109 Abs. 3 S. 2)

Bei speziell geregelten Mehrheiten ist von der gesetzlich vorgeschriebenen Zahl der Abgeordneten auszugehen (§ 46). Dies ist auch dann der Fall, wenn nicht alle Sitze in der Vertretung besetzt sind oder nicht alle Abgeordnete ihr Mandat auch tatsächlich ausüben dürfen (§§ 41, 53, 63 Abs. 2, 3).

Wenn bei einer Abstimmung die erforderliche Mehrheit nicht erreicht wurde, ist ein gefasster Beschluss aus diesem Grunde **nicht rechtswidrig**, sondern der zur Abstimmung gestellte Antrag wurde **abgelehnt**.[855]

3. VERFAHRENSANGELEGENHEITEN

Die Geschäftsordnung kann in Verfahrensangelegenheiten (z. B. Antrag auf Vertagung, Änderung der Geschäftsordnung, Beschränkung der Redezeit), **nicht** aber in **Sachentscheidungen** von § 66 Abs. 1 abweichende Regelungen (z. B. Mitgliedermehrheit) treffen. Es kann z. B. in der Geschäftsordnung geregelt werden, dass ein Antrag auf geheime Abstimmung der Mehrheit von einem Viertel der Mitglieder der Vertretung bedarf.[856]

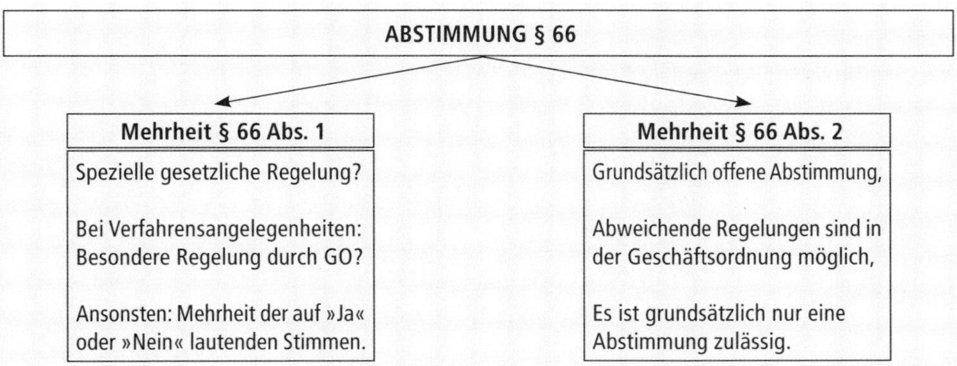

[855] Sandfuchs, S. 404.
[856] Vgl. Blum/Häusler/Meyer-Blum, NKomVG, § 66 Rdnr. 9.

IV. Wiederaufgreifen von Beschlüssen

Ein gefasster Beschluss kann von dem jeweiligen Organ in einer **erneuten** Sitzung geändert oder auch aufgehoben werden, sofern dies rechtlich und tatsächlich möglich ist. Voraussetzung hierfür ist, dass noch keine rechtliche Bindung für die Kommune eingetreten ist.[857] Im Rahmen des Wiederaufgreifens eines Tagesordnungspunktes in **derselben** Sitzung kann ein erneuter Beschluss nur dann gefasst werden, wenn alle bei der ersten Abstimmung beteiligten Abgeordneten noch anwesend sind und **einstimmig** (Minderheitenschutz) für die erneute Beschlussfassung votieren.[858]

H. WAHL

Ein Beschluss kann auch in Form einer Wahl gefasst werden. Wahlen sind nur dann durchzuführen, wenn dies im NKomVG oder in einem Spezialgesetz ausdrücklich so geregelt ist. Ansonsten ist die Entscheidung, auch in **Personalangelegenheiten**, stets durch Abstimmung zu treffen.[859]

I. Wahl von Einzelpersonen

Gemäß § 67 S. 1 wird grundsätzlich **schriftlich mit Stimmzetteln** und **offen** gewählt. Wird nur ein Kandidat vorgeschlagen, wird, sofern kein Mitglied der Vertretung widerspricht, durch »Zuruf« gewählt, d. h. im Regelfall durch »Handzeichen«. Unabhängig von der Zahl der zur Wahl stehenden Bewerber muss die Wahl gemäß § 67 S. 2 **geheim** durchgeführt werden, wenn (nur) ein Mitglied der Vertretung es verlangt (= beantragt). Eine Abstimmung über diesen Antrag findet nicht statt. Die oder der Vorsitzende der Vertretung ist verpflichtet, entsprechend zu verfahren. Die Form einer geheimen Wahl ist im NKomVG nicht geregelt. Sie muss aber so gestaltet sein, dass die Wahlentscheidung der einzelnen Mitglieder der Vertretung nicht erkannt oder rekonstruiert werden kann.[860] Dies kann insbesondere durch Einhaltung folgender Anforderungen erreicht werden:[861]

- Durchführung der Wahl an einer von anderen Personen nicht einsehbaren Stelle (Wahlkabine oder Wandschirm)
- Ausgabe einheitlicher Stimmzettel
- Wahl durch Ankreuzen auf dem Stimmzettel
- Benutzung einheitlicher Schreibgeräte (Strichstärke und Farbe)
- Öffentlicher Einwurf des Stimmzettels in eine Wahlurne

---

857 Sandfuchs, S. 405.
858 Thiele, NKomVG, § 66 Erl. 7; Sandfuchs S. 405.
859 Blum/Häusler/Meyer-Blum, NKomVG, § 66 Rdnr. 1; vgl. näher hierzu Seybold, DVP 2013, S. 66.
860 OVG Lüneburg, DVBl. 1990, 831 (833).
861 Vgl. Blum/Häusler/Meyer-Blum, NKomVG, § 67 Rdnr. 7 f.

Die oder der Vorsitzende der Vertretung hat als Wahlleiter auf die Einhaltung der getroffenen Vorkehrungen zu achten.

Ein zusätzlich auf dem Stimmzettel gesetzter handschriftlicher Vermerk, wie z. B. das Beifügen von Kennzeichnungen, Kringeln u.ä., macht die Stimmabgabe ungültig.[862]

Das Mitwirkungsverbot findet bei Wahlen keine Anwendung (§ 41 Abs. 3 Nr. 3). Ein Mitglied der Vertretung, das z. B. als Vorsitzende(r) der Vertretung vorgeschlagen worden ist, darf somit an der eigenen Wahl teilnehmen und auch für sich selbst stimmen.

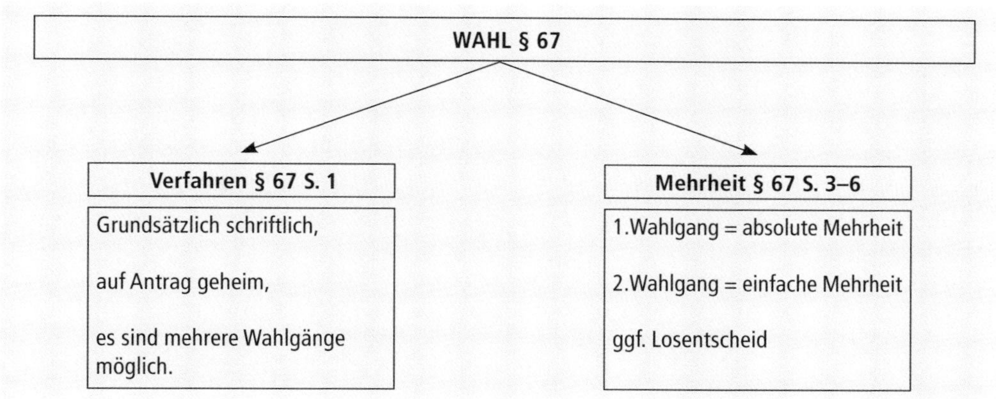

Gewählt ist nach § 67 S. 3 diejenige Bewerberin oder derjenige Bewerber, die oder der die Stimmen der Mehrheit der gesetzlichen Zahl der Mitglieder der Vertretung (§§ 46, 45 Abs. 1 S. 2) auf sich vereinigt. Wenn keine Bewerberin oder kein Bewerber die erforderliche absolute Mehrheit erreicht, findet ein zweiter Wahlgang statt, an dem alle Bewerber des ersten Wahlgangs, aber auch neue Kandidaten teilnehmen können. Es findet keine Stichwahl statt. Im **zweiten Wahlgang** ist diejenige Bewerberin oder derjenige Bewerber gewählt, die oder der die meisten Stimmen (= relative Mehrheit) erhalten hat. Es werden nur die positiven Stimmen gewertet. Nein-Stimmen, ungültige Stimmen oder Enthaltungen zählen nicht.[863] Besteht im zweiten Wahlgang zwischen zwei oder mehr Kandidaten **Stimmengleichheit,** so entscheidet das von der oder dem Vorsitzenden der Vertretung zu ziehende **Los** (§ 67 S. 7).

Bei der Wahl der weiteren Beamten auf Zeit sind der zweite Wahlgang sowie ein evtl. Losentscheid ausgeschlossen (§ 109 Abs. 1 S. 1). Die Bewerberin oder der Bewerber benötigt im ersten Wahlgang die Stimmen der Mehrheit der Mitglieder der Vertretung.

Ein begonnenes Wahlverfahren muss grundsätzlich bis zum evtl. Losentscheid durchgeführt werden. Bei Verzicht des im ersten Wahlgang Gewählten ist die Wahl erfolglos geblieben,

[862] OVG Lüneburg, DVBl. 1990, 831 (833).
[863] Vgl. Thiele, NKomVG, § 67 Erl. 5.

so dass ein neues Wahlverfahren beginnt.[864] In diesem Fall ist also weder der unterlegene Kandidat mit den zweitmeisten Stimmen gewählt, noch kann die Wahl mit dem zweiten Wahlgang fortgesetzt werden.

II. Wahl mehrerer Personen

Sind mehrere Personen für gleichartige, unbesoldete Stellen zu wählen (z. B. Sitze in Organen von Unternehmen der Kommune), ist nach § 71 Abs. 6 zu verfahren. »Wahl« bedeutet in diesem Fall die Verteilung der Sitze nach dem **Hare-Niemeyer-Verfahren** (§ 71 Abs. 2, 3, 4), es sei denn die Abgeordneten haben einstimmig (= alle Anwesenden müssen zustimmen) ein anderes Verfahren beschlossen (§ 71 Abs. 10).

Fallbeispiel:
Im Rat einer Gemeinde (15.700 Einwohner) ist eine neue Vorsitzende oder ein neuer Vorsitzender des Rates zu wählen. Es sind 31 Ratsmitglieder anwesend, die im ersten Wahlgang wie folgt gestimmt haben:

Bewerber Hornig:	16 Stimmen
Bewerberin Schmidt:	11 Stimmen
Bewerber Kohl:	4 Stimmen

Der Rat hat hier 33 Mitglieder (§§ 46 Abs. 1, 45 Abs. 1 S. 2). Es wurde kein Bewerber gewählt, da niemand die im ersten Wahlgang erforderliche Mehrheit von 17 Stimmen erhalten hat (§ 67 S. 3). Im zweiten Wahlgang erhalten Hornig und Schmidt je 15 Stimmen und Kohl 1 Stimme. Kein Kandidat hat die im zweiten Wahlgang erforderliche relative Mehrheit erreicht (§ 67 S. 5), so dass die oder der stellvertretende Vorsitzende der Vertretung das Los ziehen muss.

I. MITWIRKUNGSVERBOT

I. Begriff und Zweck

Das Mitwirkungsverbot ist das Verbot, bei persönlicher Befangenheit an der Beratung und Entscheidung einer Angelegenheit der Kommune mitzuwirken (§ 41 Abs. 1, 2), damit sachliche und objektive Entscheidungen getroffen werden können.[865] Sonderinteressen dürfen weder bewusst noch unbewusst der Vorrang vor dem öffentlichen Interesse, dem Gemeinwohl, eingeräumt werden. Den Betroffenen sollen bei widerstreitenden Interessen

[864] Thiele, NKomVG, § 67 Erl. 6.
[865] Vgl. Seybold, DVP 2014, S. 499.

Gewissenskonflikte erspart werden.[866] Das Mitwirkungsverbot soll das Vertrauen in die »**Sauberkeit der Verwaltung**« schützen.[867] Ob tatsächlich ein Interesssenwiderstreit im Einzelfall vorliegt, ist dabei nicht entscheidend. Es gilt bereits den »**bösen Schein**« von Interessenkollisionen zu vermeiden.[868]

II. Ausnahmen vom Mitwirkungsverbot

Ausnahmen von den Regelungen des Mitwirkungsverbots sind im Katalog des § 41 Abs. 3 enthalten und bei der Wahrnehmung von Gruppeninteressen (§ 41 Abs. 1 S. 3) zu beachten.

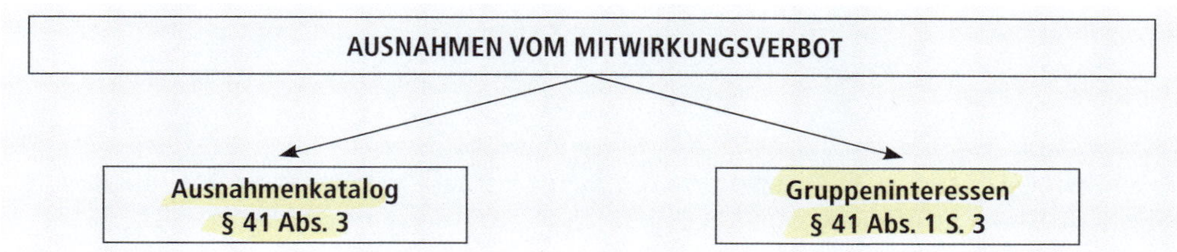

1. AUSNAHMENKATALOG

Das Mitwirkungsverbot gilt gem. § 41 Abs. 3 nicht für

1. Die Beratung und Entscheidung über Rechtsnormen, z. B. Satzungen (§ 10), Bebauungspläne (§ 10 BauGB), Verordnungen (§ 55 Nds.SOG), örtliche Bauvorschriften (§§ 56, 97 NBauO)
2. Beschlüsse, die die Besetzung unbesoldeter Stellen[869] oder die Abberufung aus ihnen betreffen, z. B. Vorsitzende oder Vorsitzender der Vertretung (§ 61), ehrenamtliche Gleichstellungsbeauftragte (§ 9 Abs. 1)
3. Wahlen[870], z. B. Vorsitzende oder Vorsitzender der Vertretung (§ 61), übrige Beamte auf Zeit (§ 109 Abs. 1), ehrenamtliche Stellvertreterinnen oder Stellvertreter der Hauptverwaltungsbeamtin oder des Hauptverwaltungsbeamten (§ 81 Abs. 2)
4. Ehrenamtlich Tätige, die dem Vertretungsorgan einer juristischen Person als Vertreterin oder Vertreter der Kommune angehören, z. B. im Verwaltungsrat einer kommunalen Anstalt (§ 3 Abs. 3 Nr. 2 NKomZG) oder in der Verbandsversammlung eines Zweckverbandes (§ 11 NKomZG)

---

[866] Vgl. Seybold, DVP 2014, S. 499.

[867] Blum/Häusler/Meyer-Meyer, NKomVG, § 41 Rdnr. 1, Thiele, NKomVG, § 41 Erl. 1.

[868] OVG Koblenz, NVwZ 1994, 193 (193 f.).

[869] Mit »Besoldung« i.S.d. § 41 Abs. 3 Nr. 2 ist Leistung/Gegenleistung gemeint; bei Auslagenersatz u. Aufwandsentschädigung handelt es sich daher nicht um eine »Besoldung«, wohl aber z. B. bei der Vergütung der Beschäftigten.

[870] Die Ausnahmeregelung des § 41 Abs. 3 Nr. 3 gilt unabhängig davon, ob es sich um besoldete oder unbesoldete Stellen handelt.

2. GRUPPENINTERESSE

Gruppenvorteile oder -nachteile schließen die Mitwirkung nicht aus. Die ehrenamtlich Tätigen können an der Entscheidung der Angelegenheit gem. § 41 Abs. 1 S. 3 mitwirken, wenn sie lediglich als Angehörige einer Berufs- oder Bevölkerungsgruppe, deren gemeinsame Interessen durch die Angelegenheit berührt werden, beteiligt sind.

Zwar ist der Begriff der **Gruppe** weit zu fassen,[871] es müssen allerdings gleichgerichtete Ziele durch eine nach örtlichen, beruflichen, wirtschaftlichen, sozialen oder sonstigen Kriterien abgrenzbare Personenmehrheit verfolgt werden.[872] Es darf sich dabei jedoch nicht um eine Kleinstgruppe, also nur wenige Einzelpersonen handeln. Auch darf die Gruppe in dieser Gemeinde nicht nur durch ein Mitglied vertreten sein, sondern sie muss aus einer größeren Anzahl von Mitgliedern bestehen.[873]

Bei der eine Berufsgruppe (z. B. Gewerbetreibende) oder Bevölkerungsgruppe (z. B. Einwohner eines Ortsteils, Mitglieder einer Bürgerinitiative) betreffenden Angelegenheit muss es sich um **alle** Angehörigen dieser Gruppe handeln. Ist nur ein Teil dieser Gruppe betroffen, also eine Gruppe innerhalb einer Gruppe, liegt in der Regel ein Mitwirkungsverbot vor.[874] Die Abgrenzung ist schwierig und in der Vergangenheit nicht immer überzeugend gelungen. So ist kein Mitwirkungsverbot angenommen worden für Gewerbetreibende bei der Festsetzung der Gewerbesteuer, Grundsteuerpflichtige bei der Festsetzung der Grundsteuer und Hundebesitzer bei der Festsetzung der Hundesteuer.[875] Keine Gruppe bilden die Grundstückseigentümer innerhalb eines Plangebietes.[876]

Fallbeispiele:
Alle ansässigen Sportvereine sollen von der Stadt einen Zuschuss zur Entschädigung der Übungsleiter erhalten.
Die Ausnahmeregelung des § 41 Abs. 1 S. 3 ist anzuwenden, da alle Sportvereine betroffen sind und auch deren gemeinsame Interessen, der Erhalt eines Zuschusses, berührt wird.

Der Schützenverein soll von der Stadt einen Zuschuss zur Modernisierung seiner Schießsportanlage erhalten.
Die Ausnahmeregelung des § 41 Abs. 1 S. 3 ist nicht anzuwenden, da nicht die gesamte Gruppe (= alle Sportvereine) betroffen ist und auch nicht das gemeinsame Interesse aller Sportvereine berührt wird. Hier geht es um das Individualinteresse des Schützenvereins am Erhalt des Zuschusses.

---

[871] Engel in KVR-NLO, § 21 Rdnr. 17.
[872] Vgl. Thiele, NKomVG, § 41 Erl. 5; Blum/Häusler/Meyer-Meyer, NKomVG, § 41 Rdnr. 10.
[873] OVG Lüneburg, Urt. v. 25.1.1979, OVGE 34, 494 (498).
[874] Vgl. Thiele, NKomVG, § 41 Erl. 5.
[875] Blum/Häusler/Meyer-Meyer, NKomVG, § 41 Rdnr. 10; vgl. Seybold, DVP 2013, S. 69.
[876] VGH Mannheim, DVBl. 1965, 366 (367 f.); Thiele, NKomVG, § 41 Erl. 5.

III. Anwendbarkeit

Das Mitwirkungsverbot ist auf folgende Personen anzuwenden:

Personenkreis:	**Rechtsgrundlage:**
ehrenamtlich Tätige (§ 38 Abs. 2)	§ 41 Abs. 1, 2
Abgeordnete	§ 54 Abs. 3
Hauptverwaltungsbeamtin/ Hauptverwaltungsbeamter	§§ 87 Abs. 4, 80 Abs. 5 S. 2
übrige Beschäftigte der Kommune	§ 87 Abs. 4
Zuhörer im Hauptausschuss	§ 78 Abs. 2 S. 3
»andere Personen« in Ausschüssen	§§ 71 Abs. 7 S. 4, 54 Abs. 3
Mitglieder des Ortsrates u. des Stadtbezirksrates	§§ 91 Abs. 4 S. 1, 54 Abs. 3

IV. Voraussetzungen

Um an der beratenden und entscheidenden Mitwirkung einer Angelegenheit gehindert zu sein, müssen **persönliche** und **sachliche** Tatbestandsvoraussetzungen erfüllt sein.

1. PERSÖNLICHE VORAUSSETZUNGEN, § 41 ABS. 1 S. 1

Die persönliche Voraussetzung nach § 41 Abs. 1 S. 1 ist gegeben, wenn die zu treffende Entscheidung folgende Person(en) betrifft:

- Die ehrenamtlich Tätige oder den ehrenamtlich Tätigen selbst,
- Ihre Ehegattin, ihren Ehegatten, ihre Lebenspartnerin oder ihren Lebenspartner i.S.d. Lebenspartnerschaftsgesetzes,
- Ihre oder seine Angehörigen

  Verwandte (§ 1589 BGB) bis zum dritten Grad:

  1. Grad: Eltern, Kinder,
  2. Grad: Großeltern, Enkel, Geschwister,
  3. Grad: Urgroßeltern, Urenkel, Onkel, Tante, Nichte, Neffe

  Verschwägerte (§§ 1590, 1589 BGB) bis zum zweiten Grad während des Bestehens der Ehe oder der Lebenspartnerschaft i.S.d. Lebenspartnerschaftsgesetzes:[877]

  1. Grad: Schwiegereltern, Schwiegerkinder,
  2. Grad: Schwiegergroßeltern, Schwägerin, Schwager

---

[877] Diese Einschränkung steht im Gegensatz zu den Vorschriften des BGB, wo die Schwägerschaft auch nach Auflösung der Ehe relevant bleibt; vgl. Thiele, NKomVG, § 41 Erl. 2; Blum/Häusler/Meyer-Meyer, NKomVG, § 41 Rdnr. 13.

- Von ehrenamtlich Tätigen vertretene Person
  kraft Gesetzes z. B. Vereinsvorstand (§ 26 Abs. 2 BGB), GmbH-Geschäftsführerin oder Geschäftsführer (§ 35 Abs. 1 GmbHG), Vormund (§§ 1793 ff. BGB), Betreuer (§ 1896 ff. BGB).
  kraft Vollmacht z. B. Vollmacht gem. §§ 164 ff. BGB, Rechtsanwälte, Steuerberater, Makler, Prokurist (§§ 48 ff. HGB).

Für Vertreter von Bürgerinitiativen besteht in Angelegenheiten der Initiative kein Mitwirkungsverbot.[878]

2. SACHLICHE VORAUSSETZUNGEN, § 41 ABS. 1 S. 1

Die sachlichen Voraussetzungen für das Bestehen des Mitwirkungsverbotes sind nach § 41 Abs. 1 S. 1 dann gegeben, wenn die Entscheidung in Angelegenheiten der Kommune einen unmittelbaren Vor- oder Nachteil bringen kann.

a) Angelegenheit der Kommune

Das Mitwirkungsverbot gilt bei allen Entscheidungen, die die Kommune zu treffen hat. Dabei ist es unerheblich, ob es sich um Aufgaben des eigenen oder übertragenen Wirkungskreises, um freiwillige oder Pflichtaufgaben, um öffentlich-rechtliche oder privatrechtliche Aufgaben handelt.[879] Das Mitwirkungsverbot ist auch in allen Stufen der Entscheidungsfindung zu beachten, also nicht nur in der Vertretung, sondern auch bei den vorbereitenden Beratungen im Hauptausschuss und in den Ausschüssen der Vertretung.[880]

b) Vor- oder Nachteil

Als Befangenheitsgrund kommen alle nur denkbaren **materiellen** und **immateriellen** Vor- oder Nachteile in Betracht. Ein »Vorteil« ist jede rechtliche, wirtschaftliche, soziale oder sonstige Besserstellung anderen Personen gegenüber. Ein »Nachteil« ist jede persönliche Schlechterstellung.[881] Neben materiellen Vor- oder Nachteilen begründen auch **ideelle** Vor- oder Nachteile (z. B. Verleihung des Ehrenbürgerrechts oder Steigerung des beruflichen Ansehens) ein Mitwirkungsverbot.[882] Es kommt nicht auf das Ausmaß dieser Auswirkungen an, sondern es reicht aus, dass die oder der Betroffene ein **Sonderinteresse** an der Erledigung der Angelegenheit hat.[883]

---

[878] VG Hannover, NVwZ 1989, 688 (688 f.).
[879] Vgl. Blum/Häusler/Meyer-Meyer, NKomVG, § 41 Rdnr. 5.
[880] Blum/Häusler/Meyer-Meyer, NKomVG, § 41 Rdnr. 6.
[881] Vgl. Blum/Häusler/Meyer-Meyer, NKomVG, § 41 Rdnr. 7.
[882] Vgl. Blum/Häusler/Meyer-Meyer, NKomVG, § 41 Rdnr. 7; vgl. Seybold, DVP 2013, S. 68.
[883] Vgl. Blum/Häusler/Meyer-Meyer, NKomVG, § 41 Rdnr. 7.

c) Unmittelbarkeit des Vor- oder Nachteils

Ein Vor- oder Nachteil ist unmittelbar, wenn er sich direkt aus der Entscheidung ergibt, ohne dass weitere Ereignisse eintreten oder Maßnahmen getroffen werden müssen, abgesehen von der Ausführung von Beschlüssen durch die Hauptverwaltungsbeamtin oder den Hauptverwaltungsbeamten nach § 85 Abs. 1 Nr. 2 (§ 41 Abs. 1 S. 2). Der § 41 Abs. 1 S. 2 enthält somit für die »Unmittelbarkeit« eine **Legaldefinition**.

So findet das Mitwirkungsverbot z. B. bei der Beratung und Beschlussfassung über einen Flächennutzungsplan keine Anwendung.[884] Dieser bedarf noch der Genehmigung durch die höhere Verwaltungsbehörde (§ 6 Abs. 1 BauGB), die eine eigenständige Entscheidung über die Genehmigung des Flächennutzungsplanes trifft.

d) Möglichkeit des Eintritts

Die Möglichkeit eines Vor- oder Nachteils reicht aus; es kommt nicht darauf an, dass der Vor- oder Nachteil auch tatsächlich eintritt. Der Gefahr der Beeinflussung aus eigennützigen Zielen heraus soll von vornherein begegnet werden.[885] Dabei soll aber nicht jede denkbare Interessenlage zum Ausschluss führen, sondern es muss eine hinreichende Wahrscheinlichkeit des Eintritts eines Vor- oder Nachteils bestehen.[886]

3. VORAUSSETZUNGEN NACH § 41 ABS. 2

Nach § 41 Abs. 2 besteht ein Mitwirkungsverbot, wenn

- der Betroffene bei einer natürlichen oder juristischen Person des öffentlichen oder privaten Rechts oder bei einer Vereinigung gegen Entgelt beschäftigt ist und
- die Entscheidung dem Arbeitgeber/Dienstherrn einen unmittelbaren Vor- oder Nachteil bringen kann.

Gegen Entgelt beschäftigt ist, wer sich aufgrund eines Dienst- oder Arbeitsverhältnisses in abhängiger Stellung zu seinem Dienstherrn oder Arbeitgeber befindet [887]

V. Verfahren

1. MITTEILUNGSPFLICHT, BESCHLUSS ÜBER AUSSCHLUSS

Wer annehmen muss, vom Mitwirkungsverbot nach § 41 Abs. 1 oder 2 betroffen zu sein, hat dies **vorher mitzuteilen** (§ 41 Abs. 4 S. 1). Wenn die oder der Betroffene vor der Beratung

[884] Blum/Häusler/Meyer-Meyer, NKomVG, § 41 Rdnr. 17.
[885] Sandfuchs, S. 422.
[886] Sandfuchs, S. 422; kritisch zu dieser theoretisch und praktisch bestehenden Unklarheit Seybold, DVP 2014, S. 503 f.
[887] Blum/Häusler/Meyer-Meyer, NKomVG, § 41 Rdnr. 15.

den Saal verlässt oder eine andere Abgeordnete oder ein anderer Abgeordneter auf die Befangenheit hinweist beziehungsweise einen Antrag auf Ausschluss stellt, entfällt eine Mitteilungspflicht für die Betroffene oder den Betroffenen.[888] Eine Mitteilungspflicht besteht auch für diejenigen, die an der Beratung oder Entscheidung über eine **Rechtsnorm** (z. B. Bebauungsplan) teilnehmen, wenn sie selbst oder eine der in § 41 Abs. 1, 2 genannten Personen ein besonderes persönliches oder wirtschaftliches Interesse am Erlass oder Nichterlass der Rechtsnorm haben (§ 41 Abs. 4 S. 3).

Ob ein Mitwirkungsverbot besteht, **entscheidet die Stelle, in der oder für welche die ehrenamtliche Tätigkeit ausgeübt wird** (§ 41 Abs. 4 S. 2). Bei Selbstverwaltungsgremien der Kommune sind das die jeweiligen Gremien selbst, also Vertretung und Hauptausschuss.[889] Eine Erklärung der Hautverwaltungsbeamtin oder des Hauptverwaltungsbeamten über das Bestehen oder Nichtbestehen eines Mitwirkungsverbots reicht dagegen nicht aus. Das Gremium entscheidet ohne denjenigen, um dessen Mitwirkungsverbot es geht.[890] Wenn der notwendige Beschluss nicht gefasst wurde, liegt ein Verstoß gegen § 41 Abs. 4 S. 2 vor. Der Beschluss hat feststellende Wirkung, da sich das Verbot der Mitwirkung als solche aus § 41 Abs. 1, 2 ergibt. Für die Betroffenen hat der Beschluss Bindungswirkung.[891] Sie sind an der weiteren Mitwirkung in dieser Angelegenheit gehindert und haben den Beratungsraum zu verlassen beziehungsweise müssen sich in den Zuschauerraum begeben, ohne dass es weiterer Maßnahmen bedarf.[892] Das gilt auch für den Fall, dass die Vertretung den Ausschließungsbeschluss zu Unrecht gefasst hat.[893]

2. ANWESENHEIT

Das Mitwirkungsverbot beinhaltet nach § 41 Abs. 5 S. 1 auch ein **Anwesenheitsverbot**, so dass die oder der Betroffene bei einer **nichtöffentlichen** Sitzung den Saal zu verlassen hat. Bei einer öffentlichen Sitzung darf sich die oder der Betroffene in den Zuhörerbereich des Beratungsraumes begeben (§ 41 Abs. 5 S. 2). Ein bloßes Abrücken des Stuhles vom Beratungstisch reicht nicht aus.[894]

Verlässt eine Abgeordnete oder ein Abgeordneter in der irrigen Annahme den Beratungsraum, sich im Mitwirkungsverbot zu befinden, führt dies nicht zur Rechtswidrigkeit des anschließend in der Sache gefassten Beschlusses;[895] auch dann nicht, wenn dies aufgrund einer fehlerhaften Auskunft der Hauptverwaltungsbeamtin oder des Hauptverwaltungsbeamten geschah, da kein Beschluss der Vertretung nach § 41 Abs. 4 S. 2 vorlag.[896]

---

[888] Sandfuchs, S. 423; vgl. hierzu Seybold, DVP 2015, S. 6.
[889] Blum/Häusler/Meyer-Meyer, NKomVG, § 41 Rdnr. 21.
[890] Blum/Häusler/Meyer-Meyer, NKomVG, § 41 Rdnr. 21.
[891] Sandfuchs, S. 424.
[892] Blum/Häusler/Meyer-Meyer, NKomVG, § 41 Rdnr. 24.
[893] Sandfuchs, S. 424.
[894] VGH Mannheim, NVwZ-RR 1995,154 (155).
[895] VGH Mannheim, DÖV 1987, 448 (449).
[896] VG Osnabrück, NST-N 1995, 65 (65).

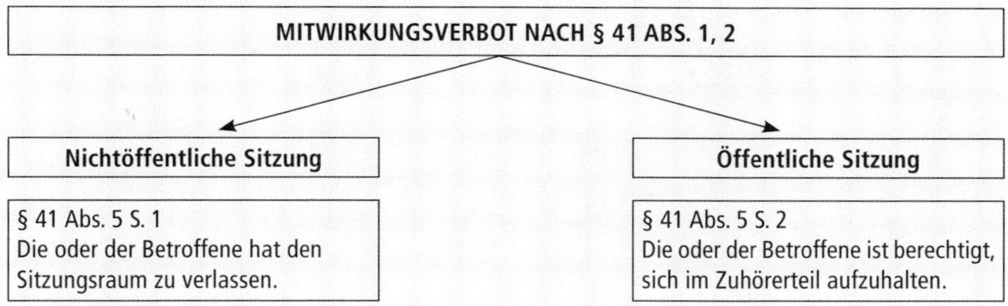

VI. Rechtsfolgen bei Verstößen

Wenn die Mitwirkung **für die Abstimmung nicht entscheidend** war, tritt nach § 41 Abs. 6 S. 1 keine Unwirksamkeit ein, sondern der gefasste Beschluss ist rechtswidrig, aber wirksam. Die in der Verletzung der Vorschriften über das Mitwirkungsverbot liegende Rechtswidrigkeit löst die Berichts- oder Einspruchspflicht der Hauptverwaltungsbeamtin oder des Hauptverwaltungsbeamten aus.[897] Wegen Befangenheit ausgeschlossene Abgeordnete können gegen diese Entscheidung des Ausschlusses mit einem **Kommunalverfassungsstreitverfahren**[898] wegen möglicher Verletzung von Mitgliedschaftsrechten vorgehen.[899] Hat eine Abgeordnete oder ein Abgeordneter vorsätzlich oder grob fahrlässig gegen die in § 41 auferlegten Pflichten verstoßen, so hat sie oder er der Kommune den daraus entstandenen Schaden zu ersetzen (§ 54 Abs. 4).

Im Rahmen der gutachtlichen Prüfung der formellen Rechtmäßigkeit eines Beschlusses darf nicht auf § 41 Abs. 6 eingegangen werden, da sich die Frage der **»Unwirksamkeit«** im Zusammenhang mit der Prüfung der formellen Rechtmäßigkeit (noch) nicht stellt und erst im Rahmen des **Entscheidungsvorschlags** zu behandeln ist.

Fallbeispiel:
Vom Rat soll ein Bebauungsplan beschlossen werden, in dessen Geltungsbereich ein Ratsherr ein Grundstück besitzt.
Der Bebauungsplan wird als Satzung beschlossen (§ 10 Abs. 1 BauGB). Das Mitwirkungsverbot findet bei der Beratung und Entscheidung über Rechtsnormen keine Anwendung (§ 41 Abs. 3 Nr. 1). Der Ratsherr darf in diesem Fall mitwirken, muss aber sein besonderes Interesse am Erlass oder Nichterlass des Bebauungsplanes vor seinem Tätigwerden mitteilen (§ 41 Abs. 4 S. 3 i.V.m. § 54 Abs. 3).

---

[897] Engel in KVR-NLO, § 21 Rdnr. 30; Sandfuchs, S. 506.
[898] Vgl. Ausführungen dazu unter Sechster Teil, Kapitel C.
[899] OVG Münster, OVGE 18, 104 (104 f.); Blum/Häusler/Meyer-Meyer, NKomVG, § 41 Rdnr. 28.

VII. Prüfungsfolge

Das Mitwirkungsverbot wird in folgender Reihenfolge geprüft:

PRÜFUNG DES MITWIRKUNGSVERBOTS

1. Findet das Mitwirkungsverbot im konkreten Fall vom Grundsatz her Anwendung?
2. Ist die persönliche Voraussetzung erfüllt?
3. Sind die sachlichen Voraussetzungen gegeben?
4. Trifft eine Ausnahmeregelung nach § 41 Abs. 3 Nr. 1–4 zu?
5. Handelt es sich um die Wahrnehmung eines Gruppeninteresses (§ 41 Abs. 1 S. 3)?
6. Ist die oder der Betroffene ihrer oder seiner Anzeigepflicht nach § 41 Abs. 4 S. 1 oder S. 3 nachgekommen?
7. Wurde ein ggf. notwendiger Feststellungsbeschluss nach § 41 Abs. 4 S. 2 gefasst?
8. Wurde die Anwesenheitsregelung nach § 41 Abs. 5 beachtet?

J. ÖFFENTLICHKEITSGRUNDSATZ

I. Grundsatz

Entsprechend dem Demokratieprinzip[900] ist in § 64 geregelt, dass Sitzungen der Vertretung **öffentlich** sind, soweit nicht schützenswerte Interessen den Ausschluss der Öffentlichkeit erfordern. Die Regelung soll dazu dienen, die Entscheidungsfindung in der Vertretung nachvollziehbar zu gestalten und darüber hinaus eine Kontrolle der Abgeordneten durch die Bürgerinnen und Bürger zu ermöglichen.[901] Den Zuhörerinnen und Zuhörern ist, abgesehen von Einwohnerfragstunden (§ 62 Abs. 1), lediglich eine passive Teilnahme an der Sitzung möglich.

II. Öffentlichkeit der Sitzungen

Sitzungen der Vertretung sind nur dann öffentlich, wenn die interessierte Öffentlichkeit ihr Anwesenheitsrecht auch tatsächlich ausüben kann.
Insbesondere sind folgende Voraussetzungen einzuhalten:

[900] BVerwG, NVwZ 1995, 897 (897).
[901] Vgl. Blum/Häusler/Meyer-Blum, NKomVG, § 64 Rdnr. 1.

- Ortsübliche Bekanntmachung
- Termin der Sitzung
- Ort der Sitzung
- Freier Zugang
- Ausreichender Sitzungssaal
- Ordnungsgemäße Platzvergabe

1. ORTSÜBLICHE BEKANNTMACHUNG

Vor öffentlichen Sitzungen der Vertretung sind Zeit, Ort und Tagesordnung **ortsüblich** bekannt zu machen (§ 59 Abs. 5). Zuständig dafür ist die Hauptverwaltungsbeamtin oder der Hauptverwaltungsbeamte im Rahmen der Geschäfte der laufenden Verwaltung nach § 85 Abs. 1 Nr. 7. Die Bekanntmachung soll die Bürgerinnen und Bürger davon unterrichten, dass eine Sitzung der Vertretung stattfindet, über die Verhandlungsgegenstände informieren und es ihnen so ermöglichen, als Zuhörer an der Sitzung teilzunehmen.[902]

Die **Form** der Bekanntmachung (z. B. Zeitungsveröffentlichung, Aushang) ist in der **Hauptsatzung** oder einer gesonderten Bekanntmachungssatzung eindeutig zu regeln.[903] Ein bestimmter **Zeitpunkt** der Bekanntmachung ist nicht vorgeschrieben, aber so rechtzeitig vor einer Sitzung vorzunehmen, dass die interessierte Bürgerschaft nicht faktisch ausgeschlossen und damit das Öffentlichkeitsgebot verletzt wird.
Interessierte sollen entsprechend disponieren können, um ihr Anwesenheitsrecht auch tatsächlich ausüben zu können. Das OVG Lüneburg[904] hat es in einem konkreten Fall als ausreichend angesehen, dass die ortsübliche Bekanntmachung erst **zwei Tage** vor der Sitzung vorgenommen wurde.

Sofern die Ladungsfrist in **Eilfällen** zu Recht verkürzt wurde, muss die Sitzung nur dann ortsüblich bekannt gemacht werden, wenn dies zeitlich noch möglich ist, denn ansonsten liefe eine Fristbestimmung für Eilfälle, die nach § 59 Abs. 1 S. 2 in der Geschäftsordnung zu regeln wäre, ins Leere. Bei Punkten, die **ordnungsgemäß** zu Beginn der Sitzung als **Dringlichkeitsanträge** von der Vertretung in die Tagesordnung aufgenommen werden (§ 59 Abs. 3 S. 5), entfällt die Verpflichtung zur ortsüblichen Bekanntmachung wegen objektiver Unmöglichkeit.[905]

Eine Sitzungsunterbrechung von mehreren Tagen macht eine neue Bekanntmachung (des vertagten Teiles) der Sitzung der Vertretung nicht erforderlich.[906]

---

902 OVG Lüneburg, NVwZ 1983, 484 (485).
903 Blum/Häusler/Meyer-Blum, § 59 Rdnr. 48.
904 OVG Lüneburg, NVwZ 1983, 484 (485).
905 Sandfuchs, S. 433.
906 OVG Lüneburg, NVwZ 1986, 53 (54).

2. TERMIN DER SITZUNG

Öffentliche Sitzungen der Vertretung müssen zu angemessenen Terminen (Datum und Uhrzeit) stattfinden. »*Der Sitzungszeitraum muss so liegen, dass breite Teile aller Bevölkerungsgruppen – insbesondere auch die Berufstätigen – die zumutbare Möglichkeit haben, derart an Ratssitzungen teilzunehmen, dass sie sich ein klares Bild über die Sitzungstätigkeit des Rats verschaffen können.*«[907]

3. ORT DER SITZUNG

Öffentliche Sitzungen der Vertretung müssen grundsätzlich im Gebiet der Kommune durchgeführt werden und dürfen ausnahmsweise nur dann außerhalb oder an einem nicht allgemein nicht zugänglichen Ort stattfinden, wenn sie den Charakter eines notwendigen Ortstermins haben oder wenn ein anderer sachbezogener und zwingender Grund vorliegt.[908]

4. FREIER ZUGANG

Es muss ein ungehinderter Zugang zur Sitzung möglich sein.

5. GRÖSSE DES SITZUNGSSAALES

Die Kommune muss dafür sorgen, dass der Sitzungssaal groß genug ist, um eine ihrer Größe angemessene Zahl von Zuhörern auf Sitzplätzen unterzubringen.[909] Das besagt jedoch nicht, dass bei ungewöhnlich starkem Interesse, z. B. bei der konstituierenden Sitzung, in einem anderen als dem üblichen Sitzungsraum getagt werden muss.[910]

6. PLATZVERGABE

Der Anspruch auf Zulassung besteht nur im Rahmen der Kapazität, wobei für ausreichende Sitzgelegenheit zu sorgen ist. Sollte ein für die Öffentlichkeit besonders interessanter Punkt auf der Tagesordnung stehen, besteht keine Verpflichtung, die Sitzung in einen größeren Saal zu verlegen.

Wenn erkennbar ist, dass die vorhandenen Zuhörerplätze nicht ausreichen werden, ist die Ausgabe von **unentgeltlichen Eintrittskarten** zulässig.[911] Damit kann ein geordneter Beginn und Ablauf der Sitzung der Vertretung gesteuert werden. Die Bevorzugung von

---

[907] OVG Saarlouis, DÖV 1993, 964 (965).
[908] Blum/Häusler/Meyer-Blum, NKomVG, § 64 Rdnr. 5.
[909] Blum/Häusler/Meyer-Blum, NKomVG, § 64 Rdnr. 6.
[910] Blum/Häusler/Meyer-Blum, NKomVG, § 64 Rdnr. 6.
[911] Blum/Häusler/Meyer-Blum, NKomVG, § 64 Rdnr. 6.

Personen, z. B. die Vergabe von 50 % der Karten an die in der Vertretung vertretenen Fraktionen und Gruppen für deren Parteimitglieder, ist mit dem Öffentlichkeitsgrundsatz nicht vereinbar und daher unzulässig.[912]

Voraussetzung für die Vergabe kostenloser Eintrittskarten ist, dass

- die Öffentlichkeit rechtzeitig auf die Kartenausgabe hingewiesen wird und
- die Vergabe der Karten nach **objektiven** Kriterien vorgenommen wird (z. B. Prioritätsprinzip, Losverfahren).

III. Ausschluss der Öffentlichkeit

Die Vertretung darf nur ausnahmsweise nichtöffentlich tagen.

AUSSCHLUSS DER ÖFFENTLICHKEIT, § 64

Formelle Voraussetzungen

Ausschluss der Öffentlichkeit durch
- Zuordnung zum nichtöffentlichen Teil bei Aufstellung der TO oder durch
- Beschluss der Vertretung im Einzelfall.

Materielle Voraussetzungen

Ausschluss ist gerechtfertigt durch
- Gründe des öffentlichen Wohls und/oder
- berechtigte Interessen Einzelner.

Voraussetzungen für den Ausschluss der Öffentlichkeit sind, dass

- das Verfahren zum Ausschluss der Öffentlichkeit beachtet wurde und
- schützenswerte Interessen tatsächlich den Ausschluss erfordern.

1. VERFAHREN

Die Hauptverwaltungsbeamtin oder der Hauptverwaltungsbeamte muss bei der Aufstellung der Tagesordnung eine Zuordnung der Beratungs- und Beschlusspunkte zum öffentlichen beziehungsweise nichtöffentlichen Teil der Sitzung unter Beachtung möglicher schutzwürdiger Interessen der Kommune oder Dritter vornehmen.[913] Diese Zuordnung

---

[912] Sandfuchs, S. 434.
[913] Vertiefend hierzu Blum/Häusler/Meyer-Blum, NKomVG, § 64 Rdnr. 12.

kann von der Vertretung zu Beginn der Sitzung auf Antrag eines Mitglieds der Vertretung unter Beachtung der Voraussetzungen des § 64 bei Feststellung der Tagesordnung durch Beschluss geändert werden.[914]

Über einen Antrag auf Ausschluss der Öffentlichkeit wird nach § 64 S. 2 in nichtöffentlicher Sitzung beraten und entschieden. Sofern keine Beratung erforderlich ist, kann auch in öffentlicher Sitzung entschieden werden.

2. AUSSCHLUSSGRÜNDE

a) Öffentliches Wohl

Das öffentliche Wohl rechtfertigt einen Ausschluss der Öffentlichkeit, wenn schützenswerte Interessen der Kommune durch die Behandlung der Angelegenheit in öffentlicher Sitzung wesentlich oder nachhaltig verletzt werden können. Es soll verhindert werden, dass die Rechtsposition der Kommune z. B. bei Grundstückgeschäften beeinträchtigt wird.

b) Berechtigte Interessen Einzelner

Berechtigte Interessen Einzelner können rechtlich geschützte oder sonstige schutzwürdige Interessen sein; sie erfordern den Ausschluss der Öffentlichkeit, wenn im Verlauf der Behandlung einer Angelegenheit in der Vertretung persönliche und wirtschaftliche Verhältnisse der Betroffenen zur Sprache kommen können, an deren Kenntnisnahme schlechthin kein berechtigtes Interesse der Allgemeinheit bestehen kann und deren Bekanntgabe dem Betroffenen nachteilig sein könnte.[915]

Im Hinblick auf den hohen Stellenwert des Öffentlichkeitsgrundsatzes muss in jedem Einzelfall eine Abwägung der Interessen Einzelner mit dem Grundsatz der Öffentlichkeit erfolgen. Bei der Abwägung ist auch in Betracht zu ziehen, ob den Interessen des Einzelnen nicht auch durch weniger einschneidende Maßnahmen Genüge getan werden kann, etwa durch Anonymisierung der Vorlagen und ein entsprechendes Verhalten der zu dem Tagesordnungspunkt Sprechenden.[916]

Schutzwürdige Interessen Einzelner werden berührt, wenn deren Privatsphäre, personenbezogene Daten oder Geschäftsgeheimnisse erörtert werden, wie es beispielsweise bei Personalangelegenheiten der Bediensteten der Kommune oder bei Verträgen (z. B. Auftragsvergaben, Kreditverträge, Grundstücksverträge) regelmäßig der Fall ist.[917]

---

[914] Sandfuchs, S. 436.

[915] VGH Mannheim, VBlBW 1980, S. 33 (34); Blum/Häusler/Meyer-Blum, NKomVG, § 64 Rdnr. 11.

[916] Blum/Häusler/Meyer-Blum, NKomVG, § 64 Rdnr. 11.

[917] Vgl. differenzierend Blum/Häusler/Meyer-Blum, NKomVG, § 64 Rdnr. 14–21.; vgl. Seybold, DVP 2013, S. 70.

Der Ausschluss der Öffentlichkeit kann sich auch aus Spezialgesetzen ergeben, wie z. B. dem Steuergeheimnis (§ 30 AO), dem Sozialgeheimnis (§ 35 SGB I) und dem Datenschutzgesetz. Bei Personalangelegenheiten ergibt sich die Vertraulichkeit aus der Fürsorgepflicht des Dienstherrn (§ 88 NBG). Die Mitarbeiter der Kommune haben einen Anspruch darauf, dass ihre persönlichen Verhältnisse vertraulich behandelt werden.[918] Die Wahl der weiteren Beamten auf Zeit, die Berufung der Gleichstellungsbeauftragten oder die Ernennung des Gemeindebrandmeisters, sind grundsätzlich öffentlich durchzuführen, da diese Personen »**im Blickpunkt der Öffentlichkeit**« stehen und insbesondere ihre Eignung für ihr Amt nicht unter Ausschluss der Öffentlichkeit erörtert wird. Werden allerdings Angelegenheiten beraten, die die Privatsphäre der Bewerberinnen und Bewerber berühren, muss die Öffentlichkeit für diesen Teil der Beratung ausgeschlossen werden.[919]

Über Anträge auf Abwahl der Hauptverwaltungsbeamtin oder des Hauptverwaltungsbeamten (§ 82) oder Abberufung der übrigen Beamten auf Zeit (§ 109 Abs. 3 i.V.m. § 82 Abs. 2) muss öffentlich entschieden werden, da eine Aussprache über die Anträge nicht stattfindet (§ 82 Abs. 2 S. 3).

Auch wenn Auftragsvergaben in der Regel öffentliche Ausschreibungen vorausgehen, muss ein entsprechender Tagesordnungspunkt nichtöffentlich behandelt werden, da Qualität, Preiswürdigkeit und Leistungsfähigkeit der Anbieter verglichen werden.[920]

Wenn ein Tagesordnungspunkt sowohl öffentliche als auch nichtöffentlich zu beratende Teile enthält, muss ggf. die Trennung in einen öffentlichen und einen nichtöffentlichen Teil erfolgen.[921]

IV. Verstöße gegen den Öffentlichkeitsgrundsatz

Wird die Öffentlichkeit zu Unrecht ausgeschlossen, ist der Beschluss unwirksam.[922] Wenn der Verpflichtung zur ortsüblichen Bekanntmachung nicht ordnungsgemäß nachgekommen wird, ist die Öffentlichkeit als Adressat des § 59 Abs. 5 wegen fehlender Information daran gehindert, ihr Recht auf Anwesenheit in öffentlichen Sitzungen wahrzunehmen. Dadurch wird der für die Demokratie wesentliche Öffentlichkeitsgrundsatz verletzt.[923] Mängel bei der Bekanntmachung, die nur eine **unwesentliche Teilnahmeerschwerung** mit sich bringen (z. B. fehlende Angabe der Uhrzeit der Sitzung), führen dagegen nicht zur Unwirksamkeit der Beschlüsse.[924]

---

918 VG Hannover, dng 1976, 282 (282).
919 Vgl. Thiele, NKomVG, § 64 Erl. 4.
920 Sandfuchs, S. 438.
921 OVG Lüneburg, Beschl. v. 22.10.1986, OVGE 39, 489 (491).
922 Blum/Häusler/Meyer-Blum, NKomVG, § 59 Rdnr. 49 und § 64 Rdnr. 28.
923 Vgl. Blum/Häusler/Meyer-Blum, NKomVG, § 59 Rdnr. 49.
924 OVG Lüneburg, FdSt. 1983, Rdnr. 117.

Auch die Verlegung eines Tagesordnungspunktes vom nichtöffentlichen in den öffentlichen Teil der Sitzung führt zu einem Verstoß gegen § 59 Abs. 5 und damit gegen das Öffentlichkeitsgebot nach § 64.[925]

Wenn eine Angelegenheit zu Unrecht öffentlich statt nichtöffentlich beraten und entschieden wurde, führt dies zwar zur Rechtswidrigkeit, nicht aber zur Unwirksamkeit des gefassten Beschlusses.[926]

Wurde die Tagesordnung des öffentlichen Teils einer Sitzung der Vertretung erweitert (§ 59 Abs. 3 S. 5), obwohl kein dringlicher Fall gegeben ist, so wird hierdurch auch gegen § 59 Abs. 5 verstoßen.

V. Prüfungsfolge

PRÜFUNG DES ÖFFENTLICHKEITSGRUNDSATZES, § 64

Wenn der Tagesordnungspunkt öffentlich behandelt wurde:

1. Wäre der Ausschluss der Öffentlichkeit erforderlich gewesen wegen
   - Gründen des öffentlichen Wohls
     und/oder
   - berechtigten Interessen Einzelner?
2. Wurden Zeit, Ort und Tagesordnung ortsüblich bekannt gemacht?
3. Wurde die ortsübliche Bekanntmachung rechtzeitig vor der Sitzung vorgenommen?
4. Sind die Anforderungen an eine öffentliche Sitzung erfüllt?
   - Uhrzeit der Sitzung
   - Ort der Sitzung
   - Freier Zugang für Zuhörer
   - Ausreichender Zuhörerteil
   - Keine Bevorzugung bei der Platzvergabe

Wenn der Tagesordnungspunkt nichtöffentlich behandelt wurde:

1. Formelle Voraussetzung
   - War der Punkt in der mitgeteilten Tagesordnung für den nichtöffentlichen Teil vorgesehen
     oder
   - wurde ein Beschluss über den Ausschluss der Öffentlichkeit gefasst?
2. Materielle Voraussetzung
   Ist der Ausschluss der Öffentlichkeit gerechtfertigt durch
   - Gründe des öffentlichen Wohls
     und/oder
   - berechtigte Interessen Einzelner?

[925] Thiele, NKomVG, § 59 Erl. 10.
[926] Blum/Häusler/Meyer-Blum, § 64 Rdnr. 30.

K. SONSTIGES

Nach Bedarf sind hier zu prüfen das Antragsrecht § 56 Abs. 1,[927] die Leitung der Sitzung § 63 Abs. 1,[928] der Ausschluss von der Sitzung § 63 Abs. 2[929] oder die Anhörung eines Ortsrates.[930]

I. Antragsrecht

Nach § 56 S. 1 hat jedes Mitglied der Vertretung das Recht, in der Vertretung und in den Ausschüssen, denen es angehört, Anträge zu stellen, ohne auf die Unterstützung durch andere Mitglieder angewiesen zu sein.

Die Bedeutung der Regelung besteht insbesondere darin, dass das damit eingeräumte Antragsrecht weder eingeschränkt noch entzogen werden darf. Eine grundsätzlich denkbare Einschränkung etwa durch Regelungen in einer Geschäftsordnung, in der die Zulässigkeit von Anträgen an Unterstützungsunterschriften gebunden wird[931], ist danach in Niedersachsen nicht möglich, da die gesetzliche Regelung dem entgegensteht.[932]

Nicht ausdrücklich genannt wird das **Rederecht** als weiteres wesentliches Mitwirkungsrecht der Mitglieder der Vertretung. Das Rederecht kann als unentziehbares Statusrecht der Abgeordneten im Interesse der Arbeitsfähigkeit der Vertretung durch **Redezeitbeschränkungen** im Rahmen der **Geschäftsordnungsautonomie** eingeschränkt werden, um eine exzessive Inanspruchnahme zu verhindern.[933]

Mit dem Antragsrecht geht auch die Chance einher, die anderen Mitglieder der Vertretung von der **Erforderlichkeit** und der **Zweckmäßigkeit der Diskussion** über eine bestimmte Angelegenheit sowie einer etwaigen Beschlussfassung zu überzeugen.[934]

Das Recht zur Begründung des Antrags wird damit sachlich auf die Möglichkeit einer Darlegung der Beratungsbedürftigkeit begrenzt. Ein Anspruch darauf, dass sich die Vertretung in der Sache mit dem Anliegen beschäftigt, lässt sich aus dem Antragsrecht jedoch nicht herleiten.[935]

Zur eigenen Unterrichtung kann jede oder jeder Abgeordnete von der Hauptverwaltungsbeamtin oder dem Hauptverwaltungsbeamten **Auskünfte** in allen Angelegenheiten der

[927] Vgl. Ausführungen dazu unter Dritter Teil, A. V. 1. e).
[928] Vgl. Ausführungen dazu unter Dritter Teil, A. VII.
[929] Vgl. Ausführungen dazu unter Dritter Teil, B. VII. 1. g).
[930] Vgl. Ausführungen dazu unter Dritter Teil, E. I. 6.
[931] BVerwG, NVwZ-RR 1993, S. 210 (210).
[932] Ipsen, NKomVG, § 56 Rdnr. 2.
[933] Ipsen, NKomVG, § 56 Rdnr. 15.
[934] Ipsen, NKomVG, § 56 Rdnr. 4.
[935] Ipsen, NKomVG, § 56 Rdnr. 5.

Kommune verlangen (§ 56 S. 2). Dies gilt nicht für Angelegenheiten, die der Geheimhaltung unterliegen (§ 6 Abs. 3 S. 1).

Die **Antwortpflicht** der Verwaltungsspitze beschränkt sich nur auf die ihr vorliegenden und zugänglichen Informationen. Auch ein Anspruch auf Vorlage von Unterlagen besteht nicht, da den einzelnen Abgeordneten **kein Akteneinsichtsrecht** eingeräumt worden ist.

II. Leitung der Sitzung

Die oder der Vorsitzende leitet die Verhandlungen, eröffnet und schließt die Sitzungen, sorgt für die Aufrechterhaltung der Ordnung und übt das Hausrecht aus (§ 63 Abs. 1).

Abgesehen von der Möglichkeit, bei der Gestaltung der Tagesordnung mitzuwirken (§ 59 Abs. 3 S. 1), beschränkt sich die Rolle der Vorsitzenden oder des Vorsitzenden auf die Funktion der **Sitzungspräsidentin** oder des **Sitzungspräsidenten.**[936]

Die Eröffnung der Sitzung schließt die **Feststellung der Beschlussfähigkeit** der Vertretung nach § 65 Abs. 1 S. 2 ein.

Ziel der Verhandlungsleitung durch die Vorsitzende oder den Vorsitzenden ist es, einen sachgerechten Sitzungsablauf im Interesse der Funktionsfähigkeit der Vertretung zu gewährleisten, insbesondere für ein Mindestmaß an gegenseitiger Rücksichtnahme zu sorgen, so dass jedes Mitglied der Vertretung seine mitgliedschaftlichen Rechte ungestört wahrnehmen kann.[937] Dazu gehört es, die Tagesordnung zügig abzuarbeiten und dabei die Rednerreihenfolge festzulegen und zu beachten.

III. Ausschluss von der Sitzung

Der oder dem Vorsitzenden ist nicht nur die Leitungsfunktion übertragen, sondern auch die **Disziplinargewalt** über die übrigen Mitglieder der Vertretung, sofern Ordnungsbefugnisse betroffen sind. Die oder der Vorsitzende ist in der Verhandlungsführung zur **Objektivität** und **Unparteilichkeit** verpflichtet.

Die oder der Vorsitzende hat auch für die **Aufrechterhaltung der Ordnung** in der Sitzung zu sorgen. Dabei unterliegen der Ordnungsgewalt der oder des Vorsitzenden alle im Sitzungssaal anwesenden Personen, also neben den Mitgliedern auch die anwesenden Mitglieder der Verwaltung, ggf. anwesende Sachverständige, Interessenvertreter und Zuschauer.[938] Folgende Ordnungsverstöße können vorliegen:

---

[936] Blum/Häusler/Meyer-Blum, NKomVG, § 63 Rdnr. 1.
[937] Blum/Häusler/Meyer-Blum, NKomVG, § 63 Rdnr. 4.
[938] Blum/Häusler/Meyer-Blum, NKomVG, § 63 Rdnr. 11.

- Überschreitung der Redezeit.
- Handlungen, die die gebotene Atmosphäre der Ruhe und Sachlichkeit stören,
- z.B. rüpelhaftes Benehmen, Beleidigungen und Herabwürdigungen anderer Mitglieder der Vertretung.
- Beifalls- und Missfallenskundgebungen, Zwischenrufe der Mitglieder der Vertretung, wenn Ziel dieser Äußerungen nicht Teilnahme an der Sitzung, sondern eindeutig Störung der Sitzung ist.
- **Akustische Störungen** des Sitzungsverlaufs (z.B. Zwischenrufe, Sprechchöre, Beifall, Singen, laute Unterhaltungen) durch nicht an der Beratung und Entscheidung Beteiligte.
- **Optische Ausdrucksmittel,** wie z.B. Transparente, Plakate oder auffällige Flugblätter.
- **Ton- oder Filmaufnahmen** durch Presse oder Zuhörer.

Als mildestes Mittel zur Aufrechterhaltung der Ordnung kann die oder der Vorsitzende den an der Sitzung teilnehmenden Mitgliedern der Vertretung einen **formlosen Ordnungsruf** (Hinweis, Ermahnung, Rüge, Missbilligung) erteilen.[939]

Die oder der Vorsitzende der Vertretung kann ein Mitglied der Vertretung bei ungebührlichem oder wiederholt ordnungswidrigem Verhalten von der Sitzung ausschließen (§ 63 Abs. 2 S. 1).

Den Ausschluss von der Sitzung sieht § 63 Abs. 2 S. 1 als „ultima ratio" bei Störungen durch ein Mitglied der Vertretung vor. Durch ein solches Vorgehen wird die Möglichkeit der Mandatswahrnehmung durch das betreffende Mitglied zeitweise beseitigt, so dass bei Anwendung des § 63 Abs. 2 S. 1 ein strenger Maßstab anzulegen ist. Der Ausschluss von der Sitzung kann daher erst zulässig sein, wenn anderenfalls der ungestörte Ablauf der Sitzung nicht gewährleitet wäre.[940]

Ungebührlich ist ein Verhalten, das die durch Anstand und gute Sitten gezogenen Grenzen überschreitet.[941]

Wiederholt ordnungswidriges Verhalten liegt dann vor, wenn dasselbe Mitglied in derselben Sitzung der Vertretung mindestens zweimal die Ordnung verletzt hat.[942]

Ein **förmlicher Ordnungsruf** unter Nennung des Namens des Betroffenen kann bei mehrmaliger Missachtung den **Ausschluss von der Sitzung** der Vertretung nach § 63 Abs. 2 zur Folge haben.

Ob von einem zulässigen Ordnungsmittel Gebrauch gemacht wird, liegt im **pflichtgemäßen Ermessen** der oder des Vorsitzenden.

---

939 Blum/Häusler/Meyer-Blum, NkomVG, § 63 Rdnr. 19.
940 Ipsen, NKomVG, § 63 Rdnr. 17.
941 Blum/Häusler/Meyer-Blum, NKomVG, § 63 Rdnr. 28.
942 Blum/Häusler/Meyer-Blum, NKomVG, § 63 Rdnr. 29.

Förmliche Ordnungsmaßnahmen der oder des Vorsitzenden gegen Mitglieder der Vertretung, die berechtigt sind, an der Sitzung teilzunehmen, sind keine Verwaltungsakte, sondern **innerorganisatorische Maßnahmen zum Schutz der Funktionsfähigkeit der Vertretung.**[943]

Gegen andere anwesende, nicht zur Teilnahme an der Sitzung berechtigte Personen steht der oder dem Vorsitzenden die **Ausübung des Hausrechts** zu.

Die Ausübung des Hausrechts bezieht sich auf den Sitzungsraum und berechtigt die oder den Vorsitzenden, jegliche akustische, optische oder sonstige Störung des Sitzungsverlaufs abzuwehren. Die oder der Vorsitzende darf, ohne die Hauptverwaltungsbeamtin oder den Hauptverwaltungsbeamten einzubeziehen, **Hausverbote** aussprechen und ggf. Personen aus dem Sitzungssaal entfernen zu lassen, die nicht anwesend sein dürfen.

Sofern die Voraussetzungen für einen Hausfriedensbruch vorliegen, kann die oder der Vorsitzende nach pflichtgemäßem Ermessen gegen Störer auch **Strafanzeige** erstatten.

Über Störungen der Sitzung und getroffene Ordnungsmaßnahmen sollte im Hinblick auf mögliche Rechtsstreitigkeiten ein Vermerk im **Sitzungsprotokoll** aufgenommen werden.

Gemäß § 63 Abs. 3 kann die **Vertretung** ein Mitglied, das sich schuldhaft grob ungebührlich verhält oder schuldhaft wiederholt gegen Anordnungen verstößt, die zur Aufrechterhaltung der Ordnung erlassen wurden, mit der Mehrheit ihrer Mitglieder von der Mitarbeit in der Vertretung und ihren Ausschüssen ausschließen.

Eine derartige Maßnahme kommt nur in engen Grenzen in Betracht, da für die Höchstdauer von sechs Monaten (§ 63 Abs. 3 S. 2) die Mandatsausübung nicht möglich ist, worin ein **schwerwiegender Eingriff** in die Mitgliedschaftsrechte des betroffenen Mitglieds liegt.[944]

Der Ausschluss von der Mitarbeit für einen längeren Zeitraum ist im Gegensatz zu § 63 Abs. 2 nicht daran gekoppelt, ob eine Störung der Sitzung vorliegt, durch die ein ordnungsgemäßer Ablauf der Beratungen verhindert würde.

Zu verlangen ist vielmehr ein **schuldhaftes Verhalten**, das als Missachtung der Arbeit der Vertretung und ihrer Mitglieder angesehen werden kann. Scharfe Kritik an einzelnen kommunalpolitischen Akteuren reicht dafür nicht aus.[945]

Ein Verstoß gegen zur Aufrechterhaltung der Ordnung erlassene Anordnungen liegt vor, wenn dahingehende **Maßnahmen der Sitzungsleitung** ignoriert werden, wobei das betroffene Mitglied zu den Adressaten der Anordnungen zählen muss.[946] Es ist nicht erforderlich, dass sich die wiederholten Zuwiderhandlungen in derselben Sitzung ereignet haben.

[943] Blum/Häusler/Meyer-Blum, NKomVG, § 63 Rdnr. 20.
[944] Ipsen, NKomVG, § 63 Rdnr. 22.
[945] Ipsen, NKomVG, § 63 Rdnr. 23.
[946] Ipsen, NKomVG, § 63 Rdnr. 24.

Die Entscheidung über den Ausschluss erfolgt durch **Beschluss der Vertretung** und muss vom Hauptausschuss vorbereitet werden.

Vor Beschlussfassung ist dem betroffenen Mitglied **Gelegenheit zur Stellungnahme** zu geben, wobei dieser aber an der Mitwirkung gehindert ist.

IV. Anhörung eines Ortsrates bzw. Stadtbezirksrates

Der Ortsrat oder der Stadtbezirksrat hat die Interessen der Ortschaft oder des Stadtbezirks zu vertreten und deren oder dessen positive Entwicklung innerhalb der Gemeinde zu fördern (§ 93 Abs. 1 S. 1). Neben Entscheidungsbefugnissen (§ 93 Abs. 1) besitzen Ortsrat und Stadtbezirksrat umfangreiche **Mitwirkungsrechte**.

Der Ortsrat oder der Stadtbezirksart ist zu allen **wichtigen** Fragen des eigenen und des übertragenen Wirkungskreises, die die Ortschaft oder den Stadtbezirk in besonderer Weise berühren, rechtzeitig anzuhören.

„Wichtig" kraft Gesetzes sind die in § 94 Abs. 1 S. 2 aufgeführten Angelegenheiten, wobei die Aufzählung nicht abschließend ist. Das Anhörungsrecht besteht in **allen** wichtigen Fragen, unabhängig von der Organzuständigkeit.[947]

Die Ortschaft oder der Stadtbezirk muss aber von der Angelegenheit in **besonderer Weise berührt** sein und das ist immer dann der Fall, wenn Sonderinteressen der Ortschaft oder des Stadtbezirks betroffen sind.[948]

Rechtzeitig ist die Anhörung, solange Änderungen der Meinungsbildung noch möglich sind. In jedem Fall muss die Anhörung vor der Beschlussfassung des Rates oder des Verwaltungsausschusses erfolgen (§ 94 Abs. 1 S. 2).

Die Anhörung des Ortsrates bzw. des Stadtbezirksrates ist ein **zwingendes verfahrensrechtliches Erfordernis**. Wenn sie bei der Setzung von Ortsrecht unterbleibt, so ist die gleichwohl beschlossene Satzung **nichtig**. Alle anderen Beschlüsse sind verfahrensfehlerhaft und rechtswidrig.[949]

Nur in dringenden Fällen, also bei Eilentscheidungen, kann die Anhörung unterbleiben (§ 89 S. 4).

---

947 Ihnen, S. 335.
948 Blum/Häusler/Meyer-Häusler, NKomVG, § 94 Rdnr. 4.
949 Blum/Häusler/Meyer-Häusler, NKomVG, § 94 Rdnr. 6.

ACHTER TEIL
FALLBEISPIELE

FALL 1

Holzhausen

Zur Sitzung des Rates der fiktiven großen selbstständigen Stadt Holzhausen (62.111 Einwohner) am 11.4. hatte der Oberbürgermeister geladen. Die Einladungen nebst Tagesordnung sind allen Ratsfrauen und Ratsherren am 3.4. zugegangen. In der Geschäftsordnung des Rates ist eine Ladungsfrist von einer Woche festgeschrieben. Bei Feststellung der Beschlussfähigkeit durch den Ratsvorsitzenden KÖGEL bemängelte Ratsherr POTT, dass allen Einladungen keine Beratungsunterlagen, insbesondere auch nicht die Ergebnisse der Vorbereitung durch den Verwaltungsausschuss und die Fachausschüsse, beigelegen hätten, sodass er sich nur unzureichend habe vorbereiten können. Der Oberbürgermeister ließ die Einwände nicht gelten. Alle auf der TO stehenden Beratungsgegenstände seien in allen Fraktionen seit mindestens einer Woche bekannt gewesen. Auf die Sitzungen des Rates sei in der Zeitung bisher immer erst 2 Tage vorher hingewiesen worden. Die öffentliche Bekanntmachung habe ortsüblich am 9.4. stattgefunden. Er informierte den Rat weiter darüber, dass ihn die Ratsmitglieder HEINE und JÜRGENS von der B-Fraktion kurz vor der Sitzung fernmündlich unterrichtet hätten, dass sie unterwegs in einen Verkehrsunfall verwickelt seien, mit ihrer Ankunft also erst später gerechnet werden könne. Bei Anwesenheit von 37 Mitgliedern – vier weitere Mitglieder der B-Fraktion fehlten wegen eines Auslandsaufenthaltes entschuldigt – stellte der Ratsvorsitzende sodann die Beschlussfähigkeit fest.

Der Rat setzt sich wie folgt zusammen: A-Fraktion 15 Mitglieder, B-Fraktion 23 Mitglieder, C-Fraktion 4 Mitglieder und der Oberbürgermeister.

Unter TOP 5 trug der Oberbürgermeister vor, dass der Förderverein zur Errichtung einer Beratungsstelle für Suchtkranke in Holzhausen, der seine Interessen durch den von ihm bevollmächtigten Ratsherrn KLEEMANN wahrnehme, die Gewährung eines Zuschusses von 120.000 € beantragt habe. Er befürworte die Gewährung eines Zuschusses in dieser Höhe, weil die Stadt sonst für die Betreuung dieses Personenkreises mit einer eigenen städtischen Einrichtung tätig werden müsste, für die sie dann aber allein für die Einrichtung weit mehr aufwenden müsste, als der Verein beantragt habe. Während der Verwaltungsausschuss die Ablehnung des Antrages empfohlen habe, hätten Sozialausschuss und Finanzausschuss die

Gewährung eines Zuschusses befürwortet. Der Oberbürgermeister erinnerte daran, dass Haushaltsmittel für diesen Zweck zur Verfügung stehen.

Ratsherr KLEEMANN forderte die B-Fraktion auf, den Rat nicht, wie in der Sitzung am 14.3. geschehen, durch Verlassen des Sitzungssaals beschlussunfähig zu machen, um dadurch eine Entscheidung zu verhindern.

Ratsherr WEGENER, B-Fraktion, gab zu bedenken, dass der Förderverein trotz mehrfacher Aufforderung aus Sicht seiner Fraktion ein klares Konzept für die Führung der Beratungsstelle nicht vorgelegt habe. Er warnte die übrigen Fraktionen davor, heute eine Entscheidung zu erzwingen, nur weil seine Fraktion durch den Auslandsaufenthalt von vier ihrer Mitglieder den Antrag nicht mit Mehrheit ablehnen könne. Sollten die anderen Fraktionen heute auf einer Entscheidung bestehen, dann werde die B-Fraktion – wie schon in der letzten Ratssitzung bei diesem TOP – die Beschlussunfähigkeit des Rates herbeiführen. Von der A-Fraktion wurde das angedrohte Verhalten der B-Fraktion als undemokratisch gerügt.

Nachdem weitere Wortmeldungen nicht vorlagen, ließ Ratsvorsitzender KÖGEL über den Antrag des Fördervereins abstimmen. Bevor es jedoch zur Abstimmung kam, verließen die 17 Mitglieder der B-Fraktion geschlossen den Sitzungssaal. Zuvor zweifelte Ratsherr WEGENER die Beschlussfähigkeit des Rates an. Der Oberbürgermeister stellte fest, es seien nur noch 20 Mitglieder anwesend; der Rat sei nach § 65 Abs. 1 im Grunde nicht mehr beschlussfähig. Der Auszug der B-Fraktion und der Antrag auf Feststellung der Beschlussunfähigkeit seien jedoch eindeutig Rechtsmissbrauch, was vom NKomVG nicht gedeckt sei. Vor diesem Hintergrund stellte er die Beschlussfähigkeit des Rates fest.

Mit 19 Stimmen bei einer Enthaltung entsprach der Rat dem Antrag des Fördervereins.

Mit Schreiben vom 13.4. wendet sich Ratsfrau HANSEN von der B-Fraktion an den Oberbürgermeister und fordert ihn auf, gegen alle Entscheidungen des Rates in der Sitzung am 11.4. unverzüglich Einspruch einzulegen, weil sie gegen das Gesetz verstoßen. Für den Fall, dass dieser nicht tätig wird, werde sie ihn ggf. durch das Innenministerium verpflichten lassen. Begründet wird die Aufforderung damit, dass den Einladungen keine Beratungsunterlagen beigelegen hätten und die ortsübliche Bekanntmachung nach § 59 Abs. 5 nicht zusammen mit der Einladung erfolgt sei.

Prüfen Sie die formelle und materielle Rechtmäßigkeit des Beschlusses zu TOP 5 und erarbeiten Sie im Hinblick auf § 88 einen Entscheidungsvorschlag für den Oberbürgermeister.

Lösungsskizze

Einstieg:
Nach § 7 Abs. 2 Nr. 2 tragen die Organe in großen selbstständigen Städten und in kreisfreien Städten die Bezeichnung Rat, Verwaltungsausschuss und Oberbürgermeister. Die Abgeordneten in den Gemeinden tragen die Bezeichnung Ratsfrau und Ratsherr (§ 45 Abs. 1 S. 3).

Rechtsgrundlage: § 88 Abs. 1 und 2
Ratsfrau HANSEN kann den Oberbürgermeister zwar auffordern, tätig zu werden. Sie hat aber keinen Rechtsanspruch darauf, weil § 88 Abs. 1 kein subjektiv-öffentliches Recht auf Einspruch durch den Oberbürgermeister begründet und dieser nur im öffentlichen Interesse tätig wird.

Auch die Kommunalaufsichtsbehörde (KAB), hier gemäß § 171 Abs. 1 das Ministerium für Inneres, kann den Oberbürgermeister nicht anweisen. KAB kann ggf. nur selbst mit eigenen Mitteln tätig werden.

Formelle Rechtmäßigkeitsvoraussetzungen des Eingreifens:
Zuständigkeit des Oberbürgermeisters (+)

Materielle Rechtmäßigkeitsvoraussetzungen des Eingreifens:
1. Beschluss des Rates (Definition), hier (+)
2. Im eigenen Wirkungskreis, §§ 2 II, 5 Abs. 1 Nr. 1, hier Allzuständigkeit, Finanzhoheit tangiert.
3. Rechtswidrigkeit aus Sicht des Oberbürgermeisters.

Beschluss zu TOP 5:

Formelle Rechtmäßigkeit:

Organzuständigkeit:
Keine Zuständigkeit des Rates für Zuschussgewährung gemäß § 58 Abs. 1 und 2, insbesondere nicht nach Nr. 11 (keine eigene Einrichtung) und Nr. 14 (keine Verfügung über Haushaltsmittel).

Zuständigkeit des Oberbürgermeisters nach § 85 Abs. 1 Nr. 7 als Geschäft der laufenden Verwaltung (Definition erforderlich), hier (-) wegen der erheblichen finanziellen Bedeutung für die Gemeinde.

Somit wäre der Verwaltungsausschuss nach § 76 Abs. 2 S. 1 im Rahmen der Lückenkompetenz zuständig gewesen.

Hier aber Zuständigkeit des Rates gegeben in Form eines konkludenten Vorbehaltsbeschlusses nach § 58 Abs. 3 S. 1 (a. A. vertretbar).

Beschlussfähigkeit:
Nach § 65 Abs. 1 S. 1 1. Alt. ist der Rat nach ordnungsgemäßer Einberufung (§ 59 Abs. 1) bei Anwesenheit der Mehrheit der Mitglieder des Rates beschlussfähig.

Hier ist die fristgerechte Einladung unter Mitteilung der notwendigen Informationen fraglich. Die übrigen Voraussetzungen des § 59 Abs. 1 liegen vor.

§ 59 Abs. 1 fordert nur die Mitteilung der zweifelsfrei formulierten Tagesordnung. Nach dem Sachverhalt hat die Tagesordnung der Einladung beigelegen. Sie war auch zweifelsfrei formuliert. Die Mitversendung von Beratungsunterlagen und Informationen über Beratungsergebnisse der beteiligten Gremien ist nicht erforderlich.

Einhaltung der Ladungsfrist von einer Woche lt. GO gem. §§ 187 I, 188 II BGB analog.

Ereignis: 3.4. (Zugang), Fristbeginn: 4.4., Fristende 10.4., 24.00 Uhr

Die Ladungsfrist wurde eingehalten, und die Einberufung war ordnungsgemäß.

Anwesenheit der Mehrheit der Mitglieder gemäß §§ 46 Abs. 1, 45 Abs. 1 S. 2. Von 43 Mitgliedern müssen mindestens 22 zu Beginn der Sitzung anwesend sein. Das war lt. Sachverhalt der Fall.

Der Rat war nach der 1. Alt. zu Beginn der Sitzung beschlussfähig und blieb es unter den Voraussetzungen des § 65 Abs. 1 S. 3 auch für den weiteren Verlauf der Sitzung.

Fraglich ist, ob die Beschlussfähigkeit noch bei TOP 5 vorgelegen hat. Die Mitglieder der B-Fraktion haben den Sitzungsraum verlassen, und RF WEGENER hat die Beschlussfähigkeit angezweifelt.

Da nach der Feststellung des Oberbürgermeisters zu diesem Zeitpunkt nur 20 Mitglieder des Rates anwesend waren, aber mindestens 22 hatten anwesend sein müssen, ist der Rat nach § 65 Abs. 1 nicht mehr beschlussfähig.

Nach § 65 Abs. 2 ist der Rat jedoch auch – unabhängig von der Zahl der anwesenden Mitglieder – beschlussfähig, wenn eine Angelegenheit wegen Beschlussunfähigkeit zurückgestellt worden ist, zum selben Gegenstand zum zweiten Mal einberufen wird und in der Einladung zur zweiten Sitzung ausdrücklich hierauf hingewiesen worden ist.

Über die Gewährung des Zuschusses konnte lt. Sachverhalt bereits am 14.3. wegen Beschlussunfähigkeit nicht entschieden werden. Einberufung zum zweiten Mal zum selben Gegenstand am 2.4. Es fehlt in der Einladung jedoch der ausdrückliche Hinweis, dass der Rat unabhängig von der Zahl der anwesenden Mitglieder des Rates beschlussfähig ist.

Der Rat ist auch nach § 65 Abs. 2 nicht beschlussfähig.

Vorbereitung:
Gemäß § 76 Abs. 1 S. 1 bedürfen Beschlüsse des Rates der Vorbereitung durch den Verwaltungsausschuss (VA). Lt. Sachverhalt hat eine abschließende Vorbereitung durch den VA stattgefunden, der die Ablehnung des Antrages empfohlen hatte. Unschädlich ist, dass der Rat von der Empfehlung abweicht.

Abstimmung:
Gemäß § 66 Abs. 1 S. 1 werden Beschlüsse mit der Mehrheit der auf Ja oder Nein lautenden Stimmen gefasst, wenn keine andere Mehrheit gesetzlich vorgeschrieben ist. Das ist hier nicht der Fall. Mit 19 Ja-Stimmen, keiner Gegenstimme und einer Enthaltung hat der Rat dem Antrag des Fördervereins entsprochen.

Offene Abstimmung nach § 66 Abs. 2 kann unterstellt werden.

Mitwirkungsverbot:
Könnte sich für RH KLEEMANN aus § 41 Abs. 1 ergeben.

Anwendbarkeit gemäß §§ 41 Abs. 1, 54 Abs. 3.

Persönliche Voraussetzungen: KLEEMANN ist Bevollmächtigter des Fördervereins; er vertritt also dessen Interessen (§ 41 Abs. 1 Nr. 4)

Sachliche Voraussetzungen: Der vertretenen Person, dem Förderverein, könnte durch den Zuschuss ein besonderer Vorteil erwachsen. Dieser müsste auch unmittelbar sein nach § 41 Abs. 1 S. 2 (Definition erforderlich).

Die Voraussetzungen liegen vor.

Ausnahmen gemäß §§ 41 Abs. 3, 41 Abs. 1 S. 3 sind nicht ersichtlich.

KLEEMANN befand sich im Mitwirkungsverbot und hätte dies gemäß § 41 Abs. 4 S. 1 dem Rat mitteilen müssen, der dann nach S. 2 darüber hätte entscheiden müssen. Nach § 41 Abs. 5 hätte sich Kleemann in den Zuhörerteil des Sitzungsraumes begeben müssen.

Öffentlichkeit:
Die nach § 64 S. 1 grundsätzlich notwendige Öffentlichkeit der Sitzung wurde beachtet, da keine Ausschlussgründe gegeben sind. Schützenswerte Interessen des Fördervereins wurden nicht berührt.

Die nach § 59 Abs. 5 erforderliche ortsübliche Bekanntmachung hat stattgefunden. Die Bekanntmachung war auch rechtzeitig. (Nach der Rechtsprechung reichen 2 Tage aus.)

Ergebnis:
Der Beschluss ist formell rechtswidrig.

Materielle Rechtmäßigkeit:
Rechtsgrundlage: §§ 2 Abs. 2, 4 S. 2, 5 Abs. 1 Nr. 1, 113 Abs. 1, 110 Abs. 2

Förderung von Aufgaben, die von sozialen Institutionen wahrgenommen werden, gehört zum eigenen Wirkungskreis, und zwar zu den freiwillig übernommenen Selbstverwaltungsaufgaben. Die Stadt Holzhausen ist dabei grundsätzlich frei im Rahmen ihrer finanziellen

Leistungsfähigkeit. Diese ist lt. Sachverhalt gegeben, denn für diesen Zweck stehen Haushaltsmittel zur Verfügung (§ 113 Abs. 1).

Auch sparsame und wirtschaftliche Haushaltsführung nach § 110 Abs. 2 wurden beachtet, denn wenn die Stadt eine eigene Einrichtung für die Betreuung von Suchtkranken schaffen müsste, wäre ihre finanzielle Belastung erheblich größer.

Ergebnis:
Der Beschluss ist materiell rechtmäßig.

Entscheidungsvorschlag:
Einspruch des Oberbürgermeisters nach § 88 Abs. 1.

Bei TOP 5 liegt wegen Beschlussunfähigkeit des Rates ein unwirksamer Beschluss vor.

Einspruch wäre auch wegen Verstoßes gegen das Mitwirkungsverbot erforderlich. Der Verstoß gegen das Mitwirkungsverbot führt aber nur zur Rechtswidrigkeit des Beschlusses, nicht zur Unwirksamkeit, da die Mitwirkung des KLEEMANN für das Abstimmungsergebnis nach § 41 Abs. 6 nicht entscheidend war.

(Bei entsprechender Begründung ist auch ein »Hinweis« an den Rat ausreichend und vertretbar).

FALL 2

Zu einer Sitzung des Rates der erdachten Gemeinde Dellburg (14.680 Einwohner) am 10.3. hat der Erste Gemeinderat MITTENDORF am 3.3. eingeladen. Die übrigen Ratsmitglieder haben die Einladung am 3.3. durch Boten erhalten.

Die Tagesordnung hatte folgenden Inhalt:
1. Eröffnung der Sitzung und Feststellung der Beschlussfähigkeit
2. ...
3. ....
16. Erwerb des Grundstücks Hofacher 15 von RH SCHLICHT.

Nichtöffentlicher Teil:

.....
An der Ratssitzung am 10.3. nahmen 30 Ratsmitglieder und der Erste Gemeinderat MITTENDORF teil. Der stellvertretende Bürgermeister OTTE begrüßte die anwesenden Ratsmitglieder und entschuldigte den erkrankten Bürgermeister SCHWINDNER, der nicht an der Sitzung teilnehmen könne. Auch Ratsvorsitzender MICHEL fühle sich unwohl, nehme

zwar an der Sitzung teil, habe ihn aber gebeten, die Sitzungsleitung zu übernehmen. Sodann stellte OTTE die ordnungsgemäße Ladung und die Beschlussfähigkeit fest.

Erster Gemeinderat MITTENDORF teilte mit, dass eine notwendige Sanierung der Grundschule aufgrund einer Gebäudesubstanzanalyse wirtschaftlich unsinnig sei und die Gemeinde trotz angespannter Finanzlage eine neue Grundschule bauen müsse. Dabei denke man an einen neuen Standort in der Ortsmitte. Die bisherige Randlage der Schule habe teilweise zu unzumutbar langen Schulwegen geführt. Erfreulicherweise besitze Ratsherr SCHLICHT in der Ortsmitte eine Pferdewiese, die er der Gemeinde zum Kauf angeboten habe, weil er die Pferdezucht nicht weiter betreibe. Der Kaufpreis in Höhe von 200.000 € liege zwar deutlich über den für vergleichbare Grundstücke in Dellburg zu zahlenden Preisen, müsse aber wohl akzeptiert werden, weil die Gemeinde auf andere Grundstücke in dieser Lage nicht zurückgreifen könne.

Ratsherr SCHWARZER lehnte für seine Fraktion den Entscheidungsvorschlag entschieden ab. Ratsherrr SCHLICHT nutze die Verhältnisse aus und wolle sich auf Kosten der Gemeinde bereichern. Er schlug deshalb vor, mit dem Grunderwerb abzuwarten, bis sich eine andere günstigere Gelegenheit anbiete. Im Übrigen dürfte Ratsherr SCHLICHT wegen persönlicher Betroffenheit nicht mitwirken.

Erster Gemeinderat MITTENDORF entgegnete, dass wegen der Sicherstellung der Schulversorgung in den nächsten Jahren akuter Handlungsspielraum bestehe. Haushaltsmittel stünden bereits seit dem letzten Jahr zur Verfügung. Außerdem könnte er nach kurzer Prüfung der Rechtslage feststellen, dass kein Mitwirkungsverbot vorliege und SCHLICHT mitwirken und mitentscheiden könne.

Stellv. Bürgermeister OTTE wies darauf hin, dass der Verwaltungsausschuss die Angelgelegenheit beraten habe, sich aber nicht zu einer Beschlussempfehlung habe durchringen können. Er ließ dann abstimmen.

Der Rat beschloss mit 15 Ja-Stimmen und 14 Nein-Stimmen bei 1 Enthaltung, das Grundstück Hofacker 15 zum Preis von 200.000 € von Bruno SCHLICHT zu erwerben.

Auszug aus der Hauptsatzung der Gemeinde Dellburg

§ 3 Festsetzung von Wertgrenzen

(1) Über Rechtsgeschäfte nach § 58 Abs. 1 Nr. 14 beschließt der Rat, wenn deren Vermögenswert 10.000 € übersteigt.
(2) Verträge der Stadt mit Ratsfrauen oder Ratsherren, sonstigen Mitgliedern von Ausschüssen und von Ortsräten oder mit der Bürgermeisterin/dem Bürgermeister nach § 58 Abs. 1 Nr. 20 bedürfen der Beschlussfassung durch den Rat, es sei denn, dass es sich um Verträge aufgrund einer förmlichen Ausschreibung oder um Geschäfte der laufenden Verwaltung handelt, deren Vermögenswert 5.000 € nicht übersteigt.

Prüfen Sie als Sachbearbeiter im Kommunalaufsichtsamt des Landkreises Wesertal gutachtlich, ob der Landkreis gegen den Beschluss des Rates vom 10.3. zu TOP 16 kommunalaufsichtlich vorgehen kann bzw. muss.

Bearbeitungshinweise:

1. *In der Geschäftsordnung des Rates ist eine Ladungsfrist von einer Woche festgelegt.*
2. *Die Gemeinde Dellburg liegt im Landkreis Wesertal.*

Lösungsskizze

Einstieg:
Nach § 7 Abs. 2 Nr. 1 tragen die Organe in Gemeinden die Bezeichnung Rat, Verwaltungsausschuss und Bürgermeister. Die Abgeordneten in den Gemeinden tragen die Bezeichnung Ratsfrau und Ratsherr (§ 45 Abs. 1 S. 3).

Ermächtigungsgrundlage: § 173 Abs. 1
Danach kann die Kommunalaufsichtsbehörde u. a. Beschlüsse einer Gemeinde beanstanden, wenn sie das Gesetz verletzen.

Formelle Rechtmäßigkeitsvoraussetzungen der Beanstandung:

1. Zuständigkeit der Kommunalaufsichtsbehörde (KAB)
   a) Sachliche §§ 170 Abs. 1 S. 2 i.V.m. 5 Abs. 1 Nr. 1, 124 Abs. 1
   Erwerb eines Grundstücks ist Angelegenheit der örtlichen Gemeinschaft, Finanzhoheit tangiert.
   b) Instanzielle §§ 171 Abs. 2, 14 Abs. 1
   Die Gemeinde Dellburg gehört dem Landkreis Wesertal an.
   c) Örtliche § 3 Abs. 1 Nr. 3b VwVfG i.V.m. § 1 Abs. 1 Nds. VwVfG

Materielle Rechtmäßigkeitsvoraussetzungen der Beanstandung:

2. Beschluss einer Gemeinde (Definition), hier (+)
3. Gesetzesverletzung

Beschluss zu TOP 16 »Erwerb eines Grundstücks«

Formelle Rechtmäßigkeit:

Organzuständigkeit:
Der Rat ist nach § 58 Abs. 1 Nr. 20 zuständig, da die Wertgrenze gemäß Hauptsatzung überschritten wird.

Beschlussfähigkeit:
Nach § 65 Abs. 1 S. 1 1. Alt. ist der Rat nach ordnungsgemäßer Einberufung (§ 59 Abs. 1) bei Anwesenheit der Mehrheit der Mitglieder des Rates beschlussfähig.

Ordnungsgemäße Ladung
Ladung durch den Ersten Gemeinderat war rechtswidrig, weil der Bürgermeister im Verhinderungsfall durch die oder den Vorsitzende(n) des Rates vertreten wird gemäß § 59 Abs. 3 S. 3. Die übrigen Voraussetzungen des § 59 Abs. 1 S. 1 liegen vor.

Fraglich ist, ob die Ladungsfrist nach § 59 Abs. 1 S. 2 i.V.m. der Geschäftsordnung eingehalten wurde (lt. Bearbeitungshinweis 1 Woche).

Die Berechnung der Ladungsfrist erfolgt nach §§ 187 Abs. 1, 188 Abs. 2 BGB analog.

Ereignis: 3.3. (Zugang), Fristbeginn: 4.3., Fristende: 10.3., 24.00 Uhr

Somit wurde auch nicht fristgerecht geladen.

Der Rat war nach der 1. Alt. nicht beschlussfähig.

Der Rat könnte nach § 65 Abs. 1 S. 1 2. Alt. beschlussfähig gewesen sein. Dann müssten alle Ratsmitglieder anwesend sein, und keines dürfte eine Verletzung der Vorschriften über die Einberufung des Rates rügen.

Bürgermeister SCHWINDNER fehlte wegen Krankheit, und damit waren nicht alle Ratsmitglieder anwesend. Eine Rüge der Einberufungsvorschriften lag nicht vor.

Damit war der Rat auch nach der 2. Alt. nicht beschlussfähig.

Vorbereitung:
Eine Vorbereitung durch den Verwaltungsausschuss gemäß § 76 Abs. 1 hat lt. Sachverhalt stattgefunden, da abschließend beraten wurde. Eine Beschlussempfehlung war nicht erforderlich.

Abstimmung:
Für eine ordnungsgemäße Abstimmung nach § 66 Abs. 1 S. 1 reicht die Mehrheit der auf Ja oder Nein lautenden Stimmen, da keine spezielle Mehrheit ersichtlich ist. Hier wurde der Beschluss mit 15 Ja-Stimmen zu 14 Nein-Stimmen gefasst und damit die erforderliche Mehrheit erreicht.

Eine offene Abstimmung (Handzeichen) nach § 66 Abs. 2 ist erfolgt.

Mitwirkungsverbot:
Ratsherr SCHLICHT könnte sich hier im Mitwirkungsverbot befinden.

Anwendbarkeit gemäß §§ 41 Abs. 1, 54 Abs. 3 (+).

Persönliche Voraussetzungen: § 41 Abs. 1 Nr. 1 (+), da selbst betroffen.

Sachliche Voraussetzungen: § 41 Abs. 1 S. 1 und 2, hier unmittelbarer Vorteil finanzieller Art, der sich direkt aus dem Grundstückskauf ergibt.

Ausnahmen gemäß §§ 41 Abs. 3, 41 Abs. 1 S. 3 liegen nicht vor.

Verstoß gegen § 41 Abs. 4 S. 1, SCHLICHT hat seine Mitteilungspflicht verletzt.

Verstoß gegen § 41 Abs. 4 S. 2, da der Erste Gemeinderat über das Mitwirkungsverbot entschieden hat und nicht der Rat.

Verstoß gegen § 41 Abs. 5, SCHLICHT hätte den Sitzungsraum verlassen müssen.

(Auf die Frage der Wirksamkeit des Beschlusses nach § 41 Abs. 6 ist an dieser Stelle nicht einzugehen).

Öffentlichkeit:
Die Sitzung hätte zu diesem TOP gemäß § 64 S. 1 nichtöffentlich durchgeführt werden müssen, da bei dem Grundstückserwerb sowohl berechtigte Interessen Einzelner (des Verkäufers) als auch das öffentliche Wohl (Interessen der Gemeinde) berührt sein können.

Die ordnungsgemäße Bekanntmachung nach § 59 Abs. 5 wird unterstellt, da der Sachverhalt keine gegenteiligen Angaben enthält.

Sonstiges/Sitzungsleitung:
Hier könnte die Sitzungsleitung rechtswidrig sein, weil die Sitzung vom stellvertretenden Bürgermeister Otte geleitet wurde. Ratsvorsitzender Michel hat die Leitung der Sitzung an den stellv. Bürgermeister Otte abgegeben. Subjektive Verhinderung reicht aus. Die Abgabe der Sitzungsleitung an Otte ist rechtmäßig, wenn dieser zugleich stellvertretender Ratsvorsitzender ist, wovon mangels gegenteiliger Anhaltspunkte im Sachverhalt ausgegangen wird.

Der Beschluss ist insgesamt formell rechtswidrig.

Materielle Rechtmäßigkeit:
Rechtsgrundlage: §§ 124 Abs. 1, 113 Abs. 1, 110 Abs. 2.

Nach § 124 Abs. 1 sollen Gemeinden Vermögensgegenstände nur erwerben, soweit dies zur Erfüllung ihrer Aufgaben in absehbarer Zeit erforderlich ist.

Bei dem Grundstück handelt es sich um einen Vermögensgegenstand i. S. v. § 54 GemHKVO. Das Grundstück wird für den Bau einer Grundschule benötigt, um die Schulversorgung sicherzustellen. Die Zuständigkeit der Gemeinde ergibt sich aus § 102 Abs.1 NSchG.

Haushaltsmittel sind vorhanden (§ 113 Abs. 1), die Haushaltsgrundsätze der Sparsamkeit und Wirtschaftlichkeit (§ 110 Abs. 2) wurden beachtet. Erhöhter Kaufpreis angesichts fehlender Alternativangebote und guter Lage in der Ortsmitte wirtschaftlich vertretbar.

Der Beschluss ist materiell rechtmäßig.

Entscheidungsvorschlag:
Die KAB hat Entschließungs- und Auswahlermessen. Der Beschluss zu TOP 16 verletzt das Gesetz. Die Voraussetzungen für ein Tätigwerden der KAB nach § 173 Abs. 1 liegen vor.

Der Beschluss zu TOP 16 ist wegen fehlender Beschlussfähigkeit und wegen Verstoßes gegen das Mitwirkungsverbot (Abstimmung 15:14 entscheidend nach § 41 Abs. 6) nicht nur rechtswidrig, sondern auch unwirksam.

Die Verstöße gegen den Öffentlichkeitsgrundsatz und die Sitzungsleitung führen lediglich zur Rechtswidrigkeit des Beschlusses.

Im Rahmen des Auswahlermessens sollte die KAB beratend tätig werden und die Gemeinde schriftlich auf die Rechtslage hinweisen. Eine Beanstandung würde »ins Leere« laufen, da kein wirksamer Beschluss vorliegt.

(A. A. vertretbar aus Gründen der Rechtsklarheit, um den Anschein der Rechtmäßigkeit zu beseitigen.)

FALL 3

Der Stadtverband der A-Partei hatte bei der erdachten niedersächsischen Stadt Blumtal (24.450 Einwohner) den Antrag auf Überlassung der Turnhalle der Pestalozzi-Grundschule für eine Parteiveranstaltung am 22.8. gestellt. Die Entscheidung darüber sollte der Verwaltungsausschuss in seiner Sitzung am 17.6. treffen. Die Einladung zu dieser Sitzung durch Bürgermeister SCHAEFER hatten alle Mitglieder des Verwaltungsausschusses bis auf den Beigeordneten HOMANN am 13.6. erhalten. Die Ladungsfrist für den Verwaltungsausschuss beträgt nach der Geschäftsordnung vier Tage. HOMANN hatte die Ladung zur Sitzung aufgrund eines Versehens des Postboten erst am 14.6. erhalten. In der Sitzung rügte HOMANN diesen Ladungsfehler gegenüber dem 1. stellvertretenden Bürgermeister STÜMPEL, der die Sitzung für den erkrankten Bürgermeister SCHAEFER leitete und der dennoch die Beschlussfähigkeit feststellte.

Zu Beginn der Beratung des Tagesordnungspunktes »Antrag der A-Partei auf Überlassung der Turnhalle der Pestalozzi-Grundschule« begründete Ratsherr MOHR den Antrag für die A-Partei. Bereits vor fünf Jahren sei die Turnhalle einmal im Rahmen des Landesmusikfestes für Musikgruppen als Übernachtungsherberge zur Verfügung gestellt worden. Die A-Partei mache ihren im Parteiengesetz verankerten Anspruch auf Gleichbehandlung geltend.

In der weiteren Beratung trug die Mehrheitsfraktion der B-Partei vor, dass Schulen aufgrund ihrer besonderen Funktion nicht polarisiert werden sollten. Auch wurde darauf hingewiesen, dass nach der bestehenden Benutzungssatzung die Schulturnhallen für außerschulische Aktivitäten nur für ansässige Sportvereine zur Verfügung gestellt werden.

Der Verwaltungsausschuss beschloss mit 4 Nein- gegen 2 Ja-Stimmen, den Antrag der A-Partei abzulehnen.

Ist der Beschluss rechtmäßig?

Lösungsskizze

Formelle Rechtmäßigkeit des Beschlusses:
Nach § 7 Abs. 2 Nr. 1 tragen die Organe in Gemeinden die Bezeichnung Rat, Verwaltungsausschuss und Bürgermeister. Die Abgeordneten in den Gemeinden tragen die Bezeichnung Ratsfrau und Ratsherr (§ 45 Abs. 1 S. 3).

Verbandszuständigkeit:
Die sachliche und örtliche Zuständigkeit der Stadt Blumtal ergibt sich aus §§ 5 Abs. 1 Nr. 1, 2 Abs. 2 (Allzuständigkeit), 30 Abs. 1 und 2.

Organzuständigkeit:
Hier ist die Zuständigkeit des Verwaltungsausschusses nach § 76 Abs. 2 S. 1 gegeben, da weder eine Zuständigkeit des Rates greift noch eine Zuständigkeit des Bürgermeisters als Geschäft der laufenden Verwaltung nach § 85 Abs. 1 Nr. 7 wegen der grundsätzlichen Bedeutung (Nutzung außerhalb des Widmungszwecks).

Beschlussfähigkeit:
Nach § 65 Abs. 1 S. 1 1. Alt. i.V.m. § 78 Abs. 4 ist der Verwaltungsausschuss nach ordnungsgemäßer Einberufung (§ 59 Abs. 1) bei Anwesenheit der Mehrheit der Mitglieder des Verwaltungsausschusses beschlussfähig.

Bei der ordnungsgemäßen Einberufung ist lediglich die Einhaltung der Ladungsfrist fraglich.

Die Ladungsfrist beträgt nach der Geschäftsordnung vier Tage. Die Berechnung erfolgt nach §§ 187 Abs. 1, 188 Abs. 1 BGB analog.

Ereignis: 13.6. Fristbeginn: 14.6. Fristende: 17.6., 24.00 Uhr.

Die Ladungsfrist von vier Tagen wurde nicht eingehalten.

Die verspätete Ladung des Ratsherrn HOMANN durch ein Versehen des Postboten hat der Bürgermeister nicht zu vertreten.

Der Verwaltungsausschuss war nach der 1. Alt. nicht beschlussfähig.

Der Rat könnte nach § 65 Abs. 1 S. 1 2. Alt. i.V.m. § 78 Abs. 4 beschlussfähig gewesen sein. Dann müssten alle Ratsmitglieder anwesend sein, und keines dürfte eine Verletzung der Vorschriften über die Einberufung des Rates rügen.

Bürgermeister SCHAEFER fehlte wegen Krankheit, und damit waren nicht alle Ratsmitglieder anwesend.

Der Bürgermeister wird im Verwaltungsausschuss in seiner Eigenschaft als stimmberechtigtes Mitglied nicht vertreten.

Damit war der Rat auch nach der 2. Alt. nicht beschlussfähig.

Vorbereitung:
Von der Vorbereitung des Beschlusses durch den Bürgermeister gemäß § 85 Abs. 1 Nr. 1 ist auszugehen.

Abstimmung:
Für eine ordnungsgemäße Abstimmung nach §§ 66 Abs. 1, 78 Abs. 4 reicht die Mehrheit der auf Ja oder Nein lautenden Stimmen, da keine spezielle Mehrheit ersichtlich ist. Hier wurde der Antrag mit 2 Ja-Stimmen zu 4 Nein-Stimmen abgelehnt.

Eine offene Abstimmung nach §§ 66 Abs. 2, 78 Abs. 4 wird unterstellt.

Mitwirkungsverbot:
Aus dem Sachverhalt sind keine Gründe des Mitwirkungsverbots erkennbar.

Nichtöffentlichkeit:
Sitzungen des Verwaltungsausschusses finden nach § 78 Abs. 2 S. 1 nichtöffentlich statt.

Sonstiges/Leitung der Sitzung:
Nach §§ 63 Abs. 1, 74 Abs. 1 S. 3 leitet der Bürgermeister die Sitzungen des Verwaltungsausschusses als Vorsitzender. Im Vertretungsfall führt der ehrenamtliche Stellvertreter nach § 81 Abs. 2 den Vorsitz. Dies ist hier so erfolgt.

Der Beschluss ist formell rechtswidrig.

Materielle Rechtmäßigkeit:
Rechtsgrundlagen §§ 30 Abs. 1 und 3.

Turnhallen sind öffentliche Einrichtungen der Stadt Blumtal. Nach §§ 30 Abs. 1 und 2 hat auch die A-Partei einen Anspruch auf Nutzung der öffentlichen Einrichtungen der Stadt Blumtal im Rahmen der bestehenden Vorschriften.

Der Anspruch besteht aber nur im Rahmen des Widmungszwecks. Hier wurde die Turnhalle entsprechend der Benutzungssatzung nur für außerschulische Zwecke sportlicher Art, den ortsansässigen Sportvereinen, zur Verfügung gestellt, nicht den Parteien.

Auch ist keine Erweiterung des Widmungszwecks durch ständige Praxis erfolgt. Mit der einmaligen Überlassung der Turnhalle als Gemeinschaftsunterkunft beim Landesmusikfest (Sondernutzung) vor fünf Jahren wurde kein Präzedenzfall geschaffen, der zu einem Anspruch der A-Partei führen könnte.

Das Parteiengesetz begründet ebenfalls keine Verpflichtung der Stadt zur Vergabe der Turnhallen außerhalb des Widmungszwecks, sondern regelt nur die Anwendung des Gleichheitssatzes (Art. 3 Abs. 1 GG, § 5 Abs. 1 PartG). Die Turnhalle wurde bisher nicht an Parteien vergeben.

Es liegt auch keine Verletzung des Gleichheitssatzes nach Art. 3 Abs. 1 GG vor (Vergleichspaar Musiker/Partei).

Die vom Widmungszweck nicht erfasste Überlassung der Turnhalle als Gemeinschaftsunterkunft hindert die Stadt nicht, die Turnhalle für Sondernutzungen außerhalb des Widmungszwecks zur Verfügung zu stellen. Darauf besteht jedoch kein Anspruch, dies liegt im Ermessen der Stadt.

Auch der generelle Ausschluss politischer Parteien von der Nutzung der Turnhallen ist rechtlich nicht zu beanstanden, Ermessensfehler liegen nicht vor.

Der Beschluss ist materiell rechtmäßig.

Insgesamt ist der Beschluss formell rechtswidrig und materiell rechtmäßig.

FALL 4 Deisterode

Zu einer Sitzung des Rates am 12.12. der erdachten Stadt Deisterode (27.567 Einwohner), die dem Landkreis Deistertal angehört, hatte Bürgermeister SANDER am 5.12. eingeladen. Die Einladungen zur Ratssitzung waren am gleichen Tage bei der Post aufgegeben worden. Die Tagesordnung enthielt folgende Punkte (Auszug):

1. Eröffnung der Sitzung und Feststellung der Beschlussfähigkeit
2. Genehmigung des Protokolls über die Ratssitzung vom 4.11.
3. ....
4. ....
5. ....
6. Berufung des Leiters des Rechnungsprüfungsamtes

Die Geschäftsordnung des Rates sieht eine Ladungsfrist von einer Woche vor. Zeit, Ort und Tagesordnung wurden am 9.12. in der Tageszeitung »Deisterblick« bekannt gemacht.

Nachdem der stellvertretende Ratsvorsitzende WILKE die Sitzung eröffnet hatte, teilte er mit, dass er trotz der Anwesenheit des Ratsvorsitzenden die Sitzung leiten werde, da sich Ratsvorsitzender SAUER unwohl fühle und ihn gebeten habe, an seiner Stelle die Sitzung zu leiten. Anschließend stellte WILKE die Beschlussfähigkeit des Rates fest.

Unter dem TOP 6 wies Bürgermeister SANDER einleitend darauf hin, dass der Verwaltungsausschuss in seiner Sitzung am 5.12. auf seinen Vorschlag hin empfohlen habe, Stadtoberamtsrätin GEIER als Leiterin des Rechnungsprüfungsamtes zu berufen.

Ratsfrau WEISE zweifelte die Zuständigkeit des Rates für die Bestellung des Leiters des Rechnungsprüfungsamtes an, da der Rat mit Beschluss vom 30.5. die ihm nach § 58 Abs. 1 S. 1 zustehenden Kontrollbefugnisse gegenüber der Verwaltung nach § 58 Abs. 5 auf den Verwaltungsausschuss übertragen habe.

Ratsherr ABEL hingegen meinte, dass Stellenbesetzungen in die Kompetenz des Bürgermeisters nach § 85 Abs. 3 S. 1 fielen.

Bürgermeister SANDER hielt beide Auffassungen für abwegig.

Ratsherr RUNGE schlug den 40-jährigen Stadtamtsrat WAGNER als neuen Leiter vor. Der Posten sollte einem jungen und tatkräftigen Mitarbeiter anvertraut werden, um alte Zöpfe abzuschneiden und auch im Prüfungswesen neue Wege zu beschreiten.

Ratsfrau WEISE erklärte, dass ihr eine Berufung WAGNERS Unbehagen bereite, weil sie Zweifel an dessen Qualifikation habe. Zwei Vorfälle, über die die Presse unlängst berichtet habe, ließen das notwendige Fingerspitzengefühl in kritischen Situationen vermissen. Sie habe den Eindruck, dass WAGNER nur aufgrund seiner Beziehungen in dieses wichtige Amt berufen werden sollte; immerhin sei er der Sohn der Schwester des Leiters der Stadtkasse.

Ratsherr RUNGE entgegnete, dass es keinen Bediensteten der Stadt in leitender Position gäbe, über den die Presse noch nicht negativ berichtet hätte. Seit zwei Wahlperioden sei er Mitglied im Rat der Stadt und habe in all den Jahren keinen Verwaltungsmitarbeiter kennengelernt, der für die Aufgabe besser geeignet sei als Stadtamtsrat WAGNER.

Nach weiteren Wortbeiträgen rief stellvertretender Ratsvorsitzender WILKE zur Beschlussfassung auf und bat um entsprechende Handzeichen. Der Rat fasste mit 17 Ja- gegen 16-Neinstimmen bei 6 Enthaltungen den Beschluss, Stadtamtsrat WAGNER mit Wirkung vom 1.4. des kommenden Jahres als Leiter des Rechnungsprüfungsamtes zu berufen.

Prüfen Sie als Mitarbeiter im Fachbereich für Kommunalaufsicht des erdachten Landkreises Deistertal die formelle und materielle Rechtmäßigkeit des Beschlusses zu TOP 6 und unterbreiten Sie dem Landrat einen Entscheidungsvorschlag, ob und ggf. wie eingeschritten werden sollte.

Lösungsskizze

Einstieg:
Nach § 7 Abs. 2 Nr. 1 tragen die Organe in Gemeinden die Bezeichnung Rat, Verwaltungsausschuss und Bürgermeister. Die Abgeordneten in den Gemeinden tragen die Bezeichnung Ratsfrau und Ratsherr (§ 45 Abs. 1 S. 3).

Ermächtigungsgrundlage: § 173 Abs. 1
Danach kann die Kommunalaufsichtsbehörde u. a. Beschlüsse einer Gemeinde beanstanden, wenn sie das Gesetz verletzen.

Formelle Rechtmäßigkeitsvoraussetzungen der Beanstandung:
1. Zuständigkeit der Kommunalaufsichtsbehörde (KAB)
   a) Sachliche §§ 170 Abs. 1 S. 2 i.V.m. 5 Abs. 1 Nr. 1
      Berufung des Leiters des Rechnungsprüfungsamtes (Personalhoheit)
   b) Instanzielle §§ 171 Abs. 2, 14 Abs. 1
      Die Gemeinde Deisterode gehört dem Landkreis Deistertal an.
   c) Örtliche § 3 Abs. 1 Nr. 3b VwVfG i.V.m. § 1 Abs. 1 Nds.VwVfG

Materielle Rechtmäßigkeitsvoraussetzungen der Beanstandung:
2. Beschluss einer Gemeinde (Definition), hier (+)
3. Gesetzesverletzung

Beschluss zu TOP 6: Berufung des Leiters des Rechnungsprüfungsamtes

Formelle Rechtmäßigkeit des Beschlusses:

Organzuständigkeit:
Nach § 154 Abs. 2 S. 1 ist der Rat für die Berufung des Leiters des Rechnungsprüfungsamtes ausschließlich zuständig.

Eine Übertragung der Zuständigkeit des Rates nach § 58 Abs. 5 auf den Verwaltungsausschuss umfasst nicht die Regelung nach § 154 Abs. 2; auch eine Zuständigkeit des Bürgermeisters nach § 85 Abs. 3 S. 1 ist aufgrund der Spezialregelung des § 154 Abs. 2 nicht gegeben.

Mit dem Rat hat das zuständige Organ entschieden.

Beschlussfähigkeit:
Nach § 65 Abs. 1 S. 1 1. Alt. ist der Rat nach ordnungsgemäßer Einberufung (§ 59 Abs. 1) bei Anwesenheit der Mehrheit der Mitglieder des Rates beschlussfähig.

Von der Einhaltung der Ladungsvorschriften des § 59 Abs. 1 S. 1 ist hier auszugehen. Fraglich könnte hier lediglich die Ladungsfrist nach S. 2 i. V. m. der Geschäftsordnung sein. Danach beträgt die Ladungsfrist 1 Woche. Bei der Berechnung der Frist sind die Vorschriften der §§ 187 Abs. 1, 188 Abs. 2 BGB analog anzuwenden.

Die Einladungen wurden am 5.12. bei der Post aufgegeben. Das Ereignis ist somit der 6.12., Fristbeginn der 7.12. und Fristende der 13.12., 24.00 Uhr.

Da die Sitzung am 12.12. stattfand, wurde die Frist nicht eingehalten, und der Rat war nach der 1. Alt. des § 65 Abs. 1 S. 1 nicht beschlussfähig.

Eine Beschlussfähigkeit könnte nach § 65 Abs. 1 S. 1 2. Alt. gegeben sein, wenn alle Mitglieder anwesend waren und keiner die Verletzung der Einberufungsvorschriften gerügt hat.

Der Rat der Gemeinde Deisterode besteht nach §§ 46 Abs. 1, 45 Abs. 2 S. 1 aus 39 Mitgliedern (38 Ratsherren und Ratsfrauen zuzüglich Bürgermeister).

Aus dem Abstimmungsergebnis zu TOP 6 ergibt sich, dass alle Ratsmitglieder anwesend waren.

Die Verletzung der Einberufungsvorschriften wurde nicht gerügt.

Da der Rat zu Beginn der Sitzung beschlussfähig gewesen ist, blieb er es nach § 65 Abs. 1 S. 3 auch bei TOP 6, da keine Änderungen eingetreten sind.

Vorbereitung:
Der Beschluss wurde entsprechend § 76 Abs. 1 S. 1 vorbereitet. Es ist unerheblich, dass der Rat dieser Empfehlung nicht gefolgt ist.

Abstimmung:
Die Abstimmung richtet sich nach § 66 Abs. 1 S. 1. Hier liegt eine spezielle Mehrheit, die sich aus § 154 Abs. 2 ergibt. Danach wäre die Mehrheit der Mitglieder des Rates erforderlich. Mit 17 Ja-Stimmen wurde diese Mehrheit nicht erreicht.

Die offene Abstimmung nach § 66 Abs. 2 ist erfolgt.

Mitwirkungsverbot:
Aus dem Sachverhalt sind keine Gründe des Mitwirkungsverbots erkennbar.

Öffentlichkeit:
Nach § 64 S. 1 sind Sitzungen grundsätzlich öffentlich, es sei denn berechtigte Interessen Einzelner oder das öffentliche Wohl erfordern den Ausschluss.

Bei der Berufung des RPA-Leiters handelt es sich um eine Personalangelegenheit, die von vornherein eine Aussprache über die fachliche und persönliche Qualifikation der Bewerber (so auch geschehen) erwarten lässt. Es lag im berechtigten Interesse Einzelner, die Öffentlichkeit auszuschließen. Das ist hier nicht geschehen.

Sonstiges/Leitung der Sitzung:
Es ist unbedenklich, dass der stellv. Ratsvorsitzende die Sitzung geleitet hat (§§ 61 Abs. 1 S. 3 i. V. m. 63 Abs. 1), da er vom Ratsvorsitzenden wegen dessen subjektiver Verhinderung einen Vertretungsauftrag erhalten hatte.

Zwischenergebnis:
Der Beschluss ist formell rechtswidrig.

Materielle Rechtmäßigkeit des Beschlusses:
Nach § 154 Abs. 3 darf der RPA-Leiter nicht mit dem Kassenleiter bis zum 3. Grade verwandt sein. WAGNER ist ein Neffe des Leiters der Stadtkasse. Nach § 1589 BGB ist er mit diesem im 3. Grade verwandt. Dieses steht der Berufung entgegen.

WAGNER hätte nur dann berufen werden können, wenn zuvor ein anderer Kassenleiter bestellt worden wäre.

Der Beschluss ist materiell rechtswidrig.

Entscheidungsvorschlag:
Die Kommunalaufsichtsbehörde hat Ermessen nach § 40 VwVfG, und zwar Entschließungs- und Auswahlermessen. Der Beschluss zu TOP 6 verletzt das Gesetz: Die Voraussetzungen für ein Tätigwerden der KAB nach § 173 Abs. 1 liegen vor.

Beim Beschluss zu TOP 6 wurde die erforderliche Mehrheit nicht erreicht, weiterhin wurde gegen den Öffentlichkeitsgrundsatz verstoßen, und der Beschluss ist materiell rechtswidrig.

Da WAGNER nicht gewählt wurde, ist der Beschluss auch unwirksam. Eine Beanstandung würde »ins Leere laufen«. Ein Hinweis an die Gemeinde reicht aus.

(A. A. vertretbar aus Gründen der Rechtsklarheit, um den Anschein der Rechtmäßigkeit zu beseitigen.)

LITERATURVERZEICHNIS

Antweiler, Clemens, Öffentlich-rechtliche Unterlassungsansprüche gegen kommunale Wirtschaftstätigkeit, NVwZ 2003, S. 1466–1469

Armbrust, Peter, Einführung in das niedersächsische Kommunalrecht, Hamburg 2007

Bauer, Hartmut, Zukunftsthema »Rekommunalisierung«, DÖV 2012, S. 329–338

Becker, Florian, Grenzenlose Kommunalwirtschaft, DÖV 2000, S. 1032–1039

Blum, Peter u. a., Kommunalverfassungsrecht Niedersachsen, Niedersächsisches Kommunalverfassungsrecht (NKomVG), Loseblatt (Stand: Juni 2015)

Blum, Peter/Häusler, Bernd/Meyer, Hubert (alle Hrsg.)/Freese, Herbert/Mielke, Jörg/Rose, Joachim/Schwind, Joachim/Wefelmeier, Christian/Weidemann, Holger, Niedersächsisches Kommunalverfassungsgesetz, Kommentar, 3. Auflage, Wiesbaden 2014, zit.: Blum/Häusler/Meyer-Bearbeiter

Brüning, Christoph, Rechtswege zur Abwehr kartellbehördlicher Maßnahmen für kommunale Verwaltungsträger, NVwZ 2011, S. 985–987

Bull, Hans Peter/ Mehde, Veith, Allgemeines Verwaltungsrecht mit Verwaltungslehre, 8. Auflage Heidelberg 2009

Burgi, Martin, Kommunalrecht, 5. Auflage München 2015

Dols, Heinz von/Plate, Klaus, Kommunalrecht, 5. Auflage Stuttgart u. a. 1999

Dombert, Matthias, Auch für die Erhöhung kommunaler Aufgabenstandards gilt: Wer bestellt, der bezahlt!, LKV 2011, S. 353–358

Dombert, Matthias, Wenn's ums Geld geht: Kommunale Finanzhoheit und die Zulässigkeitsvoraussetzungen des verfassungsgerichtlichen Rechtsschutzes, LKV 2009, S. 343–350

Ehlers, Dirk, Die Klagearten und besondere Sachentscheidungsvoraussetzungen im Kommunalverfassungsstreitverfahren, NVwZ 1990, S. 105–112

Engels, Andreas/Krausnick, Daniel, Kommunalrecht, 1. Auflage 2015

Franke, Jürgen/Fischer, Gerhard, Gesetzentwurf zur Zusammenfassung und Modernisierung des niedersächsischen Kommunalverfassungsrechts, NdsVBl. 2010, S. 257–263

Funke, Andreas/Papp, Andreas, Rechtsprobleme kommunaler Satzungen, JuS 2010, S. 395–400

Gassner, Ulrich M., Grenzen des Zulassungsanspruchs politischer Parteien zu kommunalen öffentlichen Einrichtungen, VerwArch 85 (1994), S. 533–566

Geis, Max-Emanuel, 3. Auflage München 2014

Gern, Alfons, Deutsches Kommunalrecht, 3. Auflage Baden-Baden 2003

Gönnenwein, Otto, Gemeinderecht, Tübingen 1963

Groh, Kathrin, Schuldenbremse und kommunale Selbstverwaltungsgarantie, LKV 2010, S. 1–8

Hegele, Dorothea/Ewert, Klaus-Peter, Kommunalrecht im Freistaat Sachsen, 3. Auflage Stuttgart u. a. 2004

Henneke, Hans-Günter, Begrenzt die finanzielle Leistungsfähigkeit des Landes den Anspruch der Kommunen auf eine aufgabenangemessene Finanzausstattung?, DÖV 2008, S. 857–867

Henneke, Hans-Günter, Gewinnerzielung und Arbeitsplatzsicherung als Legitimation kommunalwirtschaftlicher Betätigung? – Verfassungsrechtliche Aspekte, NdsVBl. 1998, S. 273–283

Hidien, Jürgen W., Das Ermessen der Gemeinden über die Zweckbindung ihrer wirtschaftlichen Unternehmen, DÖV 1983, S. 1002–1006

Hogeweg, Michaela, Fünf Jahre kommunale Anstalten in Niedersachsen, NdsVBl. 2008, S. 33–37

Hösch, Ulrich, Öffentlicher Zweck und wirtschaftliche Betätigung von Kommunen, DÖV 2000, S. 393–406

Ihnen, Hans-Jürgen, Kommunalrecht Niedersachsen, 6. Auflage Hamburg 2003

Ipsen, Jörn (Hrsg.), Niedersächsisches Kommunalverfassungsgesetz, 1. Auflage Stuttgart u. a. 2011

Ipsen, Jörn, Niedersächsisches Kommunalrecht, 4. Auflage Stuttgart u. a. 2011

Jarass, Hans D., Kommunale Wirtschaftsunternehmen und Verfassungsrecht, DÖV 2002, S. 489–500

Jesser, Michael/Schirmer, Katrin, Die wirtschaftliche Betätigung von Kommunen – nach dem Niedersächsischen Kommunalverfassungsgesetz, DVP 2013, S. 101–104

Kahl, Wolfgang/Weißenberger, Christian, Die Privatisierung kommunaler öffentlicher Einrichtungen: Formen – Grenzen – Probleme, Jura 2009, S. 194–202

Karst, Thomas, Die Garantie kommunaler Selbstverwaltung im Spannungsfeld zwischen konservativer Verfassungslehre und faktischen Marktzwängen – Dargestellt am Beispiel der kommunalen Energiewirtschaft, DÖV 2002, S. 809–816

Kluth, Winfried, Das kommunale Konnexitätsprinzip der Landesverfassungen – Überblick über Rechtssetzung und Rechtsprechung, LKV 2009, S. 337–343

Knemeyer, Franz-Ludwig, Bayerisches Kommunalrecht, 12. Auflage Stuttgart u. a. 2007

Kopp, Ferdinand O. (Begr.)/Schenke, Wolf-Rüdiger, Verwaltungsgerichtsordnung Kommentar, 17. Auflage München 2011

Leisner-Egensperger, Anna, Direktive Beratung von Gemeinden durch die Aufsicht: Gefahren für Autonomie und Rechtsschutz?, DÖV 2005, S. 761–770

Magen, Stefan, Die Garantie kommunaler Selbstverwaltung, JuS 2006, S. 404–410

Maurer, Hartmut, Allgemeines Verwaltungsrecht, 18. Auflage München 2011

Mehde, Veith, Die Neue Niedersächsische Kommunalverfassung, NordÖR 2011, S. 49–55

Meyer, Hubert, Amtspflichten der Rechtsaufsichtsbehörde – Staatliche Fürsorge statt Selbstverantwortung?, NVwZ 2003, S. 818–821

Meyer, Hubert, Kommunalverfassungs- und Wahlrecht in Niedersachsen, DVP 2013, S. 53–58

Nipperdey, Thomas, Deutsche Geschichte 1800–1866: Bürgerwelt und starker Staat, 6. Auflage München 1993

Ogorek, Markus, Der Kommunalverfassungsstreit im Verwaltungsprozess, JuS 2009, S. 511–516

Oster, Rudolf, Subsidiaritätsklausel im Kommunalwirtschaftsrecht, DVP 2000, S. 361–370

Oster, Rudolf, Wirtschaftliche Betätigung von Gemeinden – Drittschutz zugunsten der örtlichen Wirtschaftsteilnehmer, DVP 2004, S. 168–173

Oster, Rudolf, Zivilgerichtlicher Rechtsschutz bei rechtswidriger kommunalwirtschaftlicher Betätigung, DVP 2003, S. 32–40

Palandt, Otto (Begr.), Bürgerliches Gesetzbuch, Kommentar, 70. Auflage München 2011, zit.: Palandt-Bearbeiter

Pautsch, Arne, Kommunalrecht Niedersachsen, Lehrbuch mit Fallstudien, 1. Auflage 2014

Preusche, Burkhard, Zu den Klagearten für kommunalverfassungsrechtliche Organstreitigkeiten, NVwZ 1987, S. 854–858

Püttner, Günter, Kommunalrecht Baden-Württemberg, 3. Auflage Stuttgart u. a. 2004

Rennert, Klaus, Die Klausur im Kommunalrecht, JuS 2008, S. 119–125

Roling, Sebastian, Trotz echter Subsidiaritätsklausel kein Drittschutz für private Wettbewerber in Niedersachsen? – Zugleich Besprechung von OVG Lüneburg, Beschl. v. 14.8.2008 – 10 ME 280/08 – NdsVBl. 2009, S. 10–15

Ruffert, Matthias, Kommunalwirtschaft und Landes-Wirtschaftsverfassung, NVwZ 2000, S. 763–765

Sandfuchs, Klaus, Allgemeines Niedersächsisches Kommunalrecht, Grundriss und Klausurenbuch, 19. Auflage Hannover 2006

Schink, Alexander, Wirtschaftliche Betätigung kommunaler Unternehmen, NVwZ 2002, S. 129–140

Schmidt, Thorsten Ingo, Die Grundlagen des kommunalen Finanzausgleichs, DÖV 2012, S. 8–15

Schmidt, Thorsten Ingo, Kommunalrecht, 2. Auflage 2014

Schreiber, Wolfgang, Die Wohnsitznahme im Wahlgebiet als Wählbarkeitsvoraussetzung, NJW 1998, S. 492–497

Schwabe, Johannes (Begr.)/Sundermann, Welf, Kommunalverfassung in Nordrhein-Westfalen, 6. Auflage Hamburg 2003

Seybold, Jan, Das kommunalrechtliche Mitwirkungsverbot für Mitglieder kommunaler Vertretungen in Niedersachsen gemäß § 41 NKomVG – Hintergrund, Voraussetzungen und Rechtsfolgen in einem Vergleich mit der Rechtslage in Nordrhein-Westfalen gemäß § 31 GO NRW – (Teil 1), DVP 2014, S. 498 – S. 505

Seybold, Jan, Das kommunalrechtliche Mitwirkungsverbot für Mitglieder kommunaler Vertretungen in Niedersachsen gemäß § 41 NKomVG – Hintergrund, Voraussetzungen und Rechtsfolgen in einem Vergleich mit der Rechtslage in Nordrhein-Westfalen gemäß § 31 GO NRW – (Teil 2), DVP 2015, S. 3 – S. 9

Seybold, Jan, Die Stichwahl des Hauptverwaltungsbeamten – Abschaffung oder Beibehaltung? – Teil 1: Eine Bestandsaufnahme, DVP 2010, S. 411–413

Seybold, Jan, Die Stichwahl des Hauptverwaltungsbeamten – Abschaffung oder Beibehaltung? – Teil 2: Argumente und Ausblick, DVP 2010, S. 453–456

Seybold, Jan, Die Reform des Kommunalverfassungsrechts in Niedersachsen – Schaffung des Niedersächsischen Kommunalverfassungsgesetzes (NKomVG), DVP 2011, S. 229–236

Seybold, Jan, Kommunalverfassung des Landes Niedersachsen, Textsammlung mit erläuternder Einführung, Dresden 2011

Seybold, Jan, Die typische kommunalrechtliche Klausur – Die Überprüfung der Rechtmäßigkeit eines Beschlusses im Kommunalrecht – Teil 1 –, DVP 2013, S. 11–17

Seybold, Jan, Die typische kommunalrechtliche Klausur – Die Überprüfung der Rechtmäßigkeit eines Beschlusses im Kommunalrecht – Teil 2 –, DVP 2013, S. 66–72

Starke, Thomas, Grundfälle zur Kommunalverfassungsbeschwerde, JuS 2008, S. 319–324

Suckow, Horst/Weidemann, Holger, Allgemeines Verwaltungsrecht und Verwaltungsrechtsschutz, 15. Auflage Stuttgart 2008

Sundermann, Welf, Kommunalrecht Mecklenburg-Vorpommern, Hamburg 1998

Sundermann, Welf/Miltkau, Thomas, Kommunalrecht Brandenburg, Hamburg 1995

Thiele, Robert, Niedersächsisches Kommunalverfassungsgesetz, Kommentar, 1. Auflage Kiel 2011

Thiele, Robert, Niedersächsische Gemeindeordnung, Kommentar, 8. Auflage Kiel 2007

Thieme, Werner (Hrsg.), Niedersächsische Gemeindeordnung, Kommentar, 3. Auflage Köln u. a. 1997, zit.: Bearbeiter, in Thieme

von Danwitz, Thomas, Bürgerbegehren in der kommunalen Willensbildung, DVBl. 1996, S. 134–142

Waechter, Kay, Kommunalrecht, 3. Auflage Köln u. a. 1997

Weidemann, Holger, Niedersächsisches Verwaltungsverfahrensgesetz in: Praxis der Kommunalverwaltung, A 15 Nds. Stand 2005

Winkler, Markus, Schulentwicklungsplanung zwischen kommunaler Selbstverwaltung und staatlicher Schulverantwortung, DÖV 2011, S. 686–693

STICHWORTVERZEICHNIS